浙江省普通高校"十三五"新形态教材

浙江省一流课程配套教材

DIANZI SHANGWU JIAOCHENG

电子商务教程

（第三版）

主　编　孙燕军　刘大为
副主编　张树人　李君君　郑庆良　胡毓宁

高等教育出版社·北京

内容提要

本书是浙江省普通高校"十三五"新形态教材,也是浙江省一流课程配套教材。全书共九章,分别是电子商务概述、电子商务模式、互联网经济、电子商务运营、互联网支付、电子商务物流与供应链管理、电子商务的产品思维与方法论、电子商务安全、电子商务技术支持。

本书理论体系完善,案例丰富,内容翔实,每章配有相应的复习思考题、案例分析,利于读者巩固练习。本书既可作为高等学校电子商务专业相关课程教材,也可作为社会人士自学用书。

图书在版编目(CIP)数据

电子商务教程 / 孙燕军,刘大为主编. —3版. — 北京:高等教育出版社,2021.7
ISBN 978-7-04-055568-4

Ⅰ. ①电… Ⅱ. ①孙… ②刘… Ⅲ. ①电子商务-高等学校-教材 Ⅳ. ①F713.36

中国版本图书馆 CIP 数据核字(2021)第 087693 号

策划编辑 张正阳	责任编辑 张正阳	封面设计 张文豪	责任印制 高忠富

出版发行	高等教育出版社	网址	http://www.hep.edu.cn
社 址	北京市西城区德外大街4号		http://www.hep.com.cn
邮政编码	100120		http://www.hep.com.cn/shanghai
印 刷	当纳利(上海)信息技术有限公司	网上订购	http://www.hepmall.com.cn
开 本	787mm×1092mm 1/16		http://www.hepmall.com
印 张	16.5		http://www.hepmall.cn
字 数	381 千字	版 次	2008 年 7 月第 1 版
			2021 年 7 月第 3 版
购书热线	010-58581118	印 次	2021 年 7 月第 1 次印刷
咨询电话	400-810-0598	定 价	38.00 元

本书如有缺页、倒页、脱页等质量问题,请到所购图书销售部门联系调换

版权所有 侵权必究
物 料 号 55568-00

前　　言

　　信息技术发展日新月异,互联网的经营模式也在不断变化。作为一门不断发展的学科,电子商务表现出社会应用先于理论体系的特征。无论是电子商务的内涵、技术应用、电子商务的运营管理还是其支持性产业,每年都在发生着变化。原有教程很多内容显得滞后,难以满足学习者需要,这促使我们务必根据新的变化对原教材进行修订,使之更加符合电子商务的新兴发展。此次再版,力争使教学内容与社会保持同步,紧密结合互联网发展的现实应用,主要做了以下工作:拓展并重新界定电子商务新经济的内涵;整合和完善各章节知识体系,在第二版教材的基础上,增加了新商业文明价值观和电子商务背后的互联网思维。将原第二章"电子商务网络技术"调整为"电子商务技术支持",保留Internet的原理、IPv4和IPv6,增加了物联网、大数据、云计算、边缘计算和区块链技术,并将该章调整到本书的最后一章;删去了电子商务的机理,增加了用商业流通的要素来描述商业模式的演化;在互联网支付一章,理清了不同语境下电子货币、数字现金、数字货币和虚拟货币的内涵;将原"电子商务中的广告和营销活动"修订为"电子商务运营";引进了全新的营销理论与运营管理知识,如面向用户增长的黑客增长运营技术等,突出了电子商务运营的技术特点;与原来相比更凸显互联网环境下的营销技术特征及关键内容,同时将原第二版中"电子商务站点建设"修改为"电子商务产品构建方案",重点展示电子商务产品与传统信息系统构建理念和方法的不同,强调电子商务产品的用户体验要素;在"物流"一章,充分论证了电子商务与物流之间的关系,总结了电子商务物流的关键特征和模式分类,并且引入了新零售供应链管理的物流解决方案。在教学和自学本教材过程中老师和同学可以根据需要打破章节顺序。

　　本教材依然保持原书的优势,大量引入案例。在每章内容前保持案例导入的方式,同时,章节中都增大了案例和思考题的比重。一方面通过案例增加学生对知识点的理解和深入讨论,另一方面,通过案例让学习者了解电子商务的新兴表现。在每章最后,通过小结的方式,用简洁的语言将重点内容进行概述。同时还配备章节的复习题和讨论题作为教学的辅助资料。与前两版相比,除了内容上做了大量的优化、调整和补充外,在板式和教辅形式上发生了更大的变化,本书以新形态教材的形式,通过网络提供知识点视频、题库、试卷等资料,全方位帮助教师和学习者。

　　本教材自第一版面世以来的十余年间,已先后作为管理类、经济类专业本科生的学时、54学时电子商务概论、电子商务应用及电子商务案例等课程的教材,此外,还为非经济管理类专业32学时的本科"电子商务概论"公共选修课用作教材,配套的习题材料、教学课件也已作了多次更新。

参加本教材第三版修订工作的人员与第二版相比有所调整,增加了胡毓宁(浙江大学城市学院计算机系)。感谢各位参编老师的努力。同时感谢阿里巴巴商学院的张树人博士,张树人博士以资深的学术功底和丰富的企业经验为本教材提供了关键性建议。最后,感谢王璐同学,书中大量的图都是她亲手绘制,在此一并致谢。

感谢修读本课程的各届学生对教材内容及教学方式所提出的各类意见和建议;感谢同行专家所提出的有益建议;感谢高教出版社对本教材修订版的支持。

编 者

2021年6月

目 录

第一章 电子商务概述 … 1

学习目标 / 1

引导案例 / 1

第一节 电子商务的兴起 / 2

第二节 不断拓展的电子商务范畴 / 4

第三节 电子商务新商业文明 / 10

本章小结 / 13

复习思考题 / 13

课堂讨论题 / 14

案例分析 / 14

本章测试 / 15

第二章 电子商务模式 … 16

学习目标 / 16

引导案例 / 16

第一节 电子商务模式的概念模型 / 17

第二节 商务模式的概念与电子商务模式的划分 / 20

第三节 零售业电子商务 / 22

第四节 B2B 与产业互联网 / 26

第五节 C2C 电子商务模式 / 31

第六节 Web 2.0 下的社交与商业 / 34

第七节 电子商务在行业中的应用 / 38

本章小结 / 43

复习思考题 / 44

课堂讨论题 / 44

案例分析 / 44

本章测试 / 45

第三章 互联网经济 …… 46

学习目标 / 46

引导案例 / 46

第一节 网络效应 / 48

第二节 长尾经济 / 50

第三节 体验经济 / 53

第四节 维基经济 / 55

第五节 免费经济 / 59

第六节 分享经济 / 61

第七节 平台经济 / 63

本章小结 / 66

复习思考题 / 67

课堂讨论题 / 67

案例分析 / 68

本章测试 / 68

第四章 电子商务运营 …… 69

学习目标 / 69

引导案例 / 69

第一节 营销理论 / 71

第二节 网络环境下的消费者行为模式 / 75

第三节 电子商务运营推广 / 77

第四节 网络广告 / 83

第五节 数字化营销技术 / 86

第六节 网络市场调查 / 98

本章小结 / 103

复习思考题 / 105

课堂讨论题 / 105

案例分析 / 106

本章测试 / 107

第五章 互联网支付 …… 108

学习目标 / 108

引导案例 / 108

第一节 互联网支付概述 / 109

第二节　网络银行 / 124

第三节　第三方支付 / 128

第四节　互联网支付技术与应用场景 / 131

本章小结 / 138

复习思考题 / 139

课堂讨论题 / 139

案例分析 / 140

本章测试 / 141

第六章　电子商务物流与供应链管理 …… 142

学习目标 / 142

引导案例 / 142

第一节　物流概述 / 144

第二节　电子商务物流 / 148

第三节　电子商务物流模式 / 154

第四节　电子供应链管理 / 159

本章小结 / 161

复习思考题 / 162

课堂讨论题 / 162

案例分析 / 162

本章测试 / 165

第七章　电子商务的产品思维与方法论 …… 166

学习目标 / 166

引导案例 / 166

第一节　产品思维与方法 / 168

第二节　产品的开发与工程实现 / 180

第三节　域名 / 188

本章小结 / 191

复习思考题 / 192

课堂讨论题 / 193

案例分析 / 193

本章测试 / 196

第八章　电子商务安全 …… 197

学习目标 / 197

引导案例 / 197
第一节　电子商务安全要素 / 199
第二节　电子商务安全技术 / 204
第三节　电子商务安全保障体系 / 209
本章小结 / 216
复习思考题 / 217
课后实践题 / 217
案例分析 / 217
本章测试 / 219

第九章　电子商务技术支持 ········ 220

学习目标 / 220
引导案例 / 220
第一节　网络与互联网协议 / 222
第二节　物联网 / 230
第三节　低代码平台及云计算服务 / 234
第四节　边缘计算 / 238
第五节　大数据 / 241
第六节　区块链 / 246
本章小结 / 249
复习思考题 / 250
课堂讨论题 / 251
案例分析 / 251
本章测试 / 252

参考文献 ········ 253

第一章 电子商务概述

> **学习目标**
> 1. 理解电子商务与传统商务的关系
> 2. 理解电子商务背后的互联网思维
> 3. 理解电子商务产品与传统的信息化产品解决管理问题的不同
> 4. 了解电子商务的产生过程
> 5. 辨析电子商务概念

互联网带来了技术汇聚,改变着社会经济形态和人们的生活方式。电子商务这个术语也不断出现在各种场景下,出现各种不同的解读,甚至企业界还提出"电子商务"这个词可能很快就被淘汰。为什么会出现这些现象,到底如何界定电子商务?它与传统商务或者新经济有什么关系?这些是在学习电子商务之前要了解的。

 引导案例

车库里诞生的王国

1994年,贝索斯用30万美元的启动资金,在西雅图郊区他租来的房子的车库中,创建了全美第一家网络零售公司——亚马逊公司。亚马逊从卖书开始,天天都在打折,有高达几万种的书目施行优惠政策。跟传统书店相比,亚马逊的服务更快捷,书目更齐全。因为有强大的技术支持,顾客在亚马逊网上购书,一般三秒钟之内就可得到回应。

发展到现在,亚马逊早就不是一家主要卖书的零售公司了。亚马逊旗下有一整支"军队",支撑这个"军事帝国"的是"五大军团":亚马逊商城、亚马逊 AWS 云服务、Alexa 智能音箱、全食超市、亚马逊 Prime 服务。这五大业务,单举出其中任何一个就足以惊艳世界。

亚马逊商城:世界第一的电子超市

亚马逊公司几乎每年都在拓展他们的市场疆域。目前已经拿下了世界上10大主要市场,除了最早的北美和欧洲,亚洲的日本、中国和印度也有他们的足迹;在澳大利亚也建立新的"根据地"。亚马逊有强大的物流体系,平台上有第三方卖家的加入,使亚马逊成为一个全品类线上商城,成为世界第一的电子超市。根据2019年数据,亚马逊占据

了美国电子商业52%的份额。2019财年,亚马逊营业收入2 805.11亿美元,同比增长20.45%。在亚马逊商城中,亚马逊根据销售数据的分析,找到最受欢迎的产品,在平台上推出亚马逊倍思(Amazon Basics),成为亚马逊公司基于消费类"基本产品"的自有品牌。

亚马逊 AWS 云服务

尽管亚马逊的网络零售已经无比强大,但对比之下,AWS的表现更为抢眼。AWS云服务,可以帮助初创企业省去一大笔软硬件开支,大约42%的网站由AWS提供支持。这个数字甚至比微软、谷歌、IBM三家的云服务业务的市场占有率的总和还要多。举例来讲,AWS提供的Lambda计算服务,帮助企业轻松地构建快速响应新信息的应用程序,开发者无须考虑配置和管理服务器。

Alexa 智能音箱

"Hey,Alexa,我们没牙刷了,厕纸也没了……对了,再买个棉球!"。Alexa智能音箱的一键式下单功能,让消费者体验无缝对接的线上线下融合购物体验。仅在2017年第三季度,Amazon Basics就售出了2 000多万台Echo音箱。

全食超市

2017年亚马逊以137亿美元收购全食超市(Whole Foods Market)。全食超市完整的供应链可以使亚马逊大幅降低供应风险,为线上客户提供各种饮食产品。掌握了包括人工智能、无人机等在内的多项技术的亚马逊,势必会在未来探索更多线下零售店的可能性。

亚马逊 Prime 服务:视频服务和音乐流媒体服务平台

亚马逊五大"军团"的最后一个说来有些复杂。亚马逊Prime服务是亚马逊针对广大消费者推出的一种付费会员服务。亚马逊Prime一方面提供免费的美国境内2日达递送服务,另一方面是一个流媒体娱乐内容平台。有研究表明,亚马逊Prime客户的平均开销是非会员的两倍,原因就在于Prime Music和PrimeVideo这两项服务都提供了无限量的免费流媒体服务,它使亚马逊的所有授权内容和原创内容(亚马逊自己出品的一系列获奖作品,亚马逊电视剧的质量已经快要超越Netflix、HBO等主流市场。)都能与Spotify和Netflix等服务直接竞争。

思考题:

1. 网上商店与传统的店面相比有什么优势?

2. 亚马逊是最便宜的书店之一,它天天都在打折,有高达几万种以上的书目可以优惠,你如何理解这种现象?

3. 一个做网上零售商城的亚马逊为什么会发展成一家超级商业帝国?

第一节 电子商务的兴起

20世纪40年代,第一台电脑叫做埃尼阿克(ENIAC)。它当时是一个重达30吨,占地170平方米的庞然大物。埃尼阿克最初用于军事,用来改进枪炮发射的命中率,需要高级专家来操作。之后几十年中,计算机从最初的军事、政府的应用扩展到商业化的应用,其使用者进一步扩展到企业技术人员和大学生。20世纪70年代,英特尔成为最杰出的微处理器生产商。它所生产的微处理器为个人电脑的爆炸性成长提供了可能,在较短的时间内使笨重的计算机变为各行各业都能使用的个人电脑。随着生动的图形用户界面、鼠标功能以及后来微软生产的视窗系统的应用,个人电脑拥有率在全球范围内开始了惊人的增长。

20世纪70年代末,互联网还和埃尼阿克一样,最初仅仅为政府机构、大学教授及学生提供服务。到20世纪90年代早期为止,马克·安德森率领他的小组开发出了网络浏览器Mosaic,也就是网景的前身。正如图形用户界面刺激了个人电脑的升级一样,Mosaic促使互联网迅速升级。网景的浏览器被越来越多的人使用,并且发展到了可用浏览器代替个人电脑操作系统的程度。以操作系统为核心产品的微软公司当然不会放弃任何市场份额,于是把IE浏览器与操作系统捆绑使用。这一举措引发了一系列的法律纠纷,同时也的确让每位个人电脑用户有机会应用网络浏览器。在这个时期,大众开始被网络所吸引,并开始接受网络。20世纪90年代,随着互联网的迅速发展并被大家接受,个人电脑拥有量急速膨胀。

在这个网络发展期,搜索引擎也发展起来了。雅虎虽然不是搜索引擎的发明者,却是这个领域最重要的竞争者。它清楚地认识到这一网络规则:在互联网络系统中不通过某一具体的网站地址是找不到任何信息的。通过搜索引擎,使用关键词就能搜索到几乎所有的信息。就这样,雅虎作为一个积极以市场为导向的网络公司,为众多网上出生的公司设置了展示自我的舞台。信息技术的发展阶段如图1-1所示。

互联网带来了技术的汇聚,并在这一过程中模糊了市场、行业和企业之间的界限。电话网络并入互联网,手机成了互联网的接入设备。便携式存储设备(如iPod)兴起,并成为随身游戏和娱乐载体。互联网连接的计算机已开始担任家庭娱乐控制中心的角色。企业开始利用互联网和数字技术去执行所有活动,包括企业内部管理以及与供应商和其他商业伙伴之间的各种协调活动。人们通过电子化手段买卖产品和服务,利用互联网、网络和其他电子技术实现计算机化的业务处理,并实现支持这些市场业务的广告、促销、渠道、顾客支持、递送和付款等。这种数字化管理能力的延伸就是我们所说的电子商务。

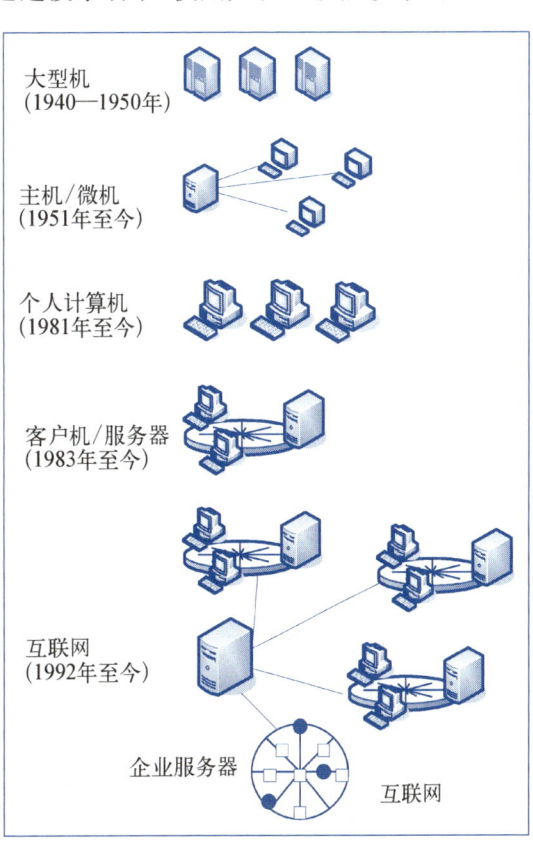

图1-1 信息技术的发展阶段

第二节　不断拓展的电子商务范畴

电子商务的萌芽可以追溯到电报、电话、传真的出现。伴随着计算机的出现及其在商业中的成功应用,以及互联网的迅猛发展,电子商务迎来了一个全新的时代。有人认为电子商务就是建设网站,企业做电子商务就是在网上开店。其实电子商务给企业带来的影响,远不止建网站那么简单。网站只是一个"窗口",网上开店仅仅是众多电子商务模式的一种。电子商务给企业带来的更大影响则是管理思想的变革、组织形式的更新、先进技术的创新使用、企业业务流程的重组、企业间合作的变化以及营销手段的更新。如果把"电子商务"中的"电子"看作是信息技术,那么这里的"商务"就是网络经济环境下的商务及商务活动。与传统的商务相比,电子商务中的商务活动有了新的变化,出现了很多新的模式。

一、信息技术

电子商务是被信息技术,特别是互联网技术加速促进了的商务贸易。它在消费者和企业之间、企业与企业之间建立了一种新的强大的关系,出现了不同于传统商业的新经济模式,甚至改变着企业内外的组织关系,给监管部门带来新的挑战。

这里的信息技术,不仅包括信息技术基础设施、企业信息系统,还包括对信息进行深加工的商务智能技术。

(一) 信息技术基础设施

今天的信息技术基础设施主要由7个部分组成,如图1-2所示。

在全球范围内,公司正在增加内部与外部的连通性。当一个顾客下了一笔大的订单时,或者来自供应商处的运输要延迟时,公司经理们希望能立即知道这些信息。他们希望知道这些事件对企业内每一部分的影响,以及企业应如何应对。信息系统的集成使之成为可能。另一方面,连接供需双方的平台通过互联网和信息技术为双方赋能,打破了供需信息不对称,为新的商业生态的形成提供了土壤。

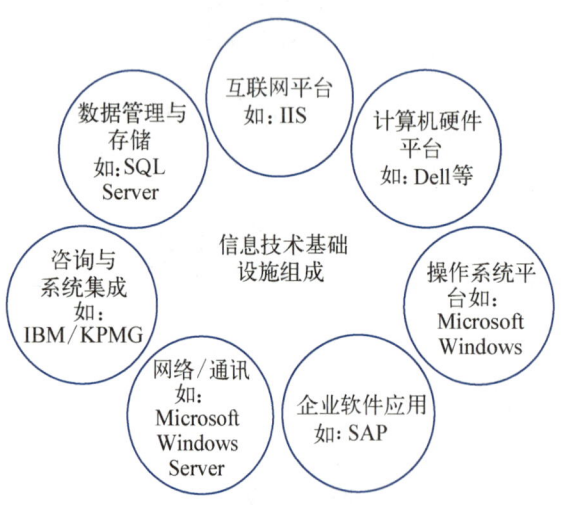

图1-2　信息技术基础设施组成

(二) 企业信息系统

计算机在企业管理中的应用与计算机技术、通信技术和管理科学的发展紧密相关。从20世纪50年代以来,信息系统经历了由单机到网络和由低级到高级的发展过程。这个过程有科技的创新,但更重要的是理念的创新。企业信息系统的演变如图1-3所示。这个演变大体发生在20世纪50年代到21世纪初,经历了数据处理、管理信息系统、决策支持系统、在线交易系统、企业资源计划和电子商务六个阶段。从科技创新角度看,在不同阶段,产生了电脑、数据库、模型库、通信、整合和网络等软硬件技术创新亮点。从管理理念创新角度看,在不同阶段经历了数据分析和报告、决策模型和企业再造以及大数据管理等新理念。

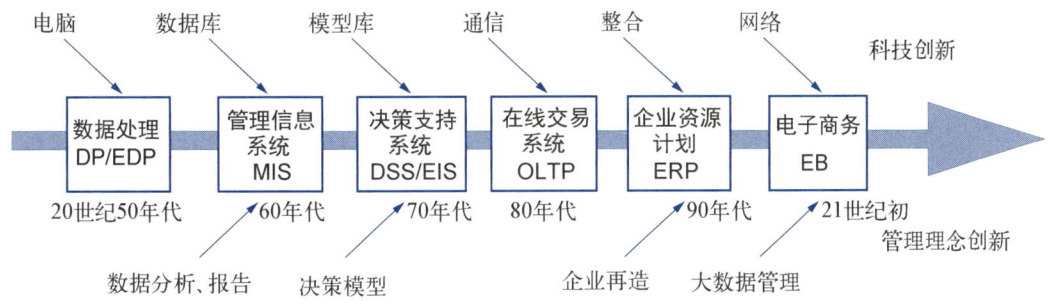

图1-3 企业信息系统的演变

(三) iABCD 技术驱动电子商务数字经济的发展

电子商务的优势是为顾客提供方便、便宜、交互和个性化的服务。物联网(Internet Of Things)、人工智能(AI)、区块链(Blockchain)、云计算(Cloud Computing)、大数据(Big Data),(以上简称为 iABCD 技术)等技术已成为电子商务发展的助推器。这些技术能使企业利用手边的顾客信息,分析顾客的消费行为,从中发现他们的偏好,为网络营销和服务提供快速有效的决策支持。如亚马逊公司就利用 cookie 等技术跟踪顾客行为,以获取社区会员的兴趣和偏好。DoubleClick 公司也提供目标瞄准技术,为众多广告商和出版者网站管理广告服务和报告功能,利用顾客以前的浏览信息建立用户档案,从而提供个性化的广告服务。Facebook 利用区块链技术构建全球数字加密货币 Libra,通过 Libra 天秤币在区块链底层结构上搭建起一个不可篡改、不可攻破的锁定价值积分系统。搜索引擎 Google 则拥有丰富的使用者搜索数据库,从中可以统计网民点选了哪些网站,再收集他们实际购买的商品信息,有助于 Google 优化网站,成为互联网经济领域的一个亮点。

这些技术还可以用在门店管理优化方面,例如通过定位技术及热图技术进行客流统计,通过面部和情绪识别技术及行为和视觉追踪技术进行顾客分析,通过标签和视频技术及图像识别技术检测商品状态,利用智能终端技术和前置仓自动分拣有效提升店铺运营。消费者可以通过虚拟试用、智能导购、活动橱窗提升消费体验感。

数据正以前所未有的速度在不断增长和积累,大数据时代已经到来。数据以我们熟知的数据库结构化形式存在,更大量的数据则是以视频、图像以及人们在社交网络上提交的评论等非结构化的形式存在。数据从简单的处理对象开始转变为一种基础性资源。企业通过对数据管理可以更好地洞悉大数据中所隐藏的价值。

事实上,许多网站使用了数据分析、智能代理和电子推荐等智能技术以增强吸引力。企业信息系统(包含客户关系管理、供应链管理、知识管理、人力资源管理和企业资源计划等)与商务智能(包含智能代理、推荐技术、数据分析和其他智能技术等)相互结合,极大促进了网络经济的发展,信息系统与商务智能的关系如图1-4所示。

二、商务及商务活动

广义的商务概念,是指一切与买卖商品和服务相关的商业事务。狭义的商务概念指商业或贸易。所有关于产品、服务或信息的交换均为商务活动。在很早的时候人类就有了商务活动,人们用过剩的物品与他人换取自己需要的物品。例如,当农民粮食过剩时,就向邻居提出交换动物,这样可以让他们既能吃上粮食又能吃上肉。

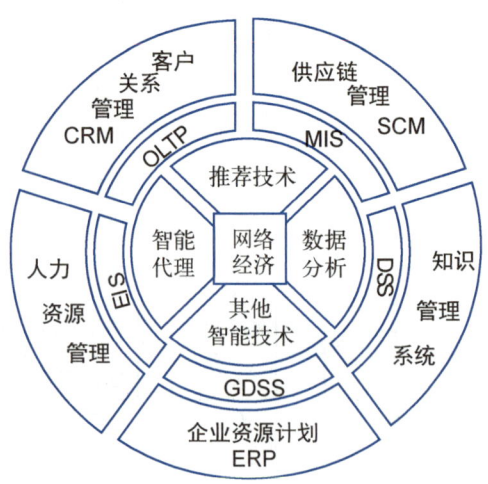

图1-4 信息系统与商务智能的关系

在技术进步以前,人们仅仅只能实现与邻居之间的贸易。随着交通的发展,人们能够与来自远方的人进行贸易。从历史上看,远距离的商务活动的成本非常高。现代技术的发展不仅大大降低了贸易成本,而且也使个人之间的贸易活动成为可能。

商务是资本市场的一个基本要素,在市场经济中个人或公司研制出一些有价值的东西并出售,他们可以从商务或者更广泛的商务活动中牟取利益。现在,大部分贸易都要涉及某种形式的货币。当一个必需品生产出来,人们用货币换取这种商品;当需要服务时,人们用货币获得该项服务。当一个新的创意获得专利保护时,人们就用金钱购买这个创意。

虽然买卖必需品是商务中最重要的一部分,但商务活动也通过可观的利润来推动新的思想、技术和发明的进步。

随着技术的不断进步,尤其是在网络环境下,商务及商务活动出现了新的特征。商品范畴和商务活动有了扩展。商品范畴的扩展体现为商品的多样性,出现了"泛商品化"的现象,如手机铃声、搜索引擎、短信服务等服务商品。商务活动的扩展带来商务活动领域的扩展,形成从政府到市场、从市场到生产、再从市场到消费者的多方网络化联系。

三、电子商务的概念

电子商务概念辨析

到目前为止,在学术界还没有对电子商务形成一个完整统一的概念。许多专家学者,从不同的角度进行了较为广泛深入的探索,也因此得到了许多关于电子商务的概念,常见的电子商务的概念有几十种之多。大多电子商务的研究者,特别是后来的研究者几乎都认为电子商务的概念有广义和狭义之分。

(一)狭义的电子商务

通常人们用E-Commerce表示狭义的电子商务。联合国经济合作和发展组织(OECD)是较早对电子商务进行系统研究的机构,它将电子商务定义为:利用电子化手段的商业活动,它基于电子数据处理和信息技术,如文本、声音和图像等数据传输。其主要是遵循TCP/IP协议,通信传输标准,遵循Web信息交换标准,提供安全保密技术。

欧洲议会给出的关于"电子商务"的定义是：通过电子方式进行的商务活动。它通过电子方式处理和传递数据，包括文本、声音和图像。它涉及许多方面的活动，包括货物电子贸易和服务、在线数据传递、电子资金划拨、电子证券交易、商业拍卖、合作设计和工程、在线资料和公共产品获得。它包括产品（如消费品、专门设备）和服务（如信息服务、金融和法律服务）、传统活动（如健身、教育）和新型活动（如虚拟购物、虚拟训练）。

《中国电子商务蓝皮书：2001年度》的定义是：电子商务指通过互联网完成的商务交易。交易的内容可包括商品交易和服务交易，交易是指货币和商品的易位，交易要有信息流、资金流和物流的支持。

综上，狭义的电子商务（E-Commerce）是指利用互联网及现代信息技术进行任何形式的商务运作、管理或信息交换。这个定义强调交易过程的电子化。这种理解主要是在电子商务早期阶段形成的，那时互联网刚刚开始流行，在互联网上出现了许多新的业务形式，人们都在探索互联网上从事网上贸易的可能性。因此在这个阶段，对于电子商务的技术实现方面的讨论占有相当大的比重。

（二）广义的电子商务

随着对互联网应用的不断深入和对电子商务的不断探索，人们逐渐认识到电子商务不只是技术层面的问题，而要更加关注企业，关注管理，关注互联网给各行各业带来的深远影响。这就产生了广义的电子商务（E-Business）概念。广义的电子商务包含如下含义。

（1）从技术角度看，凡运用各类电子工具，如电话、电报等从事的商业活动都称为电子商务。

（2）从商业角度看。使用Business的含义，据《牛津现代高级英汉双解词典》（商务印书馆、牛津大学出版社出版，1988），Business的中文含义主要为：① 买卖、生意、商业、贸易；② 商店、工商企业等；③ 事务、任务、责任；④ 权利。其中"事务"应包括一些非商业活动。

由此可见，Business作为商务活动的含义则广泛得多，它不仅包含商业贸易等经营性的活动，而且还包含各种非商业性的事务活动，例如政府工作、学校教育等事务。商业贸易等经营性的活动，包括产品、广告、设计、研发、采购、生产、营销、推销、结算等，是各种经济事务活动的总称，这些活动几乎覆盖企业的所有经济活动。

E-Business所包含的内容比E-Commerce大，不仅有网上交易，而且包括供应链管理（SCM）、客户关系管理（CRM）、企业内部管理（OPS）等。它指各种行业中各种业务的电子化，其内容包括E-Commerce、电子军务、电子公务等。E-Business不仅仅是买卖商品，还包括其他的活动，例如为客户提供服务，与员工沟通，客户或商业伙伴在线合作等。

IBM公司认为E-Business是"使用互联网技术进行的关键业务流程转型"。并用"E-Business＝Web＋IT＋Business"的形象公式来表示电子商务的概念。如果用Web表示互联网及通信技术，Business表示商务活动及选用的商务模式，那么IT就是企业的信息化建设。IBM公司的电子商务理念如图1-5所示，即电子商务是在互联网技术环境下，客户关系管理、供应链管理和企业内部管理三个环节紧密结合的产物。

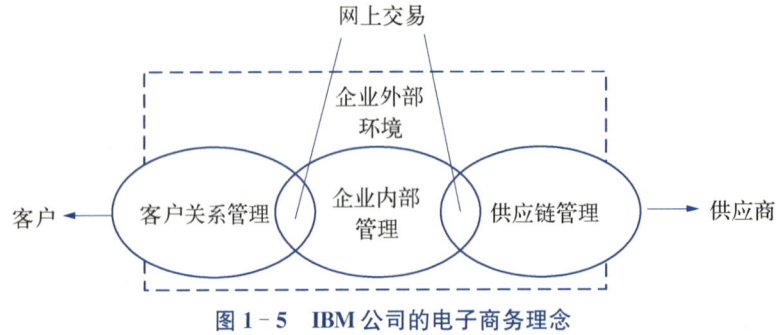

图 1-5 IBM 公司的电子商务理念

四、Online Business

狭义电子商务强调互联网作为技术工具,商务活动专注于贸易环节,而广义电子商务的范围远远大于狭义电子商务。无论是从技术层面,还是从商务活动的层面,其范围已经扩大了很多。技术不限于互联网,还可以包括电话,电报和一些非网络的信息技术。商务活动的范畴,不仅关注贸易环节,也关注企业的内部的信息化,企业与企业之间的外部信息化的建设,同时还关注企业内部的管理。

在互联网背景下,出现了很多过去没有的新兴的商业模式,它们带着互联网的基因,以全新的姿态颠覆传统的商业。所以不管是 EC 还是 EB 的描述依然不能概括出互联网背景下电子商务的本质。那么互联网背景下的电子商务的本质是什么呢?一些传统的企业,在 20 世纪 50 年代就已经借用信息技术改造企业的内部管理和企业与企业之间的关系,不仅提高了业务处理的速度,减少了人工作业,提高了经济效益,而且也扩大了企业的规模,但在互联网高速发展的今天,人们仍然把这些企业看作是传统企业。那些在互联网背景下成长起来的新兴的互联网企业与这些传统企业存在着怎样的区别呢?

图 1-6 电子商务的本质

本书引入一个概念,在线(Online),在线是互联网的本能。而在线也反映了电子商务的核心本质。因为在线,电子商务与传统的商务才有了本质的不同。电子商务就是借助互联网和物联网将关键的商务活动形成在线闭环。"在线"体现了人与人、物与物的连接入网,所有产生的数据都可以记录下来,数据变得透明,数据可以共享。数据的聚集和多样化为商业创新提供了依据,在线还意味着重视用户体验,以开放的态度赋予参与者更多的技术支持。电子商务的本质如图 1-6 所示。

(一)"在线"意味着连接

智能手机实现了人与人的互联,而物联网则可以实现物与物的连接。互联网和物联网的发展,促使越来越多的智能设备高度互联,给企业带来了全新的特点,可以使客户在线化、经营数字化和商业智能化。

(二)连接使数据透明与共享

你的数据,我的数据,每个人和一切物的数据,甚至不知道的数据,通过连接而被记录和存储。数据大小不重要，在线才重要。如果不在线，那么每个数据就是一个孤岛，无法发挥数据的作用。从社交活动到商品交易，从智能手机到智能穿戴物发出的数据流被收集、存储并传输到"云"上进行处理。这意味着互联网获得数据的代价几乎是零，数据的积累要在线，输出的过程也要在线，是双向在线。数据实时更新、数据被共享，信息更加透明。将来，全天 24 小时，无论醒着还是睡着，没有 1 秒钟会脱离在线状态。

大部分在线数据非常有价值，它可以集合起来，通过共享提供丰富、有用且通常是预测性的信息，从而提高生产力和效率，节省时间和金钱。例如一些软件会收集关于我们身体和健康的个人数据，帮助人们变得更健康。联网的汽车服务将监控人们的行动，智能城市应用则会收集关于人们如何生活以及生活方式的信息。

数据的透明也带来了隐私、安全和数据管理方面的挑战。在绝大多数情况下，这些数据将被合理合法的使用，但是信息量的增加和信息的多样性同样对那些图谋不轨的恶意攻击者具有一定的价值。

（三）数据赋能新模式

数据科学提高了数据的集成能力，也使得数据跨行业的交互成为可能。智能城市是进行跨行业数据整合的最好的例子。交通系统的数据和电网数据打通并整合，可以根据交通网的数据预测当天城市电网的情况，为电力调配提供决策依据，更好地服务电动车充电。数据的连接和整合可以创造出新的价值，甚至衍生出新的商业生态系统，产生新的商业模式。

（四）"在线"意味着要重视用户体验

"在线"还反映出了另一个电子商务的本质，就是要重视用户体验。一方面在线可以给用户带来好的体验，另一方面，重视用户体验是电子商务的关键。当用户被连接进来后，用户深度参与商业的各个环节。用户社交、信息获取、购买、评价和反馈等都通过智能设备与商家直接互动，甚至能够参与产品的研发、生产等环节。重视用户体验不仅体现在互联网产品的体验要好，同时，体验也可以被在线多维度的数据度量。对海量的数据加以分析后，可以知道用户是否喜欢产品的新功能、有没有阅读广告等。

（五）"在线"体现了电子商务必须是开放的

电子商务系统的解决方案与传统信息系统相比发生了很大的变化。传统管理信息系统是依托于行政，或者是权力设计的，是偏于内部的管理，而不是面向一个开放的市场，强调管理职能和效率；而电子商务系统强调以用户为中心，强调开放，强调用技术赋能商业。所以往往采用 SaaS（软件即服务）的解决方案。阿里巴巴旗下的产品钉钉，是办公自动化系统，通过 SaaS 方式为市场所有公司提供企业办公自动化服务。它是一个开放的系统。微信社交产品也是通过 SaaS 方式提供给个人、机构、企业用户，通过开放技术接口，服务市场。

本书采用 Online Business 概念，将电子商务的概念表述为：以用户体验为中心，以创新技术和大数据为依托，通过在线整合、分享数据，将数字化管理延伸到价值链的各个环节，实现用户价值的传递，从而促使企业全链条的价值再造的活动。

技术的创新使信息沟通更加便捷，商家可以有效掌握消费者的真实数据，快速开发新品。但是要想得到有效的实施，还离不开供应链的支持。例如，在网上消费者的需求特点往往是个性化、多品种、小批量和快速反应。这就要求供应商能够提供多品种、小批量、平台化协作、快速反应的柔性化生产能力。所以只有当基于互联网的整个价值链的各个环节，信息都能在参与者各方之间实时协同分享时，才能发挥出电子商务的真正价值。所以，电子商务是一种全链条的价值再造过程。

第三节　电子商务新商业文明

互联网推动着无数的商业从业者在不见面、不熟悉的情形下，形成大规模的间接协同。如果说工业技术革命，促成工业生产与制造领域的基于产品加工的大规模协同协作，以规模化大生产取代了手工业生产，形成了工业时代的文明，那么这一轮互联网技术的变革，则促成了商业服务、创新创造等基于数字与信息分享的大规模协同和个性化创新，推动着商业文明又一次走到了跃变的关口。

新的商业文明，遵循有新的行为规则，分享共同的价值观与思维方式，这种新的价值观被称为互联网精神，新的思维方式相对于工业化思维，被称为互联网思维。

一、互联网精神

互联网精神

（一）开放

互联网的开放体现在开放式的网络体系结构。互联网的雏形阿帕网采用了一种"分布式"结构，其特点在于去掉了中心交换点，每个结点都有多条途径通向其他节点，这就像是一张由很多节点组成的网络。这种去中心化的底层技术架构，互联网从诞生开始便带有一种平等、开放、合作和分享的气质。即便是不同软件硬件环境、不同的网络协议，都可以互连，真正达到数据通信和资源共享的目标。

互联网的开放不仅仅体现在物理时空的开放，也体现在人们的思维空间的开放。例如社交网络平台是开放的，社交平台提供用户和关系链，产品开发团队却可以扩展到公司之外的开发者，这些开发者又为平台用户提供专业化的功能和体验。在这开放的平台上各方均有分工，也各取所需，最终惠及用户。

（二）平等

互联网的平等表现在网络面前没有人知道你是谁。互联网的存在方式决定了网络是一个平等的世界，在网上人们的交流、交往和交易，剥去了权力、财富、身份、地位、容貌标签，在网络组织中成员之间只能彼此平等相待，同时网络使世界更加透明和精彩。互联网的平等是"网络面前人人平等"。

（三）协作

随着互联网的发展，信息资源组织模式上也在发生着改变，Web 2.0下用户生成内容模式的应用，使个体用户在内容创作的过程中扮演了举足轻重的角色。Wikipedia、Facebook、微信等就是依靠海量用户贡献、汇集大众智慧而发展起来的群体协作平台。而这些平台背后的协作模式，也促使许多公司在产品研发流程，甚至是组织结构上发生着改变。

(四) 共享

有协作就有共享。知识共享便是互联网精神的重要体现之一。个体之间通过互联网进行知识或信息的分享和交流，允许他人获取自己的劳动果实。许多创作者将自己的软件作品放到互联网上，它们的性质是"共享软件"或者干脆是"免费软件"。前者的功能或者使用期限可能受限，但是仍不失为一种知识的共享，让众多的网民获利。而开放源代码就更是互联网共享精神的精髓，它推动了无数人走向创新，Linux 系统就是其中最好的例子。随着像 Uber(优步)、滴滴、Airbnb 等一系列实物共享平台的出现，共享开始从纯粹的无偿分享走向以获得一定报酬为主要目的新模式，形成了基于陌生人且存在物品使用权暂时转移的"共享经济"。

二、互联网思维

业界比较公认的互联网思维体现在五个层面，他们分别是商业价值、产品研发、销售与服务、产业、战略与组织形态。商业价值层面始体现在用户思维和大数据思维；产品研发层面体现了迭代、极致、简约思维；销售与服务环节体现了流量和社会化思维；战略和组织形态层面体现了平台思维；产业层面体现了跨界思维。互联网思维如图 1-7 所示。

互联网思维

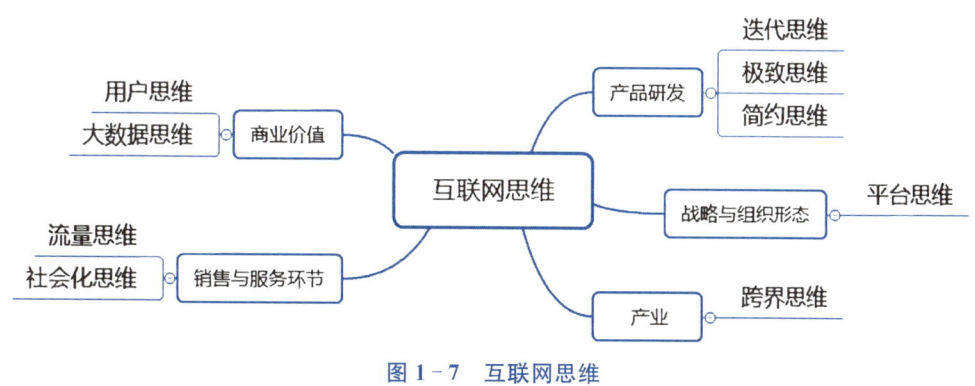

图 1-7 互联网思维

(一) 用户思维

用户思维就是要以用户为中心，让用户得到最好的体验。好的用户体验是注重细节的，这种细节一定要让用户能够感知到，如果这种感知超出用户的预期，将给用户带来惊喜。用户体验的不同，为互联网颠覆传统行业带来了极大的创新空间。

在工业经济时代，销售往往是以厂商为主导，厂商进货、生产，都是建立在"预测"的基础上，而现在，用户被连接进来，以用户为中心的信息经济时代，消费者的话语权越来越大，并且影响着企业决策的各个环节。重视用户体验，不仅重视用户与产品的交互体验，也要重视用户获取信息、购买、使用、售后服务整个流程的体验。

(二) 大数据思维

云计算、物联网应用的推广和移动互联网的崛起，使得数据量与时俱增，数据处理能力也发展迅速。当数据量累积到一定程度后，数据的资源属性越加明晰，其开发价值越加明显。大数据是来自各种来源的大量非结构化或结构化数据，呈现出多维度和时效性的特征。

真正有意思的是数据变得在线了，这个恰恰是互联网的特点。用户在线的搜索、收藏、点击等行为数据能帮助企业了解每个客户的消费倾向,他们想要什么,喜欢什么,每个人的需求有哪些区别,哪些又可以被集合到一起来进行分类,最终帮助企业更精准地为顾客服务。

(三) 迭代思维

迭代是一种开发模式,也是一种思维方式,迭代思维是指对创新流程的理解。传统企业推出一个新品要几个月甚至几年,而互联网企业的产品开发周期往往只有几周或几天,就是因为互联网产品开发采用快速迭代方式,以快速试错、反复迭代的方式找到正确的方向。迭代思维也就成了一种重要的思想和方法。

(四) 极致思维

极致思维就是要把产品和服务做到极致,把用户体验做到极致,甚至超越用户的预期。充分理解用户的刚性需求,给用户带来意想不到的效果。

(五) 简约思维

在产品设计方面,要简洁;降低用户的学习成本,让用户一目了然,在短暂的产品体验时间内抓住用户的心。在产品功能上要做减法,内在的操作流程要简化。在信息过剩的时代,也是一个注意力稀缺的时代,要想在第一时间获取用户的注意力,就要求产品能够一击即中。

(六) 流量思维

流量是指活跃用户数,意味着市场规模,常常用日活数或月活数表示。流量是入口,流量的价值显而易见。互联网产品大多用免费方式获取并留住用户。360安全卫士就是采用免费模式入侵杀毒软件市场致使传统的杀毒软件卡巴斯基、瑞星等杀毒软件退出市场。任何一个互联网产品,只要用户活跃数量到达一定水平,就会开始形成质变,从而带来商机或价值。

(七) 社会化思维

社会化思维是指组织利用社会化工具、社会化媒体和社会化网络,重塑企业和用户的沟通关系,变革组织管理和商业运作模式的思维方式。本质体现在"用户即媒介、用户可参与内容创造"。

(八) 平台思维

互联网的平台思维就是开放、共享、共赢的思维。在垂直价值链的思维模式里,价值链上的每个环节都通过垄断和信息不对称来获取利润。而平台则是以开放的态度将参与者连接起来,将供应商与经销商连接,将商家与消费者连接,对价值链上各个环节的参与者保持开放的态度,从而让大家共同分享,产生分享经济,达到共赢的目的。平台的开放和共享最终会形成一个生态圈,并且不断接入的参与者还会持续增加这个生态圈的价值。平台价值越大,对各方的赋能越大。可见,平台思维的精髓,在于打造一个多主体共赢互利的生态圈。

从战略角度,平台思维可以运用在商业模式上;从人力资源角度,平台思维还可以运用在组织模式上,构建平台型组织。

与层级组织相比,管理层在平台组织中不是指挥者,而是资源提供者和支持者。规则的制定由个人参与,让个人自愿承诺,通过契约来执行。同时,建立全员认可的激励机制和反馈机制,让个人对组织的创新追求有最大的满足感。

平台组织打破了组织既定的边界,让虚拟的组织自由形成、生长或死亡。人们可以受雇于自己,建立个人平台,也可以归属于某个协调性平台,使工作在平台上合作完成。即便归属于某个协调性平台,个人或小集体也不受限于此平台的边界中,而是无时无刻自由地建构新的连接,形成新的虚拟组织。

(九)跨界思维

有了平台的连接能力,跨界变得更加容易。互联网和新科技的发展,许多产业的界限变得模糊,互联网企业的触角已无孔不入,如在零售、金融、电信、娱乐、交通、媒体、教育、医疗等产业都可以看到互联网企业带来的变革。

用户思维、平台思维,以及互联网在产品方面的思维方式使互联网企业获得用户价值,一方面掌握用户数据,另一方面又具备用户思维,自然能够携"用户"以令诸侯。手握用户和数据资源的企业,就敢于跨界创新。

本 章 小 结

1. 互联网带来了技术的汇聚,并在这一过程中模糊了市场、行业和企业间的界限。电话网络并入互联网,手机成了互联网的接入设备。互联网连接的计算机将担任家庭娱乐控制中心的角色。企业开始利用互联网和数字技术去执行所有活动,包括企业内部管理以及与供应商和其他商业伙伴之间的各种协调活动。人们通过电子化手段买卖产品和服务,利用互联网、网络和其他电子技术实现计算机化的业务处理,并实现支持这些市场业务的广告、促销、渠道、顾客支持、递送和付款等。这种数字化管理能力的延伸就是我们所说的电子商务。

2. 本书采用 Online Business 概念,将电子商务的概念表述为:以用户体验为中心,以创新技术和大数据为依托,通过在线整合、分享数据,将数字化管理延伸到价值链的各个环节,实现用户价值的传递,从而促使企业全链条的价值再造。

3. 互联网精神体现了开放、平等、协作和共享。

4. 业界比较公认的互联网思维体现在商业价值、产品研发、销售与服务、产业、企业战略与组织形态五个层面。商业价值层面体现了用户思维和大数据思维;产品研发层面体现了迭代、极致、简约思维;在销售与服务环节体现了流量和社会化思维;在战略和组织形态层面体现了平台思维;在产业层面体现了跨界思维。

复习思考题

1. 电子商务就是网上购物,你认为这句话有没有问题?
2. 企业的数字化管理体现在哪些地方?
3. 电子商务的三个定义 EC、EB、和 Online Business 有哪些区别与联系?

4. 为什么开放、平等、协作和分享是互联网精神?
5. 互联网思维有哪些?他们之间如何相互支撑?

课 堂 讨 论 题

1. 如何用 Online Business 的思想实现垃圾分类?
2. 当今已经处于信息技术高度发达的社会,信息化管理无处不在。去图书馆借书,可以通过信息系统搜索想要借阅的图书,根据索引找到图书所在的位置,通过自助刷卡完成借阅。请讨论,如果没有信息系统,图书馆借还业务将会如何开展?请设计并画出图书借还业务的流程,可通过角色扮演完成一次完整的借还业务。
3. 以一家互联网公司为例,讨论该公司产品和经营理念在哪些方面体现了互联网思维。
4. 从用户个体体验角度出发,请谈谈身边某互联网产品的体验。
5. 探讨互联网"平等"精神与核心价值观的联系。

案 例 分 析

"平等""开放"的互联网环境下的媒体民主化

崔永元与转基因食品

2013 年方舟子发起了品尝转基因玉米的活动,当时央视主持人崔永元看到了这则消息的时候,就在自己的微博上发表了对转基因食品的看法,崔永元这样说的:"转基因食品,你吃吗?你可以选择吃,我可以选择不吃,你可以说你懂'科学',我有理由有权利质疑你懂的'科学',到底科学不科学,你可以说我白痴,我也可以说你白吃"。崔永元的一番话引起了方舟子的不满,于是在网络上掀起了一场论战,这场论战持续长达三年之久。

崔永元与"阴阳合同"

2018 年 5 月,崔永元在微博上连续爆出某知名演员天价片酬合同截图。并接着晒出一份授权书,直指该演员 1 个人签了 2 份合同,小合同 1 000 万,大合同 5 000 万,共拿走 6 000 万人民币片酬,但该演员只在片场演了 4 天的戏。事件经过发酵,无锡市滨湖区地税局介入调查取证。最后该演员上交了 8.84 亿元人民币的罚款。

李子柒:她不是仙女

李子柒,90 后的姑娘,在很小的时候父母离异,继母对她不好。14 岁那年,李子柒的爷爷去世,李子柒不得不辍学外出打工。为了找工作,她睡过公园的长椅,啃过两个月的馒头,为了挣钱,她做过饭店服务员,但一个月只有300块工资,为了生活,学了打碟,成为一名混迹夜场的DJ。李子柒坦言:"当时也没有说喜欢音乐,就是为了活下去,觉得它工资高。挣到钱就可以寄给奶奶。"2012年,李子柒奶奶生了一次病,她担心以后会后悔,于是抛掉所有工作回到奶奶身边。

在网友眼里,李子柒几乎是全能的。桃花开,她采来酿成桃花酒;枇杷熟,她摘来制成枇杷冰;柿子红了,她拿来晾干做柿饼;酸枣掉了满地,她拾来做成酸枣糕;她在全球拥有超过3 000万的粉丝。光是在视频网站YouTube上,李子柒的粉丝就有747万,并且这个数字还在飞速增长中。号称美国影响力最大的媒体之一的CNN,粉丝才792万。评论区中,满满都是来自外国友人的评论,要知道,李子柒的视频从来只有中文字幕!饶是如此,数百万的外国粉丝依然是不吝笔墨,在评论区尽情表达他们的喜爱:一边不懂一边看,一边求翻译一边看。

新冠病毒与双黄连

人民日报称31日(2020年1月)从中国科学院上海药物所获悉,该所和武汉病毒所联合研究初步发现,中成药双黄连口服液可抑制新型冠状病毒。消息一出,触发了双黄连被迅速抢购一空,也在业界引来诸多争议。

接着,人民日报2月1日早上发布微博称,抑制并不等于预防和治疗,"请勿抢购自行服用双黄连口服液"。此外,该药物多次出现在国家药监局的药品不良反应报告中。并称,目前双黄连口服液已在上海公共卫生临床中心(下称"上海公卫中心")、华中科技大学附属同济医院开展临床研究。

上海公共卫生中心党委书记、教授卢洪洲2月2日告诉经济观察网,上海公共卫生中心已经在几个病例上用了双黄连口服液,"现在还没有初步的结果"。

丁香医生撰文认为"抑制"不是"预防","抑制"是:通过药物来控制病毒复制的各个环节,来达到控制病情的效果。你要是身体里没有病毒,就没有东西可以被"抑制";如果身体里有病毒可以被"抑制",那就证明:你已经被感染了。都感染了,你还"预防"什么?所谓的"可抑制病毒"缺乏临床研究数据。

想要证明一种药物真实有效,至少要这几步:

第一步,动物实验;第二步,一期临床试验;第三步,二期临床试验;第四步,三期临床试验。一般来说,完成前两步,才能证明"安全";完成后两步,才能证明"有效"。

思考题:

结合互联网"开放""平等"精神以及文中的案例,说说媒体民主化时代的利好和问题。

本章测试

第二章　电子商务模式

> **学习目标**
>
> 1. 了解电子商务四个要素之间的关系
> 2. 掌握利用四流模型研究电子商务模式的升级演化
> 3. 从多个角度认识电子商务表现出的各种商务类型
> 4. 理解互联网和信息技术带给商业的变革和创新
> 5. 理解互联网对零售、产业变革的作用

现代管理学之父彼得·德鲁克说:"当今企业之间的竞争,不是产品之间的竞争,而是商业模式之间的竞争!"随着互联网对各行各业的渗透,数字化漩涡正在席卷所有的行业,催生了大量新的商业物种,如社交电商、微商、新零售、网红经纪人、新媒体等。如何识别和分析这些新的商业物种?如何对他们进行分类?他们是如何演化的?本章将回答以上这些问题。

 **引导案例**

以商务模式制胜的谷歌

同任何以技术起家的互联网公司一样,由两位天才工程师拉里·佩奇(Larry Page)与谢尔盖·布林(Sergey Brin)创建的谷歌最开始的商业模式也是建立在技术之上——通过向雅虎等互联网公司出售搜索引擎技术和提供搜索引擎服务获取收入。在这样的模式下,谷歌的收入也相当不错。单从雅虎一家,谷歌就能每年获得几百万美元的收入。但是,随着市场竞争的激烈,雅虎开始放弃谷歌,转而发展自己的搜索引擎。因此,谷歌开始寻找新的商业模式。

真正为谷歌带来商业模式革新的是埃里克·施密特(Eric Schmidt)。2001 年 3 月,当施密特就任谷歌董事长的时候,谷歌的新时代开始了。

独树一帜的商业模式

优秀的搜索技术让谷歌在搜索市场崭露头角,而与众不同的商业模式则是真正让谷歌飞速成长为现在的互联网巨人的根本原因。

2001 年 6 月谷歌发布了 Google AdWords——广告关键词服务,这一革命性的服务彻底改变了谷歌的商业模式,也改变了谷歌的发展轨迹。

广告客户可以在谷歌上注册关键字,相关广告将出现在谷歌搜索结果页面的顶部、底部或者右侧。对广告客户更有吸引力的是,Google AdWords 收费原则是按照点击次数付费。它在帮助广告主吸引到成千上万的潜在用户的同时,确保用户所看到的广告是相关的而不是无用的信息。由于其效果精准、性价比高、操作方式简单、灵活,使其在全球得以迅速推广和普及。Google AdWords 给谷歌带来了质的飞跃,使得广告收入一举成为谷歌的核心收入,而技术收入则退居次要位置。

谷歌的搜索功能对普通网民是免费的。用户通过谷歌查询信息,获取想要的结果,搜索算法则基于用户搜索而不断优化,越多的人使用搜索引擎,就能让搜索引擎更好地优化搜索结果,提升其核心竞争力,从而吸引更多用户。

2004 年 10 月,谷歌推出了针对合作伙伴网站的"Google AdSense",这一业务可以让各种规模的网站发布商在他们的网站上发布与其网站内容相关的谷歌广告并获取收入,实际上相当于一个广告联盟,这一计划也同样极大提升了谷歌的营收能力。

出售广告但是不出售搜索结果,这是谷歌的一个重要原则,也是 Google 和其他竞争对手的不同之处。其他的搜索引擎公司都把广告和搜索结果混合在一起以获取收入,而谷歌宣称从来不让广告影响搜索的结果。

电信运营商以及相应的软件公司很可能因为谷歌的到来而紧张,因为谷歌这家傲慢的互联网公司正在让它们赖以生存的服务和商品变成全免费的东西。但是,对于消费者来说,谷歌的这一模式具有相当强的吸引力。

Google 对外透露,越来越多来自"财富 500 强"的公司成为它的广告客户。谷歌的副总裁兴奋地说道:"我们现在看到的是一个广告业的突变,它正在引领我们的经济繁荣,线下的广告正在转向线上。"ThinkEquity 的分析师说:"谷歌推出了一种改变传统广告模式的新产品,它甚至在改变着传统的商业模式。"在看到 2005 年第三季度财报之后,业界对谷歌所奉行的广告业务模式也赞叹不已。美国技术研究(American Technology Research)的分析师 David Edwards 说:"这是一个让人印象深刻的季度,谷歌的这一业务模式几乎是完美的"。

思考题:
1. 用谷歌进行一项关键词搜索,在搜索结果的什么位置旁出现了广告?
2. 为什么说谷歌广告模式改变了传统的商业模式?
3. 谷歌公司的经营理念体现了哪些互联网思维?

第一节 电子商务模式的概念模型

一、电子商务的"四流"

商业就是交换,一个完整的交易包括四个要素:交易主体(谁参与交易)、交易内容

（交易什么）、交易方式（怎么交易）以及交易定价（收支）。商品的交易必然涉及四个流动：商品所有权的转移、货币的支付、有关信息的获取与应用、商品本身的转交，即商流、资金流、信息流和物流。这四个流动构成商务活动中的流通体系。"四流"互为依存，密不可分，相互作用。它们既有独立存在的一面，又有互动的一面。将商流、物流、资金流和信息流作为一个整体来考虑和对待，会产生更大的能量，创造更大的经济效益。

商流是指一种买卖或者说是一种交易活动过程，通过商流活动发生商品所有权的转移。具体是指商品交易的一系列活动，商流包括交易磋商、询盘、下订单、收藏、订阅付费，订单结束后的评论等。当交易双方进入物权转移的准备阶段，就进入了商流活动，在线服务、支付的确认、退货申请、售后服务与仲裁，都是属于商流。可见，商流是双方参与互动或者确认的完整过程。

资金流是指资金的转移过程，资金流是资金从消费者或客户到中间商，到制造厂家，再到原材料供应商的过程。包括付款、转账等，从付款方银行到第三方支付再到收款方账户的转移。

信息流是商品信息、物流信息、支付信息、广告信息、服务信息等信息的展示。信息流贯穿整个交易过程，没有及时的信息流，就没有顺畅的商流、物流和资金流。没有资金的支付，商流不成立，物流也不会发生。信息流一般是单向发起完成即可，比如发布商品，查看商品，都无须对方参与。

在电子商务环境下，商流、资金流与信息流这三种流的处理都可以通过计算机和网络通信设备实现。

物流作为四流中最为特殊的一种，是指物质实体的流动过程，具体指运输，储存配送，装卸，保管，物流信息管理等各种活动，它既包括原材料从供应商到制造厂家的流动，也包括产品从物流配送中心到消费者或客户的过程。对于提供的商品形式是服务时，物流则表现为商流。

四流的关系表现为：商流是动机和目的，资金流和物流以信息流为依据，通过资金流实现商品的价值，通过物流实现商品的使用价值，信息流对二者起指导和控制作用，也起到提供决策依据的作用。资金流是物流的依托和价值担保，并不断进行调整以适应物流的变化。物流则是资金流的前提和条件。

在传统商务中，由于信息的交流与沟通相对滞后，交易双方都倾向于将资金流和物流保持一致，以便确保交易能顺畅地进行。而电子商务借助于互联网和信息技术，使得信息的沟通大为方便快捷。利用信息流可以帮助买卖双方高效达成商流。同时信息流对资金的流向、物流的路径都可以实时控制，可以让资金和实物按照最合理的路径各自流动，这就使得资金流和物流可以发生一定程度的分离。由信息流提供及时准确的信息，由资金流有计划地完成商品价值形态的转移，由物流依据信息流和资金流的要求完成商业使用价值即商品实体的转移过程，从而使四流分别构成商务活动中不可分割的整体，共同完成商品流通的全过程。

总之，在电子商务中，商流、信息流、物流和资金流之间相互独立，在时间或空间渠道上可以分离，流动的次序也无固定模式。但是需要注意的是，四流的协同是分离的基础。在功能上不可互相替代，而是共生与整合，依存与互动的关系。简而言之，在电子商务中，商流、信息流、资金流和物流一方面相互独立、时空分离,另一方面却保持着高度协同、融合与互动。

二、电子商务演化升级的概念模型

电子商务演化升级的概念模型

用信息流、资金流、物流和商流的交换关系描述目标对象的商业主体在其商业生态系统中与其他商业主体之间利益关系的模型,称为商业模式的四流模型。通常用四种流的有向线图表示商业主体之间的交换流动关系。四流模型图可以用来描述电子商务模式的演变。

以杀毒软件的商业模式的变迁为例,通过用四流模型的分析可以清晰地看出软件行业的商业模式变迁。

最早的软件交易方式是将软件存储在磁盘或光盘中,通过线下渠道,如书店、软件商店销售给用户。资金流和物流发生在软件提供商与经销商之间,以及经销商与用户之间,资金流与物流流动相反。商流表现为批发合同、现场讨价还价等,资金流表现为现金、银行转账、支票等形式。三个阶段的四流模型如图2-1所示。

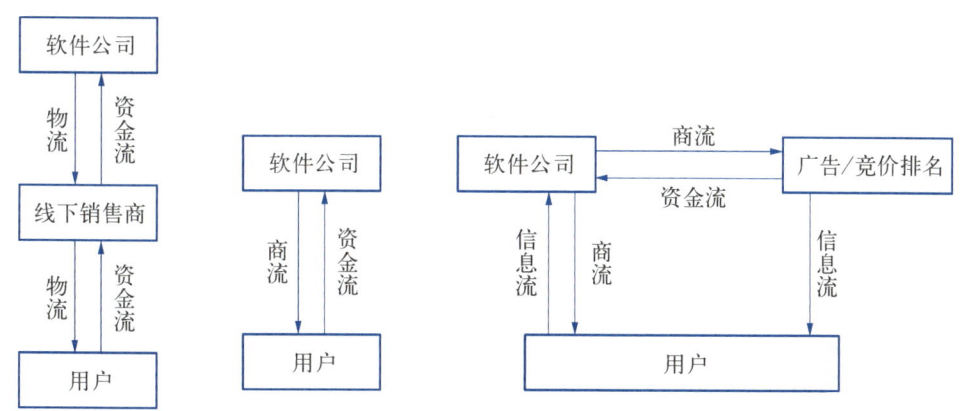

图2-1 三个阶段的四流模型

随着互联网的普及,软件提供商将软件产品直接在网上销售,用户付费下载后使用。通常按月、季、年付费订阅。付费后,用户可在线更新病毒库。在这一阶段,因为互联网的介入,软件公司可以直接面向用户,不用再通过经销商,资金流和信息流只发生在软件开发商与目标用户之间,降低了销售成本。从用户角度看,购买成本也大大降低。

在第三阶段,引入新的商业主体广告商,以国内的奇虎360公司为例,其360卫士以免费方式通过网络为用户提供安全服务。同时向用户采集软件使用的行为信息,掌握大量用户软件行为的数据,形成软件排行榜和推荐榜,由新的商业主体付费广告或竞价排名来支撑利润,新的商业主体带来新的资金流关系,对用户免费,但同时用户奉献了行为信息,包括软件使用的统计与反馈等行为数据,这些行为数据成为杀毒软件的核心资产,杀毒软件本身的基础服务成为免费服务,免费软件提供商却成为软件类推荐排名的搜索引擎。

在软件行业,软件可以表现为多种形式,如客服软件、通信软件、客户关系管理软件,以及企业内使用的各种管理信息系统的SaaS升级。免费是基础,只有免费才能获取大量的用户数据,这些用户数据包括用户下载量、使用情况统计、卸载、活跃度、反馈点评,根据这些数据形成推荐排名,于是排名才有了对其他用户的参考价值,当大量用户依赖这个参考排名进行选择时,就支撑起竞价排名的商业模式。

对于互联网创新企业来说,其商业模式通常不断地升级演化,商业模式的演化直接会反映在四流模型的变化中,或者引入新的商业主体,成为商业伙伴;或者改变了与其他商业主体之间的四流交换关系,从而形成新的商业模式。分析四流模式,可以帮助人们分析和理解互联网背景下的商业模式的创新。

课堂思考: 请用四流模型分析传统广告业和 Google 广告商业模式的不同。

第二节 商务模式的概念与电子商务模式的划分

商务模式的概念与分类

商务模式来源于英文词语 Business Model,是企业管理领域的术语,目前没有一个较为统一的定义,很多学者都是从不同的角度来描述商务模式。

Timmers 是最早研究商务模式的学者之一,他对商务模式的概念表述是,由产品流、服务流、信息流构成,描述了各参与者的角色、体系结构的收入来源,以及各参与者的潜在利益。Timmers 根据企业创新和功能集成的程度不同,把存在的电子商务模式划分为 11 种模式,如表 2-1 所示。

表 2-1 Timmers 对电子商务模式的划分

模式	描述
电子商店(E-Shop)	在网上销售产品
电子采购(E-Procurement)	在网上采购商品或服务
电子拍卖(E-Auction)	通过电子商务方式实现传统的拍卖
电子商城(E-Mall)	众多电子商店集合在一个知名的电子商城里
第三方市场(3rd Party Marketplace)	向买方提供卖方的产品目录,类似于交易所
虚拟小区(Virtual Community)	网上的虚拟小区,通过会员费或广告费获得收益
价值链服务提供商(Value Chain Service Provider)	专注于完成价值链中的特定功能,如支付功能或物流功能
价值链集成商(Value Chain Integrator)	集成价值链中的多项功能
协作平台(Collaboration Platform)	为企业间的合作提供一系列的工具和信息环境
信息经纪商(Information Broker)	提供信息增值服务
信任服务商(Trust Service)	提供认证、公证等信任服务

Michael Rappa 认为,商务模式是一个企业开展业务,并以此获利,从而能使企业进一步生存的方法。他认为商务模式本质上就是一些故事,是讲企业如何运作的故事,回答谁

是顾客、顾客需要什么、企业怎么赚钱、如何在合理的成本下向顾客提供价值。Michael Rappa 主要从盈利模式角度对电子商务模式来划分。将其分为代理型、广告型、信息中介型、商贸型、制造商型、会员型、社区型和订阅型等多种具体的模型。随着电子商务的发展，旧模式会不断发生变化，新模式也将层出不穷。

Amit 和 Zott 指出，商务模式是为了通过利用商业机会来创造价值，从而设计的交易内容、交易结构和对交易的治理方式。Zott 和 Amit 又指出，商务模式阐明了一个组织是如何与外部的利益相关者联系在一起的，以及如何与这些利益相关者进行经济交换来为这些交易伙伴创造价值。

概括一下商务模式，通俗地说就是要回答：我是谁？我在哪个行业？选择哪个价值点？借用什么样的外力？为了谁？为他们解决了什么问题？提供什么产品与服务？实现什么效果？用了多长时间？构建了什么堡垒？

为了回答这些问题，Osterwalder 和 Pigneur 2010 年提出了商务模式画布，他们用 9 个模块来分析和描述商务模式。画布图由 9 个方格组成，每一个方格都代表着成千上万种可能性和替代方案，要做的就是找到最佳的那一个。这 9 个模块分别是：客户细分、价值主张、渠道通路、客户关系、收入来源、核心资源、关键业务、重要伙伴和成本结构，商业模式画布如图 2-2 所示。

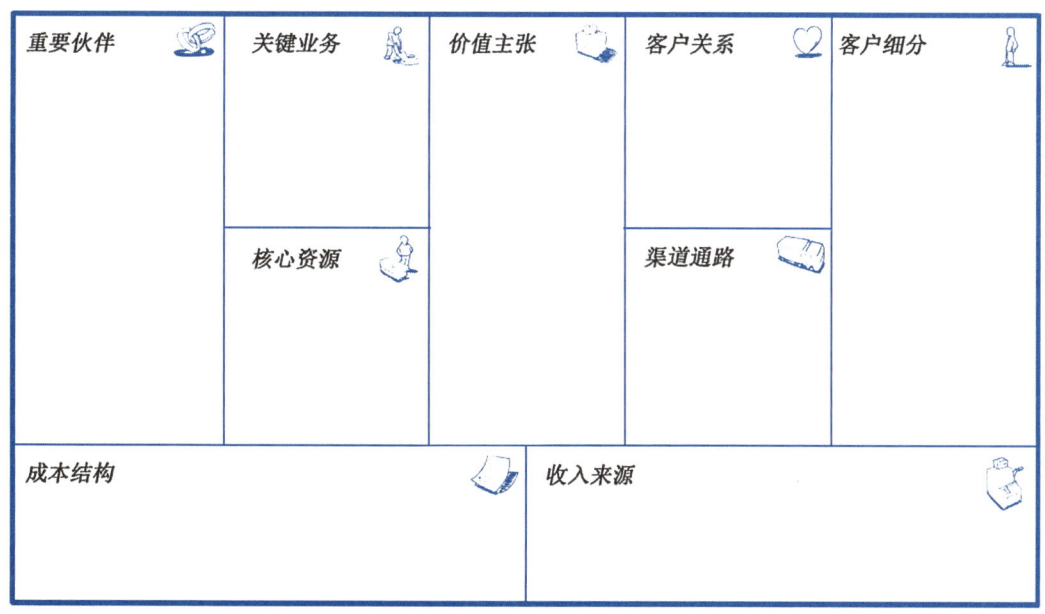

图 2-2 商务模式画布

国内比较普遍的电子商务模式分类方式是根据电子商务活动的各个主体，按照一定的交互关系所形成的相对固定的商务活动。如果从企业和消费者两个主体划分，则出现以下四种交互关系：B2B、B2C、C2B、C2C，其中 B 代表企业，C 代表消费者。

按照交易关系的方式来分类，这种分类方式相对比较笼统。电子商务模式创新是一种高度的非结构化问题，用笼统的方式来划分，很难对电子商务复杂的实施过程得到有效深入的理解。因此本书会从多个角度来分析和探索互联网环境下的商务创新。

按交易主体划分的电子商务模式

第三节 零售业电子商务

在互联网上开展的零售业务,称为网络零售,也就是常说的 B2C。在网上开展零售业务的厂商称为网络零售商(B),网络零售商既可以用固定价格的形式销售产品和服务,也可以用竞价的形式销售。零售意味着销售的对象是个人消费者(C)。众多的厂商为网络市场提供形形色色的商品,包括图书、电器、软件、办公用品、音乐制品、服饰、汽车等。早期网上零售的活动,所销售的商品主要是标准化商品,例如图书、软件,随着购物人群需求的不断扩大,像服饰这样的非标准化商品成为网上主要销售商品,消费者在线购买的商品更加丰富,同时还会购买类似保险理财这样的服务。

从销售渠道建设方式的角度分类,网络零售可以表现为自营型网络零售、平台型网络零售和复合型网络零售。

一、自营型网络零售

零售业电子商务 B2C 模式

自营型网络零售有两种情况,一种是制造商直接面向消费者的网络零售,另一种是采销型网络零售。

(一) 制造商直接面向消费者的零售

制造商直接面向消费者的零售通常称为直销。直销就是通过去掉中间商,降低产品的流通环节成本并满足顾客利益最大化需求的一种效率高的营销方式。也就是说,生产商不经过中间商而是直接把商品销售到顾客手中,减少了中间环节和销售成本。在非直销方式中,有两个销售环节,第一个是制造商销售给经销商,第二个是经销商销售给顾客。直销模式就是去掉了经销商环节。戴尔、小米自建网上商城,都是直接向个体消费者开展销售活动的直销模式。有的企业是从实体店向网络零售扩展,也有的企业是从网络零售走向实体门店。除了自建网站外,直销模式还可以通过入驻类似亚马逊和天猫这样的平台实现直接面向消费者的零售。

(二) 采销型网络零售

采销型网络零售指企业在线上自建商场,从采购、销售、建仓储中心、组建物流到客服,全都由自己掌握,以差价或品牌溢价作为盈利来源。自营型零售商对商品选择更加重视,在商品组合销售及关联推荐方面,做得更加细致,从商品选择、下单、支付、物流到售后环节,更重视用户的体验。典型的案例就是苏宁、亚马逊、京东自营部分。

课堂思考:
1. 从直销模式角度,分析小米产品的定价策略。
2. 分析采销型企业的系统功能结构,说说从后端看与直销模式有什么不同?

二、平台型网络零售

平台型网络零售,通过搭建网络平台,将众多的商家聚集在平台上,面向消费者销售。平台的建设者往往不亲自经营商品,而是通过技术为买家和卖家提供全面的电子服务。平台往往是一种多边交易,聚合买卖双方需求,提供交易服务、支付、融资、监督等。比如做商品交易的天猫,将众多的商家和消费者及第三方提供商聚集在平台,形成多边交易。对于平台而言,其盈利模式更具有潜力。平台通过聚集网络效应,拥有巨额的用户数量,一方面可以收取交易佣金,另一方面,可以通过庞大用户数的外围盈利。比如广告、附加服务、流量的导出、数据挖掘等以租金和广告费的方式获得利润。而平台上的卖家,更多的是中小型企业,他们可以利用平台来降低技术成本,在平台上搭建自己的店铺,直接面向网络消费者来经营自己的品牌。天猫就是典型的平台型零售模式。

在平台型网络零售模式中,平台作为中心,平行链接了多方利益,重构了商业流程。这些利益相关方形成生态系统的竞争优势尤其明显,可以自我繁殖、自我发展、自我修复,通过竞争加快新陈代谢。以淘宝公司为例,在其平台体系中创造出用担保交易解决网购信任问题的支付宝;在十几年的发展中又先后孕育出聚划算、天猫、菜鸟(解决物流问题)、速卖通(跨境电商)、盒马鲜生等物种。

三、复合型网络零售

复合型网络零售是指零售运营方不仅构建全套的供应链,亲自经营商品,形成自营零售业务,同时也积极拓展互联网平台优势,吸引众多的中小商家及企业入驻,充当了第三方平台的功能,为进驻的商家提供技术服务,形成店中店。比如亚马逊、京东都是属于这种类型。

这种零售模式有两个方面的业务,所以在利润方面,主要也包括两类,一是直接来自消费者。通过向广大的消费者提供便利的网上购物及售前售后服务,以差价或品牌溢价作为盈利来源;二是来自入驻平台的商家及企业。通过向入驻平台的企业及商家提供高质的电商技术服务,收取各种服务费及广告费。所以这类零售模式既要有超市运营的各项功能与管理机制,同时也要有平台运营与管理机制,二者协调发展。

课堂思考: 平台型和复合型两种模式中的平台,从盈利角度看基本相同,其他方面是否也完全相同呢?如果不同,试分析不同在哪些地方。

四、O2O 与新零售

当前面提到的三种在线零售模式与本地实体生活相结合后,就形成了 O2O 模式。O2O 即 Online to Offline,是指将线下的商务与互联网结合。O2O 的概念可以非常广泛,只要产业链中既可涉及线上,又可涉及线下,就可通称为 O2O。O2O 可以以自营方式、平台方式以及二者相结合的方式开展。通常形成 O2O 模式的关键是构建信息闭环。自营型 O2O 可以通过同一个信息系统完成信息闭环。而 O2O 平台可以从两种渠道获得最终的消费信息:线下商户和消费者。对于线下商户,形成信息闭环的形式有两种,即在线支付和与商户 CRM 相连；对于消费者这条渠道，可以通过对消费者奖励，鼓励消费者主动上传消费信息，然后再与商家确认以形成信息闭环。

O2O 可以发生在价值链的各个环节里面，包括物流、制造、研发等，通过这些环节的在线化形成线上跟线下融合的过程。"新零售"就是线上与线下的融合并重构的过程。

2016 年 10 月的阿里云栖大会上，马云在演讲中第一次提出了新零售。根据 MBA 智库百科，<u>新零售是指企业以互联网为依托，以消费者体验为中心，以数字化为驱动力，运用大数据、人工智能等技术手段，对商品的生产、流通与销售过程进行升级改造，并对线上服务、线下体验以及现代物流进行深度融合的零售模式</u>。简单来说，新零售就是以大数据为驱动，通过新科技发展和用户体验的升级，对企业价值链进行数字化改造，重塑供应链各个环节。新零售意味着人、货、场（场景）的重新定义，需要以消费者为中心的全渠道运营、以数据为基础的全域场景营销、分销渠道和供应链重构，实现智能分销、精准触达。

当整个零售产业链实现数字化和连通化之后，新零售会驱动供应链上的各个环节发生改变。打通线上的全渠道，把线下门店和渠道数字化，打通线上和线下，让每一个"货"的数据都在线，实现商品的灵活调配。以用户为中心，重构整个零售流程，体现了以下的零售变革：

（1）重构商家与消费者的关系。以消费者为中心，企业根据用户的支付偏好、消费路径、消费习惯、会员信息、储值信息等数据，为消费者提供多样化的购买场景，让消费者在任何时间和场景中都能体验更好的服务或产品。同时满足消费者个性化需求，实现千人千面的消费体验。

通过线下业态与线上业态相结合的形式，实现消费时段的随意化；将线上数据与<u>线下数据</u>结合，对消费者有了立体表达，为消费者体验的个性化提供依据。通过渠道的分散化、场景的多元化、支付手段的多样化来达到使消费者享受消费过程的目的。

（2）重构流通。在数据的驱动下，企业更注重供应链的集成和协调，通过预测、智能云仓等提前调配商品，并通过智能仓储协同和配送路径的优化，以最短的时间将商品送达消费者手中，实现高服务水平的同时使整体成本最小化。面对线上和线下的融合，面向消费者的物流配送反应将会更加灵敏，零售的配送不仅仅追求速度，更要追求准时。

（3）重构销售场景。与传统销售渠道不同，新零售的销售场景更综合化或者近场化；综合化表现在以互动、体验为主诉求的同时，将娱乐、艺术、人文、生活服务等多元素集成一体，形成新的生活商业综合体；近场化指销售场景与消费者的距离更近，比如办公室无人货架、车载零食货架，使销售点与消费者的距离缩小到 10 米、甚至 1 米的距离，从而让消费者能更快地获取所需的商品。

五、客户定制 C2B

客户定制，也就是常说的 C2B(Customer to Business)，是消费者面向企业。消费者根据自身需求定制产品和价格，或主动参与产品设计和定价，企业按照定制化需求进行生产。也就是说由消费者发布自己要些什么东西，要求的价格是什么，然后由商家来决定是否接受要约。假如商家接受消费者的要约，那么交易成功；假如商家不接受，那么交易失败。随着 Web2.0 的发展，消费者的声音越来越大，消费者群体的力量也越来越大，企业

零售业电子商务C2B模式

也开始重视消费者的意愿表达,并为消费者意愿表达创造条件。C2B模式就是通过聚合分散但数量庞大的用户形成一个强大的采购集团,以此来改变B2C模式中用户一对一出价的弱势地位,使之享受到以大批发商的价格买单件商品的待遇。

(一) C2B 的模式分类

如果从实现方式及定制层级来看,C2B 目前存在聚定制、模块定制、深度定制和价格要约四种形式。

1. 聚定制

聚定制是指通过聚合客户的需求组织商家批量生产,让利于消费者的一种形式。天猫"双十一"的节前预售,就属于这种形式。其流程是消费者提前交定金抢占优惠价名额,然后在活动当天交尾款。此类C2B形式对于卖家的意义在于可以提前锁定用户群,有效缓解B2C模式下商家盲目生产带来的资源浪费,降低企业的生产及库存成本,提升产品周转率,对于商业社会的资源节约起到极大的推动作用。聚划算、团购也属于聚定制的一种。

2. 模块定制

聚定制是指聚合了消费者的需求,并不涉及企业端产品本身的定制的一种形式。模块定制是将产品部分功能标准化,在企业既有的供应链基础上,通过成熟的模块组合快速形成菜单式的个性化定制的模式。戴尔就是典型的使用模块定制模式的公司。

3. 深度定制

深度定制是指客户能参与产品设计、生产全流程的定制环节的一种形式。厂家可以完全按照客户的个性化需求来定制。在企业尚品宅配的家具定制中,消费者都可以根据户型、尺寸、风格、功能实现个性化定制。深度定制核心难题是如何解决大规模生产与个性化定制相背离的矛盾。尚品宅配将 IT 技术与互联网技术深度整合,通过其设计系统、网上订单管理系统、条码应用系统、混合排产及生产过程系统将不同客户的订单重新拆单分解,相同尺寸的板材合并批量生产,解决了大规模生产与个性化定制之间的矛盾。

4. 价格要约

价格要约是指由购买方出价,销售方选择是否接受的一种形式。这种形式的典型例子是早期的 Priceline,即用户提出期望购买的价格,Priceline 公司匹配合适的商家。

此外,C2B还有大数据驱动下的群体被动定制模式。定制往往是以满足用户的个性化需求为目标,而个性化与规模化之间往往是矛盾的。如果厂商为每个人制作一个特定的产品,必然带来生产成本的大幅提升。但是在大数据的帮助下,可以将用户的搜索浏览、驻留时间、商品对比、购物车、下单、评价等动态数据以及用户的个人资料进行交叉分析、定点分析和群体分析,挖掘出用户的需求痛点,为产品研发设计和生产提供决策依据。这种用户不知不觉参与的"大数据定制"可以帮助企业更好地满足消费者的需求,也有助于帮助企业形成规模化生产降低成本、减少库存和提升销量。

C2B 模式的实质是反向供应链再造,是根据客户需求进行柔性化生产,而柔性化生产的核心是供应链的敏捷和精准的反应能力。要做到深度定制,重构精准供应链是关键。

如果是按 C2B 产品属性来分类,可以分为实物定制、服务定制和技术定制。服装、鞋、家具等都属于实物定制。服务定制包括家政护理、旅游、婚庆等。技术定制中典型的例子是 3D 打印技术。

(二) C2B 的优势

(1) C2B 彻底改变了消费者在交易中的弱势地位,体现了消费者为核心的消费观念。

(2) C2B 扩展了企业的发展空间。在原材料价格普遍上扬的情况下,采用电子商务 C2B 模式,不仅可以降低中小企业的成本,而且可以打通虚拟市场,扩大交易份额,进行企业结构性转变,向半虚拟企业发展。同时,网络销售的商品让生产厂家的利润提升,价格战减少;中间渠道消失,以销定产,减少库存成本。定制会是未来商业模式主流,它往往呈现出个性化需求、多品种、小批量、快速反应、平台化协作的特点。

(三) C2B 发展面临的难点

1. 需要有全产业链的控制能力

C2B 不仅对工厂生产环节是一个巨大的考验,全流程的每个环节也需要重新变革。只有控制了从设计、渠道、营销、品牌、生产线等全产业链,才为柔性化生产提供了可能。

2. 需要改造生产流程

个性化定制对企业的设计与生产提出了更高的需求,企业设计产品时需要考虑产品的可配性,考虑这样的个性化是否有利于生产。传统制造业的产品都是模块化批量生产的,而定制就要为每一件产品独立建模,这意味着整个生产流程将发生颠覆性改造。

3. C2B 产品的价格和生产周期的控制

目前解决大规模生产与个性化定制仍然是核心难题,定制的流程复杂往往导致传递到产品上体现出来的是价格过高,沦为少数人的专利。一件定制服装从开始的客户需求沟通、量体裁衣到最后交付,需要经过十多道工序,生产效率低下。而在生产周期上,客户下单的零散性、无计划性也给供应链备货、生产排期带来了新挑战。

4. 对企业端的专业化水平要求更高

尽管 C2B 模式为消费者带来了更多的话语权,但对于消费者而言,本身的消费诉求往往是模糊不清的,让消费者参与产品设计,除了其专业水平有限以外,消费者是否有足够的耐心和兴趣协助企业还是个问题。这就需要企业有专业的人才,不但要具备文化修养和沟通能力,还需要对制作工艺精通。

5. 客户消费需求的确认

这里有两个难点。一个是如何确认消费者的需求,只有在企业决策前了解消费者的需求才能发挥这种模式的巨大潜力,如果需求没确认,那么跟 B2C 并无多大的区别。第二个难点是如何汇集大量订单。C2B 是通过聚合分散但数量庞大的用户向企业发出生产需求,如果无法汇集大量订单,C2B 模式将很难实现。

第四节 B2B 与产业互联网

B2B 电子商务是指企业与企业之间,通过互联网或专用网方式进行的商务活动。互联网连接一切共创共享的特征,打破了工业时代的价值边界、产业边界。用户和品牌厂商之间更加便捷地连接和互动,用户越来越多地参与厂商的价值链条各个环节。任何一家企业,不论它具有多强的技术实力或多好的经营战略,要想单独实现 B2B 是完全不可能的。单打独斗的时代已经过去,企业间建立合作联盟逐渐成为发展趋势。网络使得信息通行无阻,企业之间可以通过网络在市场、产品或经营等方面建立互补互惠的合作关系,形成了网状的业务整合,以更大的规模、更强的实力、更经济的运作真正达到全球运筹管理的模式。可见在电子商务中,企业与上下游之间的关系呈现出新的形式,传统的价值链模型被互联网技术和思维重构。

一、B2B 分类及交易架构

围绕供应链开展的 B2B 包含了供应商、制造商、分销商等的价值网结构。所以按交易的类型可以做出以下的分类。

(一) 面向制造业或面向商业的垂直 B2B

垂直 B2B 可以分为两个方向,即上游和下游。生产商或零售商可以与上游的供应商之间形成供货关系,比如 Dell 公司与上游的芯片和主板制造商就是通过这种方式进行合作。生产商与下游的经销商可以形成销货关系,比如 Cisco 公司与其分销商之间进行的交易。简单地说,这种模式下的 B2B 网站类似于在线商店,这一类网站其实就是企业网站,就是企业直接在网上开设的虚拟商店,通过这样(自己)的网站可以大力宣传自己的产品,用更快捷、更全面的手段让更多的客户了解自己的产品,促进交易。商家也可以开设网站,这些商家在自己的网站上宣传自己经营的商品,目的也是用更加直观便利的方法促进、扩大交易。

B2B 模式

1. 垂直型 B2B 交易的架构

在垂直型 B2B 交易的架构中,企业内部区分成生产制造、财会行政、研究发展、顾客服务、营销业务、采购运送以及仓储后勤等部门,通过企业内部网来进行彼此的联络,也就是企业信息化的范围,以生产制造部门为中心,对上游形成供应链管理(SCM),对下游形成顾客关系管理(CRM)。

跟采购运送、仓储后勤部门有关的原料供货商及物流业者,他们之间就可以通过企业外部网(Extranet)来进行交易;同样的顾客服务、营销业务部门跟经销商及企业客户也一样通过企业外部网来进行。垂直型 B2B 交易的架构如图 2-3 所示。

2. 按交易的控制权划分垂直型 B2B

(1) 卖方为主模式。

这是一种最普遍的 B2B 电子商务模式。在这种模式中,由卖方企业进行产品或服务的销售,卖方企业占据主动地位,企业先上网公布信息,然后等待买方企业上网洽谈、交易。例如 Dell 的对企业销售模式。卖方为主模式如图 2-4 所示。

卖方为主的网络市场是一个卖家,多个买家,在这种模式当中往往会将 B2B 的电子商务和 B2C 整合在一起,也就是说,卖家可以向消费者销售,也可以向企业买家销售,但一般情况下,卖方企业会把 B2B 订单与 B2C 订单区分开来,因为两者的订单的处理流程、配送系统,定价模式都是不同的,B2B 交易中可以使用一种叫 EDI 的电子数据交换技术,而这些技术在 B2C 的电子商务中是不使用的。

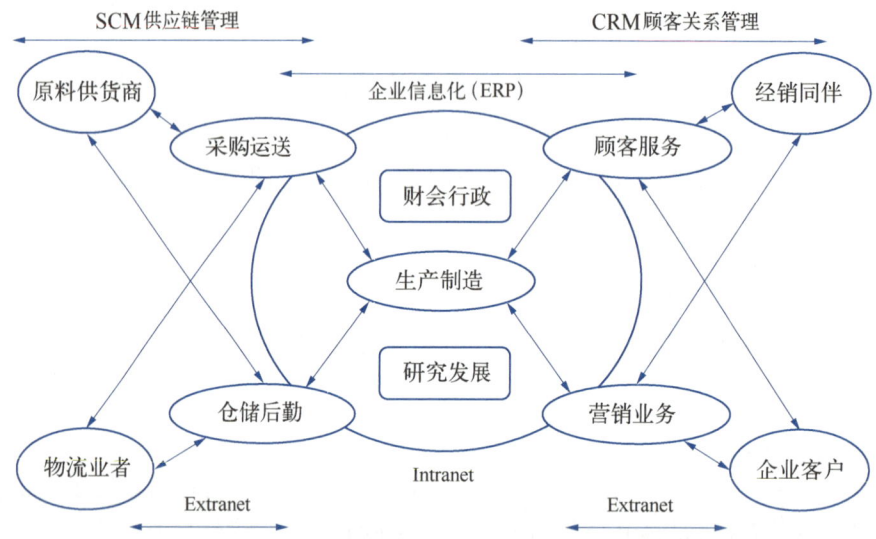

图 2-3 垂直型 B2B 电子商务交易架构

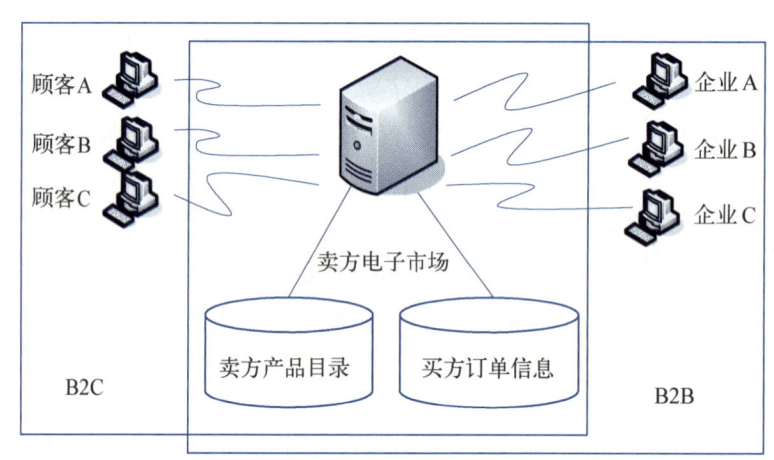

图 2-4 卖方为主模式

卖方为主的市场,可以通过电子商品目录进行销售,也可以采用正向拍卖的方式销售,还可以针对大的合作伙伴进行一对一的销售。

(2)买方为主模式。

这是一种以买家为中心的模式。买方企业先上网公布需求信息,然后等待卖方企业来上网洽谈、交易。这种交易方式类似于现在企业常用的项目招标方式。例如像英特尔、沃玛特、IBM、通用汽车、戴尔电脑等。买方为主模式如图 2-5 所示。

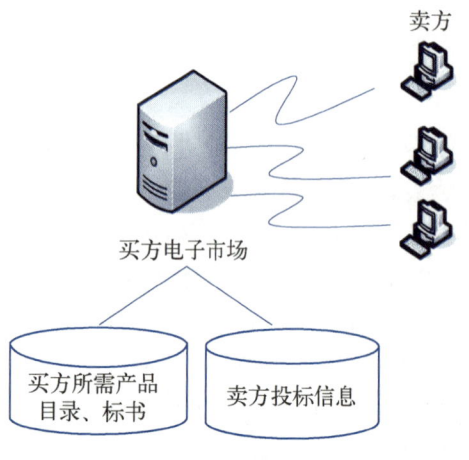

图 2-5 买方为主模式

（二）面向中间交易市场的 B2B

这种交易模式是交易所式 B2B，它是将各个行业中相近的交易过程集中到一个场所，为企业的采购方和供应方提供了一个交易的机会，阿里巴巴的 1688 就属于这种类型。这一类 B2B 企业自己既不拥有产品，也不经营商品，它只提供一个平台，在网上将销售商和采购商汇集至一起，采购商可以在其网上查到销售商的有关信息和商品的有关信息。

提供网上交易市场的 B2B 公司针对卖方或买方而言，是作为独立的第三方存在的。中立的 B2B 平台是市场建设者，他们对买主和卖主有着同样的吸引力。中立的 B2B 平台往往可能在买方和卖方都非常分散的市场中取得成功，因为在这样的市场中，B2B 公司能降低企业的交易成本并具有较高的信息匹配能力。面向中间交易市场的 B2B 如图 2-6 所示。

平台作为信息中介将买卖双方连接到电子目录、电子交易和拍卖市场。他们为买卖双方提供电子商务市场软件产品和服务。

在交易市场根据网站涉及的行业范围，可以将交易平台分为综合型的 B2B 平台和专业型 B2B 平台。综合型 B2B 平台是指这样一些网站的集合：它们为买卖双方创建起一个信息和交易的平台，买者和卖者可以在此分享信息、发布广告、竞拍投标、进行交易。它们涵盖了不同的行业和领域，服务于不同

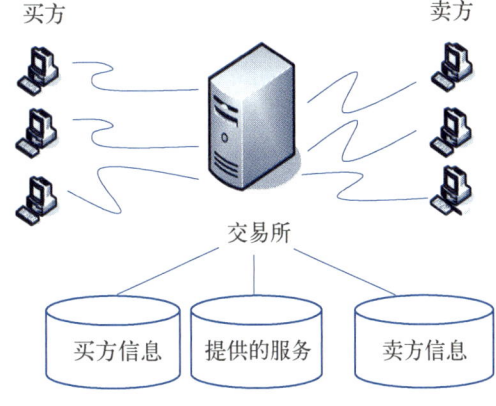

图 2-6 面向中间交易市场的 B2B

行业的从业者。综合型 B2B 追求的是"全"，这一模式能够获得收益的机会很多，而且潜在的用户群体也比较大，所以它能够迅速地获得收益。但是其风险主要体现在用户群体不稳定，被模仿的风险也很大，如阿里巴巴的 1688。

专业型的 B2B 平台服务一个或几个相互关联的行业。这些网站的专业性很强，它们将自己定位在一个特定的专业领域内，如 IT、化学、钢铁、农业等。专业型网站是将特定产业的上下游厂商聚集一起，让各阶层的厂商都能很容易地找到供应商或买主。在国内有不少专业型的 B2B 网站，如化工网、鞋网、不锈钢网等。

专业型 B2B 模式追求的是"专"。吸引的是针对性较强的客户，这批针对性较强的客户是这些网站最有价值的财富，是真正的潜在商家，这种市场一旦形成，就具有极大的竞争优势。所以专业型网站更有聚集性、定向性。它较喜欢收留团体成员，易于建立起忠实的用户群体，吸引着固定的回头客。

二、价值网

传统企业通过封闭内部价值链形成信息不对称来获得盈利。随着互联网时代的到来，价值链的边界被打破，出现了价值共创机制，价值链变成了价值网。通过价值共创机制，企业可以把自己不擅长的部分外包出去，大幅度提升效率。

（一）价值网理论

彼得·基恩和马克·麦克唐纳指出，电子商务越来越多地卷入一个由企业、消费者、

中间商、增值开发商和供应商组成的复杂的关系网中来运作。中间商是一些专业公司,他们提供的服务超越其客户公司自己所提供的服务,中间商包括呼叫中心和快递公司等。增值服务商对企业所提供的产品和服务进行补充,从而将企业增值能力提供给消费者。比如淘宝千牛卖家中心就有众多的增值服务商为淘宝经营者提供多种服务,如网店装修、流量推广、品牌设计、财税服务、法律服务等,以此增加淘宝平台的价值。

1998年Adrian Slywotzky在《利润区》一书中首次提出了价值网的概念。他指出,由于客户需求增加、互联网的冲击以及市场高度竞争,企业应该改变事业设计,将传统的供应链转变为价值网。David Bovet在《价值网》一书中进一步分析了价值网。他认为价值网是一种全新的业务模式,它将顾客需求与制造相连接,通过数字信息快速销售和配送产品,提高效率降低成本;与合作提供商相连,以便快速交付定制解决方案;与运营设计相连,提高战略水平,适应不断发生的变化。与波特的价值链相比,价值网打破了传统价值链的线性思维和价值活动顺序分离的机械模式,围绕顾客价值,把网络和信息技术作为手段,快速、精确地在线聚合各种信息,并与供应商、合作伙伴、分销商和顾客进行分享,用信息链接、协调和控制链上的所有活动,使得价值链上所有成员密切地合作,快捷、可靠和高效地创造更多的价值。价值网如图2-7所示。

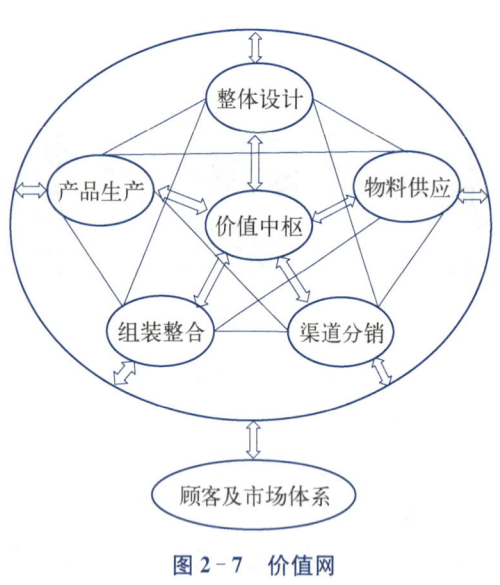

图2-7 价值网

价值网呈现出以下特征:

(1)顾客价值是核心。顾客是价值的共同创造者,价值流动由顾客开始,把顾客纳入价值创造体系中,把他们的要求作为企业活动和企业价值取得的最终决定因素。

通过网络,可以及时捕捉顾客的真实需求,并用数字化方式将其传递给其他在线合作伙伴。将顾客纳入企业价值创造体系中,还可以不断为企业发展提出新的要求,有助于企业明确竞争优势动态演化的趋势。

(2)领导企业是价值中枢。领导企业是价值网络形成的主要动力,而且可以整合其他成员创造的价值,并最终影响价值创造的方式和价值传递的机制。市场与客户的需求是激活价值网的关键,而领导企业的作用在于敏锐地发现有关客户群的需求信息,并把这些需求信息及时、准确地反馈给生产厂商和供应商,使得价值网络里的每个参与者都能够贴近其客户,并对市场状况及其变化迅速做出响应。

(3)数字化的关系网络是支撑体系。数字化的关系网络可以迅速地协调网络内的企业、客户及供应商的种种活动,并以最快的速度和最有效的方式来满足网络成员的需要和适应消费者的需求。企业还可以通过建立网络关系实现企业间的资源共享,相互弥补资源的不足。

(4)具有核心能力的生产厂商、供应商是微观基础。价值网的整体竞争力来自价值网络成员的之间的协同,这种协同强调网络中的企业集中精力做好本企业所擅长的业务工作。具有核心能力的生产厂商、供应商是保证价值网络正常运转的微观基础。

（二）产业互联网

互联网对消费端的升级改造造就了一批互联网巨头，谷歌、Facebook、阿里巴巴、腾讯等都是用互联网思维构建起来的商业公司。当互联网深入每一个产业链时，将会给整个商业和社会带来更大的变革。因为需求端的改造最终需要供应链的变革来驱动。产业互联网是消费互联网引申出的概念，是指传统产业借助大数据、云计算、智能终端等技术，将企业以及整个产业链，从研发、生产、交易、流通到融资等各个环节互联网化，通过数据打通上下游，优化资源配置，提升产业协同效率，让管理者站在产业的角度重新塑造企业的核心竞争力，实现跨越式发展。换句话说产业互联网是互联网对企业端的改造。产业互联网是全场景、全链路的数字化、互联化、智能化。互联网和信息技术延伸到产业链条的其他部分，也就是供应链、制造、研发等环节实现数字化、互联化的集体升级。与消费互联网相比，产业互联网体现出以下几个特点：

（1）重点针对B端用户，强调对供给侧的变革，应用于全生产场景。

（2）强调为产业链上的各类参与者赋能。

（3）强调产业效率；与消费互联网强调用户至上不同，产业互联网重视产业效率，通过提升产业效率重塑消费体验。

要成功完成传统产业向产业互联网转型，就是要将传统的垂直价值链向新型的价值网转变。采用平台思维，将产业链上的企业"串联"，通过制定规则，让大家互利互赢。例如构建供应链平台，与多个商家（大小微商家B）连接，形成供给侧的网络协调，让B端更好地服务上千万客户（C端），形成S2B2C的供应链整合平台。S是供应链平台，为商家B赋能，B可以是大商家、小商家，也可以是自由职业者。S通过数据标准化把各方连接起来，让企业更高效运行，同时通过资源集采降低成本，并共同完成商品的品质保证。通过数据和智能技术，B也能够把C端的信息在有规范且不影响隐私的条件下相互串联，让整个行业进入一个更高效的运行中。例如，面向母婴市场中小企业的海带网，为中小卖家提供货源和软件服务。云集、全球捕手、有赞一方面为中小卖家提供货源和软件服务。在上游供应链系统的支持下以自营模式为消费端（C）提供零售服务。平台往往通过SaaS化工具、资源的集中采购、共同的品质保证、服务集成以及数据智能等集中向中小微企业提供"商品、内容、物流、客服、IT系统和培训"服务。

另外，阿里巴巴旗下的菜鸟也是一个成功的物流产业互联网典型例子。菜鸟物流通过用淘宝或天猫上的单量，把各个环节的信息系统打通，用"数字化"连接和服务数万家物流公司，从而达成高效的普惠物流服务。

课堂思考：为什么说互联网的前二十年是消费互联网时代，后二十年是产业互联网时代？

第五节　C2C电子商务模式

一、C2C电子商务模式概述

所谓消费者对消费者间的电子商务经营模式是将大量的个人买主和卖主联系起来，

以进行商品的在线交易。

其特点类似于现实商务世界中的跳蚤市场。其构成要素,除了包括买卖双方外,还包括电子交易平台供应商,也即类似于现实中的跳蚤市场场地提供者和管理员。传统的 C2C 交易模式会因为地理区隔而受限制,交易的范围和规模较小、交易的方式也限于以物易物,之后逐渐转变为以钱易物的方式。由于互联网的出现,让人们可以实现异地以物易物。在 C2C 模式中,电子交易平台提供商扮演着举足轻重的作用。

(一) 提供交易平台

网络的范围如此广阔,如果没有一个知名的、受买卖双方信任的提供商提供平台,将买卖双方聚集在一起,那么双方单靠在网络上漫无目的的搜索是很难发现彼此的,并且也会失去很多的机会。

(二) 扮演监督管理职责

电子交易平台提供商往往还承担监督和管理的职责,负责对买卖双方的诚信进行监督和管理,负责对交易行为进行监控,最大限度地避免欺诈等行为的发生,保障买卖双方的权益。

(三) 提供技术支持

电子交易平台提供商还能够为买卖双方提供技术支持。包括帮助卖方建立个人店铺,发布产品信息,制定定价策略等;帮助买方比较和选择产品以及电子支付等。正是由于有了这样的技术支持,C2C 的模式才能够短时间内迅速为广大普通用户所接受。

(四) 提供增值服务

随着 C2C 模式的不断成熟发展,电子交易平台提供商还能够为买卖双方提供保险、借贷等金融类服务,更好地为买卖双方服务。

因此,可以说,在 C2C 模式中,电子交易平台提供商是至关重要的一个角色,它直接影响这个商务模式存在的前提和基础。

人们在讨论 C2C 电子商务模式的时候,总会从商品拍卖的角度分析该模式存在的合理性和发展潜力,但是往往忽略了电子交易平台提供商的地位和作用。单纯从 C2C 模式本身来说,买卖双方只要能够进行交易,就有盈利的可能,该模式也就能够继续存在和发展;但是,这个前提是必须保证电子交易平台提供商实现盈利,否则这个模式就会失去存在发展的基础。

而反过来说,电子交易平台提供商同样要依存于 C2C 的买卖双方。平台提供商的利润来源,一般是广告、佣金、会员费、服务费以及金融服务的利润等。其中,主要的利润均来自买家和卖家,也即是购买平台提供商服务的消费者。以 eBay 为例,它的广告收入只占总收入的 5%,其余的利润,大都产生在商品交易的过程中。

因此,平台提供商要想生存和发展,必须为其会员提供更加完善和个性化的服务,最大限度地提高会员的忠诚度,并不断开发新的会员。

二、C2C 交易的架构

买卖双方通过网络中间商所建构的电子交易平台进行在线撮合。当撮合成功之后,卖方将实物产品通过物流企业送到买方手上,买方将现金通过金融机构,转至卖方手中,买家、卖家、电子交易平台提供商,三者相互依存,密不可分,共同构成了 C2C 电子商务模式的基本要素。C2C 电子商务模式的交易架构如图 2-8 所示。

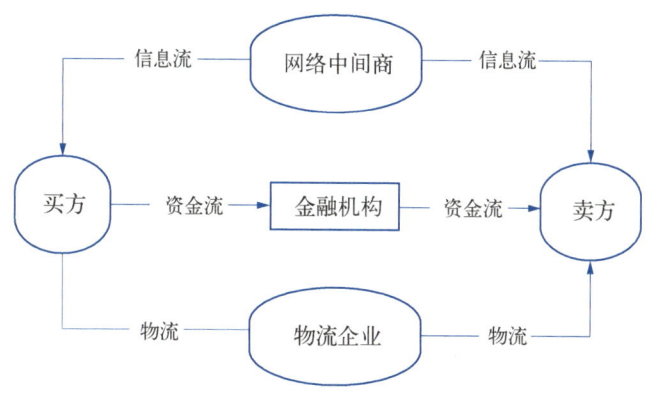

图 2-8 C2C 电子商务的交易架构

三、C2C 经营模式

比较典型的 C2C 经营模式主要有:

(一) 电子公告栏(BBS)

电子公告栏的功用就是提供一种平台,让网上会员能自由地传递信息或进行在线交易。它使买卖双方得以张贴布告以寻找交易对象,让有意进行交易的一方能主动响应对方。好处是不需要任何交易成本且具有高度的便利性,但缺点就是会有信任机制与商品质量的问题。以 BBS 和 E-Mail 为基础,发展出来了群组讨论、在线聊天、交友、个人空间等网络社区模式。

(二) 网络拍卖

网络拍卖是网络 C2C 模式中最具代表性的一种,网络拍卖是将传统拍卖移转为电子作业方式,标价机制从本质上来说是相同的,但网上拍卖的交易方式更为节省交易成本而且可以扩大交易项目。网络拍卖不需要有形的交易场所,只要能够上网,就可以在任何时间、任何地点进行交易,无论是白天或晚上,买卖双方都可以进行越洋、跨洲交易。除此之外买主不一定是商人,任何想卖掉商品的个人都可以透过网站拍卖找到买主。

(三) 即时通信(IM)

IM 的技术和功能可以非常丰富,语音、视频、文件共享、短信发送等高级信息交换功能都可以在 IM 工具上实现,功能强大的 IM 软件足以搭建一个完整的通信交流平台。即时通信主要目前多用于移动端社交,为买卖双方提供方便的交流和交易。

(四) 端对端技术

在线音乐分享与实时传讯软件受到欢迎后,P2P 的经营模式渐渐受到人们的欢迎及注意。P2P 是 Peer to Peer 的缩写,所谓 P2P 技术就是所谓"端对端"技术。P2P 的用户可借着 P2P 业者建立的平台软件直接连到双方的计算机,从而进行信息和服务的分享及资源交换。如 Napster 公司、Apple 计算机的 iPod 产品与 iTunes 在线音乐下载服务等。

虽然 P2P 具有很大的潜力,但是目前它仍然面临许多问题,例如在线音乐分享平台的合法性一直受到质疑,像是盛极一时的 Napster 音乐档案交换公司被唱片业者控诉并付出极大金额的和解费用。除此之外,数据保密及安全性也是极大的问题,为了成为电子商务有效的经营模式,P2P 必须克服这些问题。

第六节 Web 2.0 下的社交与商业

O'Reilly Media 在 2004 年创造了一个新的术语 Web2.0,它是指第二代基于互联网的服务。凭借第二代服务,用户能创建和控制网页的内容,相互协作以及共享信息。

与第一代基于互联网的服务 Web1.0 相比,Web2.0 强调网页的动态内容、用户体验、元数据、信息的可测量性、开源性以及用户的自由度等。更多的 Web2.0 应用还体现在基于 Ajax 和 XML 标准的互动、客户友好的界面。Ajax 是一种创建交互式网页应用的网页开发技术,是用 Javascrip 脚本语言写出来一个框架。使用这种技术,网页的反应速度会很快,因为用户操作的时候,网页只是与服务器之间交换很少的一些数据,而不必像原有的技术那样,每次都要从服务器上下载全部的数据。这样,速度快了,互动性强了,应用性也加强了。Web2.0 技术与用户创建内容的理念高度一致。

用户创建内容 UGC(User Generated Content,也称为"消费者自主媒体")指的是由最终用户创建的各种媒体内容,可供所有的网络用户共享。人们在界定 Web2.0 技术的时候,会提到用户创建内容。它包含着诸多的表现形式,例如用户自行解决问题、用户自创新闻、自创广告、网上八卦、网上娱乐等。随着用户创建内容的日益增多,主动权已经逐渐转移到终端用户或是消费者手中。过去盛行的推式广告作用日趋式微。消费者把自己的朋友或家人凝聚在一起,形成自己的小圈子。在这样的小圈子里,人们相互之间的信任度更高一些,共同的话题也多一些。在 Web2.0 下,电子商务的一个最重要的应用就是出现了社交和商业的结合。这些网站始于在线社区,目前正迅速发展并给电子商务带来许多创新。

一、社交网络

社交网络(Social Networking,SN),是指个人之间的关系网络,这种基于社会网络关系系统思想的网站就是社会性网络网站,即 SNS(Social Network Site)。社交网站的发展验证了"六度分隔理论"(Six Degrees of Separation),即"在人际关系脉络方面你必然可以通过不超出六位中间人间接与世上任意一个人相识"。个体的社交圈会不断地扩大和重叠并在最终形成大的社交网络。社交网络在人们的生活中扮演着重要的角色,它已成为人们生活的一部分,并对人们的信息获得、思考和生活产生不可低估的影响。社交网络成为人们获取信息、展现自我、营销推广的窗口。但是与此同时,社交网络也存在着一些弊端,包括个人信息的泄露等。现在许多 Web2.0 网站都属于社会性网络网站,按照应用的形式和内容可以有以下表现形式:

(1) 综合型社交平台。为个人提供网上社交活动,代表网站是 Facebook。其特点是具有大量的活跃用户、社交图谱以及开放平台应用程序接口。利用接口这个框架,第三方软件开发者可开发与社交平台核心功能集成的应用程序,例如小游戏、社会化音乐发现和分享服务、数据统计等。综合型社交平台以平台为基础、以内容展示为主,形成个人自我为中心的网络社交模式。

(2) 专业型社交平台。这是指专为某类商务活动而开发的平台,例如,LinkedIn、优士网。可以通过这样的站点,获得职业社交,维护和拓展职业人脉,利用人脉满足投资、创业、求职、招聘、商业合作等各种职业需求。

(3) 视频类社交平台。指专为传播和分享用户创建的多媒体内容(例如,视频、照片等)而开发的平台,如 YouTube、抖音等。

(4) 虚拟聚会平台。这主要是指 3D 虚拟世界网站,由虚拟世界中的居民(网络用户)创建并拥有,如 Second Life。

(5) 博客、微博以及基于手机通信录的移动社交模式。博客(Blog)是指网络日志,是一种传播个人思想,带有知识集合链接的出版方式。微博(Weibo),即微型博客的简称,是一种通过关注机制分享简短实时信息的广播式的社交网络平台,是基于用户关系进行信息分享、传播以及获取的平台。用户可以通过 WEB、WAP 等各种客户端组建个人社区,以 140 字(包括标点符号)的文字更新信息,并实现即时分享。微博作为一种分享和交流平台,其更注重时效性和随意性。最有代表的是 Twitter、Tumblr、新浪微博。微博更能表达出每时每刻的思想和最新动态,而博客则更偏重于梳理自己在一段时间内的所见、所闻、所感。

基于手机通信录的社交应用比较有代表的应用是微信、Kik、Kakao、WhatsApp 等。其特点就是通过手机通信录建立现实的社交图景。社交关系更加稳定。

(6) 多人协作的写作系统(Wiki)。主要指维客网站,如 Wikimedia、百度百科等。是一种在网络上开放且可供多人协同创作的超文本系统,由沃德·坎宁安于 1995 年首先开发。沃德·坎宁安将 Wiki 定义为"一种允许一群用户利用简单的描述来创建和连接一组网页的社会计算系统"。Wiki 包含三个功能:一是能简易制作与修改 HTML 网页;二是可以记录和编排所有的改变;三是提供还原改变的功能。使用 Wiki 系统的网站称为 wiki 网站,允许任何访问它的人快速轻易地添加、删除和编辑所有的内容,而且通常都不须登录,因此特别适合团队合作的写作方式。Wiki 系统也可以包括各种辅助工具,例如让使用者能容易地追踪 Wiki 的历史变化,或是支持众多使用者之间进行讨论以解决关于 Wiki 内容的分歧(Wiki 的内容也可能有误,因为使用者必定会加上不正确的资料)。与其他超文本系统相比,Wiki 具有使用简便且开放的特点,所以 Wiki 系统可以帮助我们在一个社群内共享某个领域的知识。

(7) 问答型社区。问答型社区是介于百科和传统问答之间的问答类 SNS,是一个公共的知识平台,通过信息类聚使人群建立社交关系。它的价值在于重建人与信息的关系。通过关注话题、关注问题、关注一个用户的所有问答等功能来浮现最佳问题答案和全面的相关知识。问答社区氛围友好、理性、认真,连接各行各业的精英。他们分享着彼此的专业知识、经验和见解。代表站点有 Quora、知乎等。

(8) 社交书签(Bookmark)。社交书签是一种超链接的收藏和分享的社交性软件或网站。因为收藏的超链接可以被许多人在网络上分享,因此也有人称之为网络书签。用户可以通过它来收集、分类、聚合感兴趣的网络信息,如新闻、图片、资料、网站等。同时,也能方便地与其他人分享自己的个人收藏,并从其他用户收藏中进行信息采集,快速找到感兴趣主题的网站。社交性书签的另一大特点是基于用户的平面化标签分类机制的分众分类法,可以让使用者以任意关键字进行分类的协同工作。通过自发性的非等级标签分类而方便地进行信息聚集分类。如 Delicious、百度搜藏、Google Reader 等。

(9) 社交新闻。如 Digg、IN 书签、Mixx、Reddit、NowPublic 等。新闻投票评论站点,它结合了书签、博客、RSS 以及无等级的评论控制。其独特性在于没有职业网站编辑,编辑全部取决于用户。用户可以随意提交文章,然后由阅读者来判断该文章是否有用,收藏文章的用户人数越多,说明该文章越有热点。Digg 设置了一个新闻源的缓冲,用户提交的新闻首先进入这个缓冲,然后通过一种类似民主投票的方式来表示对新闻的支持和认可,如果认同这一新闻的读者足够多,该新闻就会从缓冲中脱颖而出,出现在 Digg 页面上,否则就逐渐被挤出新闻源缓冲。

(10) 社交平台信息订阅追踪平台。如 NutsheIIMail、FriendFedd 等,可以针对 FaceBook 和 Twitter、LinkedIn、YouTube、Foursquare 等社交网络平台的内容进行订阅追踪的工具,让用户无须烦琐的查看就可以很轻松地获取所关注的话题内容。

(11) 企业自主经营社交站点。如星巴克、迪士尼、戴尔等自建并经营的社交网络。

二、社交购物的主要模式

最近几年,市场上出现了多种社交购物的商业模式。有些是普通电子商务模式的延伸。这些商业模式可以归纳为如下的几大类:

(一) 导购类

购物推荐、购物排名及评价、购物比价、购物交流等形式形成商品购买社交型站点。该类网站本身并不实现交易,而是通过推荐、分享等方式引导买家到真正的购物网站去购物,在导购的服务中收取中介费或佣金。例如国内早期的蘑菇街、美丽说、返利网等。豆瓣是国内一家非常有个性、生活类的社交站点,基于用户对于图书、电影和音乐兴趣而搭建。豆瓣推崇算法,根据用户对音乐、书、电影等进行的操作,自动给出同类趣味和友邻的推荐。豆瓣的盈利来源于豆瓣读书。它为当当、亚马逊等导入一定的流量,从而带来一定的分成。在豆瓣电影中,通过提供在线选座购票的功能,用户可在豆瓣电影买到多家影院的电影票。在豆瓣阅读中,可以让用户选择自己喜欢的文章书籍,付费阅读,豆瓣与作者按一定的比例分成。同时,豆瓣还推出了自己的广告产品,主要包括展示类广告、品牌小站和豆瓣 FM 中的音频广告等。

(二) 团购

团购就是团体购物,指消费者联合起来,加大与商家的谈判能力,以求获得最优惠价格的一种购物方式。根据薄利多销的原理,商家可以给出低于零售价格的团购折扣和单独购买得不到的优质服务。团购作为一种新兴的电子商务模式,通过消费者自行组团、专业团购网站、商家组织团购等形式,提升用户与商家的议价能力,并极大程度地获得商品让利,引起消费者及业内厂商甚至是资本市场关注。在中国,团购如早期的美团、糯米(百度)、大众点评等,主要采用拼团模式线上线下相结合(Online to Offline,O2O),提供在线美食、休闲娱乐、旅游以及实物商品如服饰、化妆品团购信息,以最省钱、便利的方式服务广大消费者。

随着社交网络应用用户越来越多,在熟人之间形成了一种拼团模式,通过用户自发在熟人之间的传播,为商家带来大量的流量。如果说团购是依靠团购网站本身的流量在发展,是基于平台的中心化流量聚合,而拼团则是利用社交渠道的去中心化流量聚合。利用社交渠道,通过用户分享,消费者主动为商家传播,以此获得更低的拼团价格。拼多多是这种模式的典范。

(三)众筹

众筹指通过互联网方式发布筹款项目并募集资金。相对于传统的融资方式,众筹更为开放,能否获得资金也不再是由项目的商业价值作为唯一标准。只要是网友喜欢的项目,都可以通过众筹方式获得项目启动的第一笔资金,为更多小本经营或创作的人提供了无限的可能。代表站点有 Kickstarter,通过网络平台面对公众募集小额资金,让有创造力的人有可能获得他们所需要的资金,以便使他们的梦想实现。

(四)购物社区及购物俱乐部

网络购物社区、网络论坛、网络俱乐部等各种平台将人们聚集在一起,有时甚至与专家、企业相连接。现实生活中,与购物社区相似的环境是俱乐部。人们在这样的场所花费时间和金钱,与爱好相同的人谈天说地。在实体世界里,存在着各种各样的俱乐部,而网络购物社区也是数不胜数,尤其是在时尚行业。今后,还会有更多的购物社区出现,包括旅游、探险活动等各种领域。参与社区的人可能不仅是网络社区里的朋友,还会有实体世界里真正的朋友。

购物社区及购物论坛有如下的一些形式。

(1)用户论坛。参与论坛讨论的人相互帮助解决产品使用时遇到的困难和问题,论坛成员一般是客户或是企业的合伙人。

(2)用户画廊(Image Galleries)。该服务可以让用户根据不同专题将不同途径上传的图片整合在一起查找以及同他人分享以方便随时浏览。例如 Twitter 中就提供这种服务。

(3)创意板。在线提交意见和建议的场所,一般具有投票和评价功能。它可以满足公司创意众包和收集公众智慧的需求。例如国内的猪八戒网就提供这样的服务。

(4)问答论坛。这是新型的 FAQ,分门别类地将用户对普通问题的解答放在论坛上。例如天涯问答,百度知道等。

(5)品牌社区。这是企业自主创立的客户或是合作伙伴参与的社区,一般是为了推广品牌或是征集对某一品牌的意见和建议。

(6)综合社区。这是一些与时尚产品相关的社区(例如小红书,Polyvore 和 Stylehive 等)。其中最为著名的是 Kaboodle 社区。

(五)基于位置的购物

基于位置的服务(Location Based Services,LBS)在购物中的应用。LBS 是通过电信移动运营商的无线电通信网络以及外部定位方式(如全球定位系统)获取移动终端用户的位置信息,在地理信息系统(GIS)平台的支持下,为用户提供相应服务的一种增值业务。

例如，百度地图以及各种基于移动终端的团购网均具有此类功能。

（六）基于"私域流量"的购物

私域流量的意思就是流量来自个人，免费且可以反复利用，能直接触达到用户。每一个流量都是一个用户。网红就是聚集私域流量的中心人物。网络红人活跃于小视频的框架，频繁地做产品宣传。虽然大多数网红的粉丝数量有限但受众精准，这对品牌来讲是很大且精准的流量池。

第七节　电子商务在行业中的应用

一、出行与旅游

随着互联网的发展，出行变得越来越便利。人们可以通过网络随时随地订购机票、火车票和汽车票。远程出行的票务服务主要以直销模式和平台模式服务消费者。在中国，12306 以直销的模式提供在线购票服务，用户只要注册，就可以用身份证订购车票，还可以在线改签、转签和退票。去哪儿、携程等公司以平台的方式提供订购服务。平台聚集大量的票务公司，提供着丰富的票务信息，消费者可以根据自己的需求选择时段、航空公司、价格和服务。

市内交通，有 Uber、滴滴这样的网约车平台提供多形式的用车服务。平台聚集了大量的司机和乘客，以分享模式为消费者提供出行服务。用户和车主可以在系统的帮助下达成约定，并通过方便的支付闭环完成订单。平台收取一定比例的软件使用费。

这种共享出行的解决方案，为用户提供了更优质的乘车服务。一个移动应用将乘客与司机连接。在不增加汽车存量的基础上通过打破物权使用的概念，创造更多的共享。同时，一些国家和地区出现共享单车，以租赁的方式，为市民提供自行车出行。

旅游网站迅速发展，竞争越来越激烈。网络旅游服务企业的收益可以通过广告、手续费、咨询费等方式获得。旅游信息的搜索功能，或者说是旅游信息搜索机器人越来越强大，这种搜索服务可以帮助消费者搜索优惠的价格，为消费者提供旅游产品的比价服务。另外，旅游网站的服务也越来越细致，比如可以提供在线登机手续的办理，大大提高了消费者出行的便利。

随着旅游市场的成熟，旅游服务提供商开始注重细分市场，通过相关的服务，提升自己的差异化优势。有的旅游网站通过促销活动提供低价旅游套餐来获取更多的用户；有的专门针对自驾游的游客，给自驾游的游客提供内容发布和信息展示。有的以游戏的形式帮助旅游者记录旅行足迹；还有的通过提供在线景点讲解，帮助旅游者了解博物馆和景点的内容。

同时，在线旅游提供商越来越多地使用社交的模式，向潜在的旅游者提供信息，并且利用旅游网站来研究潜在客户的消费行为。利用社交网络搜索旅游信息定制旅游套餐的现象越来越普遍，消费者旅游结束后，会把自己的旅游体验在网络上分享。社交行为在旅游当中发挥着越来越重要的作用。从企业的角度，他们开始变得更加关注社交平台上游客的评价。

在酒店入住方面,出现构建旅行房屋租赁社区的分享模式,用户将有空闲的房屋资源出租,提高闲置资源利用率从而获得收益。Airbnb,就是一家为旅游人士和家有空房出租的房主的服务型网站,它通过用户分享空闲房屋资源的方式,为旅行者提供多样的住宿信息。其盈利方式通过向房东和房客收取费用。平台为房东提供房屋保险,免费拍照服务,收取房东6%~12%的交易佣金。向房客收取3%的服务费。

课堂思考: 旅游是大学生热衷的一项娱乐活动,请收集并体验国内关于旅游的应用,从客户细分、价值主张、关键业务和收入来源几个方面做比较。

二、网络招聘

互联网改变了过去通过张贴大字报、亲朋好友推荐等线下途径介绍工作的方式,为寻找工作的人,以及招募员工的企业提供了土壤,网络已经成了招聘和应聘的主要渠道。企业、政府都可以在自己的网站上直接发布招聘信息,同时也出现了大量的招聘平台,这些平台将发布招聘信息的企业与求职者连接在一起。随着互联网的普及在线求职者数量不断增加。招聘类网站成了求职者和中小微企业的信息互通的主要渠道。网络招聘在互联网应用经历了从信息呈现单一、信息冗余到个性化、社交化和精准化的发展过程。

(一)招聘信息单一阶段

在互联网早期,应聘者通过上传简历至招聘网站,招聘企业在海量的个人简历中搜寻自己所需要的人才,劳动力供给方与需求方第一次通过互联网实现对接,在线招聘市场迎来爆发期。在这个阶段,在线招聘市场处于上升期,招聘平台无须花费太大的力气就可以获得海量用户的简历。轻松获得流量,并吸引到资本的加入,也谈下更多的招聘方和猎头。

从职业类型、从事的行业以及求职简历来看,这时候的信息呈现相对比较单一和标准化,不能精细地表现出真实环境下职业类型和用户诉求。同时,随着互联网技术兴起,新兴行业越来越多,招聘网站即使拥有多个数据属性也无法清晰定义用户能力与经验。

(二)招聘信息冗余阶段

随着互联网的深入,越来越多企业和求职者涌向网络招聘平台。由于求职者投递简历的成本过低而导致的"简历轰炸",信息冗余,筛选信息的成本大,意向确认耗时严重,成效低;同时,信息造假严重等现象,使得雇佣者和求职者都很难判断对方信息的真实性。企业面对越来越多,越来越无效的简历,却苦于找不到想要的人才。求职者面对海量的信息,也苦于找不到自己心仪的单位。意向工作与推荐工作不匹配。个性化推荐差,不能精准快速地把应聘人才和招聘岗位的需求匹配起来。个人隐私存在泄漏风险。由于招聘网站在后台设计及账户体系管理上的不合理,用户注册的个人简历信息易被黑客获取,对企业招聘信息的甄别工作应该作为网站运营方的重要工作。虚假就业信息也会造成用户的生命财产和企业信誉度的损失。这个阶段企业需求和应聘者之间的信息不对称,招聘网站匹配度能力严重不足。

(三）招聘市场进入细分阶段

随着互联网应用的普及，网上招聘也开始出现不同的细分市场。从区域上看，有的集中面对南方市场或北方市场。从领域上看有的集中在科技领域的人力资源，有的专做互联网领域，在人群方面也出现分化，有的重点面向白领，有的重点面向蓝领，有的则面向刚刚毕业的学生。

从功能上，招聘网站也出现了差异化竞争。有的以搜索引擎的方式；有的主打与老板直聊功能，加快应聘的效率；还有的提供匿名发布信息的功能，老员工可以评价用人企业，为以后的员工提供参考；还有的招聘网将商务社交与职业发展结合起来，面向职场人士的搭建沟通平台，平台协助他们发挥所长，打造专属人脉。

（四）社交＋大数据招聘阶段

利用科学算法为职场人拓展人脉，降低商务社交门槛，实现各行各业交流合作。相较于传统招聘网站海量数据的扁平化，在社交招聘平台上则能挖掘出更多层次的数据内容：用户基础资料数据，用户行为数据，以及用户在社交平台的互动数据。通过对用户交互数据的价值进行数据挖掘，构建数据分析模型，整合职场人士网络行为习惯及社交网络的数据，能形成更加精准立体的用户画像。在LinkedIn上，个人用户可以创建简历、关注公司职位信息、建立人脉联系、填写个人技能，还能够分享行业资讯信息。而企业方则可以建立公司主页，购买付费产品可以发布招聘广告，搜索全站用户的档案并与之联系。

三、游戏与娱乐信息

智能手机等移动终端的普及，游戏类型的不断丰富以及网络等基础设施的优化推动了网络游戏用户的持续增长。发展如火如荼的游戏市场导致更多的游戏公司加入。VR、AR、LBS等新兴技术的兴起为游戏行业提供了新的发展空间。网络游戏的收费方式也不断发展变化。从《魔兽世界》为代表的计时收费到《征途》为代表的刺激玩家购买道具获利，一直发展到目前以充值为主流的资金池模式。随着网络游戏产业的发展，游戏开发商越来越重视游戏玩家的用户体验。一款游戏产品的不断维护和更新，也是不断提高用户体验的过程。通过好的用户体验提高游戏对用户的黏性。同时，游戏开发商开始重视女性游戏玩家。一直以来网络游戏以男性玩家为主，但是女性游戏玩家的增长非常明显。女性也是网络游戏的目标群体。VR技术的发展，VR游戏正在逐渐起步，电竞直播平台也变得日益火爆。

除了游戏，网络影视、网络动漫、网络文学、网络音乐等多元文化娱乐业态的广泛互联与深度融合构建了泛娱乐产业。越来越多的参与者进入网上娱乐项目。娱乐产业也呈现出新的商业模式。

（一）智能电视的硬件＋服务模式

随着智能电视的出现，就像智能手机一样，智能电视拥有全开放式的平台，可以搭载操作系统，用户自行安装和卸载软件游戏和各种应用。电视直接连接网络，实现上网。电视厂商销售电视机，同时与互联网内容提供商合作，提供内容和服务，形成电视终端的市场溢价。互联网内容运营商从后期电视内容运营中以分成模式获得的利润。通过硬件主体，实现互联网企业和家电厂商在硬件、内容、用户、渠道方面的互补。

(二) 泛娱乐 IP 提升用户黏性

泛娱乐产业是网络游戏、网络影视、网络动漫、网络文学、网络音乐等多元文化娱乐业态的广泛互联与深度融合。泛娱乐产值主要来自上游的内容市场和下游的衍生市场。广告、用户付费和 IP 授权成为泛娱乐产业盈利的三大来源。

用户付费是内容消费最直接和稳定的收入来源,许多娱乐产品都寄希望于通过做大知名度、用免费做高流量后,通过 IP 授权影视和游戏来进行商业化。IP 是英语"Intellectual Property"的缩写,即知识产权。从表现形式来看,IP 可存在于小说、动漫、电影、电视、游戏、综艺节目、音乐、网络剧、舞台剧等多种文化内容产品。在泛娱乐产业,IP 居于产业链最顶端,高人气的文学作品、动漫、影视作品、游戏、综艺节目等都是优质 IP。优质内容可以不断提升用户黏性和付费意愿,并通过联动销售、衍生品等方式带动实物商品的销售,实现高质量 IP 内容持续提升泛娱乐用户付费意愿,带动信息消费和实体消费的升级。

(三) 大数据分析改变影视剧的创作

与电影有关的数据可以是电影本身的数据,例如关于题材内容、故事情节、演员选择以及对不同影视剧的评分和话题;电影票的销售数据,目前在线订票的比例越来越高,所以这部分数据是很全面的;电影观众的数据,一部电影的观众画像,包括年龄结构、文化程度、地域分布、兴趣表现等,都可追踪;观影习惯的数据,如观众在不同季节、不同时间段看不同类型的电影;看电影前后有的行为数据,例如聚餐、打车等。这些数据可以通过越来越多的方式获得。

基于上述电影相关大数据的挖掘,可以进行电影票房预测、影视剧精准推荐以及根据用户的关注度创作影视剧。例如通过数据分析,网飞公司发现喜欢观看 1990 版《纸牌屋》的影迷们同时喜欢看导演大卫·芬奇的作品,另外,他们会经常观看奥斯卡影帝凯文·史派西的作品。因此新版《纸牌屋》邀请了大卫·芬奇和凯文·史派西加盟这部作品的翻拍。另外网飞公司通过大数据的分析更改了电视剧的播放形式,按照传统连载美剧的习惯,基本都是每周播放一集,而网飞公司根据相关数据的分析发现,更多人不喜欢在固定时刻收看电视剧,而是"攒起来",直到全集播放完毕再一次性看完。因此,网飞公司这次选择了一次性的播放 13 集《纸牌屋》。网飞公司制作出的《纸牌屋》这部剧获得成功,在烂番茄平台上的平均评分高达 9.1 分,开启了影视制作的新征途。

四、在线教育与内容付费

视频公开课的形式早在电化教学初期就出现了,随着互联网的发展,哈佛大学、耶鲁大学等美国名校也有自己的视频教育平台。MOOC 模式近年来在国内也得到了大发展,许多学校也在网上公开自己的教育资源。与早期公开课的固定死板相比,现在的公开课在时长、设计和效果等各个方面都有了进一步的改进。名校视频课往往把上课录制的视频直接开放在网络上,与此不同的是可汗学院的课程都是适应网络学习环境推出,学习效果非常好,受到世界各地孩子的欢迎。

Coursera 是大型公开在线课程项目,由美国斯坦福大学两名计算机科学教授创办。旨在同世界顶尖大学合作,在线提供网络公开课程。Coursera 的首批合作院校包括斯坦福大学、密歇根大学、普林斯顿大学、宾夕法尼亚大学等美国名校。Coursera采用课程证书收费、部分课程免费的商业模式。

除了视频公开课,音频教育也开始被广大用户喜爱。在中国,喜马拉雅、得到等平台将专业领域的学者或商界精英连接进来,他们以音频的方式传授知识。

在印刷文明时代,为知识和内容付费并不是新鲜概念。但随着互联网技术的发展,知识传播与被复制的成本变得极低,甚至趋近于零,这导致信息大爆炸,免费内容泛滥,质量参差不齐,海量冗杂的信息充斥着所有的渠道。当"免费"成为一种"负担"之后,获取有价值内容的"过程成本"变大了,高净值的人群变得越来越愿意通过付费的方式让自己更值钱,把精力消费在更优质的内容上。内容可以是一个答案、一个咨询指导、一个观点、一门课程、一首音乐、一部电影。表现为文字、图文、音频、视频等。通常内容付费模式有问答模式、订阅模式和消费社群模式。

(一)问答模式

在行、知乎live、好大夫在线等提供的是答疑解惑,出谋划策类型的内容服务。用户花钱买的是一个具体的解决方案、答案或者是一份专业的指导。比如如何打造互联网产品的核心竞争力,像这样的话题,行业专家为有需求的用户提供相关的咨询服务。这种问答付费模式,专家明码标价收费,平台收取佣金。分答衍生出了"偷听"的模式,知乎live是围观+提问的模式。运用这种模式,平台的竞争力取决于拥有的各行各业的专家资源,以及专家资源的管理和控制能力。但同时平台需要做好引流。另外,如何快速匹配提问者和解答者也是关键。

(二)订阅模式

Coursera、得到、喜马拉雅、爱奇艺是典型的订阅式内容付费。用户通过按课程订阅,或者按月、年订阅方式购买内容产品。

以网飞、爱奇艺为代表的视频网站改变了以前单纯买内容卖广告的平台模式,而成了创新内容的孵化平台。

与视觉型内容不同,音频类的内容具有用户场景的伴随性和共时性优势。为了让用户保持兴趣。音频类付费平台会针对用户生活场景提供内容,比如在乘坐地铁时段、午休时段等不同的场景下提供适合的内容。

(三)付费社群模式

1974年,Boorstin提出"消费社群"的概念,认为付费社群是消费者在决定消费内容和怎样消费的过程中形成的一种关系群体,这种关系群体是无形的并且是自发形成的。当这类关系社群因某一品牌而统一时便成为了品牌社群。

传统电视媒体的经营,通过垄断渠道进行24小时轮播,形成注意力的规模后,再将这种注意力卖掉以广告方式变现。传统电视媒体变现的核心模式在于要形成规模化的"注意力"集中,而新媒体社群变现的核心不在于规模,在于用户画像和需求的清晰化。当社群用户逐渐聚集起来,形成良性的内部资源共享与外部资源导入的时候,一个内容生态就形成了,在此基础之上,再通过设置各种"消费场景",让用户愿意为内容付费,那么,社群的变现模式便形成了。

如果让知名投资人来撰写专栏,"造价成本"很高,就要有比较高的市场定价,但互联网技术让信息传播与复制的成本几乎降为零,意味着为一人撰写专栏和为一百万人撰写专栏,所付出的成本是一样的,那么,只需付费用户达到一定的规模,单个用户付费的定价即可降得很低。也就是说,基于互联网传播技术,"高端商品"已经出现廉价化、平民化趋势,用户的规模效益有了实现的可能。

所以付费社群模式,就是依靠专业优质的内容输出形成流量入口,建立品牌中心化的信任关系形成互相激发的学习群体,最终实现付费变现。

课堂思考: 互联网应用还表现在哪些行业?这些行业又表现出哪些不同的商业模式?

本 章 小 结

1. 信息流、商流、资金流和物流是商务流通体系中的四个要素。可以用四个要素构成的四六模型描述电子商务模式的演化升级。

2. 商务模式可以抽象为由多个有着密切关联的组件构成的复杂的动态系统。所以商务模式组件包括企业的每种收益来源、相关活动的执行、顾客价值、核心能力、持续竞争优势等。电子商务模式是企业确定细分市场和目标顾客之后,通过企业内部特定的组织结构和在价值网中的定位,运用网络信息技术,与价值网上的各合作成员整合相关的流程,最终满足顾客的需要,并给企业带来赢利的方式。

3. 电子商务模式有很多分类方法,常见的分类方式是按照交易关系的方式来分类,这种分类方式相对粗犷。电子商务模式创新是一种高度的非结构化问题,用粗犷的方式来划分,很难对电子商务复杂的实施过程得到有效深入的理解。

4. B2C 电子商务是以互联网为主要手段,由商家或企业通过网站向消费者提供商品和服务的一种商务模式。B2C 根据不同标准可以有不同的分类。

5. C2B 为消费者根据自身需求定制产品和价格,或主动参与产品设计、生产和定价,产品、价格等彰显消费者的个性化需求,生产企业进行定制化生产。供应链的敏捷和精准的反应能力是实现 C2B 的关键。

6. B2B 电子商务是指企业与企业之间,通过互联网或专用网方式进行的商务活动。传统企业通过封闭内部价值链形成信息不对称来获得盈利。随着互联网时代的到来,价值链的边界被打破,变成了价值共创机制,价值链变成了价值网。

7. C2C 消费者对消费者间电子商务经营模式是将大量的个人买主和卖主联系起来,以进行商品的在线交易。其特点类似于现实商务世界中的跳蚤市场。其构成要素,除了包括买卖双方外,还包括电子交易平台供应商。比较典型的 C2C 电子商务模式主要有:电子公告栏(BBS)、网络拍卖、端对端技术(P2P)。

8. Web 2.0 强调网页的动态内容、用户体验、元数据、信息的可测量性、开源性以及用户的自由度等。更多的 Web 2.0 应用还体现在基于 Ajax 和 XML 标准的互动、客户友好的界面。用户创建内容 UGC(User Generated Content,也称为"消费者自主媒体")指的是由最终用户创建的各种媒体内容,可供所有的网络用户共享。社交网络 SN(Social Networking,又称社会性网络),是指个人之间的关系网络,这种基于社会网络关系系统思想的网站就是社会性网络网站,即 SNS(Social Network Site)。社交购物的主要模式有导购、团购、众筹、购物社区及购物俱乐部、基于位置的购物和其他创新购物模式。

9. 电子商务在旅游、娱乐、教育、医疗等各行各业中的广泛应用,构建了与传统行业不同的商业模式。

复习思考题

1. 信息流、商流、资金流和物流四个要素的含义和关系是什么?
2. 如何用商务流通体系的四流模型描述软件行业的商业模式变迁?
3. 商业模式画布由九个模块组成,以某公司为例,你能用这九个模块描述出该公司的商业模式吗?
4. 为什么说按照交易关系的方式来分类电子商务模式过于粗犷?举例说明。
5. 如何理解 To B 端的价值网和产业互联网?
6. 体验"尚品宅配"和"衣邦人",思考这两家企业现阶段实现定制的原因?

课堂讨论题

1. 了解什么是"网红带货",讨论这是一种怎样的商业模式。
2. 分析阿里巴巴旗下的淘小铺的商业模式,讨论为什么阿里巴巴已经有了淘宝和天猫还要再做一个"淘小铺"。

案 例 分 析

天猫购物节:预售模式助商家精准锁定消费者

随着网购的不断发展,网购平台也在逐步升级。而预售正在成为电商常用的模式。
2012 年 10 月,天猫"1111 购物狂欢节"预售正式开始,消费者可登录预售平台先付定金再付尾款购得商品,预售商品包括稀缺品、集体采购商品以及根据消费者个性定制的商品。预售模式的推出将有助于商家更加精准地锁定消费者、提前备货,更有效地管理上下游供应链。这被业界视作对C2B电商模式的新探索,也打响了天猫"1111购物狂欢节"的第一炮。

不仅锁定消费,商家们也纷纷拿出优惠券刺激消费。从10月11日开始包括ONLY、Adidas、飞利浦、海尔、宏碁等在内的几乎覆盖全类目的1 500多个品牌也全力参与优惠券发放,优惠券价值总额突破千亿元级别,所有优惠券仅限11月11日当天使用。

诸多国际奢侈品品牌助阵

天猫预售商品价格由定金和尾款两部分组成,现阶段分为阶梯价和非阶梯价两种形式。阶梯价的预售商品,价格根据定购人数的不同而不同。定购人数越多价格越低,最终预售价格根据最终定购人数决定,以预售结束后商品页面显示的预售商品价格为准。非阶梯价的预售商品,价格是固定的,即商品一口价。

10月15日预售平台上线当天,诸多国内外顶级大牌奢侈品品牌也前来助阵。诸如全球专柜需要提前2~3年预定后才能提货、亚洲唯一一款的爱马仕女士铂金手包、Tiger Woods签名限量版腕表、古驰女款太阳镜、东阿阿胶限量珍藏版、53度茅台酒等。

天猫预售平台负责人马学军表示,"物以稀为贵",稀缺型商品预售有着天然的消费群体,消费者可以早定早得、早定早实惠,并且在一个公平的平台上获得限量商品,这比传统线下购买更具优势。"优势在于不仅稀有的是商品的材质和数量,更有低于线下专柜以及原产地市场价的价格。"

优化供应链成本主打"质优价美"

除大牌会场有一定的限量预售商品外,其他如服饰、投资金、家居建材、生活、家电数码等预售分会场绝大部分都以集体采购预售为主导。一些新品、畅销款商品以集体采购、个性化定制等方式与消费者见面。如标致新408汽车、芝华仕头等舱功能沙发、惠氏金装幼儿乐3段奶粉、帮宝适超薄干爽大包装尿片、双立人旋转刀架8件套等。

与以往活动不同的是,本次参与"1111网购狂欢节"预售的400多个商家主要以线下品牌为主,如周大福、Levi's、波司登、美斯特·邦威、安踏、俞兆林、七匹狼、ONLY、秋水伊人、鄂尔多斯、爱慕、罗莱、富安娜、顾家、九牧、圣象、曲美、多乐士、惠氏、帮宝适、欧莱雅、兰芝、海尔、TCL等。互联网第三方分析机构艾瑞咨询分析师苏会燕认为,对消费者而言,商品和需求的契合度将大大提高,同品质条件下,服务和价格的优势更加明显。对商家而言,电商C2B模式是商家销售观念的改变。"要优化供应链环节来降低成本,目前工商行业只有大卖家、行业大腕才具备有这样的供应链条件,所以,预售比拼的更多是商家供应链的完善和先进程度。"

思考题:

1. 天猫预售模式有哪些类型?
2. 预售模式对于消费者和商家将带来哪些好处?将会有哪些问题?

本章测试

第三章　互联网经济

> **学习目标**
> 1. 理解互联网经济的基本规律
> 2. 理解互联网企业商业模式的创新
> 3. 理解长尾对利基市场的效应、体验经济的重要性、维基经济带来的大规模协同、免费经济对网络效应的促进以及平台模式对传统管道企业的冲击
> 4. 掌握网络效应

互联网的开放、平等、协同、共享的精神以及云计算、大数据、物联网、人工智能技术等的发展和快速普及,给传统经济理论带来了挑战。那么"互联网经济"具有哪些新的经济运行规律,其与传统经济的主要不同之处何在? 在这一章中,我们将通过互联网经济基本规律和技术规律的学习,以及对几本关于互联网经济的著作的总结回答以上问题。

 引导案例

先有鸡还是先有蛋?

1998 年,彼得·蒂尔和马克斯·列夫琴等共同成立了康菲尼迪公司,这是一家旨在让掌中宝 PDA 具备资金转移功能的创业公司,但是,康菲尼迪公司没能吸引多少用户,只有一万名注册用户,公司只好关闭。然而,在这过程中,康菲尼迪的另一位工程师构造了一个在线支付产品,通过邮件接受支付。与以往的网上支付系统不同,该项目允许任何人不需要将资金从一个银行账户转移到另一个,就可以直接支付。他们给这个服务取了名字叫 PayPal。然而不幸的是,这个时候正赶上互联网金融泡沫,更加残酷的是他们每月投入近 1 000 万美元。蒂尔和列夫琴知道他们必须使 PayPal 尽快走向成功。

他们意识到最严峻的挑战是如何创造一项业务服务市场双边,这是"鸡与蛋"的循环问题。在努力创建一个双边同等重要的市场时,应先创造哪一边? 而在缺乏其中一边的情况下,又该如何吸引另一边?

在 PayPal 新的支付机制里,"鸡与蛋"的问题显得格外明显和尖锐。如果没有卖家愿意接受新的支付方式,买家也不会采用。但是如果买家不愿意采用新的支付方式,卖家也不会投入时间、精力和资金接受它。因此,当卖家和买家都找不到理由先于对方加

入这一平台,用户基础为零时,怎样才能推广这一新的支付平台? PayPal 通过一系列巧妙的策略解决了这一问题。

首先,PayPal 优化了在线支付的用户体验。用户只需提供一个电子邮件和一张信用卡就可以开通支付。这种简单的方式与之前的网上支付机制形成了鲜明的反差:之前的网上支付机制要求用户在账户建立前必须进行多轮认证,其体验的烦琐让很多早期用户望而却步。PayPal 从用户角度出发,吸引了一批重要的初期用户群。

接着,他们尝试着做广告,搞宣传,然而成本高昂。他们试着与大型银行进行合作,然而官僚主义随之猖獗。最后 PayPal 团队得出了一个重要的结论:广告、BD 并不起作用。他们需要有机的、病毒式的增长。他们需要给人们钱:新用户注册会得到 10 美元,而已注册的用户成功推荐新用户再得 10 美元。PayPal 迎来了迅速增长。而对每一个新用户进行 20 美元奖励也使得 PayPal 付出极多。他们感觉努力有了成效,但同时又感觉没有成效。

最重要的是,PayPal 团队认识到仅仅让新用户注册是远远不够的。他们需要用户尝试支付服务,并成为常用客户。换句话说,与用户获取相比,用户承诺更为重要。因此,PayPal 设计了一些激励措施,通过资金奖励的方式鼓励新用户成为活跃用户。资金奖励不仅使用户觉得加入 PayPal 是安全且具有吸引力的,而且从实质上确保了新用户将参与交易,新用户可以直接用奖励到他们账户里的 10 美元进行消费。

PayPal 的爆炸性增长引发了一系列积极的反馈。一旦用户体验过 PayPal 的便捷,他们在网上购物时常常会坚持以这种方式付款,因此也促使卖家纷纷注册 PayPal。新用户进一步宣传 PayPal 将它推荐给朋友。反过来,卖家开始在他们的产品页上展示 PayPal 的标志,告知消费者,他们已做好准备支持这种在线支付方式。看见这些标志,更多的买家得知 PayPal 的存在,然后受到鼓励开始注册。PayPal 也为卖家提供奖励,鼓励他们推广,然后带来更多的买家和卖家。

当时最受欢迎的电子商务网站 eBay 上,PayPal 这一网上支付方式大受欢迎。2000 年初,公司的领导层注意到 eBay 是 PayPal 的"适宜之地"。因为 eBay 上的大多数卖家都不是专职的商人,而是普通人,缺少信用卡刷卡机和其他网上支付方式的设备。他们制作了一个自动程序,模拟消费者需求在网站上购买商品,并坚持使用 PayPal 完成这些交易。很多 eBay 卖家注意到这一需求的明显增长,纷纷寻求 PayPal 服务,这反过来使得 PayPal 更能引起消费者的关注与兴趣。eBay 卖家开始在他们的网站上展示 PayPal 图标,买家只需轻点鼠标就能进入支付系统。这样一来,交易摩擦进一步减少。

在短短三个月内,PayPal 的用户量从 10 万涨到了 100 万,PayPal 持续发展,2002 年 10 月,eBay 用 14 亿美元收购了 PayPal。

思考题:

1. 文中提到的"鸡"和"蛋"指的是什么?

2. 为什么要送钱给用户来使用 PayPal 支付工具?为了获得用户数,PayPal 还做了哪些努力?

3. 请思考中国的支付宝平台的双边市场网络是怎样的?与 PayPal 有什么不同?

第一节　网　络　效　应

网络效应

PayPal、微软、Facebook、Uber、Twitter、腾讯等这些全世界最有影响力的公司在很多方面都不一样,但是有一项是他们取得成功的基础,这就是网络效应。网络效应简单地说就是:一个产品的用户越多,则此产品对用户的价值越大,而且能吸引更多用户使用此产品。

一、单边网络效应

以太网标准之父梅特卡夫提出网络的价值与连接用户数的平方成正比关系。他描述的这种网络效应,称为单边网络效应,也称同侧网络效应和直接网络效应,如图 3-1 所示。数字网络的每一个节点都与其他的每一个节点互连。每一个新加入网络的节点都会增加新的连接,所以新增连接数(网络密度)与节点数的平方成正比关系,每一个新增节点都会让网络价值以几何速率增长。

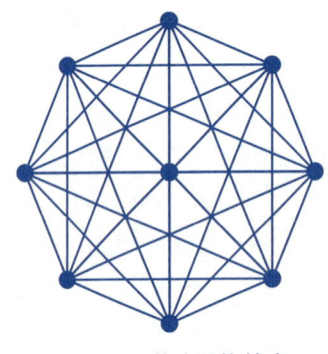
图 3-1　单边网络效应

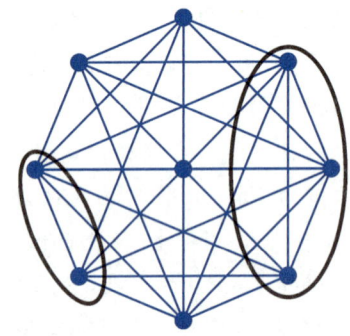
图 3-2　Reed 定律

2001 年,麻省理工学院计算机科学家 David Reed 又进一步深化了网络效应的概念,他宣称梅特卡夫其实低估了网络的价值。他指出,在较大的网络中可以形成小一点、更紧密一点的网络:例如,中学网络内的足球队、家庭网络内的兄弟姐妹们、同事网络中的网球选手们。此类连接,以及加入其他子群的可能性,进一步巩固了大家对整个网络的依附,因为网络的总体规模和连接密度本身就能证明自己了。因此,Reed 认为网络的真正价值随联网人数呈指数级 2^N 增加,这个增长速度要远远快于梅特卡夫定律的描述,被称为 Reed 定律,如图 3-2 所示。

电话、有线、DSL、卫星、宽带互联网,就是通过物理节点(比如电话或分线盒)和物理链路(如地下的线路)相关联的单边网络效应。这是一种防御性最强的网络效应。

比特币、以太网、以太坊、传真等是通过协议将通信和计算标准结合起来,形成了节点间连接的基础。一种协议一旦被采用就很难被取代了,传真协议或者 TCP/IP 协议都是通过协议形成的节点连接。

社交产品也是典型的直接网络效应的产品,比如微信。对一个用户来说,使用微信的朋友越多,微信对他的价值越大,也会吸引更多的人来使用微信。

二、双边网络效应

当交易场所的应用场景由两个独立用户群体组成时,就形成了双边市场。例如,淘宝就是一个由消费者和商家组成的双边市场,这个时候会出现两种网络效应:单边网络效应和双边网络效应。

双边网络效应是指市场一边的用户在市场中获取的价值取决于另一边的用户的数量。双边网络存在两类不同的用户:供应侧用户和需求侧用户。他们出于不同的原因加入网络,并且为对方提供了互补性的价值。

像淘宝这样的双边市场的每一位新卖家(供应侧用户)就可以直接为买家(需求侧用户)增加价值,因为它增加了供应量以及商品的多样性。类似地,每一位新增买家对于卖家来说都是新的潜在客户。对于滴滴出行这个双边市场而言,乘客的用户价值取决于司机的多少(司机越多,乘客等待时间可能越短)。同样,司机的价值取决于乘客的多少(乘客越多,司机空驶越少),也就是说,这两者会互相加强。所以,双边网络效应通常会导致强者愈强,最后导致寡头垄断或者赢者通吃。但是,双边效应也有不利的一面。这时候就会出现消极双边网络效应。一个平台在发展初期,如果一方的数量过多,另一方数量过少时,例如滴滴司机数量过多且相互竞争,则增加了空载时间并导致司机放弃这个市场。同样,当顾客过多,司机过少时,总是打不到车,则也会使用户逃离。在平台发展过程中也会出现消极的双边网络效应,试想一下,淘宝上相互竞争的商家发布大量广告信息,给消费者带来过多的决策干扰,使消费者出现选择困难,也会降低消费体验,带来消极的影响。

在双边市场中,单边网络效应中同一侧用户的互动就要复杂一些,也呈现出负面和正面两种影响效果。大多数时候,同一侧的用户会相互直接扣减对方价值。比方说,淘宝上的核心卖家对其他卖家构成了更大的竞争威胁。高峰时间的滴滴乘客增多意味着波峰定价。这些都是同侧网络效应产生的直接负面影响。网络效应的正反向影响如图3-3所示。

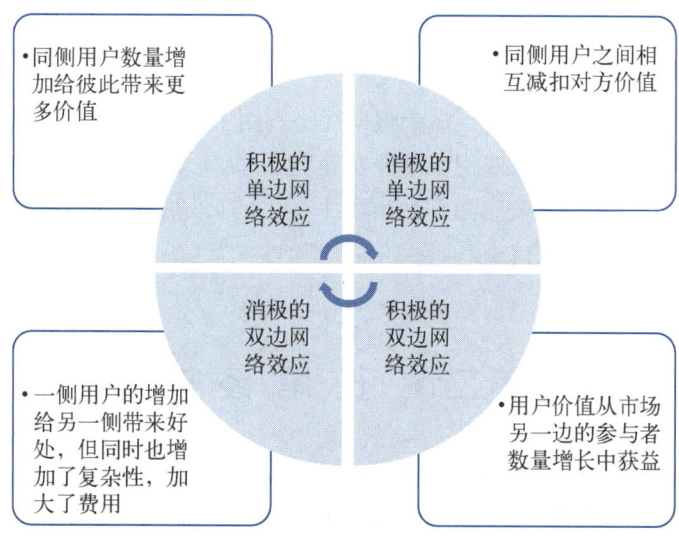

图3-3 网络效应的正反向影响

同侧网络效应其实也有正面的、直接的影响,也就是同侧的用户越多,给彼此也会带来更多的价值。微软操作系统就是这种情况:使用微软操作系统的用户彼此相互受益,因为他们可以更容易地跟同事和朋友共享文件。这属于正面的、直接的同侧网络效应。

当产品的价值随数据增多而提升,并且当产品的使用增多会产生数据时,也会因为数据产生网络效应。一些采用众包方式打造的产品往往可以因为数据的不断丰富形成网络效应,例如维基百科。

三、需求规模经济

在工业时代,由于生产效率的大幅提高,出现供应规模经济,催生了许许多多的垄断巨头。供应规模经济,是通过提高生产效率,增加生产数量。生产效率的提高使得生产产品和服务的单位平均成本(AC)降低。供应规模经济能够给工业经济中体量最大的公司带来成本优势,而这种成本优势使竞争者很难与之抗衡。

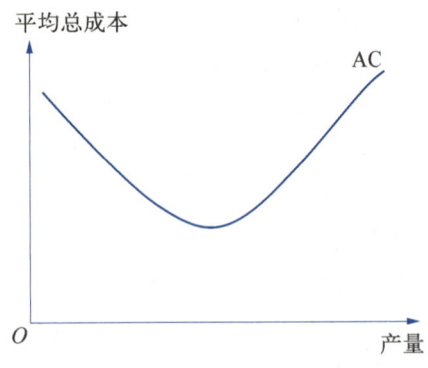

图 3-4 传统经济边际成本效应

但是,随着产量的增加,各种生产要素的效率得到充分发挥,边际成本随产量的增加而减少。当产量增加到一定程度时,边际成本又随产量的增加而增加。传统经济边际成本效应如图 3-4 所示。

在互联网经济中,由于信息产品的可复制和易于传播的特性,信息网络的平均成本随着入网人数的增加而明显递减,其边际成本则随之缓慢递减,但收益随入网人数的增加而增加;网络规模越大,总收益和边际收益就越大。这正体现了 1999 年夏皮罗和范里安在《信息规则》中指出的信息生产和再生产的经济规律:原产品成本昂贵,复制和传输成本极其低廉。

互联网经济表现出信息产品复制与传播的边际成本递减的规律,而网络效应是数字经济时代建立可防御性的重要手段。在核心商业模式中植入最强类型网络效应的公司往往能够取得大胜。

网络效应带来需求规模经济。需求规模经济利用了技术的进步,在需求侧取得优势。社会网络的效率、需求的聚集、应用程序开发等现象,促使规模越大的网络越有价值,以此驱使着需求规模经济。网络效应为平台市场中最大的公司提供网络价值优势,这样一来会使其他竞争公司难以与之抗衡。

第二节 长尾经济

长尾经济

传统商业受服务场所和商品陈列空间规模的限制,遵循二八法则,把有限的资源投入能带来最大价值的客户群体上。而电子商务的服务与商品展示是在互联网时空中,摆脱了现实时空的束缚,不仅可以陈列无限延展的商品与服务,还可以聚敛来自不同地域、不同时空的差异化小众需求,让小众需求汇聚成为有效需求。这种利用互联网跨越时空的服务特性,以及基于数字化协同的便利、在线自助化服务便利和响应小众个性化需求的经济现象,又被称为长尾经济、草根经济。长尾经济致力于服务过去未能有效满足的非重点客户——草根客户,致力于满足过去规模不经济的小众需求,是互联网商业服务独有的优势和特点。

一、长尾理论的概念

美国《连线》杂志主编克里斯·安德森在 2004 年出版了《长尾理论》一书。在书中,安德森用真实发生的几件事直接勾画出了长尾现象:在线音乐店 Rhapsody 里下载排行 10 万名以后的歌,这些歌在任何一家专业的唱片店都找不到,每月下载次数只有几次或几十次,加起来却占了所有下载次数的 15%;在线 DVD 租赁店 Netflix 销量占末尾 21% 的碟片在任何一家线下店铺都找不到。这些"多出来"的冷门产品每样都卖得很少,但因为品种数目庞大,加起来却能带来不小的销量,这就是长尾经济。长尾经济曲线如图 3-5 所示。

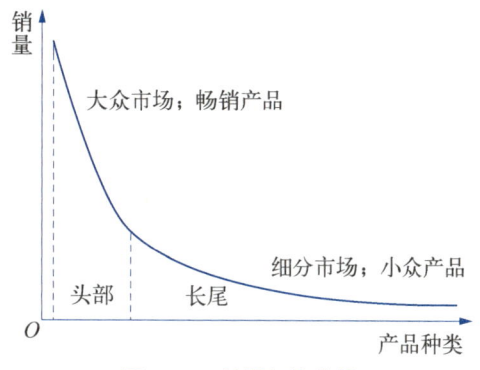

图 3-5 长尾经济曲线

长尾理论生动而形象地反映了在数字时代由于货架被无限延长,经济和文化正在从为数较少的主流产品和市场(需求曲线的头部)向数量众多的利基市场(需求曲线的尾部)转移。在没有货架空间限制和其他供应瓶颈的时代,面向特定小群体的产品和服务可以和主流热点具有同样的经济吸力。这个现象改变了意大利经济学家帕累托提出二八法则。随着互联网的出现,热门与冷门、主流与非主流、中心与边缘之间的界线因为互联网的出现正变得越来越模糊,大热门现在正与无数大大小小的细分市场展开竞争,而消费者越来越青睐选择空间最大的那一个市场,千篇一律或说一种产品卖遍天下的时代正在结束,一家独大的市场正在被一个多样化的市场取代。

二、互联网推动长尾理论发展

互联网为产品和新媒体传播提供了无限的空间市场,任何曾经创造的内容原则上都将在这里"永生"。互联网商业平台为长尾小众商品提供了销售市场,这些少量的需求会在需求曲线上面形成一条长长的尾巴,实现小众的极大数量。从制作和传播上来说,传统媒体的制作和传播成本是相对高昂的,在互联网上,网民可以不花分文上传网页和撰写博客,在网络上免费传播自己制作的内容。低成本的制作和传播将会使从事长尾小众商品的生产和传播者获得更好的利益回报,从而繁荣长尾小众商品的供应市场。在互联网时代,读者可以随时用他感兴趣的关键词搜索,实时获得某些重要信息,而这些信息就可能来自处于长尾的小众商品。RSS 技术的应用,甚至可以让人们在互联网上打造一份属于自己的个性化"报纸"。

三、长尾市场的组成

长尾市场由三个部分组成：生产者、平台和过滤引擎。长尾市场的组成如图 3-6 所示。

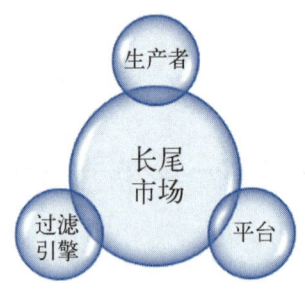

图 3-6　长尾市场的组成

（一）生产者

生产者指的是生产内容的人或商家，包括专业生产商和业余的创作者。随着生产工具的普及，创作的门槛大大降低，无数的业余创作者参与创作，如业余创造者可以利用免费的软件制作视频、音乐。制作工具的普及，使大量的生产者涌入市场。另外，声誉的驱动，业余者会因为自我价值的实现、渴望被认可、被赞誉。甚至声誉可以转化成其他有价值的东西，比如工作、头衔和各种各样诱人的商机。

（二）平台

平台可以将供给方和需求方连接起来，为数之不尽的各类产品集合提供条件，平台主要分为五大类：即有形产品混合零售平台、数字产品零售平台及其他数字服务、广告和服务、信息、各种 UGC 网站。

1. 有形产品混合零售平台

有形产品混合零售平台例如 Amazon、eBay、淘宝。网站提供了无线展示商品的"货架"，对于数字产品没有仓储和物流的限制，但是对于有形产品则要通过集中化仓储方法降低供应链成本。同时要尽量利用网站的搜索功能和其他信息优势提供无限多的产品选择。但有形产品依然存在物理空间的限制。例如以 CD 形式承载的音乐是有形产品，在它们被卖掉之前，总要把它们存储在某个地方。所以，亚马逊上所列的每一种 CD 都存在一定的存货风险。亚马逊实物产品 CD 无法延音乐长尾无限走下去，因为其受物理空间的限制。

2. 数字产品零售平台及其他数字服务

在纯数字模式下，产品没有任何存储成本，宽带成本也低，即其运输成本相当低。近乎为零的边际生产和销售成本，令它可以在长尾上一直走到末端。

（三）过滤引擎

当无数的生产者创造出了无数的商品，并全部集中到了平台后，消费者面前就出现了无限多的选择。这时，就需要有成熟的过滤引擎来帮助消费者过滤掉他们不关心的内容。所以在一个无限选择的时代，统治一切的不是内容，而是搜寻内容的方式。为什么过滤引擎对长尾来说如此重要？在传统的"短头"市场中，货架上另类的、非大众化的产品都已经被过滤。但在一个无奇不有的长尾市场中，选择则可能成为一个大问题。长尾里面藏着很多精品，需要过滤引擎来帮助用户选择。过滤引擎有以下分类：

1. 热门排行榜和分类热门排行榜

过滤引擎一般是按照产品的热度排行。分类越细，排行价值越大。

2. 智能推荐

过滤引擎通常对用户行为进行研究，通过算法智能推荐新产品。比如根据不同用户的喜好生成用户画像，为每位用户提供"千人千面"的个性化推荐内容。在音乐歌单的智能推荐中,每一个用户都有自己的偏好,比方某用户喜欢带有小清新的、吉他伴奏的、王菲等元素。假设一首歌带有这些元素,那么就将这首歌推荐给该用户,也就是用元素去连接用户和音乐,形成音乐歌单的智能推荐。

3. 人工推荐

比如平台的编辑或个人的推荐表单。如博客,人们根据自己的喜好来收集精品内容。

课堂思考:
1. 结合长尾理论,从长尾角度分析支付宝中的"余额宝"产品的成功之道。
2. Google ADSense 的长尾表现在什么地方?

第三节 体验经济

体验经济

互联网时代,信息泛滥成灾,用户注意力成为稀缺资源。商业服务在互联网环境下竞争,失去了线下商务地域时空藩篱的屏障。互联网时空中的商业服务竞争尤其激烈,强调用户体验成为电子商务获取客户、留存客户的关键。

电子商务用户行为的在线化,沉淀了大量人类商业活动的行为数据,为催生个性化商务提供了条件,传统标准化的商业服务得以转型升级,为满足不同用户的不同主观感受的体验创造了条件。大量基于协同过滤、个性化定制、千人千面的个性化推荐服务,成为电子商务显著的特征。互联网经济因此也具备了体验经济的特征。

体验经济的概念主要来自 B. 约瑟夫·派恩、詹姆斯·H. 吉尔摩合著的《体验经济》。作者在该书中提到,社会经济形态经历了产品经济、商品经济和服务经济,社会经济是沿着从产品经济、商品经济、服务经济的过程进化的,而体验经济则是更高、更新的经济形态。

(1) 产品经济。产品经济又称农业经济,是在大工业时期没有形成前的主要经济形式。当时的商品处于短缺期,即供不应求阶段,谁控制着产品或制造产品的生产资料,谁就主宰市场,统治经济。

(2) 商品经济。商品经济又称工业经济,随着工业化的不断加强,商品不断丰富,甚至出现供大于求的情况。市场竞争加剧导致市场的利润不断稀薄直到发生亏损。

(3) 服务经济。服务经济是从商品经济中分离出来的,它注重商品销售的客户关系,向顾客提供额外利益,体现个性化形象。

(4) 体验经济。体验经济是从服务经济中分离出来的,它追求顾客感受满足的程度,重视消费过程中的自我体验。

举一个《体验经济》这本书中的例子,美国人依贝卡的家庭三代人过生日,第一代人依贝卡的妈妈过生日的时候,她的奶奶会从超市买原材料去做蛋糕,每次过生日只需要一两美元就够了。到了依贝卡自己过生日的时候,她的妈妈会打个电话订一个蛋糕回家,这个时候她每次生日要花大约 20 美元。到了依贝卡女儿过生日的时候,她邀请了 14 个同伴去农场喂猪,煮菜,依贝卡开了约 150 美元支票给农场主。

通过三代人生日的不同过法,可以发现,第一代的人是自己回家去做,只花了很少的钱,这就是传统的消费习惯。第二代的人,打个电话让商家把蛋糕送到家;第三代人让孩子参加了很好的体验派对,孩子玩得特别高兴,分享的不仅是生日蛋糕,还有生日的体验。对应付出的价格也发生了很大的变化。

一、体验经济中蕴含的价值

体验是一个人达到情绪、体力、精神某一特定水平时,他意识中产生的美好感觉。体验经济就是企业以服务为舞台、以生产为表演、以商品为道具、以消费者为中心,创造能够使消费者参与、值得消费者回忆的活动。其核心在于为消费者创造与众不同的内心感受,带来自我的满足感或者实现感。为客户创造好的体验,不仅要提供好的产品和服务,更重要的是为顾客创设新的生活方式,给予顾客超出其预想的经历和体验。构思和营造新的消费场景,在顾客消费过程中给其创造更多的不一样的惊喜,让其能够对消费经历有深刻的印象,让这次消费经历成为生活的一个美好回忆,让其有主动的意愿去向别人推荐并经常回忆起这一美好的回忆。

可见,体验经济的价值体现在以下 3 点。

(1) 大众定制化,针对每个人生产独一无二的产品,减少顾客损失。随着物质生活的丰富,人们渐渐从简单的生理需求中解脱出来,进而寻找更高层次的精神体验。而常规服务业的初级产品化也越来越满足不了人们日益增长的各种精神需求,它需要为消费者创造更加多样化的体验。

(2) 从企业角度,日益严峻的竞争促使企业不断寻找新的产品或服务差异,而用体验式思维,不仅关注员工做了什么工作,更注重员工是怎么做的工作,为消费者提供更多的参与式体验。员工真正做到"工作即演出",创设新的消费方式。

(3) 与传统的按成本收费方式不同,派恩和吉尔摩提出公司应该"根据他们为客人所添加的价值"而索取回报。体验产出可以按时间收费。无论是按入场收费、按活动收费、按期间收费、启动式收费、访问式收费和会员式收费,体验最终产出变革,助力人们变得更健康、更富裕、更聪明。提供体验的公司为付出的时间收费,推动变革的公司为体验带来的变化收费。

二、体验的维度

派恩和吉尔摩将体验的买方称为"客人",按照客人参与的主动性程度、吸引式体验还是浸入式体验,将体验分成了四个维度:娱乐式体验、教育式体验、梦幻式或逃避式体验和审美式体验,如图 3-7 所示,它们互相兼容,形成独特的体验经历。

(1) 娱乐式体验是吸引顾客的一种方式,顾客属于被动参与。

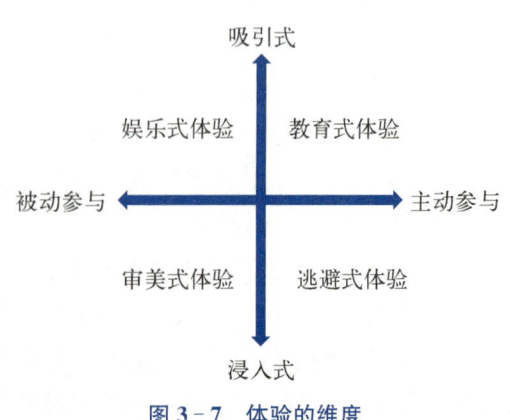

图 3-7 体验的维度

（2）教育式体验是指使顾客能在事件发生的过程中获得知识。它与娱乐式体验不同，在娱乐式体验中人们被动地受到吸引；而对于教育式体验而言，人们为了获得某种知识技能而主动地参与到一项活动中。

（3）梦幻式或逃避式体验。它指顾客不仅完全沉浸在某种体验里，而且还主动积极地参与这种体验的营造过程。最熟悉的例子就是顾客去迪士尼乐园游玩。

（4）审美式体验。体会身临其境之感。在现实世界，建筑的艺术设计是带给人们审美体验的典型例子。审美式体验必须是真实的，否则就可能被认为是在伪造感受。如游览大峡谷或参观大都会艺术博物馆，让顾客置身于某种环境与氛围中。

吸引式体验旨在让受众获取，而其本身并不发生改变，诸如演出、电视节目等娱乐项目；体验主体发生改变的诸如教育、学习、互动游戏等则在边上的一个维度，典型的是学习，所谓教学相长也是这个意思。而浸入式体验则是营造一种氛围让受众融入其中，比如展览展示就是典型的一种，像艺术品类的展览其本质是不会改变的。而会带来改变的浸入，典型的便是旅行，换一个地方换一种环境，自然是别样的感受，但同时也是对现实的逃避。四个维度的体验能带来不同的体验感，无论是娱乐开心，还是学习成长，抑或审美见识，包括逃避现实，都是能带来深刻印象并能让人感动的。体验就是结果、就是一段经历的反馈。

> **课堂思考：**
> 1. 结合体验经济理论，分析苹果产品的体验好在哪些地方？为什么？
> 2. 结合 Online Business 的定义，谈谈互联网产品为什么要重视用户体验。

第四节 维基经济

2006 年 12 月，唐·泰普斯科特及安东尼·D. 威廉姆斯出版了《维基经济学》，他们创造出了"维基经济学"（Wikinomics）一词，用来说明"集体协作"（Mass Collaboration）的现象与机会。维基经济学这一全新的词汇的前缀来自 Wiki 这一超文本系统。

在《维基经济学》的第一章的开头，作者就以一个黄金公司的例子来向世人展现了开放资源带来的收获，这家小采矿公司的老板由于手中掌握的资源限制、债务拖延和生产成本等问题一筹莫展的时候，得知 Linux 因为开放软件代码而聚合优质资源并获得成功，他决定将探矿的信息公开，策划了一项"挑战赛"，并面向外界发布。结果这个人才挖掘计划为公司带来了数不胜数大学生、顾问、数学家，甚至军事学家，最后将实际探测时间缩短了两到三年，把一个价值一亿美元的低绩效公司改造成了价值九十亿美元的大公司。老板意识到更聪明，更有创新资质的人可能会在组织之外，通过分享知识财产获得这些天才的力量，这就是维基经济学的奥秘所在。

科技、经济、人口和思维方式的发展使大规模协作成为可能。大规模的协作方式，给生产和分配带来新的变革。协作从坊间来到开放的互联网上，人们的知识、权利和资本不再像以前那样容易被忽视,而是被重视与利用起来,一同加入全球财富创造与分配的新方法中来。

一、维基经济的商业法则

维基经济有四个商业法则:开放、对等、共享、全球运作,如图 3-8 所示。一些企业如谷歌、亚马逊、IBM、乐高、英特尔、宝马、波音、YouTube 等,都已经从维基经济中获得巨大的成功。

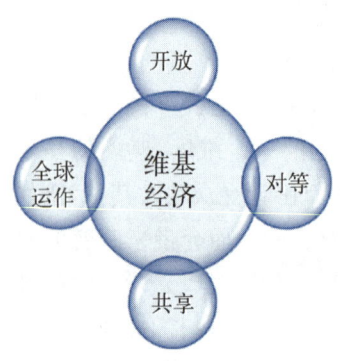

图 3-8 维基经济的四个商业法则

(一) 开放

开放带来的是人力资源、行业标准、通信模式和教育的变化,企业的行为和操作管理模式,创新力和竞争力也都在变化。从只依靠内部资源到从外部获得创新和人力资本,过去公司的机密信息,现在变成了公共资源,企业开诚布公地面对消费者和竞争者,反而会得到更多的信任和回报。

标准是开放性获得发展的关键。企业为了自我利益,往往抵制开放系统和开放资源,但是顾客厌烦了被禁锢在每个小商小贩的建筑中,要求开放标准。微软因提供了一个标准平台而获得发展。当信息技术专业人员开始在一系列开放性软件平台上合作时,开放变成了动力。结果 Apache 成为了网页服务器,Linux 成为操作系统,MySQI 成为数据库,万维网本身成为了浏览器。

(二) 对等

对等就是大家以平等、水平、点对点的方式,沟通、协调、协同合作形成一个自我管理的团队组织结构,大众以更民主、自由、开放、自我管理的模式来共同创造知识、分享经验、提供内容与设计产品。对等意味着几千年以来依靠等级制度的财富创造模式已经被慢慢消解,自发自愿的组织模式正在产生与发展,互联网和科技支撑下的对等生产是一种非市场主导的生产模式,却能快速地创造新科技、新产品、新资源。对等生产之所以成功,是因为借助自发模式比层级管理体制具有更高的效率。

对等生产的参与者有很多不同的动机,为了参与,为了好玩,或者是出于利他主义,总之是为了得到对他们有直接价值的事物。尽管平等主义是基本原则,但大部分合作网络有支撑结构,在这种结构里,一些人比其他人有更多的权威和影响力。但是,操作的基本规则与公司的指挥控制层级制之间有着本质的区别,因为后者是从前工业经济封建式的行业机构发展而来的。

(三) 共享

新的知识产权经济学显然是对过去的颠覆。数据库、科学知识、计算机能力等资源的点对点共享模式已经给 Skype 带来了 9 千多万的新增用户。共享实践充分证明,对零边际成本的行业(软件、数字娱乐),共享意味着这些产业能获得令人难以置信的经济规模。共享的效力不局限于知识产品、文化产品、数字娱乐等信息资源,还可以延伸到计算能力、网络带宽、通信链路等能力资源。云计算的广泛使用可谓是当前维基经济学所倡导的共享原则推动经济发展的有力诠释。

(四) 全球运作

全球运作是基于 Web2.0 的真正的全球化，无论是公司还是个人都会走向一个完全突破空间限制的全球化。真正的全球化，是知识、人、物体、设备、互联网的突破性联合，整个世界都感觉很近。企业拥有遍布世界的生产和供应商，雇佣来自企业内外的智慧和资源，在全球平台上没有物理或地区界限的协作，给企业带来最经济合理的预算，和全球企业一起存在，一起创造价值。

二、大规模协作的模式

在四个商业法则的指导下，唐·泰普科斯特提出了一种新的商业模式方法论，即大规模协作。并归纳出大规模协作的七种模式：对等先锋、创意集市、消费者生产、科学知识分享、协作平台、全球工厂和组织内部协作。

(一) 对等先锋

以开源软件和维基百科为代表的对等先锋，混合了阶层式与自发性两种组织模式，组织当中以维才是用为原则，也就是说社群里面最熟练、最有经验的成员提供领导能力，协助整合社群的贡献。

大规模协作生产的先驱，无疑是技术的发展。Linux 等开放式的操作系统及和维基百科给了每个人平等的协作机会，都是大规模协作市场的先锋。

维基百科使用了开放的站点组织方法允许任何人来参与。只有 6 位拿薪水的正式员工。几乎所有的工作，都是由志愿者义务完成的。维基百科设计"可证实""非原创研究""观点中立"三个原则以及自我修复和处理异议的机制，同时采用等级金字塔，激励着每个级别的编者。在这个等级金字塔中，等级越高，所拥有的编辑权限就越大。不过比起编辑权限，等级提升本身就是一种荣誉，是很多志愿编者所追寻的。维基百科的内容最终快速成长，远远超过了大英百科全书。

(二) 创意集市

"创意集市"是点子、创意的新兴交易集市。创立于 2001 年的"创新中心 InnoCentive"网站，发展至今已经成为生物与化学领域重要的威客众包网络研发平台。现在在这个威客众包平台上，凡是有科研咨询需求的公司，除了要向创新中心交付一定的会费以外，还要为每个解决方案支付 1 万至 10 万美元。

(三) 消费者生产

以"第二人生"消费者生产功能为代表的"消费者生产"，采用开放性设计开启了网络游戏的新模式，其中 95% 的游戏内容都由众多参与的玩家自己创造。

(四) 科学知识分享

以开放式大学网络为典型的"科学知识分享模式"；许多营利或非营利组织开放分享其资讯来协助大众学习与创造更多的知识。在 20 世纪 90 年代中期，私人公司对发现的 DNA 序列数据申请专利，其他人只有付费才可以拿到这些数据。大量的基因信息被私有化，使得研究成本居高不下，而药物的研究效率也非常低下。然而在 1995 年，默克制药与华盛顿大学的基因组测序中心改变了游戏规则：他们带来了一个全新的、开放的创意：默克基因索引。在三年间他们公开发布了超过八十万个基因序列，而其他的合作项目也很快加入了这个行列。因此，默克制药的开放举动不仅改变了整个产业的文化，同时也加速了生物医药研究和药品开发的节奏。它令全世界的研究者们可以不受限制地访问一个开放的基因信息资源库。

(五) 协作平台

亚马逊通过提供开放平台与 RSS 托管公司 Feedburner 合作，Feedburner 通过在"博客"中嵌入链接进行流量引导，如果顾客通过链接产生交易，就可以获得佣金。

平台依靠用户大众的贡献完成价值创造。"知乎"就是这样一个依靠大众参与的问答型社区，用户在里面可以平等的生产内容，大家分享知识，并且依靠流量关注从"知乎 live"和"分答"中实现知识变现。

(六) 全球工厂

宝马公司的业务中近70%部分不是自己设计生产的，而是外包出去；波音公司的飞机由成千上万零部件组成，波音公司放弃了大部分零件的控制权，甚至牺牲一些关键的工程机械知识产权，面向全球6个不同国家的数百家合作伙伴提出共同研制787机型的大规模协作战略。这些都是全球工厂的例子。

(七) 组织内部协作

组织内部协作模式以百思买自下而上创新为代表。百思买的"威客小分队"利用企业内部的"维基工作站"，通过队员们改编的网络游戏，使得原本较封闭、枯燥、独立的技术研发，变成了能随时保持高效率而轻松愉快地沟通的娱乐项目。

无论是何种模式，事实上都可以概括为，在生产过程中积极地向外界去寻找方案，形成大规模协作。将网络看成一种社区，看成是"数字生活空间"，将消费者和企业看作"生活者"与"服务者"，发挥外界的作用使网络社区贡献相应的力量，通过协作为自身发展提供动力。

三、大规模协作的条件

大规模协作要想运行得最好，至少满足以下三个条件：① 生产的目标是信息或者文化，这样可以使贡献者的参与成本最低。② 任务可以分解成小块，这样单个生产者能够以小的增量进行贡献，并且独立于其他生产者(比如，百科全书的条目或者软件程序中的模块)，这使得他们投入的时间和精力比起他们得到的利益报酬来要少得多。③ 将这些模块整合成一个成品的成本，包括领导能力和质量控制机制的成本必须要低。

即使当以上条件都满足，大规模协作仍然面临障碍。首先需要同行评审系统并且需要有人指导和管理这些相互间的协作并整合来自用户分散的贡献。其次需要设计协作的规则，应付"打酱油""搭便车"的人，想出激发和协调一段很长时间内的集体活动的方法。尽管有这些障碍，开放性的、自组织的社区成员们都在工作，有时还有非常好的效果。

维基经济的核心就是打破企业内外的界限，企业逐渐成为一个开放的平台。只要把握住核心，掌握好开放的"度"，其他都可以经过一个开放的平台来实现。例如 Linux，创造它的人们既不服务于企业，也不服务市场，不从任何一方获取报酬，他们是非市场化的，非专有的。社区、博客以及维基百科这样展示个体集群效应的新模式开始占据主流，这也就是 Web2.0 时代个体的力量借助平台开始显示出巨大的力量。一些嗅觉敏锐的企业开始利用维基百科的模式进行全球创意征集。

阿里巴巴建立平台,同时把平台也开放给第三方,形成一个商业生态系统。阿里巴巴的淘宝、1688、阿里妈妈,都是聚集了很大数量级的买与卖,同时阿里巴巴正在把这些客户组织化,将第三方的各种服务引入到平台,在融资、物流、技术、培训等中小企业缺陷的方面提供服务。

SAP、Sun 这些企业开放了他们的大部分源代码,围绕在他们周围的第三方企业使用这些代码作为标准,才有了大规模协作的可能。亚马逊这样的企业也同样开放了自己的平台端口,让 14 万个软件商在亚马逊的电子商务平台上提供有特色的服务。所有的这些都是以平台企业内部的标准化和信息化作为基础的。

第五节 免费经济

从搜索引擎到杀毒软件,从社交软件到微博服务,互联网上充满了大量的免费服务。这些在线商业服务,为什么可以免费提供?互联网商业服务免费的秘密是什么?

一、免费的概念

我们经历的买一赠一、优惠券、免费试用、存话费送手机、儿童免票。这些免费都不是针对单一的产品,而是针对两个或多个产品,是一种捆绑销售,不是真正的免费。这些免费归根结底都表现为同一实质,那就是让钱在不同的产品之间、人之间、现在和未来之间、不与钱打交道的市场和回到金钱市场之间转移。经济学家把用付费产品来补贴免费产品、用日后付费来补贴当前付费、用付费人群来给不付费人群提供补贴等几种不同的方式称作"交叉补贴"。交叉补贴的四种情况,如图 3-9 所示。

图 3-9 交叉补贴的四种情况

(一)直接交叉补贴

把赠品的价值包含在总价里。直接吸引到消费者的商品是免费或者趋近于免费的,而其真正的目的是让其他的产品特别是数量显得更多、利润率更高的商品能够进一步去挖掘出消费者的潜在需求从而达到来推销其他付费产品的目的。例如:餐馆啤酒免费畅饮,实际上靠出售菜肴补贴成本。

(二)三方市场

三方市场指的是用第三方付费完成前两方的免费商品交易。如 Google AdWords,网民得到免费的搜索服务,广告主直接买单。

(三)免费加收费模式

比如 WPS 基础模板是免费的,要想使用更有设计的模板就需要付费。数字化产品,通常会遵循"5%定律",也就是 5%的付费用户是网站所有的收入来源。在这种模式下,100 个用户只有 5 个是付费的。企业给不付费的 95 个用户提供的服务成本非常低,几乎可以忽略不计。也就是说不会因为使用人数的增加而导致成本增加。

(四) 非货币市场

在非货币市场模式下,钱不是人们做事的唯一动力,人们选择互相帮助,并不是为了获得金钱。这种类型会有几种不同的表现形式。

(1) 礼品经济:例如维基百科,用户自主上传和维护词条,是因为自己想要表达和分享。他们创造的产品所有的人都可以免费使用。他们的贡献就像礼品馈赠给大众,获得的是一种荣誉。

(2) 劳动交换。用户每次用谷歌搜索时,都在帮助谷歌公司提高精准定位广告的系统运算法则。当用户在知乎中关注和点赞,都是在帮助知乎公司提高答案排序的运算法则,用户在得到某项免费服务的时候也在和别人进行劳动交换。

(3) 盗版。互联网上体现盗版猖獗的当属音乐,因为数字化的音乐产品复制和传播的便捷,盗版成了一种免费模式。有的音乐人自愿将自己的音乐作品让网民免费传播,以此获得大量歌迷的关注,从而走红。再通过线下演唱会、产品代言而获得收益。可见盗版成了一种免费的营销。

二、免费经济的原理

免费经济的原理是"充裕思维",而传统经济学研究的是"稀缺状态下的资源优化配置",就是说资源是有限的,所以要研究如何把这有限的资源充分利用起来,怎么选择才能使得效果最优。现在身处数字经济时代,传统思维却一直在教我们如何"管理稀缺",但是数字经济时代中的资源并不是"稀缺"的,现在必须要学习的是如何"管理充裕"。

1838年,数学家安东尼·库尔诺出版了经济学名著《关于财富理论之数学原则的研究》,他在书里提出了公司竞争的经济学模型。45年后,另一个数学家约瑟夫·伯特兰德改进了这个模型。这个模型简化成一句话就是:在充裕市场中,价格等于边际成本。经济学里,这也被称为"边际成本定价法"。在网络世界里,数字产品是极度充裕的,数字产品的边际成本可以无限趋近于零,所以免费是必然的结果。

互联网的免费模式是一种长期的培养。通过提供免费的基础业务的产品和服务使得企业能够比竞争对手更快地去吸引到用户,作为推广的一种手段来获取关注度。在获取关注度后,进一步帮助用户去培养使用自己产品的消费习惯,形成用户黏性,并最终转化为企业的资源和能力,从而能够在竞争中获得优势。当网络中充斥着大量免费商品的时候,资源就变得不再重要。以网盘为例,随着存储成本的逐年下降,网盘使用成本已经不再重要,用户可随意上传文件、视频等资源,从而让网络资源得到极大的丰富。相反用户的关注度却成为稀缺资源。当产品的关注度和声誉度聚集到足够大的时候,那些使用产品时间长、满意度越高的用户就越容易留存在企业中,成为忠实粉丝。由于产品和服务的数字化能够带来边际成本持续递减,这样使得企业有机会进一步扩大用户规模。

通过"免费"提供服务获取用户流量之后,企业就可以开始思考如何进行正确和合理的价值变现。在有一定基数的目标用户中提炼到更精准的购买需求,有针对性地开发增值业务,激发因免费而培养起来黏性的用户的潜在购买力,帮助企业进一步去实现盈利。所以互联网下的盈利可以借助免费获取有一定基数的用户群体,并在此基础上进行价值创造。使庞大的用户数量规模成为公司的资产。掌握庞大基数用户的注意力,便可占据一大块市场份额。

三、免费的四种模式

未来的世界是免费和付费共存的空间,免费的形式多种多样,而免费的实质是什么,则需要自己去把握。以下试以一家商业软件公司为例,阐述四种免费模式,如图3-10所示。

(一) 限定时间

例如30天免费,之后收费,Salesforce 就采用了这种模式。这种模式比较容易实现,而且市场侵蚀的风险小。但是有许多潜在客户不愿意试用这种免费软件,因为他们知道之后如果不付费,30天试用期后他们得不到一点儿好处。

图3-10 四种免费模式

(二) 限定特征

例如基础版免费,更高级版本收费。WordPress 采用了这种模式。其有利之处可以使产品知名度快速提高。当客户转变为付费客户时,客户会清楚自己付钱购买到是哪部分增加的价值。甚至有可能对这一品牌更为忠诚,对该产品价格的敏感度更低。但也有不利之处,那就是商家需要创造两种版本的产品。如果在免费版中添加过多的特色服务,就不会有足够多的用户转变为付费用户。而如果在免费版中添加的特色服务过少,同样也不会有足够多的用户在使用相当长时间免费版后转变为付费版用户。

(三) 限定用户数

一定数量的用户可以免费使用该产品,但超过这一数目则需付费。这是 Intuit QuickBooks 使用的模式。这种模式有利之处是容易执行。不利之处是有可能侵蚀低端市场份额。

(四) 限定客户类别

规模较小,或刚刚成立不久的企业可以免费使用;而对于规模较大、成立时间较长的公司则需付费。这是微软 BizSpark 项目使用的模式。该项目规定,成立时间小于三年且营业收入低于100万美元的公司可免费使用微软的商业软件。这种模式的有利之处,在于根据付费能力向公司收取相应费用。这可以让产品在发展迅速的公司中率先赢得客户群。但不利之处在于对企业的验证和监管程序过于复杂。

> **课堂思考**:请对照四种免费加收费模式,找出国内对应的应用案例。

第六节 分享经济

分享经济产生的背景是潮汐需求,即具有峰值与谷值的社会服务需求,这种潮汐需求无法通过增加公共投入来满足,因为那样会造成公共供给的闲置与浪费,却可以通过整合需求方的富余资源,让需求方转变为供给方的方式来满足。如分享闲置的物品、停车位、顺风车位、房间、沙发等。

分享经济由来已久,随着互联网、移动互联网技术的发展,分享经济突破了信息交流不畅的瓶颈,通过信息技术将海量资源进行优化和重新配置,满足用户多样化需求。现在闲置的房产、汽车、技能,甚至时间、知识,都能通过技术的连接变成财富,源源不断地创造利润。

一、分享经济的特征和作用

(一) 分享经济的特征

(1) 高度以市场为基础:在分享经济下的市场里,商品得到充分交换,新的服务层出不穷,经济更具活力。

(2) 资本高效利用:分享经济给所有资产都带来新机遇,从各种设施、技能到时间、金钱,它们的价值都得到最大利用。

(3) 具有群体网络结构,而非中心化或层级化结构:资本和劳动力来自去中心化的人群个体,而不是来自公司或国家组织;商品交易的预期取决于群体分散的市场行为,而不是中心化的第三方组织。

(4) 个人行为与专业行为界限模糊:劳动力和服务的供应商经常将点对点的行为商业化和规模化,比如搭车、借钱等,而这些行为往往被认为是"个人行为"。

(5) 全职与兼职、正式工与临时工、工作与休闲的界限模糊:许多传统全职工作被合同工替代,这些合同工同样保证工作时间和单位工作量,同样具有经济支持和企业管理。

(二) 分享经济的作用

分享经济具有弱化所有权,强化使用权的作用,在分享经济模式下,通过互联网技术,人们闲置的时间、空间和资产的交换价值通过数据在线化,得到有效评估与分享,资源使用率得到提高。比如社会信用的数字化:随着人们参与分享经济的程度不断加深,社会信用被不断数字化并发挥关键作用。

二、分享经济的决定因素

分享经济的决定因素有三个:第一个是事物的信息呈现方式,特别是以数字形式来传达信息。第二个是带宽、硬盘以及伴随着的数字设备微型化的硬件能力持续指数级增长。第三个是持续增长的模块化编程能力,它使不断增加的复杂性得到聚合、编纂,最终整合成标准化的软件平台。这三个因素带来的四种额外的影响结果,这四种结果对分享经济的出现和不断进化起着关键作用。

(1) 数字技术消费化(例如 iPad、智能音箱);

(2) 物理数字化(例如物联网的发展);

(3) 去中心化的点对点模式的出现(例如 Napster、区块链);

(4) 信用的数字化(例如芝麻信用)。

三、分享经济的影响

（一）对经济的影响

利用"闲置产能"会增加经济生产力,从而改变资本的"影响力"。无论是点对点租赁市场中"闲置产能价值"、TaskRabbit 等市场上的劳动力供应,还是贷款平台 Funding Circle 等平台上的金融资本——所有的东西都是利用"闲置产能"增加经济生产力。例如,有了 Airbnb,房子主人能够把少量的额外空间变成一个收入来源。在这个意义上说,通过充分使用空间来利用过剩产能。

（二）对监管的影响

在分享经济模式下,社会可以发展出更多的理性、道德,和参与性的监管——在该模式下,使用者和供应者都平等参与,并且共同负责制定相关法规,这些法律法规就被用来纠正"市场失灵"。

政府也在逐步完善监管,完善相关法律的匹配,比如滴滴顺风车事件的监管与整治就是分享经济对政府监管的挑战。

（三）对个人的影响

分享经济带给个人的影响除了倡导"消费而不占有"的"断舍离"生活方式外,还改变了人们的产权观念,还培养了人们的合作意识。

（四）对未来工作的影响

分享经济使工作自由职业化、外包及自动化,我们正进入一个自动化的新时代,这个时代中人力工作被机器替代的速度可能超过了机器为人创造新工作的速度。分享经济和数字化扩展了新的市场,催生了新的劳动力,劳动效率提高不是通过榨取更多现有劳动者来实现,而是寻找浪费掉的可以变成工作的时间,或许会促生创业孵化群体或个体从业群体的崛起。正如现在的网约车平台改变了雇佣的模式,也同时在改变着社会的其他运作问题,所以分享经济既是机遇也是挑战,所谓的"按需服务"或者"兼职经济"正创造着激动人心的机会,激发着创新,但也在劳动保护以及未来工作的变化等方便带来挑战。

> **课堂思考:**
> 1. 国内的共享单车是分享经济模式吗？为什么？
> 2. 为什么分享经济的基础是信任？信任是如何被数字化的？

第七节 平台经济

平台经济

随着平台作为商业模式和组织架构模式的兴起,平台经济正在改变人们的生活。

一、平台经济的成因

平台经济是一种基于外部供应商和顾客之间价值创造的商业模式。改变了传统管道式的线性价值链模式,转变为以平台为中心的价值矩阵,带来了活跃的多边关系。通过网络效应形成需求规模经济,为平台企业快速产生价值。甚至在竞争中打败传统的管道企业。

传统的经济现象将消费时所获得的价值视为个人层面的东西,与外界无关,而在信息高度流通的时代中,某些产品与服务的使用者越来越多时,每一位用户得到的价值会呈跳跃式增加。网络效应可以在平台模式中发挥极大的效用。平台经济的精髓,在于打造一个完善的、成长潜力强大的"生态圈"。它拥有独树一帜的精密规范和机制系统,能够有效激励多方群体之间的互动,达成平台企业的愿景。

二、平台经济的体系结构

平台经济的要素和功能可以用邱达利平台画布来描述和分析,如图3-11所示。平台连接着生产者和消费者,为生产者提供渠道和接入控制,为消费者过滤产品和内容,平台提供核心价值单元、工具和服务,并通过支付形成闭环,最终获得价值回报。其中,生产者与消费者之间的核心交互是平台创造价值使命的核心,因此平台的设计应该从核心交互开始。平台最基本的结构是:参与者+价值单元+过滤器→核心交互。

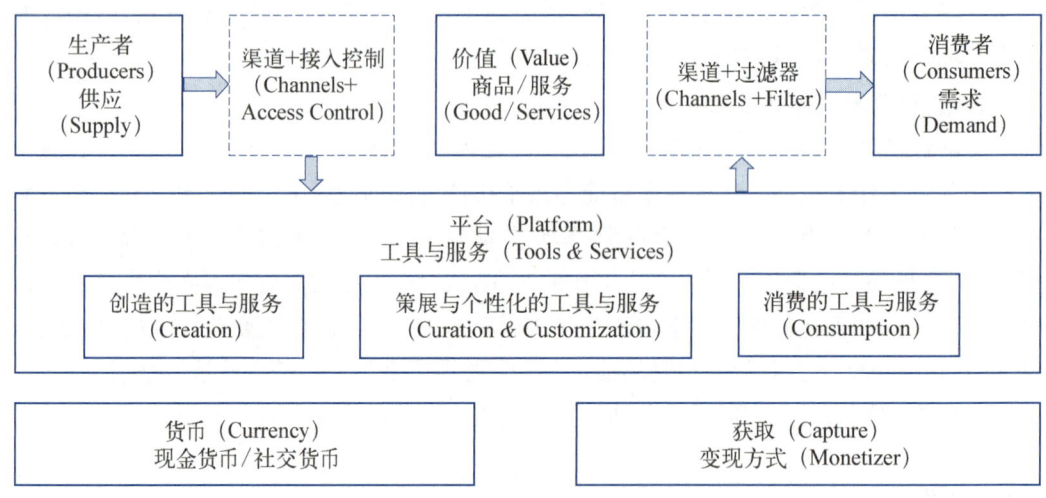

图3-11 邱达利平台经济画布

帮助平台创造价值、产生核心交互需要以下三个要素:

(一)参与者

通常,核心交互的根本参与者有两种人:创造价值的生产者和使用价值的消费者。在平台中,同样的用户在不同的交互中可能扮演不同的角色。设计得当的平台有利于用户的角色的转换。比如在Airbnb上,同一个人可能既是房东又是旅行者,尽管他们在一段固定的交互中只会扮演其中一种角色。

(二)价值单元

价值单元指生产者为消费者提供的产品、服务或内容。单元指的是单一元素(如一个视频、一次打车、一个商品等)。几乎每个核心交互的开端都是生产者对于价值单元的创造。可以说没有价值单元,平台就毫无价值。YouTube的视频、推特的文章、优步的可用车辆列表都属于价值单元。用户都会基于这些信息做出决定是否进行下一步的交换。

(三) 过滤器

当某些成员的加入会降低其他使用者的效用与意愿时,则出现消极网络效应。为了抑制类似情况的发生,平台应在建立的初期拥有一套完善的配套机制来过滤用户。同时价值单元也需要经过过滤器处理后传递给消费者。过滤器有着严格算法,是以软件为基础的技术工具,平台会根据过滤器来完成用户间价值单元的互换。每个平台都要利用过滤器来搜索并请求可以匹配给用户感兴趣的信息。例如优步、滴滴公司就是通过位置和时间设定过滤器,方便司机和消费者的信息交换。

在以上三要素的基础上,为了拥有更多的核心交互,平台还需要对用户进行吸引、促进和匹配。这三点对平台来说都是非常重要的且各有其挑战,平台需要平衡好这三个功能。

三、平台经济的机制设计

平台企业需要制定能够纳入多边群体的策略,进而真正有效地壮大市场规模。设计适合自己的产业与服务群体的整套机制关键在于运用网络效应。平台模式中的网络效应包括同边与双边的网络效应。同边网络效应表达了当某一边市场群体的用户规模增长时,将会影响同一边群体内其他使用者所得的效用;而双边网络效应则反映了一边用户的规模增长将影响另外一边群体使用该平台所得到的效用。效用增加为"积极网络效应",效应减少为"消极网络效应"。通常平台所设的机制都是为了激发积极网络效应,建立足以激发同边网络效应与双边网络效应的功能机制。

由于网络效应可能是负向的,这意味着某些成员的加入会降低其他使用者的效用与意愿。为了抑制类似情况的发生,平台应在建立的初期拥有一套完善的配套机制来过滤用户。最基本的方式是鉴定用户身份并让用户成为彼此的监督者,用户彼此评分的机制往往比其他过滤方式都有效。此外,平台还可以主观判断保留或淘汰哪些用户,但这种做法是一种管制式策略,会使平台的中立性不复存在。

双边模式赋予了平台企业在定价方面的弹性,企业可以选择补贴一边群体,促进其使用者数量的增长,进而吸引另一边群体支付更多的费用。在平台经济中,补贴模式是一种战略性决策,在既定的双边模式框架下,补贴模式可以千变万化。平台企业在确定被补贴方和补贴方时,可以参考表3-1的五项原则。总的来说,设定补贴模式的目的就是要在不同的市场群体之间形成一种不平衡,进而激发网络效应。

表3-1 补贴模式的五项原则

原　　则	被 补 贴 方	补 贴 方
价格弹性反映	高	低
成长时的边际成本	低	高
同边网络效应	正向	负向
多地栖息的可能性	高	低
现金流汇集的方便度	困难	容易

平台企业连接两个以上的群体后,必须决定核心的补贴策略,然后通过一连串的系统化的机制,引发网络效应,促进生态圈的成长,凝聚各方成员的互动,再通过用户过滤机制维持整个生态圈的质量。接下来,平台要决定如何盈利。有效的盈利方式一般具有以下两大准则:

(1)平台商业模式的根基来自多边群体的互补需求所激发出来的网络效应。必须找到双方需求引力之间的"关键环节",设置获利关卡。比如,世纪佳缘网的盈利模式的关键就是控制会员之间的聊天渠道。

(2)通过挖掘多方数据来拟定多层级的价值主张,进而推动盈利。这里的关键是"数据开采",即有效挖掘用户的行为数据。携程旅行网、世纪佳缘等电子商务平台都是因进行了有效的双向数据挖掘而赢利的。

课堂思考:
1. 结合某国内平台企业,分析该平台的价值单元具体表现是什么。
2. 分析"共享单车"的平台模式,谈谈它制定补贴政策的原理。

本 章 小 结

1. 双边网络效应指的是,市场一边的用户在市场中获取的价值取决于另一边的用户的数量。双边网络存在两类不同的用户:供应侧和需求侧用户。他们出于不同的原因加入网络,并且为对方提供了互补性的价值。

2. 在双边市场中,单边网络效应中同一侧用户的互动就要复杂一些,也呈现出负面和正面两种影响效果。大多数时候,同一侧的用户会相互直接扣减对方价值,产生直接负面影响。同侧网络效应其实也有积极的直接的影响,也就是同侧的用户越多给彼此也会带来更多的价值。当产品的价值随数据增多而提升,并且当产品的使用增多会产生数据时,也会因为数据产生网络效应。

3. 互联网经济表现出信息产品复制与传播的边际成本递减的规律,而网络效应是数字经济时代建立可防御性的重要手段。网络效应带来需求规模经济。

4. 长尾理论反映了数字时代由于货架被无限延长,我们的经济和文化正在产生从为数较少的主流产品和市场(需求曲线的头部)向数量众多的利基市场(需求曲线的尾部)转移。长尾市场由三个部分组成:生产者、平台、过滤引擎。

5. 社会经济形态经历了产品经济、商品经济和服务经济,社会经济是沿着从产品经济、商品经济、服务经济的过程进化的,而体验经济则是更高、更新的经济形态。派恩和吉尔摩将体验的买方称为"客人",按照客人参与的主动与吸引式体验否以及参与者和背景环境的关联,将体验分成了四个部分:娱乐、教育、逃避现实(梦幻)和审美体验,四种方式互相兼容,形成独特的体验经历。

6. 维基经济学是用来说明"集体协作"的现象与机会。大规模协作的七种模式：对等先锋、创意集市、消费者生产、科学知识分享、协作平台、全球工厂和组织内部协作。

7. 经济学家把"交叉补贴"归纳出四种情况：直接交叉补贴、三方市场、免费加收费和非货币市场。其中免费加收费和非货币市场模式是互联网中最常用的免费模式。免费经济的原理是"充裕思维"。

8. 分享经济的数字决定因素有三个基本力量：第一种力量是事物的信息呈现方式，特别是以数字形式来传达信息。第二种力量是硬件能力、带宽、硬盘以及伴随着的数字设备微型化的持续指数级增长。第三种力量是持续增长的模块化编程能力，它使不断增加的复杂性得到聚合、编纂，最终整合成标准化的软件平台。

9. 分享经济的数字决定因素有三个基本力量：第一种力量是事物的信息呈现方式，特别是以数字形式来传达信息。第二种力量是带宽、硬盘以及伴随着的数字设备微型化的硬件能力持续指数级增长。第三种力量是持续增长的模块化编程能力，它使不断增加的复杂性得到聚合、编纂，最终整合成标准化的软件平台。

10. 平台经济是一种基于外部供应商和需求顾客之间价值创造的商业模式。改变了传统管道式的线性价值链模式，转变为以平台为中心的价值矩阵，带来了活跃的多边关系。平台最基本的结构是：参与者＋价值单元＋过滤器→核心交互。

复习思考题

1. 什么是网络效应？有哪些分类？
2. 结合实例说明双边和单边网络效应中的积极和消极两种因素。
3. 为什么网络效应带来需求规模经济？
4. 结合长尾理论分析为什么在网上能买到线下买不到的东西？
5. 根据派恩和吉尔摩的分类，迪士尼乐园提供的是什么类型的体验？
6. 请尝试在过百科类网站创建或编辑词条，体会维基技术的应用。
7. 为什么互联网促进分享经济的发展？
8. 为什么平台模式的关键是网络效应？

课堂讨论题

1. 为什么杀毒软件公司要提供免费的杀毒软件？公司靠什么盈利？
2. 国内的共享单车是分享经济模式吗？为什么？
3. 分析分享经济模式和平台模式的关系。

案 例 分 析

众包地图 Waze 利用大数据帮助欧洲城市提高紧急响应效率

  Waze 宣布了他们与欧洲紧急号码协会(EENA)在过去一年里的合作成果。Waze 是谷歌公司的众包地图应用,可以精确覆盖到未被卫星数据和摄像头收录的各种小路和地形,并且可以以用户众包的方式来实时更新交通数据,使用算法重新规划路线避开交通事故和拥堵区。双方的合作始于 2017 年 4 月份,EENA 尝试使用 Waze 的交通数据提高法国、奥地利和意大利三国的应急响应时间。

  这项合作是 Waze"连接市民计划(Connected Citizen Program)"的一部分,"连接市民计划"始于 2012 年飓风桑迪席卷亚特兰大市。飓风经过时,当地很多加油站无法正常使用,人们急切知道周边有哪些加油站可以正常使用。美国政府希望 Waze 能够帮助受灾的人们,这个计划后来逐步演变成了"连接市民计划"。

  参与该计划的用户只需要在开车时保持 Waze APP 开启,就可以向平台上传数据。另外,用户在空闲时间也可以对地图进行实时更新和编辑。用户发现事故并且通过点击"事故"按钮或者通过语音上传事故信息之后,Waze 会请求周边的用户确认事故信息,以确保紧急事件的真实性和严重程度。如果事故真实,用户选择"向上的大拇指"即可;反之,则选择"向下的大拇指"。同意的人越多,事故描述也就越真实。Waze 用户每月会上报数百万次交通阻塞及事故。据悉,通过将常规事故报告(例如电话)与 Waze 平台上的数据对比,可以将异常事故报告时间提高约 30 分钟。除了报告交通事故,Waze 平台上的实时交通数据,还可以帮助减少救护车的行驶时间。相比从前,Waze 将救护车的抵达时间减少了约 4.5 分钟。

  据了解,Waze 目前已经和全世界 600 多家紧急救助中心建立合作,因为节约下来的 4.5 分钟对于生命危急的人来说非常重要。接下来,Waze 还在寻求和更多的机构合作;在不显著增加用户上传和确认事故信息成本的情况下,提高城市救助的效率,的确是一件鼓励利他精神的好事。

思考题:
1. 什么数据可以给 Waze 带来网络效应?
2. 对 Waze 而言,正面和负面网络效应可能在什么情况下产生?

本章测试

第四章　电子商务运营

> **学习目标**
> 1. 了解营销组合策略在企业战略中的重要作用
> 2. 掌握互联网环境下用户的行为特征
> 3. 掌握互联网产品的用户增长模型
> 4. 掌握程序化购买的广告交易模式
> 5. 理解基于DMP的程序化购买可以达到精准营销的目的
> 6. 掌握裂变营销的三个特点

电子商务的运营与传统的运营最大的不同之处在于，所有的运营活动与效果最终都反映在用户行为上，都有数据留痕。因此，可以基于数据分析做精准的运营，可以基于个性化推荐实施千人千面的营销策略。

在互联网时代，用户行为的数据留痕带来了一些变革。用户的评价和反馈是可以公开的，从而能够相互影响。这种基于用户反馈和评价的社会协同机制，冲击了传统的品牌影响力，也改变了传统口碑的形成和流传机制。新一代互联网用户的消费行为，越来越受网红或"大V"们的影响，对品牌的依赖越来越低。

用户的在线化，扩大了用户的话语权，用户和企业的边界越来越模糊，越来越多的企业拥抱用户，激励用户参与商品的设计与生产，这与传统商务重视渠道、忽视沉默的用户的做法有很大的不同。

 **引导案例**

"宝洁式营销"告别黄金时代

宝洁在2020年先后两次宣布对非生产部门裁员共计5 700人，其中就包括了营销推广人员。宝洁方面还强调，大规模裁员在将来会继续发生。虽然这家公司曾号称是"营销界的黄埔军校"，但显然近几年出了问题。三四年前，就在宝洁仍沿用着它所谓"兵马未动，粮草先行"的策略——新产品一旦上市，必先进行电视广告轰炸，并加上店面促销造势。而彼时，一些淘宝网上的小卖家已经依靠"网络口碑传播"，让消费者在网店淘到一些诸如"手工洗发皂"或"护发盐"之类的产品，消费者会在论坛里讨论或私下交流购物链接。近两年社交媒体的崛起，让熟悉了电视广告阵地战的宝洁有点措手不及。

再见！烧钱的电视广告

每年100亿美元的广告预算严重影响到了宝洁的利润率。宝洁全球CEO认为不能再无限制地提高广告预算，并表示相对于宝洁之前主要使用的传统媒体，Facebook与谷歌等新媒体比传统媒体有更好的反馈效果。

让我们看看传统广告的钱花在哪里，一场Campaign一个月会花费多少钱：一个多次出现在黄金档的30秒电视广告以天计算的价格不低于6位数；全案策划以及广告片制作的代理费接近7位数，前提还是请非大牌明星代言；店头促销是一笔可大可小的花费，而且一旦计划"失之毫厘"，销售结果会"差之千里"；新品发布活动的公关代理费需要6位数，物料及场地的费用还需要另算。广告力度及预算报价根据产品的淡旺季会有所波动，但其中电视广告投放费用的占比只会多不会少。一方面是因为另一个大头"广告片制作费"较为持续（不出意外的话，一条广告片大都可以播大半年，甚至几年），广告投放费则是个无底洞（每个月都得付）；另一方面，我们只要打开电视机就可以见证宝洁产品的"出镜率"是跨时段、跨频道、跨地区的，每月花费的价格肯定大大超过5万美元这个数字。考虑到宝洁之前3年内花费了1亿美元宣传激爽品牌（每个月约花费275万美元），且这是2005年以前的价格，这个预算实在属于简朴型。谁换作是CEO，都会觉得传统媒体的要价过于高昂，甚至会产生宝洁的盈利尽数支付给了电视台，钱都归别人了的错觉。

新媒体便宜多少

那么，CEO的意思是新媒体就不再需要很多人力物力了？如果我们省略几万字，只看他所说的社交网络传播或搜索引擎营销，这里有一个例子可以帮助理解：盛世长城广告公司全球CEO凯文·罗伯茨最近谈到他们为一个巧克力客户做的大猩猩篇广告，因为片子非常有意思，就把它传到了YouTube上，结果浏览量很快达到了70万人次，你猜怎么着？客户表示：干吗还要把片子放到电视台播出呢？70万人次已经是我们所要的了。省下了一大笔广告投放开支，这就是社交媒体带动用户主动搜索或传播的力量。

但花钱的项目仍不少。人们不会像过去看《还珠格格》插播的洗发水广告一样一天十次八次、一个月上百次地看的同一部片子。况且现在部分电视剧也禁播广告了。不断地上传更有意思的视频是一个挑战，创意也烧钱啊！就像凯文·罗伯茨说："从媒介购买那里省下的钱会流到创意那里。"

与电视广告相比，新媒体广告没法保证你花了钱大家就一定会看。这是社交网络与电视广告时代最大的不同，大猩猩篇有可能碰巧成了一个小热门。但要得到持续的高关注是千金难换的，也许你再做N个大老虎篇、大狮子篇也不顶用，而精益求精的视频制作费用是没有上限的。此外，你需要有个社交网络运营团队24小时地发内容，以及聆听和回复粉丝，如果还要开展一些线上或线下的吸粉活动，专业公关公司通常的报价是每月5万美元。

比起电视广告来说,新媒体营销无疑更有效、更精准,但要兼具便宜和省力是不可能的。正如北京电通本部长小岛哲郎所说:"这是一个让营销者更加疲惫的时代。"再也没有"一本万利"的广告投放渠道。

再也堆不出的销售量

其实只要市场容量够大,广告打响之后产品够好卖,宝洁的问题也不是问题。薄利多销一向是快消行业的策略,然而第二个问题就是销售量。十年前甚至五年前,宝洁也许可以用20%的产品(甚至只用飘柔洗发水这一款产品)俘获80%消费者的心,但今后这个数字或许会倒过来。以洗发水为例,市场里有几千家小店在售卖各种海外代购产品、自制手工皂等,二、三线市场有国产品牌,宝洁最大的竞争对手某英国品牌在中低端市场与之针锋相对,高端市场又出现了来自法国和日本的洗发水品牌,后者不止利润率更高,销售量也增长迅猛。

日化市场一家独大的格局将慢慢被细分市场所取代,这个趋势在一线城市尤其明显,在国外则是很早以前就开始发生的事。在日本,对产品的不断细分在十几年前就已经开始,你会在那里看到针对白头发、75%白头发或50%白头发的染发产品,很难以一款产品打遍天下,成为"万人迷"产品的概率会降低,广大的消费群会分布在长尾市场。

大众营销和大众消费品的春天已经过去。电视广告的黄金时代一去不返了,一掷千金的营销费用再也堆不出当年的销售奇迹。需要多大的销售量才能平摊动辄千万的广告费用,这是很容易计算出来的。宝洁公司在过去两年的广告开支增长了23.9%,同期销售额仅增长了7.6%,明知分母在减小,作为分子的广告费用还在水涨船高,公司CEO怎么能不担心呢?

思考题:

1. 为什么宝洁公司要告别"宝洁式营销"的黄金时代?
2. 新媒体营销无疑更有效、更精准,但是为什么小岛哲郎说:"这是一个让营销者更加疲惫的时代"?

第一节 营 销 理 论

网络技术的发展和应用带来一场信息革命,不仅改变了信息的分配和接收方式,重构了人们的时空观念,更重要的是它将引起人类经济活动方式的深刻变革。电子商务的运营就是通过利用数字技术发现或挖掘市场需求,结合产品形态,深挖产品本身的内涵,进行推广、传播和销售,满足消费者以及众多商家的需求,从而让用户深刻了解该产品并进而购买的过程。所以这是一个用技术挖掘需求,用数字化方式进行推广、传播和销售产品的过程。

一、4P 理论

4P 理论是一种营销理论,是四个基本策略的组合,对于确定产品和品牌有重要的指

4P 理论

导意义。市场营销学之父飞利浦·科特勒在《营销管理》里写道：4P是市场营销策略的基础，是市场营销思维的框架。

4P理论产生于20世纪60年代的美国，是随着营销组合理论的提出而出现的。1953年，尼尔·博登(Neil Borden)在美国市场营销学会的就职演说中创造了"市场营销组合"(Marketing Mix)这一术语，其意是指市场需求或多或少的在某种程度上受到所谓"营销变量"或"营销要素"的影响。为了寻求一定的市场反应，企业要对这些要素进行有效的组合，从而满足市场需求，获得最大利润。营销组合实际上有几十个要素（博登提出的市场营销组合原本就包括12个要素）。杰罗姆·麦卡锡(McCarthy)于1960年在其《基础营销》一书中将这些要素一般地概括为4类：Product(产品)、Price(价格)、Place(渠道)、Promotion(促销)，即著名的4P理论。1967年，菲利普·科特勒在其畅销书《营销管理：分析、规划与控制》中进一步确认了以4P为核心的营销理论。

(一) 产品

产品策略是企业根据目标市场定位和顾客需求所做出的与产品开发有关的计划和决策。其主要内容是：为满足用户需要所设计的产品的功能、产品的品质标准、产品特性、包装设计、产品品牌与商标、销售服务、质量保证，还包括产品生命周期中各阶段的策略等。营销的本质就是企业向市场提供相应的产品，从而换取相应的利润。在产品供大于求的市场环境下，人们的需求开始从吃饱穿暖变成了更高的精神层面的追求。如何开发真正满足消费者需求的产品，成为企业的营销之本。所以发现需求，注重产品开发的功能，要求产品有独特的卖点，把产品的功能诉求放在第一位是重要的产品思维。

(二) 价格

价格策略是企业实现产品价值的策略。根据不同的市场定位，制定不同的价格策略，产品的定价依据是企业的品牌战略，注重品牌的含金量。产品的定价涉及到很多因素，比如成本、目标消费人群的购买力等，但是最基本的原则是价格要符合产品定位。

(三) 渠道

渠道策略是企业应当考虑选择何种有效的途径，将产品从生产者转移到消费者手中。企业不一定都能直接面对消费者，如何让目标客户看到、用到或买到产品就是渠道建设。传统商业的渠道建设要求企业注重经销商的培育和销售网络的建立，企业与消费者的联系是通过分销商来进行的。例如实体商品的渠道可以是零售商的卖场，也可以是网络销售平台；互联网产品如APP的渠道主要是各类移动端的应用市场，如苹果的APP Store。

不同形态的商品展示的渠道的形态也不一样，但无论是线上渠道还是线下渠道，渠道选择都有一定的规则：渠道选择必须和商品的目标消费者相吻合；在定位吻合、成本可控的情况下，渠道应该越多越好；商品在渠道中的展示应该越突出越好。

(四) 促销

促销代表各种市场营销者使用的沟通方式，可以让不同的群体了解产品。除了"促销"，Promotion应当还包括推广、品牌宣传（广告）、公关、促销等一系列的营销行为。

二、4C理论

随着市场竞争日趋激烈，媒介传播速度越来越快，4P理论越来越受到挑战。1990年，美国学者罗伯特·劳特朋(Robert Lauterborn)教授提出了与传统营销的 4P 理论相对应的 4C 理论。4C 理论即 Customer(顾客)、Cost(成本)、Convenience(便利)、Communication(沟通)。随着 Web2.0 的应用,消费者话语权越来越重要。消费者对产品、价格和渠道的看法,在营销中越来越被重视。甚至很多时候,消费者自身的口碑传播,已经可以替代传统 P 的广告和公关。4C 的重要性越来越被企业关注。

(一) 从"产品"转变到"顾客"

在 4P 理论中,产品策略是企业根据目标市场定位和顾客需求所做出的与产品开发有关的计划和决策。在 4C 理论中,顾客策略更强调企业从顾客需求和利益出发,生产满足消费者需要的产品的价值。因此,从 4P 的"产品"转变到 4C 的"顾客",实际上就是指在产品开发的基础上企业应当更注重消费者的需要,在满足消费需求中获取利润,实现企业和顾客之间的双赢。这是市场营销观念的转变。现代管理学理论的奠基人彼得·F.杜拉克有一句经典名言:"商业的目的只有一个:创造顾客。"这句话的实质意义是企业只有在创造有效需求之后,才能形成一个现实的顾客和市场。

顾客策略就是强调"忘掉产品,考虑消费者的需要和欲望",即企业不仅关心产品的功能如何、质量如何、包装如何,还要多想一想企业的产品是否符合顾客的需要,是否能够给顾客带来实际的价值;企业在设计和开发产品时要考虑顾客的需求,使顾客的需求真正融入企业生产、投资、开发与研究等计划的制定中。

(二) 从"价格"转变到"成本"

在 4P 理论中,选择定价策略主要的依据是企业定价目标和定价导向。企业定价目标主要是获取利润和占有市场。为了保持和扩大市场占有率,企业应考察市场环境并结合自身实力,兼顾企业的近期与远期利益,在不同时期制定不同的占领市场的定价目标。在 4C 理论中,成本策略是企业考虑顾客在满足需求时需要承担的成本,而不是从企业的角度考虑要达到的利润目标。从 4P 的"价格"到 4C 的"成本"的转变,实际上就是企业从考虑盈利目标转变到考虑满足顾客需要的成本。对于企业来说,成本策略就是强调"忘掉价格,考虑消费者为满足需求而愿意支付多少"。

(三) 从"渠道"转变到"便利"

在 4P 理论的分销渠道中,有一系列的机构或个人参与商品的交换活动,他们共同构成商品流通的有序环节。这种有序环节是连接生产与消费的桥梁与纽带。在 4C 理论中,便利策略强调企业在分销渠道上考虑顾客购买商品的便利程度。从 4P 理论的"渠道"到 4C 理论的"便利"的转变,实际上是企业从根据自身需要转变到依据顾客的便利程度来构建分销渠道。

便利策略还强调企业根据顾客的利益和需要构建分销渠道,以减少流通环节,降低流通成本,从而将流通成本让利给顾客。随着生产力的提高和竞争的加剧,商家越来越注重减少中间环节,降低成本,直接把产品提供给消费者。

(四) 从"促销"转变到"沟通"

在 4P 理论中,促销的目标是引起消费者对企业或商品的注意和兴趣,从而激发消费者的购买欲望,加速购买行动。促销是企业向顾客进行单向的营销信息传递,而顾客对企业促销信息的反应无法反馈到企业,难以做到企业与顾客之间的双向沟通与交流。在 4C

理论中,沟通策略是企业与顾客之间进行双向的营销信息沟通,使顾客参与企业的产品开发和生产之中。企业促销的任务不仅是传递信息,而更应注重沟通。促销的目标是引起消费者对企业或商品的注意和兴趣,激发消费者的购买欲望,加速消费者的购买行动。

从 4P 理论的"促销"转变到 4C 理论的"沟通",实质上是企业从单向营销信息灌输转变为与顾客之间双向的、互动的信息交流。沟通策略就是强调"忘掉促销,考虑双向沟通"。从心理学角度来说,沟通就是"请注意消费者",在市场日益成熟的今天,肯定是"请注意消费者"比"消费者请注意"更有利于企业的长期发展。

综上,4P 理论与 4C 理论的对比如图 4-1 所示。

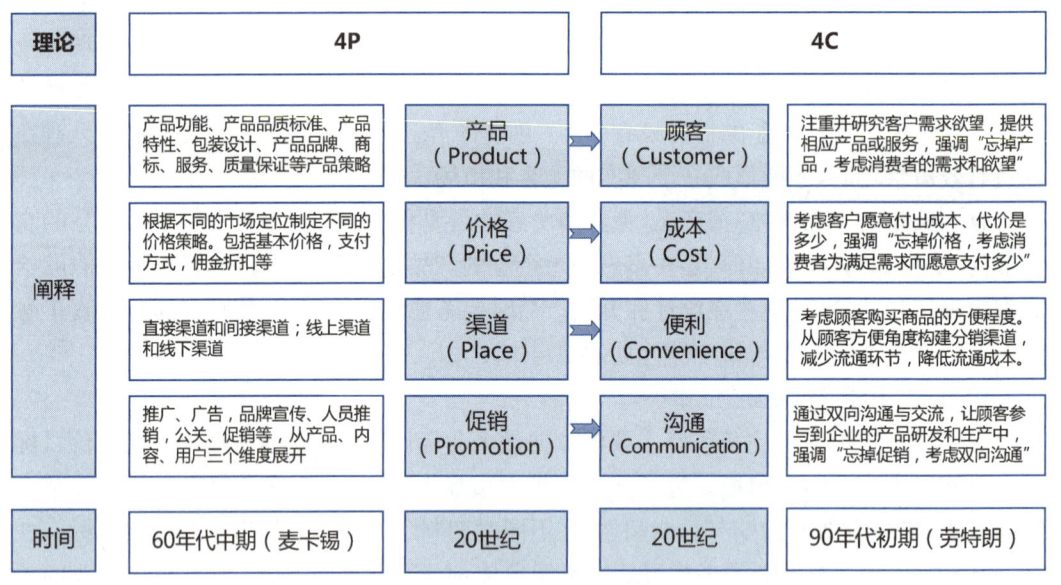

图 4-1 4P 理论与 4C 理论的对比

三、4R 理论

进入社交媒体化时代,4R 成为业内关注的焦点。

(一) Relevance(关联)

关联强调的是企业与顾客是一个命运共同体。建立并发展与顾客之间的长期关系是企业经营的核心理念和最重要的内容。企业必须通过某些有效的方式在业务、需求等方面与顾客建立关联,形成一种互助、互求、互需的关系,把顾客与企业联系在一起,减少顾客的流失,以此来提高顾客的忠诚度,赢得长期而稳定的市场。

(二) Reaction(反应)

多数公司倾向于说给顾客听,却往往忽略了倾听的重要性。在相互渗透、相互影响的市场中,对企业来说最现实的问题不在于如何制定、实施计划和控制,而在于如何及时地倾听顾客的希望、渴望和需求,并及时做出反应来满足顾客的需求。这样才利于市场的发展。这就要求企业如何从推测性商业模式转为高度回应需求的商业模式。

(三) Relationship(关系)

在企业与客户的关系发生了本质性变化的市场环境中,抢占市场的关键已转变为与顾客建立长期而稳固的关系。把交易转变成一种责任,建立起和顾客的互动关系。而沟通是建立这种互动关系的重要手段。与此相适应产生了五个转向:从一次性交易转向强调建立长期友好合作关系;从着眼于短期利益转向重视长期利益;从顾客被动适应企业单一销售转向顾客主动参与生产过程;从相互的利益冲突转向共同的和谐发展;从管理营销组合转向管理企业与顾客的互动关系。

(四) Reward(回报)

任何交易与合作关系的巩固和发展,都是经济利益问题。因此,一定的合理回报既是正确处理营销活动中各种矛盾的出发点,也是营销的落脚点。一方面,回报是维持市场关系的必要条件;另一方面,追求回报是营销发展的动力,营销的最终价值在于其给企业带来短期或长期的收入能力。

> **课堂思考:**
> 1. 用 4P 理论分析苹果公司的营销策略。
> 2. 用本节的营销理论分析小米创办人雷军的新浪微博的意义。

第二节　网络环境下的消费者行为模式

广告主借助电视、广播、报纸等大众媒体,掌握着丰富的产品信息,通过传统媒体发布产品信息,动态引导消费者心理过程,刺激其购买行为。对于消费者心理和行为过程的研究,美国广告学家 E. S. 刘易斯在 1898 年提出 AIDMA 法则及模型。这是消费者行为学领域很成熟的理论模型之一。

一、AIDMA 法则

AIDMA 法则关注的是一种完全由卖方主导的营销,企业主利用大众媒体,引导观众的心理情绪,引起消费者的注意,使其产生兴趣和欲望,直到让消费者记住产品,最终形成购买。在互联网开始改变人们的生活方式之前,AIDMA 法则一直在指导着有效的广告创意和实效的营销策划。该理论认为,消费者从接触到信息到最后达成购买,会经历这五个阶段。

互联网环境下的消费者行为模式

(1) A:Attention,引起注意。花哨的名片、提包上绣着广告词等被经常采用的引起注意的方法。

(2) I:Interest,引起兴趣。一般使用的引起兴趣方法是精制的彩色目录、有关商品的新闻简报加以剪贴。

(3) D:Desire,唤起渴望。推销茶叶的要随时准备茶具,给顾客沏上一杯香气扑鼻的浓茶,顾客品尝茶香体会茶的美味,就会产生购买欲。推销房子的,要带顾客参观房子。餐馆的入口处陈列色香味俱全的精制样品,让顾客倍感商品的魅力,就能唤起他的购买欲。

(4) M：Memory，留下记忆。一位成功的推销员说："每次我在宣传自己公司的产品时，总是拿着别的公司的产品目录，一一加以详细说明比较。因为如果总是说自己的产品有多好多好，顾客对你不相信。反而想多了解一下其他公司的产品，而如果你先提出其他公司的产品，顾客反而会认可你自己的产品。"

(5) A：Action，购买行动。从引起顾客注意到顾客付诸购买的整个销售过程，推销员必须始终信心十足。过分自信也会引起顾客的反感，以为你在说大话，反而不信任你的话。

AIDMA 模型如图 4-2 所示。

AIDMA 法则反映了传统媒体环境下的营销关系。广告主处于主动地位，而作为信息的接受者，则缺少便捷、畅通的反馈渠道。这种集权式的传播技术，造就了消费者对于营销信息的 AIDMA 反应模式，从而形成了以"媒体"为核心，以引起注意为首要任务的营销策略。这种策略在对媒体的使用上具有内容刺激性强，传播范围广，多次重复的特征。消费者丰富的个性化意见和需求则被简化成了"买、不买与不得不买"。

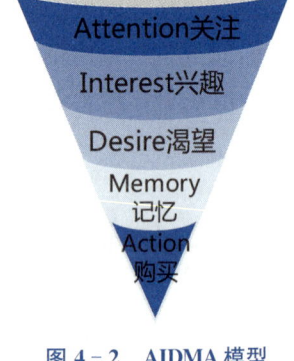

图 4-2　AIDMA 模型

二、AISAS 法则

当互联网作为一个全新的媒体介入社会生活后，交互式的新媒体开始解构消费者曾经习以为常的行为习惯，也开始解构原有的营销法则。AISAS 法则由国际 4A 广告公司日本电通广告在 2005 年提出，即 Attention（关注）、Interest（兴趣）、Search（搜索）、Action（购买）和 Share（分享）。这个新法则的提出有一个特殊的背景，2005 年，日本广告市场出现了与以往不同的形态：四大传统广告媒体形式的投入金额与前一年相比出现微小的下降，与此同时，网络广告的投入却暴涨了 54.8%。这个变化标志着互联网对生活和产业的影响力已经初具规模。在这个背景下，日本电通广告集团率先修改了传统的 AIDMA 模型，提出了 AISAS 模型，用以解释新媒体环境带来的营销新趋势。

对比 AIDMA 模型，AISAS 模型中添加的两个来自互联网的典型行为模式——搜索与分享，这正是 Web2.0 时代造成消费者行为变化的主要因素：首先，搜索引擎技术赋予人们了使用信息的权利，人们可以通过网络主动、精准地获取自己想要的信息。于是，消费者在进行购买决策的过程中，常常会通过互联网搜索产品信息，并与相关产品进行对比，再决定其购买行为。其次，BBS、博客、SNS 等技术平台的普及，还赋予了人们发布信息的权利，于是，在消费者进行消费的过程中，还可以作为发布信息的主体，与更多的消费者分享信息，为其他消费者的决策提供依据。AISAS 模型如图 4-3 所示。

AISAS 模型具体含义：

(1) A：Attention，引起关注。消费者从被动接受商品信息、营销宣传，开始逐步转变为在互联网主动获取和认知。

(2) I：Interest，引起兴趣。

图 4-3　AISAS 模型

(3) S：Search，进行搜索。强调消费者在注意商品并产生兴趣之后的信息搜集。

(4) A：Action，购买行动。用户的购买行为可以在企业布局的各个渠道发生。网站、O2O、新零售、APP、社交网络都可以是用户购买行动的执行点。

(5) S：Share，分享。互联网的开放帮助用户实现对产品体验分享的碎片化的自动分发和动态聚合。在分享阶段进行的用户间的互动和引导，其营销价值甚至超过 Attention 阶段。在次阶段可以通过构建"转发""话题""关注""好评""点赞"等活动实现用户体验的分享。并且可以用转发数、用户参与者数量、话题数量、关注数、好评数、点赞数、转发后到达企业的转化率等指标来进行量化评价。

AISAS 法则强调消费者在注意商品并产生兴趣之后的信息搜集。AISAS 法则在社交网络中会得到很好的体现，并且形成闭环。朋友分享(Share)的商品内容会引起用户的关注(Attention)，然后激发用户的兴趣(Interest)，并且对这个商品进行搜索(Search)，甚至跳过搜索(Search)完成购买行为(Action)，购买成功后再分享这个信息给其他朋友(Share)，完成闭环。

所以，对比 AIDMA 模型，基于网络时代市场特征而重构的 AISAS 模型，将消费者在注意商品并产生兴趣之后的信息搜集，以及产生购买行动之后的信息分享，作为两个重要环节来考虑，这两个环节都离不开消费者对互联网(包括无线互联网)的应用。互联网环境下消费者行为模式的变化如图 4-4 所示。

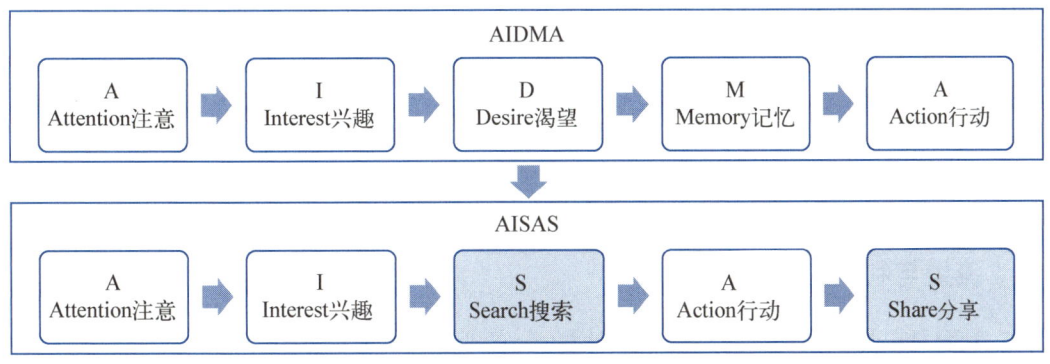

图 4-4　互联网环境下消费者行为模式的变化

第三节　电子商务运营推广

传统的营销理论和运营方式在电子商务时代面临着巨大的挑战，涌现出许多全新的运营管理办法。"增长黑客"这一概念兴起于美国互联网创业圈，最早是由互联网创业者 Sean Ellis 提出。增长黑客是介于技术和市场之间的新型团队角色，主要依靠技术和数据的力量来达成各种营销目标，而非传统意义上靠砸钱来获取用户的市场推广。增长黑客的思维能从单线思维者时常忽略的角度和难以企及的高度通盘考虑影响产品发展的因素，提出基于产品本身的改造和开发策略。以切实的依据、低廉的成本、可控的风险来达成用户增长、活跃度上升、收入额增加等商业目的。也就是说,是低成本甚至零成本地用"技术"来让产品销量获得有效增长。

一、流量

流量及流量漏斗

商家都喜欢到人流量大的地方开店,因为这样可以让更多的人看到。在互联网上也是如此。这里的流量是网络流量,是指能够连接网络的设备在网络上所产生的数据流量,也就是指网站的访问量。它可以用来描述访问一个网站的用户数量以及用户所浏览的页面数量,常用的统计指标有网站的独立访问数量和页面浏览数量。独立访问数量,简称UV(Unique Visitors),一般指 IP 地址所对应的访问,访问站点的一台客户端即为一个访客,00:00—24:00 内相同的客户端只被计算一次。页面浏览数量,简称 PV(Page Views),是指访客进入某站点后,浏览过的该网站网页的数量。除此之外,还有总用户数量(含重复访问者)RV(Repeat Visitors)、每个用户的页面浏览数量(Page Views per User)、用户在网站的平均停留时间(Time on Page)等。关注流量的变化可以帮助用户了解通信费用,同时便于电信运营商计算用户的网络消费。分析网络流量还可以帮助政府掌握流量使用情况,以便做好网络防火墙等设施的合理布局,减少资源损失。对于互联网公司,流量往往更是决定一个网站价值的关键因素。公司可通过流量数据的监控达到以下目的:

(1)统计网站的在线人数,了解用户所访问的网站页面。
(2)分析出异常流量,帮助网站管理员获知是否有滥用现象。
(3)掌握网站使用情况,提前应对网站服务器系统负载问题。
(4)了解网站是否对于用户有足够的吸引能力。
(5)评价一个网站的网站权重(如 Alexa 指标)。
(6)得知大多数用户上网习惯,从而进行有方向性的规划以更适应用户需求。

二、流量与利润的关系

利润可以通过销售额与利润率来计算,公式可以表示为:

$$利润 = 销售额 \times 利润率$$

而销售额可以用订单成交的人数、购买次数和客单价来计算,即:

$$销售额 = 订单成交人数 \times 客单价 \times 人均购买次数(复购率)$$

而在互联网上,订单成交人数=访客数×转化率
因此,完整的表达就是:

$$利润 = 访客数 \times 转化率 \times 客单价 \times 人均购买次数(复购率) \times 利润率$$

式中,访客数就是前面提到的 UV,是 00:00—24:00 内相同 IP 的用户访问数。影响访问数的因素有站点的曝光度,站点被曝光的机会越多,独立访问数也会越大。但是展示不一定能够转变为独立访问数,必须完成点击才形成访问数。所以访客数是展现量与点击率的乘积。转化率是指独立访客数里完成订单的人数比例,代表着成交人数。客单价

表示商品或服务的定价,定价也就是 4P 中的 Price,是根据不同的市场定位,制定不同的价格策略,代表着企业的战略定位。复购率代表着在一段时间内,用户是否再次购买。复购率高表示用户体验好,商家与客户关系维持得好,代表了企业经营的稳定性和可持续性。

三、流量漏斗模型

根据流量与利润的关系不难发现,从网站曝光到完成转化,流量在动态转移的变化中从大流量逐渐转变为小流量,形成一个"漏斗"形状。因此所有的电子商务的流量转移,都可以用流量漏斗模型表示。流量漏斗模型表达了流量从上一个层级往下一个层级移动,不可避免存在用户流失、流量减少的情况。电子商务的运营推广就是要通过产品、内容和用户运营,提高用户活跃度,减少每个环节的流量流失,最终提高企业的市场价值。流量漏斗模型如图 4-5 所示。

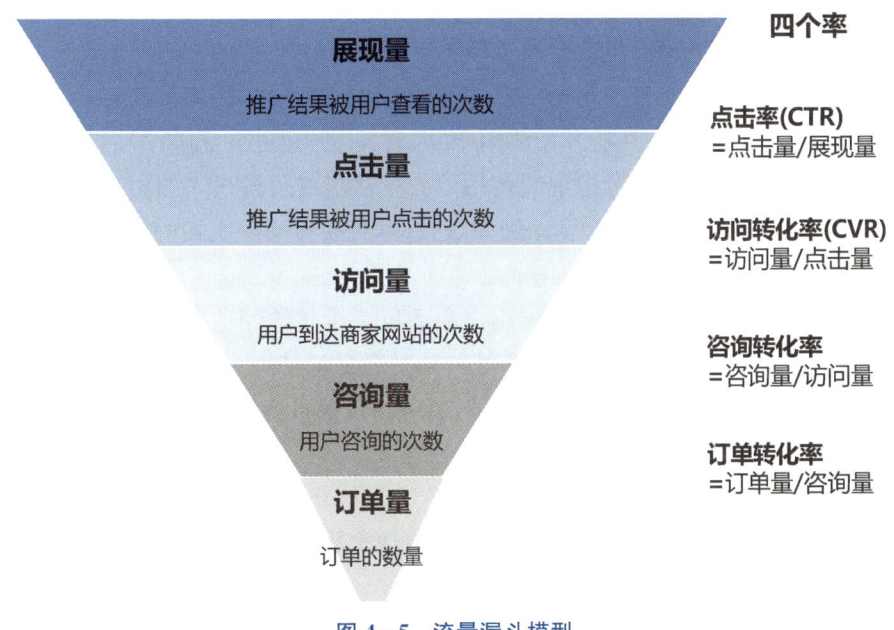

图 4-5 流量漏斗模型

(1)展现量。展现量是通过推广策略将产品展现给用户的次数。展现量主要是与广告预算和所选择的广告平台的流量有关。广告预算越高,广告被展现的时间就越长;而在不同流量平台上,流量越大的平台,展现的可能性就越高。

(2)点击量。用户看到展现后实施点击,形成点击量。影响点击的因素有很多,产品、标题、关键词、图片、创意、品牌、销量等等都可能影响用户的点击。

(3)访问量。访问量影响因素主要有:网站空间速度和稳定程度、APP 稳定性。比如说打开一个网站,打开速度慢,打开 APP,程序不稳定,用户体检度不好,就会导致用户摒弃。

(4)咨询量。咨询量是访问量的直接转化,往往咨询量大,则订单量也大。提高咨询率的关键就是页面文案内容和客户意图相匹配,关键词要与落地页(引导页面)有相关性,落地页要能满足用户的价值需求,有较好的用户体验感。

(5) 订单量。订单成交是企业追求的目标。客服的回应速度、服务态度(语速、亲和力)、客服的专业性往往是影响成交最直接的因素。

四、产品推广的 AARRR 模型

产品推广的 AARRR 模型

由戴夫·麦克卢尔(Dave McClure)2007 年提出了一种业务增长模式,被简称为 AARRR,表达了电子商务产品生命周期的五个阶段,并用此方法论来跟踪产品营销和管理,从而理解产品获取客户和维护客户的原理和意义。

AARRR 分别代表用户获取(Acquisition)、用户激活(Activation)、用户留存(Retention)、价值挖掘(Revenue)、用户推荐(Referral)五个阶段。

(一) 用户获取

用户获取是让用户从认知产品、理解产品再到成为产品用户的过程。这个阶段,企业需要了解产品对应的目标用户群在哪里,如何去吸引用户,如何最大程度地将潜在的人群转化为产品的用户。互联网行业发展至今,人们一直都在关注如何获取更多用户,在获取用户阶段投入了大量的资源,更多会通过购买流量寻找最优的用户获取渠道。

(二) 用户激活

用户激活是指用户完成注册开始使用产品,或者用户创建了第一个项目和相关任务,开始了解产品的价值主张,并考虑继续使用下去。从获取阶段进入的用户,可以通过"指定操作"的引导,激发用户的活跃度。例如,通过对产品界面或文案的优化,新手引导,优惠激励等手段来提升用户激活的转化率。

在这个阶段,产品运营方需要监测用户激活每个步骤的到达率。通过数据分析及用户调研,掌握用户停留时间、活动的困惑等。同时还要记录用户来源,以便了解哪些渠道的用户质量较高,为未来的运营策略提供依据。最后,找出流失的环节,分析流失的原因,为产品优化迭代提供依据。

在用户激活阶段往往使用月活跃用户(MAU,Monthly Activited Users)、日活跃用户(DAU,Daily Activited Users)、使用时长、平均启动次数等指标来衡量产品用户的活跃度。

(三) 用户留存

用户留存,就是想办法留住用户。如果一款产品缺乏黏性的话,那么将会导致用户流失严重,用户数量会慢慢减少。用户留存率是该阶段非常重要的一个数据指标,是衡量产品运营健康的指数,可以具体到日留存率、周留存率、月留存率。

留存率的计算方式为:

留存率=新增用户中登录的用户数÷新增用户数×100%(一般统计周期为天)。

其中,新增用户数是指在某个时间段新登录的用户数;登录用户数是登录应用后至当前时间,至少登录过一次的用户数。

为了提高用户的留存率,首先要了解目标用户是谁,哪些是忠实用户,其次,要通过技术检测用户在产品中做了哪些操作或行为,主要使用什么功能,都在什么时间段使用,因为什么而使用或者说因为什么再次使用。通常可以使用同群组分析法来提升用户留存率。Pinterest 早期投资人 Sarah Tavel 在其文章"The Hierarchy of Engagement"中提到了群组分析方法(Cohort Analysis),这是一种通过建模对客户细分来研究数据的方法。即可以对用户按获取时间、获取渠道、用户行为等维度进行分层、分级别,再针对不同维度进行粒度细化,从而进行对比,找出用户流失的原因。

Cohort 分析法

图 4-6 就是一个从每日新增维度细分的 Cohort Analysis 表格。第一列是分组的维度,以用户新增的日期作为细分的维度;第二列是对应的新增用户数;其余列为对应之后每日的用户留存率。

Acquisition Date	Users	Day 0	Day 1	Day 2	Day 3	Day 4	Day 5	Day 6	Day 7	Day 8	Day 9	Day 10
Jan 25	1,098	100%	33.9%	23.5%	18.7%	15.9%	16.3%	14.2%	14.5%	13.3%	13.0%	12.1%
Jan 26	1,358	100%	31.1%	18.6%	14.3%	16.0%	14.9%	13.2%	12.9%	14.5%	11.3%	
Jan 27	1,257	100%	27.2%	19.6%	14.5%	12.9%	13.4%	13.0%	10.8%	11.4%		
Jan 28	1,587	100%	26.6%	17.9%	14.6%	14.8%	14.9%	13.7%	11.9%			
Jan 29	1,758	100%	26.2%	20.4%	16.9%	14.3%	12.7%	12.5%				
Jan 30	1,624	100%	26.4%	18.1%	13.7%	15.4%	11.8%					
Jan 31	1,541	100%	23.9%	19.6%	15.0%	14.8%						
Feb 01	868	100%	24.7%	16.9%	15.8%							
Feb 02	1,143	100%	25.8%	18.5%								
Feb 03	1,253	100%	24.1%									
All Users	13,487	100%	27.0%	19.2%	15.4%	14.9%	14.0%	13.3%	12.5%	13.1%	12.2%	12.1%

图 4-6 同群组分析法

对于功能比较复杂的产品,从用户行为角度进行群组分析也很重要。例如浏览器产品,浏览器不仅是解决用户访问网页的需求,还会向用户提供新闻、小说、视频服务,是一个内容的综合服务体。从用户的角度来说,选择用浏览器看小说,并不是说也一定会去看新闻、视频。所以同样是用户流失,可能是对不同功能模块体验的不满导致的。这时,可以通过从用户行为角度作群组分析找出问题的原因。例如在上面例子中,新闻、小说、视频都应该是每日活跃,且高留存比例的功能,如果分组中发现使用过某个功能的用户在之后的时间中留存情况很差,那就需要对这个功能做专项优化,找出做得不好的地方。

分析清楚客户流失的原因,就可以根据具体情况采取相应的措施,常用的措施有,构建成长体系,例如积分和激励体系,通过赚积分、积分问答、做任务赚积分,通过积分兑换方式来激励用户。还可以增加社交的功能,例如召回机制,通过短信、邮件、站内信、推送优惠券等。

(四) 价值挖掘

盈利是整个用户运营的核心目标,绝大多数的产品被开发就是为了盈利,即便是免费的产品,也有其盈利的模式。收入来源主要有三种:付费应用、应用内消费、广告和流量收入。付费应用就是用户付费安装应用。应用内消费和广告是多数产品的盈利模式。流量收入主要针对日活跃数高的应用平台。但无论是哪一种,盈利都是直接或者间接来自用户,所以,前面提到的获取用户、激活用户活跃、提高留存,对于增加收入来说是前提。用户的基数大了,收入才有可能增加。

在这个阶段主要衡量指标有:

(1) ARPU 和 ARPPU 值,ARPU 全称为 Average Revenue per User,每个用户平均收入,指的是一个时期内(通常为一个月或一年)平均每个用户贡献的业务收入,其单位为元/户。ARPPU 全称为 Average Revenue per Payment User,是指用户平均收入,是一个时期内(通常为一个月或一年)平均每个付费用户贡献的业务收入。从计算的角度看,ARPU 和 ARPPU 值的大小取决于两个因素,业务收入和用户数量,当用户数量不变,业务收入越高,值越大。同时 ARPU 和 ARPPU 值也反映企业的用户结构状况,当用户构成中高端客户占的比重越高,值就越高。一般电信运营商、游戏公司和社交平台比较看重这个指标。

(2) 客单价,是指平均每个客户订单的收入(总收入/订单数),通常做电子购物的企业比较看重客单价。

(3) 利润,这里的利润从另一个角度计算:利润=LTV−CAC

LTV(Life Time Value),用户终生价值,是指用户(购买者、会员、使用者)在未来可能为该服务带来的收益总和。比如,用户从首次登录游戏开始,最后一次结束带来的游戏收入。通常 LTV 可以从 ARPPU 进行推算,例如,LTV = ARPU * 用户按月计的平均生命周期。但是,用户对于服务的利润贡献可以分为导入期、快速增长期、稳定期和衰退期,每个时期甚至有不同的价值计算方式,细化不同时期才能算出精确的用户终生价值。

① 导入期:用户会试探性地访问网站,这个时候用户创造的价值比较低。

② 快速增长期:用户已经有点喜欢上该服务,则会不定期地进入网站,并开始尝试做更深度互动,此时用户创造的价值飞速提升。

③ 稳定期:用户成为了网站的忠实粉丝,不仅自己使用网站提供的服务,用户创造的价值也到达最高峰并保持相对稳定。

④ 衰退期:用户由于某些因素而开始疏离甚至离开网站,这个时期用户创造的价值迅速递减。往往用户未到达稳定期就会与网站的关系开始衰退,在任何时期,只要有某些因素影响了用户的满意度,用户的生命周期就可能进入退化期,进而彻底脱离该服务。

CAC(Customer Acquisition Cost,获客成本),是获得单个客户的平均费用。获客成本可以通过营销成本和获得的新客总数来计算。

$$CAC=营销成本总和/获得的新客户总数$$

在营销成本中,还应根据具体情况对所有营销要素和资源做出考虑,如工资、营销费用等。需要注意的是,采用不同的获客标准进行评价,会带来不同的获客成本。例如,获取一个注册用户的成本与获取一个成交客户的成本相比要小很多。因此,将不同标准一并计算会出现高估或低估获客成本的现象。应该分别计算不同标准的获客成本,来筛选最有效的营销渠道。

(五) 用户推荐

这个阶段也可以称为自传播或者病毒传播,是指利用现有用户的社交影响力把产品的信息像病毒一样的传播出去。在移动互联网时代,每个用户都有一个可以追踪的 ID

（手机号或微信号），可以跟踪用户的行为。记录病毒式传播的效果，形成裂变式营销。比如用户邀请环节中的"老带新活动"，推荐好友注册给予双方奖励。

传播效果的衡量指标是 K 因子。

K 因子＝用户向朋友发出邀请数据×接收邀请的人转化为新用户的转化率

其中，当 K 大于 1 时，用户群会增长，小于 1 时，用户到某个规模将会停止自传播增长。

在用户中形成口碑传播、提升产品的用户体验、利用社交媒体老带新、采用返现、优惠券等激励措施形成用户裂变是该阶段的主要任务。

增长模型 AARRR 贯穿的是整个产品的生命周期，而数据是对比和挖掘的依据。数据分析必须以产品或业务为目标，从用户场景、用户行为或事件、渠道来源、产品功能点、用户生命周期、用户分群及分层、业务运营数据及产品体验等维度展开。AARRR 模型每个阶段对应的增长动力和评测指标如图 4-7 所示。除此以外，还要及时了解竞争对手变化和用户的需求变化，根据各方面因素来优化调整产品策略和运营策略，提高产品的转化率。

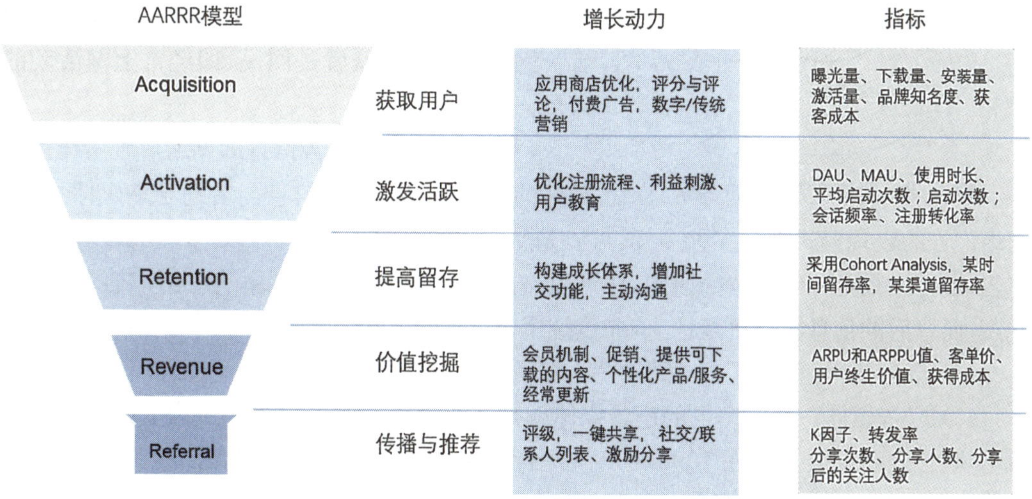

AARRR模型		增长动力	指标
Acquisition	获取用户	应用商店优化，评分与评论，付费广告，数字/传统营销	曝光量、下载量、安装量、激活量、品牌知名度、获客成本
Activation	激发活跃	优化注册流程、利益刺激、用户教育	DAU、MAU、使用时长、平均启动次数；启动次数；会话频率、注册转化率
Retention	提高留存	构建成长体系，增加社交功能，主动沟通	采用Cohort Analysis，某时间留存率，某渠道留存率
Revenue	价值挖掘	会员机制、促销、提供可下载的内容、个性化产品/服务、经常更新	ARPU和ARPPU值、客单价、用户终生价值、获得成本
Referral	传播与推荐	评级，一键共享，社交/联系人列表，激励分享	K因子、转发率、分享次数、分享人数、分享后的关注人数

图 4-7　AARRR 模型每个阶段对应的增长动力和评测指标

课堂思考：

1. 思考为什么流量漏斗模型图下方不是尖角而是敞开的口子？

2. 当流量红利不再有，获客成本与日俱增时，请对 AARRR 模型中的 5 个要素按重要程度进行排序，并说明理由。

第四节　网　络　广　告

网络广告是指一种依托于互联网而产生，并随互联网的迅速普及而逐渐为人们所接受的广告形式。据美国著名传媒研究者霍金斯的定义,网络广告就是电子广告,即通过电子信息服务传播给消费者的广告。中国广告商情网将网络广告界定为在互联网上传播、发布的广告,其广告形式、收费模式等都与传统广告有所差别。实际上,网络广告就是以互联网为媒体发布和传播的商业广告。套用广告的一般定义,也可以说,网络广告是确定的广告主以付费方式运用互联网媒体对公众进行劝说的一种信息传播活动。

一、网络广告的相关概念

网络广告中的术语

网络广告是传统营销广告在互联网环境下的延伸和发展,因此,它包括传统广告拥有的全部要素:广告主或广告代理、广告受众、广告信息、广告费用、广告媒体,只在部分要素的内容上与传统广告有所区别。网络广告的组成要素如图 4-8 所示。

(1) 广告主或广告代理。网络广告的广告主是指发布网络广告的企业、单位或个人。广告主可自行发布或委托他人发布广告,被委托者即为广告代理。

(2) 广告受众。广告受众是指广告信息的接受者。网络广告的受众就是网民,即经常上网活动的人员。

(3) 广告信息。广告信息即网络广告所传达的具体的企业、产品、劳务信息。借助于多媒体技术,

图 4-8 网络广告的组成要素

网络广告的表现形式尤其多种多样,可以是旗帜式的横幅式广告,可以是纽扣大小的图标广告,也可以只是一句煽情的语句,还可以点击进入长篇的详细介绍。网络广告图文声像并茂,而背后的信息容量更是惊人,非传统广告可比。

(4) 广告费用。商业广告都要付费,在网上发布广告同样需要资金投入。

(5) 广告媒体。网络广告的广告媒体就是互联网络。鉴于世界范围内上网人数持续激增,联合国新闻委员会在 1998 年 5 月举行的年会上正式提出第四媒体的概念,在随后的世界杯赛及克林顿绯闻案中,互联网凭其独有的实时性和交互性,首次压倒了报刊、广播、电视等传统媒体,确立了其第四媒体的地位。

除此以为,还有两个重要的概念:

(1) 广告联盟(Ad Network,简称 ADN)。广告联盟是介于出售广告产品的媒体与想在媒体上刊登广告的广告主之间的平台型公司,例如谷歌公司就是一个大型的广告联盟公司。ADN 建立媒体联盟的标准和联盟的方法,它可以代表媒体与广告主谈判,提供供需双方都能接受的定价。而媒体通过签订协议进入广告联盟。如果广告主有广告需求,则将需求发给 ADN,ADN 会将该广告需求散布到各个适合的众多媒体上,广告主付费后,费用被分配给相应的媒体。ADN 收取一部分管理费。

(2) 广告交换平台(Ad Exchange,简称 ADX)。ADX 不仅仅联合媒体,它同样把 ADN 联合起来,这些拥有广告位的一方被统一用"供应方"一词来指代。ADX 为这些供应方提供了一个用于展示自己的资产(即广告位)的界面,ADX 也为需求方提供了统一的

界面,让需求方能够浏览查看平台上的广告位情况,并且能够根据自己的需要选择适合的广告位。在 ADX 上往往采用实时竞价方式进行交易。

二、网络广告的计费方式

(一) 网络广告计费方式

1. CPM：按展示付费

CPM(Cost per Thousand Impression)是一种展示付费广告,平均每一千人分别听到或者看到某广告一次一共需要的广告成本。只要展示了广告主的广告内容,广告主就为此付费。这种广告的效果不是很好,但能给有一定流量的站点带来稳定的收入。开屏式的广告投放、影视剧的贴片广告都是按照 CPM 来售卖。CPTM(Cost per Targeted Thousand Impressions)是经过定位的用户(如根据人口统计信息定位)的千次印象费用。CPTM 与 CPM 的区别在于,CPM 是所有用户的印象数,而 CPTM 是经过定位的用户的印象数。

网络广告的计费方式

2. CPT：按时长付费

CPT(Cost per Time)是一种按时长来付费的方式,国内很多的网站都是按照"一个月多少钱"这种固定收费模式来收费的,这种广告形式很粗糙,无法保障客户的利益。但是 CPT 的确是一种很省心的广告,能给你的网站、博客带来稳定的收入。另外,CPD(Cast Per Day)是按天计费的广告。例如手机应用商店会按照 CPT 和 CPD 的方式投放。

3. CPC：按点击付费

CPC(Cost per Click; Cost per Thousand Click-Through)是根据广告被点击的次数付费的方式。如关键词广告一般采用这种定价模式,比较典型的有谷歌广告联盟的 AdSense for Content 和百度联盟的百度竞价广告。

4. CPA：按行为付费

CPA(Cost per Action)是一种按广告投放实际效果计价的方式,即按用户完成的有效动作,如下载、注册、问卷等来计费,不限广告投放量。CPA 的计价方式对于网站而言有一定的风险,但若广告投放成功,其收益也比 CPM 的计价方式要大得多。

5. CPL：按引导付费

CPL(Cost per Leads)是根据每一条客户的留资信息付费的方式,也就是通过特定链接,客户留下相应的信息后而支付广告费。这就是通常称谓的引导注册。

6. CPS：按销售付费

CPS(Cost per Sales)是一种以实际销售产品数量来计算广告费用的方式,这种广告更多的适合购物类、导购类、网址导航类的网站,需要精准的流量才能带来转化。当当网站联盟当属这种广告形式的典型代表。类似的还有 CPO(Cost per Order)和 CPT(Cost per Transaction),即根据每个订单/每次交易来收费的方式。

(二) 各种计费方式的比较

1. 从用户行为来看

任何网络广告要达到一定的效果,必须有以下基本的两步,一是展示广告,二是用户点击广告,对于某些网站而言,广告要达到效果,必须有第三步,即用户在网站完成一定的附加行为,比如注册和消费。

(1) CPT 和 CPM 只在第一步收取广告费用,即,只需要向网站用户进行了展示,即可向广告商收取广告费用。

(2) CPC 处于第二步,在用户完成点击行为以后,网站向广告商收取广告费用。

(3) CPA 和 CPS 处于第三步,即用户在广告商的网站完成某些特定行为以后,广告商向网站主支付广告费。

2. 从保护广告商和网站主的利益的角度

CPT 和 CPM 较为保护网站主的利益,而 CPC 在所有广告模式中居间,CPA 和 CPS 则倾向于保护广告主的利益。

3. 从广告价格角度

CPT 和 CPM 的表面价格相对较为低廉,而 CPC 居中,CPA 和 CPS 的价格则似乎要高很多。需要指出的是,这里说的价格只是表面价格,不等于性价比。一般情况下,CPA 和 CPS 的性价比相对固定,而 CPC 和 CPT、CPM 则根据网站对用户的黏性不同而有区别。

4. 从作弊难易角度

CPT 和 CPM 的选择,通常取决于网站的质量,而网站的质量衡量标准一般有网站统计和第三方统计,但这些都是很容易作弊的,国内外有很多刷流量软件和网站,就是 CPT 和 CPM 作弊的最佳工具。尽管站长们都知道,但是广告商却只能在一段时间内广告效果不如意时才能有所察觉。对于 CPC 广告,尽管存在一定的技术防范措施,作弊也相对容易。而 CPA 和 CPL 也相对较为容易作弊,只要有足够多的时间和精力去注册和验证虚假用户,伪造一个手机号进行注册是很容易的。唯 CPS 广告几乎不在乎作弊,也是几个广告类型中唯一很难作弊的广告模式。

几种网络广告计费模式从下到上,广告流量越来越小,但是广告效果越来越好,如图 4-9 所示。

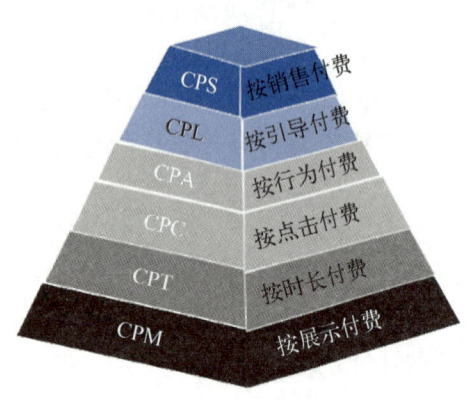

图 4-9 几种网络广告计费模式的流量、效果对比图

第五节 数字化营销技术

当网站每天有上千个独立访问,如何将访问量转化率提高 5%?当企业拥有 500 万存量的用户,如何唤醒沉睡用户,提高活跃用户数?如何提高老用户的复购率?这一系列问题都指向一个目标,就是如何通过技术和方法提高营销效果。随着数据的爆炸式增长,新技术正在打破传统的广告、营销和销售方式。营销人员花更多的精力在技术上,用技术帮助完成营销决策。Scott Brinker 在 2008 年首次提出了"MarTech"的概念。MarTech 是 Marketing Technology 的缩写,表示营销技术,是指用于管理和评估所有数字营销活

动及电商活动的技术和方法,是营销人员接触用户的一项技术。从 2011 年起 Scott Brinker 每年发布全球营销技术生态图,涵盖广告技术、内容及客户体验管理、社交媒体和客户关系管理、销售渠道管理、数据管理,以及营销管理等多个方面。运用 MarTech 的公司从 2011 年的 150 家开始每年递增,到 2019 年达到 7 040 家。

广告技术包括搜索引擎营销、广告的程序化购买技术等。MarTech 的内容和客户体验管理包括移动 APP、视频营销、营销自动化、内容营销、移动广告、电子邮件营销等,解决的是在广告主自由渠道上,在客户采购各个节点识别客户需求,进行千人千面的个性化营销。社交媒体和客户关系管理包括客户关系管理、社交媒体营销、用户忠诚度平台等,可以与客户直接互动,能收集客户数据,并且能进行点对点精准化营销体系的管理和应用。销售渠道管理包括销售自动化、网络营销、代理商营销、零售线下营销,解决的是营销和销售的对接以及商务引流。数据管理包括客户数据平台 CDP,客户数据管理平台 DMP,移动和网站分析、营销数据分析,解决的是营销所需数据的收集、清洗、分析、结果追踪等营销数据闭环建设。营销管理包括营销协同管理、营销财务管理、供应商分析、项目管理、人才管理,解决的是大型广告主内部营销管理。本节重点介绍广告技术、基于数据管理的精准营销、短视频营销和裂变营销。

一、广告技术

广告技术 Advertising Technology,简写为 AdTech,是广告推广技术,即广告投放、评估、管理的技术和方法。主要应用在广告主投放广告的流程中。包括搜索引擎营销、广告的程序化购买等,帮助广告主通过媒体资源将营销内容推送给广告受众。

(一) 搜索引擎营销技术

搜索引擎营销技术英文 Search Engine Marketing,通常简称为 SEM。简单来说,搜索引擎营销就是基于搜索引擎平台的网络营销,利用人们对搜索引擎的依赖和使用习惯,在人们检索信息的时候将信息传递给目标用户。搜索引擎营销的基本思想是让用户发现信息,并通过点击进入网页,进一步了解所需要的信息。企业通过搜索引擎付费推广,让用户可以直接与公司客服进行交流、了解并实现交易。SEM 技术可以通过搜索引擎优化(SEO)、付费搜索引擎广告、付费收录等方式实现。

搜索引擎营销技术

1. 搜索引擎优化

搜索引擎的工作流程包括:网页爬取、收录、网页分析、网页排序和关键词查询,如图 4-10 所示。

图 4-10 搜索引擎的工作流程

(1) 网页爬取与收录:网页爬取与收录是指让网页进入搜索引擎的数据库中。在互联网,URL 是每个页面的入口地址,搜索引擎的蜘蛛程序就是通过 URL 抓取原始页面。

(2) 页面分析:页面分析是指对原始页面建立索引。通过提取页面信息,找到关键词并建立索引,得到页面与关键词的对应关系,通过关键词重组,建立对应列表。

(3)网页排序:网页排序是指搜索引擎结合页面的内外部因素计算出页面与某个关键词的相关度和页面权重,从而得到与该关键词相关的页面排序列表。

(4)关键词查询:关键词查询是指当搜索引擎接收来自用户的查询请求时,对查询信息进行切词匹配,然后向用户返回相应的页面排序列表。

在了解搜索引擎自然排名机制的基础之上,网站主对网站进行内部及外部做出调整优化,利用搜索引擎的自然排名机制,对网站进行有针对性的优化,改进网站在搜索引擎中关键词的自然排名,获得更多的展现量,吸引更多目标客户点击访问网站,从而达到网络营销及品牌建设的目标。搜索引擎检索原则是不断更改的,检索原则的更改会直接导致网站关键字在搜索引擎上排名的变化,所以搜索引擎优化并非一劳永逸。SEO 有很多优化策略:

(1)突出关键词设定,合理使用长尾关键词。

围绕核心关键词组织网站内容。关键词选择要有很强的相关性,注意关键词要选择流量大,竞争度又不高的词,围绕着核心关键词来组织网站。同时,善于挖掘长尾关键词。长尾关键词一般是核心关键词的延伸和扩展。特点是搜索量不大,但是针对性很强,转换率更高。在建设网站内容的时候,尽量让内部页面都是围绕着长尾关键词来组织,在提高网站流量的同时,又可以提高网站整体的相关性,从而更加得到搜索引擎的认可。关键词不要一味地追求热门词汇;避免使用含义很广的一般性词汇;根据产品的种类及特性,尽可能选取具体的词;选取人们在使用搜索引擎时常用到与网站所需推广的产品及服务相关的词。5~10 个关键词数量是比较适中的,密度可为 2%~8%。要重视在标题、段落标题这两个网页中最重要最显眼的位置体现关键词,还须在网页内容、图片的 alt 属性、META 标签等网页描述上均可不同的程度设置突出关键词。

(2)网页主题明确内容丰富。

在设计制作网站之前,要清晰设定网络的主题、用途和内容。根据不同的用途来定位网站特性。网站主题须明确突出,内容丰富饱满,以符合用户体验为原则。主题内容,专注于某些领域变化时,要注意及时更新。注重内容的相关性,而不是看到一则热门新闻就凑上去。

(3)链接要有人气。

搜索引擎判断网站的好坏的一个标准是外部链接的多少以及所链接的网站质量的高低。创建有人气化的、有意义的引出链接,提高链接广泛度,既能提高在搜索引擎的排名,同时也可以起到互相宣传的作用。因此,注重和其他网站建立外部链接,发布外链,并在搜索引擎登录入口将网站提交给搜索引擎。

(4)网站架构层次要清晰。

网站结构上尽量避免采用框架结构,导航条尽量不使用 FLASH 按钮。首先要重视网站首页的设计,因为网站的首页被搜索引擎检测到的概率要比其他页面大得多。通常要将网站的首页文件放在网站的根目录下,因为根目录下的检索速度最快。其次要注意网站的层次(即子目录)不宜太多,一级目录不超过两个层次,详细目录也不要超过四个层次。最后,网站的导航尽量使用纯文字进行导航,因为文本要比图片表达的信息更多。

(5) 页面容量要合理。

网页分为静态网页与动态网页两种,动态网页即具有交互功能的网页,也就是通过数据库搜索返回数据,这样搜索引擎在搜索时所费的时间较长,而且一旦数据库中的内容更新,搜索引擎抓取的数据也不再准确,所以搜索引擎很少收录动态网页,排名结果也不好。而静态网页不具备交互功能,即单纯的信息介绍,被搜索引擎搜索时所费时间短,而且准确,所以愿意收录,排名结果比较好。所以网站要尽量使用静态网页,减少使用动态网页。网页容量越小显示速度越快,对搜索引擎蜘蛛程序的友好度越高,因而在制作网页的时候要尽量精简 HTML 代码。网页中的 Java.script 和 CSS 尽可能和网页分离。

(6) 网站导航要清晰。

搜索引擎是通过专有的蜘蛛程序来查找出每一个网页上的 HTML 代码,当网页上有链接时就逐个搜索,直到没有指向任何页面的链接。蜘蛛程序访问完所有的页面需要花费很长的时间,所以网站的导航需要便于蜘蛛程序进行索引收录。可根据自己的网站结构,制作网站地图,在网站地图中列出网站所有子栏目的链接,并将网站中所有的文件放在网站的根目录下。网站地图可增加搜索引擎友好度,可让蜘蛛程序快速访问整个站点上的所有网页和栏目。

(7) 有规律地更新网站。

搜索引擎蜘蛛更加喜欢一些全新的,原创性的内容。为了更好地实现与搜索引擎对话,将经过优化的企业网站主动提交到各搜索引擎,让其免费收录,争取较好的自然排名,网站应进行有规律的更新。因而有规律地更新网站也是搜索引擎优化的一个重要方法。

搜索引擎检索原则是不断更改的,检索原则的更改会直接导致网站关键字在搜索引擎上排名的变化,所以搜索引擎优化并非一劳永逸。

2. 付费搜索引擎广告

根据用户的搜索习惯,通过关键词竞价排名向搜索引擎公司付费来展示广告投放,然后以点击次数计费的方式就是付费搜索引擎广告。首先,广告主为自己的网页购买关键字排名,然后按浏览者点击计费向搜索引擎公司付费。网站广告主可以通过调整每次点击付费价格控制关键词的搜索排名,也可以通过设定不同关键词捕捉不同各类型的目标访问者。付费越高,则排名越靠前。百度、雅虎都是采用点击付费模式,一些大型非专门搜索引擎的垂直应用也可以提供付费搜索引擎广告,例如淘宝直通车。

付费搜索引擎的排名规则经常发生改变,但往往用关键词出价和关键词质量度两个因素考量。而影响关键词质量度的因素有:账号整体质量度、推广时长、关键词描述、关键词匹配、关键词分组、落地页打开速度等,如图 4-11 所示。通常,账号的历史数据积累和账户的稳定程度、在线推广时长的积累、推广经验、关键词的描述相关性匹配度越高则关键词

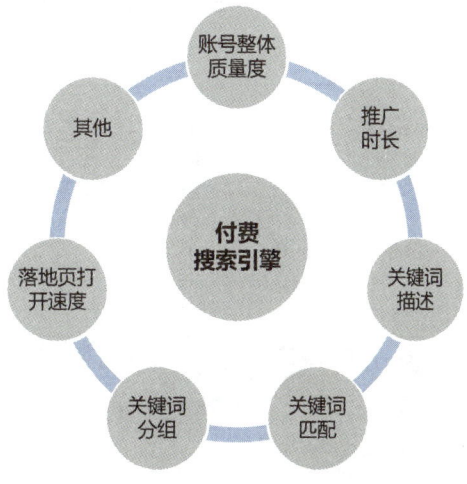

图 4-11 影响关键词质量度的因素

质量度越高。

(二) 广告的程序化购买

广告的程序化购买

企业做运营推广时,总是在思考如何能在合适的时间、地点,对合适的人传递合适的品牌和产品信息,促使用户记住产品和品牌,并激发产生购买意愿。而传统的网络广告方式往往采用固定广告位按时间段购买(CPT)、按展示量购买(CPM),或者是按点击购买(CPC),对广告受众不能做出区分,导致广告主被迫买下很多非目标受众的曝光,造成营销浪费。另外,在广告采买中,往往是一些较好的点位很抢手,而较差的广告位无人问津,媒体流量卖方也期望让"剩余流量"找到合适的广告主,使其得到变现。这意味着在运营推广中需要有一套完整的营销解决方案,改变媒体触达受众的方式,帮助买卖双方达成各自的意愿。在此背景下催生了程序化购买技术。程序化购买改变了过去广告购买的人工制作排期和商务洽谈,力求做到自动化精准的广告投放。

程序化购买方式,是指通过技术实现数字化、自动化、系统化的广告交易和广告管理方式,用程序控制数字广告投放的各个环节,与之相对的是人力购买方式。运用程序化技术可以管理广告的每次曝光机会;广告主可以通过程序化的方式进行广告采买、投放以及后续的数据回收;使整个营销传播的过程数字化,通过数据来观察和评价营销效果,达到营销管理的目的。媒体可以程序化售卖跨媒体、跳终端(电脑、手机、平板、互联网电视等)的媒体资源,并利用技术实现广告流量的分级,进行差异化定价。所以,程序化购买改变了过去靠人工筛选、采购等低效的交易方式,升级为信息化、自动化的交易模式,提升了交易效率。正是因为提升了广告交易效率,也因此扩大了广告交易规模,并优化了广告投放效果。

广告程序化购买方式,可以让广告主及广告代理商通过使用需求方平台(DSP),在广告交换平台上购买展示的广告资源。媒体方可以使用供应方平台(SSP)来提供其库存,供应方平台为媒体方提供媒体销售和管理服务。程序化购买示意图如图4-12所示。

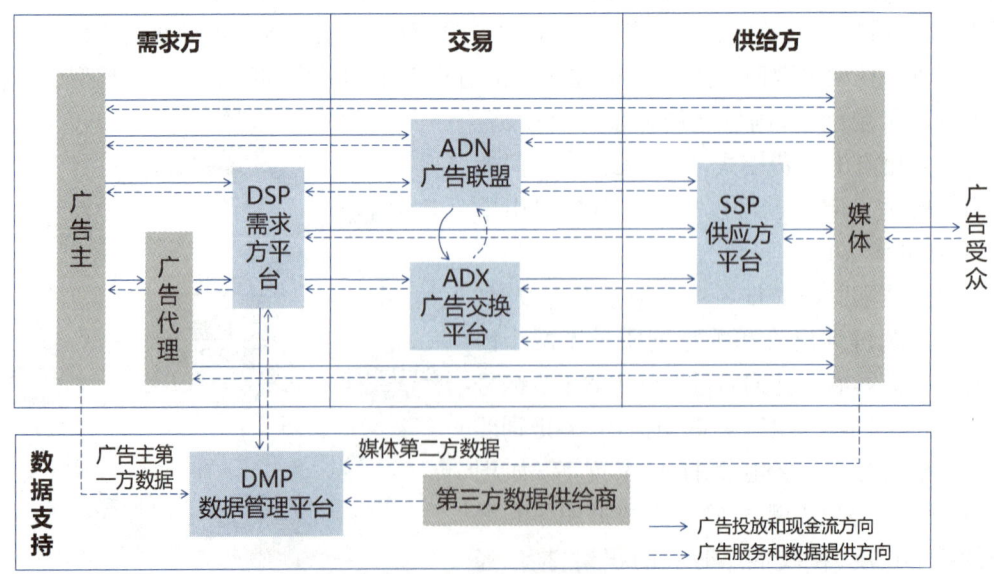

图4-12 程序化购买示意图

1. 广告交换平台

前面介绍过广告交换平台 ADX。ADX 不仅联合媒体，还把 AD Network 联合起来，广告交换平台为这些供应方提供了一个用于展示自己的资产（即广告位）的界面，同时也为需求方提供了统一的界面，让他们能够查看广告位情况，并且能够根据自己的需要任意选择这些广告位。

在广告交换平台上往往采用实时竞价方式进行交易。当某广告受众访问广告位页面时，媒体等供应方向交换平台发出访问请求，告知需求方广告的具体信息，这些信息包括所属站点或移动客户端媒体、出价要求、广告受众属性等，通过打包的方式发送给需求方平台，需求方平台对该广告产品进行展示并实时竞价。竞价获胜者的广告即可展示到该广告位上。

世界上著名的广告交换平台有谷歌收购 Double Click 之后的 AdX、雅虎的 Ad Exchange、微软的 AdECNNIC、OpenX 的 AdExchange 等。

2. 需求方平台

需求方平台（DSP，Demand Side Platform）是一个服务于需求方的平台。为需求方提供多个渠道的集中式媒体购买。DSP 向广告主提供一套更为简单的购买决策及购买流程。需求方平台通过对接广告交换平台，为广告主提供统一的操作界面。DSP 注重用户体验，淡化广告位购买的概念，强调广告位背后的目标受众的准确性。广告主只需要在 DSP 上告诉平台自己的目标人群及愿意支付的成本，DSP 则通过后台强大的受众数据及运算方式自动检索获取这些受众人群，帮助广告主实时决策。DSP 可以是独立的，也可以是依附于流量（媒体、ADX、ADN）的、还可以是有独立数据管理平台的。

而除了 DSP 与 AD Exchange 之外，还有一个称为 SSP（Supply Side Platform），即供应方平台也与 AD Exchange 连接。

3. 供应方平台

供应方平台（SSP，Supply Side Platform），负责管理媒体和广告联盟等供应方与 AD Exchangek 之间的供给关系。SSP 帮助供应方选择收益最大的广告，代表着媒体方的利益。需求方的媒体可以是大型门户网站，如新浪、腾讯；可以是垂直类网络媒体，如头条、抖音；可以是视频类媒体，如爱奇艺、腾讯视频、优酷；可以是新兴的数字电视类如芒果 TV 等；还可以是中小流量聚合的广告联盟，如阿里联盟、谷歌 ADSence、百度联盟。

SSP 可以是独立的平台，也可以是广告交换平台承担，在平台功能中构建 SSP 的技术方案。SSP 负责把展示的各种信息按照实时竞价协议传给 ADX，这些信息包括广告位格式、设备、用户标签、APP、地址等。

4. 实时竞价

实时竞价（RTB，Real Time Bidding），是一种利用第三方技术，对每个媒体受众的展示行为进行实时评估并出价的竞价技术解决方案。由于广告交换平台中交易的并非传统意义上的广告位，而是正在访问广告产品的广告受众。同时受众的兴趣爱好、行为、习惯等属性特征差异明显，无论是优质媒体广告的受众的质量较高使得广告位稀缺，还是垂直媒体广告位有限造成广告位稀缺，在 RTB 模式下，广告技术公司不再需要提前包段购买媒体资源,而采用实时、可竞价的购买方式。这解决了广告网络模式下的资源售卖效率问题,也减轻了其有的资金压力。

RTB 的模式让广告交换平台为每一个商品(广告位)提供了"价高者得"的机制。对于每一个广告位,如果同时有多个广告主想买,那么为这个广告位出价最高的广告主获得在这个广告位显示广告的机会,定价权转让给了供需双方。

实时竞价一般是按照 CPM 或者 CPC 出价的,就是按照广告被展现在受众面前的次数出价,或是按照广告被点击的次数出价。实时竞价的方式可以让广告主能够合理分配广告预算,可以根据广告效果和竞争情况随时调整自己的出价,使广告的选择和投放都变得可控。

RTB 流程图如图 4-13 所示。

图 4-13　RTB 流程图

(1) 用户浏览媒体,如网站或 APP,媒体通过 SSP 向 AdExchange 发起广告请求。

(2) AdExchange 将这次请求的关键信息(如域名 URL、IP、cookie 等)同时发送给 DSP,这个请求称为 Bid Request。

(3) DSP 收到请求后通过 cookie、IP、URL 等信息决策是否参与竞价。DSP 可以通过 cookie 查询此用户在自己系统中的历史行为来推算该用户的人口属性和兴趣爱好。如若出价,则向 AdExchange 返回价格、要展示的广告、跳转链接等信息,这次返回的信息称为 Bid Response。

(4) AdExchange 选出出价最高的报价,通知需求方赢得了竞价,并告之展示的费用,与此同时,AdExchange 返回给媒体要展示广告的内容。

(5) 广告的静态资源(图片、Flash 等文件)一般是存储在 DSP 的服务器,所以媒体在加载广告代码的时候需要去 DSP 请求静态资源。

(6) DSP 返回静态资源,完成广告的渲染和展示。

由此可见,RTB 的程序化购买模式,是一种按效果收费的网络推广方式。它通过对设备的 cookie 和其他的广告主购买的广告位置的情况以及所出的价格,自动生成最匹配的投放策略,帮助广告主花最合适的钱,产生最大、最精准的投放效果。DSP 平台实时为广告投放方提供曝光量、CPM、CPC 等数据。同时,对于内容网站的拥有者,也可以加入 SSP,其他广告主就可以通过 SSP 所对应的 DSP,直接在该内容网站上投广告,为内容网站拥有者带来广告收益。

5. 程序化购买的交易模式

(1) 头部竞价(Header Bidding)。该模式下,需求方绕过广告交换平台,通过在媒体网站或 APP 中插入 Java Script 软件开发工具包代码直接对接媒体,而媒体在加载时将优先向已对接的需求方发送广告请求。未购买的剩余流量才会调用广告服务器,进入广告交换平台进行售卖。头部竞价也可遵循 RTB 模式,其交易模式跟私有竞价有点类似,但其挑选流量的优先级最高,需求方掌握流量购买的主动权,而在私有竞价模式中,需求方能购买的流量库存是由媒体决定的。头部竞价模式在数据安全性上存在一定的风险,代码的插入使得需求方可以获取更多的用户行为数据。

(2) 程序化保量。程序化保量购买(Programmatic Guaranteed Buying,PGB)是程序化直接购买(Programmatic Direct Buying,PDB)的一种交易模式,可以保价且保量。保量的方式有两种,一种是按照双方约定好的流量 100% 采购,另一种是按照约定好流量比例进行采购,如媒体按照广告主所需比例的 1.5 倍进行流量推送,广告主需要将多余的流量返还。价格跟广告主所需流量的数量和返还比例有关,不同数量、比例的订单其价格也会有所不同。品牌客户目前使用较多的是程序化保量采购,行业上所说的 PDB 一般也是指 PGB 模式。

(3) 首选交易(Preferred Deals)。首选交易是程序化直接购买的另一种交易模式,保价不保量,买卖双方协商好固定的价格(一般高于 RTB 价格)进行交易。流量会优先进入首选交易,其次进入私有交易市场(PMP,Private Marketplace),接着进入公开竞价的 RTB。PMP 是广告投放前就锁定媒体广告位资源,无须竞价。

(4) 公开竞价(Open Auction,Open RTB)。广告主可以在公开交易市场自由挑选剩余媒体资源,实时竞价购买目标人群。公开竞价模式下的流量库存和价格都是不固定的。剩余流量不代表是劣质流量,而是媒体通过传统售卖或者其他排期售卖、优先售卖后剩余的流量。竞价规则是"价高者得,次高价结算"。

(5) 私有竞价(Private Auction,Private RTB)。有些优质媒体为了保护自身媒体环境,只邀请部分广告主竞价购买;有些媒体为了最大化媒体收入,会把流量先经过 PMP,然后再进入公开交易市场。PMP 的媒体质量更优质,因而价格也会更高。行业中所说的 RTB 一般代表的是公开竞价,而 PA 代表私有竞价。

(6) 默认/打底广告(Default Ad)。为了避免广告位出现空白情况,通常需要设定一个默认广告用于确保 100% 填充率。无人竞价时则展示默认广告,避免广告位的浪费。默认广告价格相对来说是最便宜的,可以用 CPM、CPC 甚至 CPA 计费方式售卖。通常广告交易平台都会为每个广告位设定好一个底价,需求方平台出价必须高于这个底价才有资格参与竞价。

程序化交易模式的比较如表 4-1 所示。

表 4-1 程序化交易模式的比较

交易模式	价格模式	是否保量	工作流程	是否订单交易	计费方式
头部竞价	竞价	否	自动	否	CPM
程序化保量	固定	是	半自动	是	CPM/CPC/CPD
首先交易	固定	否	半自动	是	CPM/CPC

续 表

交易模式	价格模式	是否保量	工作流程	是否订单交易	计费方式
公开竞价	竞价	否	自动	否	CPM
私有竞价	竞价	否	自动	是	CPM
默认/打底广告	底价+竞价	否	自动	否	CPM/CPC/CPA

二、基于数据管理的精准营销

基于数据管理的精准营销

传统的数字营销认为分析媒体是最重要的,但在程序化交易的方式下,"人群分析"的价值越来越得到重视。要做到高效的受众购买,避免传统广告位缺乏精准的弊病,必须从纷繁的数据来源中,找到核心的目标受众,并进行深度剖析和洞察,丰满目标受众画像。数据管理平台(DMP,Data Management Platform)就是一种通过数据建立用户画像,进行人群标签和受众精准定向投放的技术和管理。

(一) 数据管理平台

DMP集数据采集、存储、处理、分析、输出应用于一体,具有自定义标签、数据多样化、跨平台场景使用、数据自主权及安全系数高等特点。可有效作用于广告、市场、销售、运营、服务等各环节,为品牌方洞察用户、全景业务分析、高效准确决策提供支持。DMP以用户为基本单位,通过清洗、整理形成结构化的数据表,并进行用户标签的计算,形成对各种用户的精准的描述。DMP的数据可以分为以下几种:

1. 第一方数据

第一方数据是企业广告主在日常经营中产生的自有数据。来自企业官网、内部CRM系统、手机移动端数据等。通过追踪用户上网时产生的cookie,获取用户数据。这类数据相对封闭,数据安全性比较好,但流通性差,数据挖掘和使用不足,通常需要接入其他数据平台,实现数据的融合和流通之后,才能更好地发挥出价值。由第一方数据构建的DMP即为第一方DMP。第一方DMP可以帮助企业挖掘销售线索,打造营销闭环,让品牌投放更加精准。

2. 第二方数据

第二方数据是企业通过广告投放获得的数据,是由媒体方通过广告渠道反馈回来的数据。基于第二方数据搭建的DMP,即为第二方DMP。第二方DMP提供专业的数字营销服务,可以帮助企业了解消费者媒体偏好、内容偏好,为企业提供更广阔的人群和更精准度的数据。

3. 第三方数据

第三方数据是从数据商购买的其他数据。随着大数据的概念越来越深入人心,精准营销的概念越来越普及化,出现了一些专门为企业客户提供服务的大数据公司,构建第三方DMP,可以为企业提供广告营销洞察和经营决策洞察服务。他们数据更加丰富,用户标签更全面。具备更专业的用户画像能力,提高人群的触达率和广告的精准度。

(二) DMP 的功能模块

1. 数据采集功能

数据采集是做好后期数据分析、管理和应用的前提。无论是广告主第一方数据,还是通过合作、交换、购买等方式获得的第二、三方数据,DMP 首先要具备对这些分散而割裂的数据进行捕获和采集。DMP 应该支持站内数据采集,支持接入第三方数据,与第三方数据建立映射关系;同时支持追踪代码(例如 Facebook Pixel),实现站外引流广告效果的监控;支持使用 API 搜集推广数据。DMP 的数据源可以包含以下几方面:

(1) 站内及销售数据:用户在广告主官网、E-Mail 列表、销售网站或 APP 中产生的行为数据,包含目标用户及其兴趣。包括:用户基础信息、站内流量、搜索、浏览、比价、加入购物车、购买、页面停留时间、注册情况、留言、关注等数据。

(2) 网络行为数据:记录用户在网页端(PC 端及移动端)的行为数据。这类数据可以反映用户的行为偏好,如描述用户在某时间、某地方,以某种方式完成了某种行为。包括:用户 ID、用户行为、用户设备、IP 地址、URL、地理位置等数据。通常在 PC 端用 cookie 记录户行为;而在移动端一般使用 IMEI(安卓设备)或 IDFA(苹果设备)来标识用户信息。

(3) 社交数据:指用户在社交网络中产生的数据。包括:社交账号数据、受众属性数据(性别、年龄、学历等)、行为兴趣数据等。

(4) 投放数据:指在 DSP 广告投放过程中产生的数据。包括:受众定向、曝光、点击、转化、成本花费、创意等数据。能帮助广告主根据实时反馈及时优化和调整投放策略及广告预算。

(5) 第三方数据:指第三方独立数据供应商提供的数据,包括:头部媒体数据、运营商数据、高质量媒体数据、第三方监测平台数据、垂直领域平台数据等。

(6) 线下数据:指企业拥有的 CRM 或市场调研等数据。

2. 数据管理功能

来源于不同渠道的数据有结构化的,但更多的是非结构化数据。为了挖掘这些数据的价值,DMP 需要把分散的数据依据统一的规范和流程,对数据进行关联、清洗、整合,最后进行人群和产品标签化管理。数据管理功能包括自定义数据统计窗口期,统一 ID 表达,第一方数据管理,广告投放数据存储,以及目标受众的管理等。

3. 数据分析功能

数据的分析与挖掘是 DMP 的核心功能。通过数据建模、机器算法等技术,进行目标受众识别、受众标签聚类分类、媒体质量评估、投放实时监测等分析,从数据中挖掘可用的广告投放信息,在营销中发挥数据价值。DMP 数据分析包括基于第一方数据的受众画像建模,受众标签聚类的分类模型,利用第三方数据的目标受众扩散以及全局分层标签。

4. 数据应用功能

DMP 与 DSP 配合使用能达到优化广告投放效果,实现广告的精准投放,还能够形成大数据资产来获得持久战略优势。DMP 通过采集、分析、再造和运营数据,帮助企业完成商业决策,提升企业核心竞争力。在 DMP 应用层,可以提供自定义模块,完成时间的宏观数据对比;支持可扩展的数据存储与数据处理;保障数据逻辑的一致性和高效性;能够实现实时报表生成和导出;存储媒体数据与目标受众数据;提供高度可视化的操作界面;

支持多用户;支持线下数据匹配与比对;完成对受众行为的预测。

通过 DMP,可以衡量广告活动对不同用户群体的效果,并不断优化其媒体购买和创意元素来提升效果。营销人员正在使用 DMP 来更好地了解线上访客的特征和行为,并提供个性化的体验和产品。DMP 还可以在数字和社交领域帮助发现用户当前需求。他们能够快速洞察客户,并用于数字广告执行和营销自动化系统。总之,DMP 帮助营销人员更好地了解用户在进行决策的时候的个人背景,然后基于这些洞察做出响应。

基于数据管理的精准营销模式如图 4-14 所示。

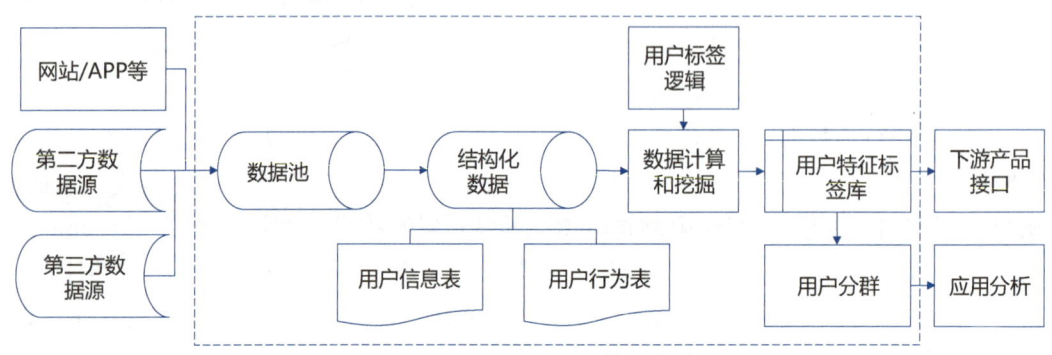

图 4-14 基于数据管理的精准营销模式

三、短视频营销

随着智能硬件发展及网速的提高与普及,流量、带宽、资费、终端等都不再成为问题,尤其是在视频移动化、资讯视频化和视频社交化的趋势带动下,短视频营销成为新的品牌营销方式。不同于文章、音频单一的内容模式,短视频融合了内容、语言和视频,形式更加多样化,表现为一种新型的互动型的社交营销模式。

(一) UGC 打造"红人"IP

传统的视频营销模式,大多从企业角度出发,企业设计品牌形象,寻找气质与品牌相契合的明星做代言。通过视频广告投放达成营销效果。随着短视频走热,诸多活跃于屏幕上的"红人"浮现,品牌运营模式和营销开始发生改变。"红人"通过优质 UGC 内容输出积累了一大批粉丝。对企业而言,这是优质意见领袖(KOL,Key Opinion Leader)和巨大的流量入口。通过短视频孵化出"红人"形成个人 IP(Intellectual Property,指个人对某种成果的占有权)价值,并向商业和个人品牌延伸,形成商业变现能力。甚至可以构建全品类供应链整合,打通影视上升通道。

与明星不同,网红是以客户为核心构建社群认同。在社群中,有共同审美和价值观的人聚集在一起,商家和消费者不再割裂,而是融合为一个共同体,形成共同认可的价值观,网红是社群价值观的人格化表现。在这种由共同的价值观构建起来的社群中,内容、互动、产品、服务、交易形成闭环。通过互动产生内容,通过内容带动互动,交易在这个过程中自然发生,产品和服务不断地在互动的过程中优化。

(二) 激发互动形成用户裂变

短视频平台,不止是一个内容消费平台,更是一个社交平台,品牌与用户充分互动,激活更深层的互动价值。用户消费短视频不再是单向观看,而是双向互动;双手不再闲着,而是不断地上划下拉、点赞评论,互动转发;通过搜索、发现、位置等功能,主动探索心之所好。对于品牌而言,通过这种强互动的连接方式,调动用户参与感,提升品牌交互力,并激发用户的社会化裂变式传播力,已成为品牌有效抓住用户注意力、升级营销效能的重要方式。

(三) 用短视频撬动全链路营销

为了助力品牌升级转化效率,短视频平台也开始进行应用层产品的开发与建设,推出在线销售,更流畅地达成全链路营销。让运营策划、广告曝光、红人营销和在线支付构成一套完整的营销模式,完成品牌曝光,提升产品热度。所以,短视频的竖屏沉浸式的观看体验、去中心化的传播模式、真实的社交关系链背书、便捷的互动转化路径,最大化激发了用户的购买欲。

(四) 注重真实

品牌短视频营销时,更注重真实,要真实人物、真实故事、真实情感,追求的是都是通过一些真实的人物,讲述真实的故事,反映真实的情感。现在的广告主也在变,他们在意的已不是 Logo 够不够大,他们更在意的是,是否能把产品或者品牌融入原生内容中,并且用内容去打动用户。

(五) 构建"私域流量+公域流量"的营销模式

移动互联网进入存量时代,流量红利见顶,企业获客成本持续提高。在这个背景下,"私域流量"开始被广泛关注。所谓"私域流量"是企业或个人通过积累沉淀下来的、属于企业或个人私有,无需付费即可使用的流量。公众号内容推送带来加关注的用户、朋友圈分享进群的用户、直播粉丝等聚集的流量都属于私域流量。私域流量对企业更有价值,优质的私域流量将成为企业的无形资产。私域流量的构建代表商家从重视流量向重视用户的思维转变,更加强调顾客生命周期价值(CLV)。

"公域流量"即公有区域流量,往往是指聚集网络效应的互联网平台型公司。他们掌握着流量的分发权,通过付费方式分发流量。Facebook、谷歌、淘宝、微信、头条等平台的流量均为"公域流量"。公域流量仍然是品牌强曝光的阵地。

而基于私域流量的运营是一个长期的过程,需要投入更多精力,创作有创意、有质量的内容,与用户建立关系,重视用户的感受,有效进行价值传递。通过视频营销,可以将私域流量和公域流量结合在一起,形成"私域+公域"的营销模式。吴晓波频道栏目提到 2019 年网红薇娅卖了 20 亿~30 亿元的服装,相当于中国一家女装上市公司的营业额。薇娅直播交易额有 80%来自私域流量,20%来自淘宝平台的公域流量分发。

"私域流量+公域流量"的红人直播营销模式如图 4-15 所示。

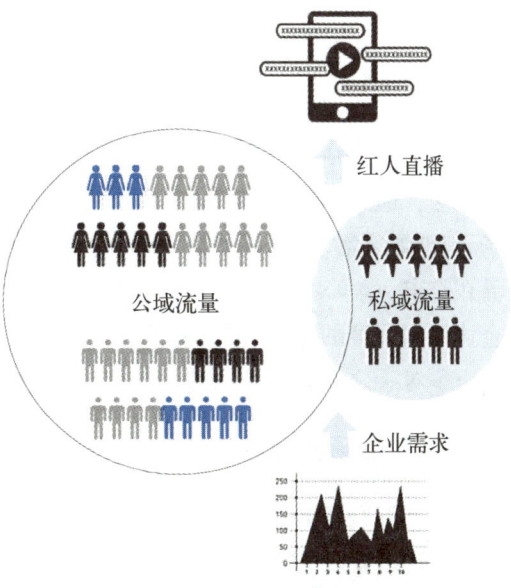

图 4-15 "私域流量+公域流量"的红人直播营销模式

四、裂变营销

裂变营销本质就是以利益驱动、利用他人的影响力和社交关系形成产品传播和销售促进,是一种最低成本的获客营销方式。裂变营销有三个特点:

(1) 利用社交关系链。免费的社交网络为社交关系链的流量获得、使用和挖掘提供了基础。社交网络与商品交易相结合也创造了众多的商业和营销模式。通过一带一的方式形成用户裂变。但是一带一的用户裂变与传销是有区别的,一般采用二级分销的方式进行。基于社交关系的用户裂变如图4-16所示。

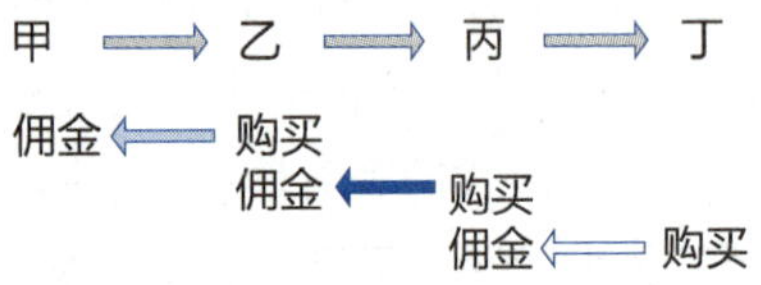

图 4-16 基于社交关系的用户裂变

(2) 强调分享。裂变营销更加强调分享,通过老客户(或者潜在客户)的分享行为带来新用户,这样成本更低,客户更精准,效果更好,更能够提高企业的投产比。要想实现用户之间的分享,福利设计和用户裂变的创意是关键。

(3) 后付奖励。设计老用户拉动新用户的奖励以及对新用户的激励奖励,是能否成功分享的动力。以现金优惠或者能兑换成现金的虚拟点数,让目标受众感受到价值的奖励,并采用后付方式兑现。企业可以考虑将广告费用分解成老用户推荐奖励和新用户注册或购买的奖励。并将这些奖励采取后付模式,降低企业广告投放的风险。

裂变营销的优势体现在,投入小,试错快,获客成本低,现金投入少;同时还可以解决拉新、留存和提升用户的消费频次的问题。

课堂思考:对照 AARRR 模型,分析不同阶段可以采用的营销技术分别有哪些。

第六节 网络市场调查

网络市场调查是指在互联网上针对特定营销环境进行调查设计、收集资料和初步分析的活动。网络市场调查是企业营销前期工作中重要的环节之一,是发现顾客需求的最佳方法。通过调查可以获得竞争对手的资料,摸清目标市场和营销环境,为经营者细分市场、识别顾客需求、确定营销目标等提供相对准确的决策依据。通过调查还可了解顾客的潜在需求、竞争对手在顾客心目中的地位、顾客的生活方式等。这些信息的收集都有助于企业根据顾客的需求,重新更新产品的设计,使得产品更贴近顾客的需求。如果这一切都在竞争对手之前完成的话,就可以在竞争中占得先机,从而提高公司的收入和利润。

一、网络市场调查的方法

随着互联网的迅速发展,其所具有的许多特性,为企业开展市场调查提供一条便利途径。以网络在线为特征的调查新形式,特别是某些具体的针对某些特定顾客群进行的市场调查,逐渐代替了原来的调查形式,有效地降低了市场调查的成本。

在网络市场调查最为流行的美国,随着网络市场调查的深度和广度的不断提高,网络市场调查已经逐渐成为市场调查中不可忽视的一股新兴力量。网络调查将从一股新生力量向主流形式发展,并将最终取代传统的入户调查和街头随机访问等调查方式。

网络市场调查有两种方法:

(1) 利用互联网直接进行问卷调查,收集一手资料,如到论坛等社区获取消费者建议;到电子商务平台统计买家的评论。

(2) 利用互联网的媒体功能,从互联网收集二手资料。由于越来越多的传统报纸、杂志、电台等媒体,还有政府机构、企业等也纷纷上网,因此网络成为信息海洋,信息蕴藏量极其丰富,不再像过去苦于找不到信息。现在,关键的问题是如何发现和挖掘有价值信息,对于第二种方式一般称为网上间接调查。

二、网络市场调查的内容

网络市场调查的范围很广泛,诸如销售活动评估、产品与包装分析、价格分析、市场进入策略、创新和产品开发研究、流通渠道、消费行为、市场竞争分析、客户意识、员工状况分析等,均属网上市场调查的内容。一般而言,下面两个内容是网络调查中优先考虑的内容。

(一) 市场需求调查

市场需求调查的主要目的在于掌握市场需求量、市场规模、市场占有率,以及如何运用有效的经营策略和手段,调查的具体内容包括:

(1) 现有市场对某种产品的需求量和销售量。

(2) 市场潜在需求量有多大,也就是某种产品在市场上可能达到的最大需求量有多少。

(3) 不同的市场对某种产品的需求情况,以及各个市场的饱和点及潜在的能力。

(4) 本企业的产品在整个市场的占有率。

(5) 分析研究市场的进入策略和时间策略,从中选择和掌握最有利的市场机会。

(6) 分析研究国内外市场的变化动态及未来的发展趋势,便于企业制订长期规划等。

(二) 消费者购买行为调查

消费者购买行为调查的具体内容包括:

(1) 消费者的家庭、地区、经济等基本情况。

(2) 社会政治、经济、文化教育等发展情况,对消费者的需要将会产生什么影响和变化。

(3) 不同地区、民族的消费者,他们的生活习惯和生活方式有何不同,有哪些不同需要。

(4) 了解消费者的购买动机,包括理智动机、感情动机和偏爱动机。

(5) 了解消费者喜欢在何时、何地购买,购买的习惯和方式,以及他们的反应和要求。

(6) 了解消费者对某种产品的使用次数,每次购买的单位数量及对该产品的态度。

(7) 调查某新产品进入市场,哪些消费者会最先购买。

(8) 对潜在的消费者的调查和发现等。

三、调查手段

(一) 数据收集和分析

收集在线数据的具体方法包括用电子邮件的方式与顾客进行沟通、主持专题小组的形式在聊天室进行讨论、在线问卷法和追踪客户网上活动等。收集市场调研数据,首先要明确需要收集的主题和目标市场;明确研究的渠道,如新闻组、网络社区、社交网站等。其次,确定讨论的主题,如竞争对手产品在消费者感知到的优势。注册相关的小组,并登录到相关的站点,搜寻讨论的主题和内容;搜索电子邮件讨论组清单。同时,申请监测讨论组的过滤服务器,查阅讨论组上的 FAQ,访问群组聊天室。

(二) 调研手段

调研手段包括发布战略问题;发布在线调研,如设计问卷,通过问卷调查站点发放问卷;给参与者提供奖励;在网上上传相关的内容,供网络用户讨论;创建聊天室,构建一个客户群,例如建立 QQ 群。

四、网络市场调查的具体做法

(一) 市场细分调研

市场细分(Market Segmentation)是指营销者通过市场调研,依据消费者的需要和欲望、购买行为和购买习惯等方面的差异,把某一产品的市场整体划分为若干消费者群的市场分类过程。每一个消费者群就是一个细分市场,每一个细分市场都是具有类似需求倾向的消费者构成的群体。企业针对这个群体向其进行产品或服务的推销。例如化妆品经销商会在女性杂志上刊登化妆品产品广告,这是按顾客性别划分市场的。市场细分的优点之一是宣传和广告比大众化更能贴近细分市场,从而获得更高的回报率。

为了有效进行市场细分,通常采取的细分标准是:

(1) 地理环境因素:国家、地区、城市、农村、气候、地形。

(2) 人口统计因素:年龄、性别、职业、收入、教育、家庭人口、家庭类型、家庭生命。

(3) 周期、国籍、民族、宗教、社会阶层。

(4) 心理因素及生活方式:社会阶层、生活方式、个性特征和行为方式。

(5) 认知、情感和行为因素:态度、利益诉求、使用者地位、信用等级、产品使用率。

(6) 忠诚程度、购买准备阶段、时机。

(7) 盈利能力:追求的具体利益、产品带来的益处,如质量、价格、品位等。把有价值的顾客单独分类。

(8) 风险因素:把低风险的顾客单独分类。

在美国,企业比较喜欢采用直接发邮件的方式与顾客进行联系。但是不能保证某些产品或服务是否适合具体客户的需要。例如,一家零售公司每年要向大约 100 万个客户发送 4 封邮件,这一共要花费 125 万美元(每个客户要花费 1.25 美元)。假设只有 1% 的邮件得到了回复,那么意味着每一个客户回复的成本是 125 美元。很显然,这种直接营销的方式成本太高。

降低这种营销方式成本的方式之一就是进行市场细分以增加客户回复率。调研人员发现了在线购物的四类人群(尝试性购物者、迟疑的尝试者、网购爱好者和企业用户)以及线下购物的四类人群(有疑虑的浏览者、技术促进者、吹毛求疵者、好奇的浏览者)。营销人员通过这些属性进行分离和辨别,并搭配成不同的组合,形成现有的市场、潜在的市场和特殊的市场等,然后使用营销策略来吸引目标客户。

市场细分可以借助于一些工具进行,例如数据模型或者数据库。利用数据挖掘和大数据分析技术,商家可以看到消费者的购买模式,更精确地进行市场细分。这个过程并不简单,它需要大量的数据资源和计算机支持,例如Netflix就是利用大数据分析手段掌握消费者需求细分的。

了解顾客需求对于网络营销来说是非常必要的。这些信息可以通过以下几种方法获得:

(1) 在线征集客户信息。例如即时通软件的在线访谈、网上问卷、微博和微信等的集体讨论。

(2) 通过交易日志、交易评价和网络跟踪器观察客户网络行为。

(3) 运用数据挖掘技术和协同过滤技术对可用的数据进行分析。

(二) 网络问卷调查

网络问卷调查是将问卷在网上发布,被调查对象通过Internet完成问卷调查。网络问卷调查一般有两种途径:

1. 站点法

站点法是将调查问卷的HTML文件附加在一个或几个网络站点的Web上,由浏览这些站点的网上用户在此Web上回答调查问题的方法。站点法属于被动调查法,这是目前出现的网络调查的基本方法,也将成为近期网络调查的主要方法。如CNNIC每半年进行一次的"中国互联网络发展状况调查"就是采用这种方式。这种方式的好处是填写者一般是自愿参加的,但缺点是无法核对问卷填写者真实情况。为收集一定问卷数量,站点还必须进行适当宣传,以吸引大量访问者,如CNNIC在调查期间在国内一些著名的ISP(网络服务提供商)/ICP(网络媒体提供商),如新浪、搜狐、网易等站点都设置了调查问卷的链接。

2. 电子邮件法

电子邮件法是通过给被调查者发送电子邮件的形式将调查问卷发给一些特定的网上用户,由用户填写好后,以电子邮件的形式再反馈给调查者的调查方法。电子邮件法属于主动调查法,与传统邮件法相似,优点是邮件传送的时效性大大提高了。

电子邮件法的好处是,可以有选择性控制被调查者,缺点是容易遭到被访问者的反感,有侵犯个人隐私之嫌。因此,用该方式时首先应争取被访问者的同意,或者估计被访问者不会反感,并向被访问者提供一定补偿,如有奖问答或赠送小件礼物,以降低被访问者的敌意。

(三) 直接聆听顾客意见

(1) 建立群组(例如QQ群)、讨论组,通过网上招募并且电话确认的方式邀请顾客加入,通过在线讨论的方式获取顾客意见。

(2) 视频会议法。视频会议法是基于Web的计算机辅助访问(Computer Assisted

Web Interviewing,简称 CAWI)。是将分散在不同地域的被调查者(通常为某领域的专家)通过互联网视频会议功能虚拟地组织起来,在主持人的引导下讨论调查问题的调查方法。这种调查方法属于主动调查法,其原理与传统调查法中的专家调查法相似,不同之处是参与调查的专家不必实际地聚集在一起,而是分散在任何可以连通国际互联网的地方,如家中、办公室等,因此,视频调查会议的组织比传统的专家调查法简单得多。视频会议法适合于对关键问题的定性调查研究。

(3) 主动加入目标客户或潜在客户聚集的站点,例如新闻组、维客、播客以及网络消费论坛等社交类站点,与客户进行互动。例如 Nelflix 公司就使用这种方法以引导顾客表达自己的好恶。

(4) 开发专门的软件工具来直接聆听顾客。例如戴尔与 Radian 6 系统合作进行社交媒体的顾客声音监测。该监测体系共由 6 块 LCD 屏幕组成,能同时聆听 11 种语言,能够使戴尔作为一个整体及时聆听到来自戴尔客户或者对戴尔感兴趣的用户的传播信息。这些信息包括:与戴尔有关的主题或者主题谈话,话题情绪,各个话题所占份额,地理位置,跨主题、感情色彩、地理位置的趋势总结,并将消费者的反馈信息进行甄别、分类、归纳、统计,并与用户进行互动,如话题回复、问题解决以及风险预警。而且,戴尔社交媒体和社区团队与 Radian6 保持紧密的合作,可以通过整合网络信息系统地追踪全球网络上的对话。

(四) 观察消费者在线行为

为了避免网络调查出现问题,尤其是避免给出一些错误或者是具有偏见性的信息,一些市场调研人员选择通过观察消费者行为的方式,而不是通过问他们问题的方式来了解他们。许多市场调研人员通过使用"交易日志文件"或"网络跟踪器文件"来追踪消费的在线行为。

1. 交易日志

交易日志记录用户在网站上的活动,是由记录用户行为的日志文件来表示的。通过使用日志文件分析工具,企业就可以更好地了解用户来自哪里,重复登录该网站的频率,以及他们如何登录该网站。如果知道用户的名字(如他们已在网站上注册),那么这种交易日志的方法就更加有用。此外,把购物数据库和交易日志的数据联系起来,可以发现更多深层的信息。

消费者从一个网站转移到另外一个网站时,就形成了自己的点击流量的行为,这是消费者网络行为的一种模式,可以在交易日志中观察到。不管是提供互联网服务的企业(ISP)还是公司网站,都能够对用户的点击流量进行追踪。

2. 网络跟踪器、网络窃听器及间谍软件

企业可以利用网络跟踪器或者网络窃听器来完善交易日志。网络跟踪器使得网站能够将数据储存到用户的电脑里,当用户再次返回原站点时,可以利用网络跟踪器寻找到他的历史行为。网络跟踪器经常与网络窃听器一起使用,后者是一种嵌入电子邮件信息和网站上的小图形文件,它能够发送用户及其活动的信息给监测站点。

间谍软件是通过网络接口收集用户信息而不被用户发现的一种软件。最初的设计是为了帮助软件作者赚钱。间谍软件应用程序通常是与一些免费的软件捆绑在一起,然后下载到用户的电脑里。很多用户并没有意识到他们在下载免费软件的同时也把间谍软件下载下来。通常免费软件提供商会暗示你,按照许可协议,其他的一些程序将会被下载到用户电脑里。间谍软件停留在用户的硬盘驱动器上,不断追踪用户的行为,定期将用户信息发送给间谍软件所有人。该软件是为了做广告而进行信息收集。网络用户无法控制那些通过间谍软件被发送的数据,除非他们使用一些特殊的工具。他们一般无法卸载软件,即使被其捆绑的软件已经从系统中删除,间谍软件依然无法删除。

3. 网络分析

随着网络分析服务和软件的发展,网络分析功能已经不再局限于简单描述哪些网页被点击,以及访问者浏览多长时间的范围了。网络分析现在能够提供更先进的功能,这些功能对于零售商来说是必不可少的。例如企业在微信上建立微信公众号,微信后台系统可以提供每日详细的数据分析。企业可以根据这些数据了解进入公众号的用户数量增长情况、推广活动的效果、关键词分析等。从而可以调整自己运营方案,管理在线营销活动。同样,公司网站都有后台分析,如果一个公司对其网站进行了重新设计,它们可以及时地反馈这个新网站的运行情况。网站分析针对单个的客户进行,帮助营销人员决定需要促销哪种产品,帮助商家更好地了解需求的本质。

4. 点击流量分析

点击流量的数据是在网络环境下产生的,它们提供用户在某一站点活动轨迹(用户点击行为)。这些数据包括用户浏览模式的记录、用户访问的网址、网站上的每个网页、用户在某个网站或某个网页上停留了多少时间、在访问的网页上执行了哪些命令甚至是用户收发邮件的电子邮件地址。通过对点击流量数据进行分析,企业能够发现哪些促销是有效的,哪些人对哪些商品感兴趣。淘宝的量子分析软件就可以帮助商家分析每日的点击率、跳转率等。

5. 数据挖掘

目前,由于社交网络的大力应用,网上不断积累着形形色色的数据,不仅量大,而且数据的形式更加丰富,尤其以非结构化和半结构化数据形式居多,形成了所谓的大数据。通过新一代的数据分析方法可以对丰富的网络内容和网络使用情况进行挖掘。大数据分析在未来有可能改变我们获得信息和使用网络信息的方式。

本 章 小 结

1. 网络营销就是企业利用互联网为手段开展营销活动。网络营销的发展动力主要有电子技术和通信技术应用与发展、消费者价值观的变革、商业的竞争。营销策略从 4P 向 4C 和 4R 发展演变。4P 从企业出发,强调企业的产品、定价、渠道和促销策略;4C 则是从客户出发,强调消费者的需要和欲望,与消费者的互动和交流,让消费者参与到企业的研发环节。4R 强调在社会化网络下与消费者的关系建立。

2. 互联网下用户的行为特征,从传统的 AIDMA 发展到 AISAS。在 AIDMA 模型中,消费者从注意商品,产生兴趣,产生购买愿望,留下记忆,到做出购买行动,整个过程都可以由传统营销手段所左右。而基于网络时代市场特征重构的 AISAS 模式,将消费者在注意商品并产生兴趣之后的信息搜集,以及产生购买行动之后的信息分享,作为两个重要环节来考虑,这两个环节都离不开消费者对互联网(包括无线互联网)的应用。

3. 网络流量是指能够连接网络的设备在网络上所产生的数据流量,也就是指网站的访问量,可以用独立访问数量 UV、页面浏览数量简称 PV、总用户数量(含重复访问者)RV、每个用户的页面浏览数量(Page Views per User)和用户在网站的平均停留时间(Time on Page)等描述。

4. 流量与利润的关系可以表述为:

利润＝访客数×转化率×客单价×人均购买次数(复购率)×利润率

访客数就是 UV,影响访问数的因素有站点的曝光度,转化率是指独立访客数里完成订单的人数,代表着成交人数。客单价表示商品或服务的定价,复购率代表着在一段时间内,用户是否再次购买。复购率高表示用户体验好,商家与客户关系维持得好,代表了企业经营的稳定性和可持续性。从网站曝光到完成购买,对于电子商务流量总是在动态转移的变化中,从大流量逐渐转变为小流,形成一个漏斗。

5. 由戴夫 2007 年提出的 AARRR 业务增长模式,表达了电子商务产品生命周期的五个阶段,分别表示用户获取(Acquisition)、用户激活(Activation)、用户留存(Retention)、价值挖掘(Revenue)、用户推荐(Referral),这五个阶段是构成了一个获取用户的漏斗模型。增长模型 AARRR 贯穿的是整个产品的生命周期,数据是产品对比和用户挖掘的依据。数据分析必须以产品或业务为目标,从用户场景、用户行为或事件、渠道来源、产品功能点、用户生命周期、用户分群及分层、业务运营数据及产品体验等维度展开。与此同时,还要及时了解竞争对手变化和用户的需求变化,根据各方面因素来优化调整产品策略和运营策略。提高产品的转化率。

6. 网络广告有多种计费方式。按展示付费的 CPM、引导付费定价 CPL、按销售付费 CPS、按行为付费 CPA、按点击付费 CPC、按时长付费 CPT。

7. Adtech 广告推广技术,是广告投放、评估、管理的技术和方法。主要应用在广告主投放广告的流程中。包括搜索引擎营销、广告的程序化购买等,是帮助广告主通过媒体资源将营销内容推送给广告受众。

8. 程序化购买方式,通过技术实现数字化、自动化、系统化的广告交易和广告管理方式,是用程序化控制数字广告投放的各个环节。程序化购买方式可以让广告主及广告其代理商通过使用需求方平台(SDP),在广告交换平台(AD Exchange)上购买展示的广告资源。另一方面,媒体方可以使用供应方平台(SSP)来提供其库存,供应方平台为媒体方提供媒体销售和管理服务。

9. DMP 数据管理平台是一种通过数据建立用户画像,进行人群标签和受众精准定向投放的技术和管理。DMP 集数据采集、存储、处理、分析、输出应用于一体,具有自定义标签、数据多样化、跨平台场景使用、数据自主权及安全系数高等特点。可有效作用于广告、市场、销售、运营、服务等各环节,为品牌方洞察用户、全景业务分析、高效准确决策提供支持。DMP 以用户为基本单位,通过清洗、整理形成结构化的数据表,并进行用户标签的计算,形成对各种用户的精准的描述。

10. 网红短视频营销是网络高速背景下的互联网应用。通过 KOL 建立以客户为核心的社群。在社群中,有共同审美和价值观的人聚集在一起,商家和消费者不再割裂,而是融合为一个共同体,形成共同认可的价值观。在这种由共同的价值观构建起来的社群中,内容、互动、产品、服务、交易形成闭环。

11. 裂变营销是一种最低成本的获客之道。利用社交关系链,免费的社交网络为社交关系链的流量获得、使用和挖掘提供了基础,创造用户裂变的低成本营销模式。强调分享和后付奖励。

12. 网络市场调查是企业营销前期工作中重要的环节之一,是发现顾客需求的最佳方法。是指在互联网上针对特定营销环境进行简单调查设计、收集资料和初步分析的活动。网络市场调查的方有主要有网上直接调查、网上问卷调查和 BBS 等其他调查方法。

复习思考题

1. 什么是 4P 理论?4C 理论与 4P 理论有什么不同?
2. 在互联网环境下,消费者行为发生了怎样的变化?
3. 什么是网络流量?为什么从网上曝光到产生购买流量越来越少,形成流量漏斗?针对流量漏斗有哪些策略可以改变每个环节的流量大小?
4. 什么是 AARRR 业务增长模型?为什么说在流量红利逝去,获客成本与日俱增的时代,留存、激活、推荐更为重要?
5. 与传统广告交易相比较,广告的程序化购买方式为需求端和供给端带来了哪些改变?请整理 5 家程序化购买的应用。
6. 为什么 DMP 在精准营销中起到至关重要的作用?
7. 如何观察在线消费者行为?

课堂讨论题

1. 分析小米智能手机的 4C 营销策略,用思维导图描述。
2. 通过大数据和利用数字化营销技术,企业可以做到产品页面千人千面、销售购物券千人千券、新闻内容千人千条,甚至同一物品不同人呈现不同的价格,构成"价格歧视"。请结合身边的体验和相关信息谈谈你对此有什么看法。

3. 请以某 B2C 产品为例,尝试对其目标用户进行 DMP 的标签和分类管理。

4. 收集拼多多、瑞信咖啡的裂变式营销的创意,从裂变目的、规则(触发条件)、福利获得方、创意表达(场景文案)进行分类。

5. 结合 CPS 分析阿里巴巴旗下淘小铺的运营模式。

案 例 分 析

更懂你想看什么的 Netflix,是如何用数据解构好莱坞影片的?

在线视频提供商 Netflix 面对庞大的好莱坞影视业,它要以怎么样个性化分类,来满足旗下的 4 000 万订阅用户的需求?为了弄懂用户的喜好,Netflix 创造至少 7 万种视频"微类型"(Micro-Genres)来细分已有的视频内容。然后,再通过元素的重组,为下一步新的影视内容摄制提供参考。Netflix 切入点很细,这些"微类型"对应特定的观众区间。有时分类甚至让人觉得很特殊、很荒谬。比如情感斗争类的纪录片、基于现实生活的古装剧、20 世纪 80 年代的外国魔鬼故事……

根据大西洋月刊记者的粗略统计,Netflix 至少把影片分成 76 897 种"微类型"。这打破了原本对于影片类型粗放式的分类方法。Netflix 能由此分析出最受欢迎的影片类型以及最受欢迎的演员与导演等。除了 Netflix 的员工以外,没有人了解 Netflix 是如何细致分类的。他们要面对好莱坞那般空前的数据储存,而记者所统计的数量的类型只是冰山一角。

Netflix 内部把这种分类过程称之为"Altgenres",它由 Netflix 副总裁 Todd Yellin 构想发明,这是一项特殊的解构电影的过程,整个系统复杂精确。Netflix 首先要雇佣一群人,让他们阅读一份长达 36 页的培训文档,训练他们如何对影片的性暗示内容、暴力程度、浪漫桥段、甚至情节等元素,做出精确的评级细分。他们标记了数万种不同的电影属性,甚至是人物的道德派别。这些被标记内容,与千万级用户的观影习惯相配对,便成了 Netflix 的竞争优势。Netflix 的主要目标,是为了获得并留住订阅用户。通过这些微类型,找出不同的观影受众,正好是他们战略的一部分。

2012 年,Netflix 就在其官方博客中提到:"了解用户喜欢的'微类型'的内容,就能用高收视的类型取代低收视的部分,以赢得竞争力。"只要 Netflix 更了解用户,用户就越容易黏在它的平台上。过去的几年中,Netflix 建立了属于自己的用户偏好数据库。而这个数据库,虽然还不能告诉导演编剧影视剧要怎么拍,但他能告诉影视剧中需要什么样的元素。比如他们拍摄"纸牌屋"的时候,就该知道需要哪些元素,有的放矢。

Netflix 通常是这样对影视内容进行分类的,比如:

独立情感的体育电影,20 世纪 30 年代、间谍和冒险类影片,中国浪漫主义黑帮片,黑色悬疑科幻恐怖电影,广受好评、主角情感受挫的电影……

这种细分标准可以概括成：首先是国家，其次是类型片大类，比如是西部片还是恐怖片。再次是影片的创作来源，基于现实生活、古典文学还是虚构内容。然后是影片设定的时代，比如20世纪80年代。最后是观影级别，比如16周岁以上观看等。还有一些比较特殊的通用分类，比如女英雄主义、激进的浪漫主义等，当然还有导演与演员的个人风格。

这些繁复又有规则的分类方法，又组成了这样一种公式：

影片类型＝地区＋主题＋形容词元素＋类型片类型＋演员特性＋创作来源＋
　　　　时间＋故事情节＋内容＋得奖情况＋适宜观看人群等。

但这并不意味着所有的微类型，都能在线找到对应的影片。而这些细致分类代表所有的排列组合的可能性，而不只是代表观众在特定时间场合看到的影片。Netflix自有的片库不能涵盖所有微类型的影片，但它的价值在于，如果市场需要的话，Netflix可以根据这些标签，去拍摄这种类型的片子。假如把以上过程看作是Netflix把影视内容转码成数据过程，而对数据最简单的处理，就是做个统计排行榜。

Netflix副总裁Todd Yellin，与另外两位工程师通过数月的努力，制订了以上被称为"Netflix量子理论"的东西。Yellin本人像一位混迹于科技公司的不安分的制片人，他需要为影片生产所有流程精心算计，就像"纸牌屋"中Frank Underwood的智囊Doug Stamper那样。

Yellin告诉大西洋月刊的记者，他们分析出的内容，只是他们终端的产品形态。而在Netflix数据库内部，数据分类捕捉会更加繁杂。他说道："我们要把影片内容给撕裂。"

通过这些分类便签，Netflix不仅能给他的订户推荐电影，甚至告诉他们你喜欢的类型究竟是什么。基于Netflix算法，它甚至提前帮用户预估，他们看完影片，会给影片打几分。

这家公司还拿出100万美元悬赏，奖励给能提高这种预估评分算法准确度的技术团队。经过几年时间的改进，准确度仅仅提升了10%。尽管该奖金在2009年开始设立，但Netflix并没有把它纳入新模式，而只是一种工作需要。他们认为，比起感性的得分，更个性化风格的微类型细分，才是观众真正要的。

标记的微类型判断用户喜欢什么还不是全部，这些数据还能用来分析什么类型电影哪些演员来出演，会更受欢迎。Netflix还希望算法基于数据，能在合适的时间，给特定的观影对象推送合适的内容。

思考题：

1. 上网了解Netflix早期的细分市场是什么？
2. Netflix如何对影视内容进行标签和分类的？

本章测试

第五章 互联网支付

> **学习目标**
>
> 1. 理解互联网支付兴起的商业逻辑
> 2. 理解互联网支付、电子货币、数字货币、网络银行、第三方支付等基本概念
> 3. 从不同语境理解电子货币、数字现金、数字货币、虚拟货币的内涵
> 4. 掌握第三方支付的两种支付模式
> 5. 理解支付在电子商务中的重要地位

支付体系随着电子商务的发展而发展,从现金到非现金支付,从传统卡基电子支付到网基电子支付,从简单电子形态支付到智能代码支付,从支付工具层面到货币层面,技术在不断改变着货币金融体系。企业借助网络支付实现商业闭环,交易形成的数据标识同时绑定了用户,从而获得海量用户信息,为用户提供个性化的服务提供条件。

 **引导案例**

手机要干钱包的活,钱包知道吗?

移动支付,一直是互联网企业看中的一块重要市场。它是实现线上线下闭环的重要砝码。在中国,微信、支付宝试水在先。苹果公司也有意将 Apple Pay 服务推广至各国。钱包正在慢慢被手机淘汰:在结账时,拿出的不是钱包,而是手机。

结账不付现、不刷卡,而是扫码

2014 年 9 月 15 日,新版微信的钱包功能中多了一个刷卡支付。同年 3 月,央行出于对用户的账户安全考虑,宣布暂停条形码二维码支付等线下面对面支付服务。不少互联网人士认为,微信此次推出的刷卡功能,其实是打"禁令"的擦边球。微信新上线的扫码服务,不是微信用户用手机扫描商户的二维码结账,而是由线下合作商家扫描微信用户的条形码加二维码。在指定的商家内消费时,商家扫描消费者手机上的二维码或条形码就能结账了。每次被扫码的二维码和条形码可实时更新,每个条形码只能用一次。微信用户可用手在刷卡页面滑动,随时更换条形码和二维码。

当你进入"冰雪皇后"店铺,购买一份甜品后,打开"微信"中的钱包选项,点击页面上方的"刷卡"。在新显示的页面上,有一个条形码和一个二维码。接着,店员用店内设备扫描了消费者手机上的二维码,就这样完成了结账。扫码完成后,消费者将收到短信,提示微信刷卡的消费金额。整个消费过程只花了几秒钟时间。与刷卡结账相比,省去了输入密码和签字步骤。

打车手机支付

2013年支付宝宣布,对 APP 内的支付服务进行升级,支付宝钱包将内嵌打车功能,完成叫车和支付的全过程。快的和支付宝的合作始于2013年5月,此次双方一道对快的打车的支付环节进行了升级和优化。服务升级之后,用户可直接点击内置的支付宝付车费,而后输入金额完成结算,并可以对司机的服务进行评价。对于出租车师傅已经开始习惯利用快的打车抢单,一方面快的打车可以帮助他们提高接单效率,另一方面支付宝提高了支付的效率,收到的车费还可以直接存入余额宝挣利息。一些女性乘客则表示,打车软件最吸引她们的是安全而非补贴。因为通过打车软件约到的出租车都是经过认证的,能够保证不是黑车,整体而言更加安全,尤其在深夜加班等车的时候,打车软件的价值更加凸显。

去超市不带钱包也能购物

在杭州越来越多的超市开始启用支付宝支付。以往超市可以用现金、银联卡、电子消费卡支付。此次启动支付宝埋单是为顾客另辟了一种便捷的付款方式。这种"免钱包"付款的推出,让顾客再也不怕出门忘带钱包了。现在不少顾客在逛街的时候也许会忘记带钱包,但是手机几乎是不会离手的。用支付宝钱包付款流程非常简单,和一般的现金付款、银行卡付款、电子消费卡付款流程几乎一样,甚至还要简便。具体是:收银员扫描完全部商品—顾客打开支付宝钱包—顾客点击手机右上角付款码—收银员扫描付款码—顾客在手机上输入支付密码确认支付—完成支付。全程免去了原本需要找钱包、拿现金或银行卡、找零钱这些过程。

思考题:
1. 为什么说移动支付是实现线上线下闭环的重要砝码?
2. 谈谈你用过哪些互联网支付工具。

第一节 互联网支付概述

一、互联网支付的概念

随着互联网普及率的提高,互联网支付也成为人们日常生活中越来越重要的一种支付方式。它以超常规的发展速度吸引了越来越多的参与者。时至今日,基于互联网公共网络平台的支付体系已经发展成为一个包括商户、商业银行、第三方支付机构和消费者等在内的庞大的产业链。

从广义上讲,互联网支付就是客户通过互联网进行货币资金转移的活动。从目前国内的发展形势看,互联网支付主要有三种支付渠道:一是通过银行机构进行网银支付;二是通过支付机构进行网络支付;三是通过银行卡清算组织(例如中国银联)进行在线支付。

互联网支付指客户、商家、银行之间,使用安全电子手段,利用电子现金、银行卡、电子支票等电子支付工具,通过互联网传送到银行或相应的处理机构,从而完成资金支付的整个过程。

二、互联网支付的发展

(一) 电子支付阶段

20 世纪 50 年代末,计算机技术在银行业务中得到应用,发达国家的一些银行利用计算机、终端机、电子信息网络等电子通信设备建立了高速划拨资金的电子资金转账系统,这是电子支付的最早期形式。

20 世纪 80 年代,以取代现金与纸票据为目的,多种电子化支付手段得到大力发展。最重要的开创者是 David Chaum。1982 年 Chaum 研究了密码学匿名现金系统,并于 1989 年在荷兰创办 DigiCash 公司。公钥密码体系也早在 1976 年由 Whitfield Diffie 与 Martin Hellman 等共同开始研究。

储值智能卡也在 20 世纪 80 年代开始发展,以取代 20 世纪 70 年代的磁条卡,起初面向单一用途,1983 年法国首张预付电话 IC 卡推出,电子钱包的概念随之出现。1991 年英国 NatWest 银行启动 Mondex 项目;1992 年丹麦推出全球第一个全国性储值卡方案 Danmont。这类电子钱包方案期望在 POS 支付领域与现金以及信用卡或借记卡进行竞争。可视图文(video tex)服务于 20 世纪 80 年代开始提供,如法国的 Minitel、德国的 BTX。家庭银行的概念开始出现,并一度被视为可视图文服务的关键应用,计费系统也作为服务的一部分开始得到发展。

在互联网的商业还未展开时,多种电子化支付系统已经出现,包括 POS、软(硬)件电子现金、预付款机制、计费系统、电子钱包等。未来的挑战是将这些系统移植至互联网环境,即在开放的网络中调试并对接私有网络或封闭群体中运行的系统。

电子支付改变了传统的支付结算方式,降低了成本,提高了效益,从而得到迅速发展。我国的电子支付建设起步较晚,发展水平同发达国家存在较大差距。但我国近年来推广电子支付的力度较大,自 20 世纪 90 年代以来实施了如"三金工程"等一系列信息化工程和中国国家现代化支付系统的建设,为电子支付的应用提供了很好的基础。经过多年努力,我国也建成了多个电子支付结算系统。

国内外最为典型的一类电子支付工具是信用卡。它既是一种支付工具,也是一种信贷工具。持卡人可凭卡在发卡机构指定的商户购物和消费,也可在指定的银行机构存取现金。信用卡最早出现在 1915 年的美国。当时,美国的一些商店、饮食店为招揽顾客,有选择地在一定范围内发给顾客一种类似金属徽章的信用筹码,顾客凭信用筹码就可以在这些发行筹码的商店及其分号赊购商品,约期付款。这就是信用卡的雏形。1950 年,美国商人弗兰克·麦克纳马拉在纽约招待客人用餐,就餐后他发现忘了带钱包,所幸的是饭店允许他记账。于是,麦克纳马拉萌生了设计一种既能够证明身份又具有支付功能的卡片的想法,他和他的商业伙伴在纽约创立了"大莱俱乐部"(Diners Club),并发行了世界上第一张以塑料制成的信用卡——大莱卡。1952 年,位于美国加利福尼亚州的富兰克林国民银行作为金融机构首先发行了银行信用卡。

1979 年 10 月,中国银行广东省分行与香港东亚银行签订了为其代办"东美 VISA 信用卡"协议,代办东美卡取现业务。从此,信用卡在中国出现。1985 年 6 月,中国银行珠海分行发行我国第一张信用卡中银卡,标志着信用卡在我国诞生。

信用卡交易流程如图 5-1 所示,其功能如下。

(1) 转账结算功能。信用卡持有人以签单方式"先消费,后支付",方便消费者和商家的购销活动。

(2) 储蓄的功能。信用卡持有人凭信用卡接受同城或异地存款和取款服务。

(3) 汇兑的功能。远程或不同账户间的资金划转。

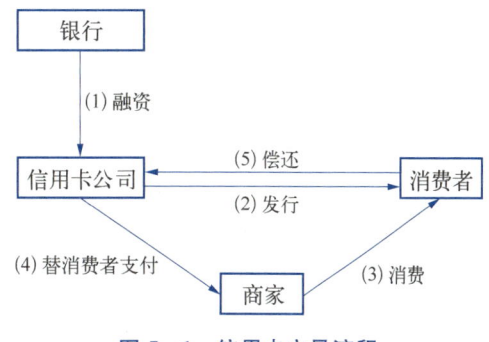

图 5-1 信用卡交易流程

(4) 消费信贷的功能。持卡人在自己的备用金账户存款余额不足以支付时,可以透支一定额度,贷记卡在一定期限内是免息的。

(二) 网上支付阶段

早期的电子支付是从专用金融网络向公共互联网拓展,或者开发新一代适合于互联网支付使用的电子货币工具,由此推动电子支付向其更高阶形态——网上支付的发展,也即支持电子商务的支付方式。使得消费者可以在任何地方、任何时间,通过互联网获得银行的支付、结算服务。

1994 年 Netscape 开发 SSL 标准,增强了信息交互的安全性,即使后来出现了更多的安全手段,这种由消费者向商家呈递卡号码的交易模式仍然被广泛使用。DigiCash 开始发行电子化符号货币 Cyberbucks,这种"私有互联网现金"的出现使第一代互联网用户非常兴奋。一些作为消费者、商家、发卡行之间交易中介的互联网支付服务商开始出现,如 FirstVirtual、CyberCash 等,其角色类似于传统环境的 POS 服务商。

20 世纪 90 年代后期,Visa 和 MasterCard 组织开发并推广 SET。SET 是一个真正的金融支付标准,它按照现实环境中支付交易的要素构建出一个适用于互联网的完美模型,交易过程中各方之间依赖数字证书相互进行身份验证。SET 的开发目的在于防止早期信用卡通过网络简单呈递这一模式中已出现的欺诈行为,期望对整个交易链条进行系统性控制。初期的 SET 方案依赖客户端功能复杂的本地钱包,也称为"富钱包"方案。第一笔 SET 交易于 1996 年 12 月完成。

信用卡占据了网上支付的统治地位,从全球范围来看占有 70%~90%的份额。"富钱包"的 SET 标准没有取得商业上的成功。革新方案开始出现,卡组织各自开发自身的系统,如 3D-SET。1999 年第一个 SET"瘦钱包"出现,客户端越来越简化,钱包系统朝着中央服务器的方向发展。2002 年,两大卡组织回到合作的道路上来,以 3D-Secure 为基础统一了信用卡在线认证标准。

2000年以后,电子商务出现飞跃,在线拍卖的盛行带动了个人支付的增长,以PayPal、支付宝为代表的虚拟账户机制获得了空前的机会,它主要定位于以前未被开发的中小型商家与国际支付市场。

目前,互联网支付向多元化方向发展。基于银行账户的在线支付方案在多个市场取得初步成功,对信用卡支付形成重要的补充。结合移动通信、智能卡、互联网等多种技术的移动支付前景广阔。目前在一些国家已经形成以手机支付为主的支付方式。

与互联网支付相比,电子银行支付是在封闭的专线网络中、受限于窄带通信,一般借助于专用终端设备、POS机、ATM、ITM、KIOSK,或柜面汇划系统等。而互联网支付是在开放的公网中,以宽带模式通信,因为开放,所以更容易与商家应用和企业内系统对接集成,在电子商务、银企直连、供应链支付等应用场景中发挥支付平台聚合资源、跨界服务的优势。随着移动互联网的4G、5G的发展,智能手机和平板等移动网络终端设备广泛普及,随时随地的互联网支付成为可能,互联网平台企业和金融企业纷纷启动O2O战略,互联网企业从线上渗透到线下,银行从线下拓展到线上,如阿里巴巴,在支付宝内集成了大量线下商家的服务,银联商务推出全民付,集成水电煤飞机票等各类便民服务,让移动支付的应用场景越发丰富。

随着互联网金融的兴起,互联网平台企业及第三方支付企业携互联网的运营思路,借线上商户服务积累的海量交易的信用大数据向线下渗透,给传统银行卡线下收单机构带来极大的挑战。与传统线下银行卡收单只记录账务变动数据和核心的收付业务不同,线上收单服务往往与电子商务营销支持、电子商务商品货架管理以及具体的电子商务经营活动业务集成在一起,基于互联网开放平台的自助接口与统一签约合作管理,在大大降低了应用系统集成技术门槛的同时,也大大简化了商务合作的流程,因而在产品形态上,可提供更多的增值服务。如餐饮行业与点餐系统、订餐系统集成,物流行业与运单管理与核验集成,零售行业与收银台及进销存管理系统集成,酒店的自助订房选房与入住服务,以及与会员服务、顾客忠诚度管理及营销系统集成,等等,具有明显的跨界整合的互联网创新特征。

三、互联网支付系统的一般框架

互联网支付系统由客户、商家、认证中心、支付网关、客户银行、商家银行和金融专用网络七个部分组成。互联网支付系统的一般框架如图5-2所示。

(1) 客户。客户一般是指利用电子交易手段与企业或商家进行电子交易活动的单位或个人。它们通过电子交易平台与商家交流信息,签订交易合同,用自己拥有的网络支付工具进行支付,是支付体系运作的原因和起点。

(2) 商家。商家是指向客户提供商品

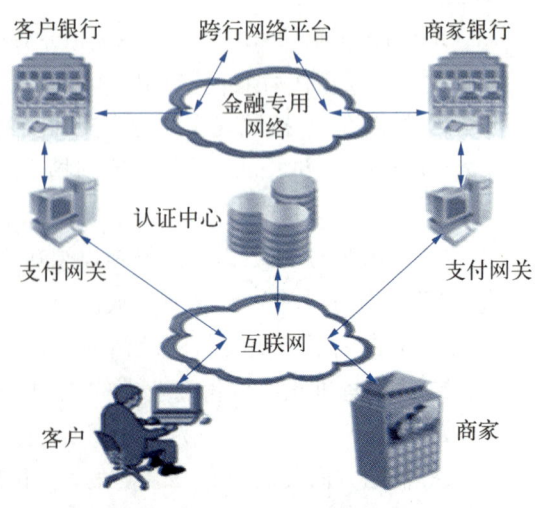

图5-2 互联网支付系统的一般框架

或服务的单位或个人。在电子支付系统中,它必须能够根据客户发出的支付指令向金融机构请求结算,这一过程一般是由商家设置的一台专门的服务器来处理的。

(3) 认证中心。认证中心是交易各方都信任的公正的第三方中介机构,它主要负责为参与电子交易活动的各方发放和维护数字证书,以确认各方的真实身份,保证电子交易整个过程的安全稳定进行。认证中心必须确认参与者的资信状况。

(4) 支付网关。支付网关是完成金融专用网络和互联网之间的通信、协议转换和进行数据加、解密,保护银行内部网络安全的一组服务器。它是互联网公用网络平台和银行内部的金融专用网络平台之间的安全接口,电子支付的信息必须通过支付网关进行处理后才能进入银行内部的支付结算系统。

(5) 客户银行。客户银行是指为客户提供资金账户和网络支付工具的银行,在利用银行卡作为支付工具的网络支付体系中,客户开户银行又被称为发卡行。客户开户银行根据不同的政策和规定,保证支付工具的真实性,并保证对每一笔认证交易的付款。

(6) 商家银行。商家银行是为商家提供资金账户的银行,因为商家银行是依据商家提供的合法账单来工作。客户向商家发送订单和支付指令,商家将收到的订单留下,将客户的支付指令提交给商家开户银行,然后商家开户银行向客户开户银行发出支付授权请求,并进行它们之间的清算工作。

(7) 金融专用网络。金融专用网络是银行内部及各银行之间交流信息的封闭的专用网络,通常具有较高的稳定性和安全性。

除以上参与各方外,互联网支付系统的构成还包括支付中使用的支付工具以及相关的支付协议。

四、互联网支付系统的分类

(一) 按照支付顺序分类

按照支付顺序可以将互联网支付系统分为以下三种类型:

1. 预支付系统

银行支付在先,客户消费在后(交易),就是指先付款,然后才能购买到产品或服务。预支付系统主要是通过将电子货币保存于智能卡上的方式来工作的,是银行和在线商店首选的解决方案。例如,新东方网络课堂,它要求学员首先利用各种方式购买其学习卡,通过卡上的账号进入网络教学板块进行学习。

2. 后支付系统

客户消费在先,银行支付在后,即先交易,后支付。后支付系统允许用户购买商品之后再支付。无论是在现实生活还是电子世界中,信用卡都是一种最普遍的后支付系统工具。

3. 即时支付系统

交易与支付几乎同时进行,即在交易发生的同时,款项从银行账户中实时转入卖方。即时支付系统实现起来最为复杂,为了立即支付,必须直接访问银行的内部数据库。因此,即时支付系统需要执行比其他系统更严格的安全措施。

（二）按所使用的电子货币分类

目前主流的互联网支付是基于电子货币的支付。欧洲中央银行对电子货币（Electronic Money）的定义是："电子货币指存储于某种技术设备上的货币价值，可广泛用于发行人之外的交易主体，且在交易中不一定要访问银行账户。"该定义中"发行人之外的交易体"实际上将单一用途的电子货币排除在外，比如电话卡等。而"某种技术设备"则包含了各种基于互联网的智能设备。

国际清算银行 BIS（Bank For International Settlements）将货币价值存储在电子设备上、具有多种用途及储值型或预付型这三项作为定义电子货币的三个基本要素。

综上所述，电子货币本质上是法定货币的一种电子化，常以磁卡、芯片或账号的形式存储在金融信息系统内，货币的价值与法定货币等值。所以，电子货币是指使用者以一定的现金和存款，从发行者处对换并获得代表相同金额的数据，并以读写的电子信息方式储存起来，须偿清债务时，使用者可以通过某些电子化媒介和方法，将该电子数据直接转移给支付对象，此种电子数据便称之为电子货币。电子货币包括信用卡、智能卡、电子支票、网银、第三方支付、电子现金等形式。这些电子货币无论其形态如何，通过哪些机构流通，其最初的源头都是中央银行发行的法币。

基于电子货币的支付方式

按所使用的电子货币可将互联网支付分为以下七类。

1. 信用卡互联网支付

信用卡（credit card），是银行向个人或单位发行的卡片。持卡人凭卡向特约单位购物、消费和向银行存取现金，其形式是一张正面印有发卡银行名称、有效期、号码、持卡人姓名等内容，背面有磁条、签名条。信用卡分为贷记卡和准贷记卡，贷记卡是指银行发行的并给予持卡人一定信用额度、持卡人可在信用额度内先消费后还款的信用卡；准贷记卡是指银行发行的，持卡人按要求交存一定金额的备用金，当备用金账户余额不足支付时，可在规定的信用额度内透支。信用卡一般多指贷记卡。

信用卡网络支付模式可以分为无安全措施的电子信用卡支付模式、借助第三方代理机构的电子信用卡支付模式、基于 SSL 协议机制的电子信用卡支付模式和基于 SET 协议机制的电子信用卡支付模式。电子信用卡网络支付模式覆盖范围宽广，但对网络安全环境的要求较高。

信用卡的离线或在线处理涉及众多参与者，包括：

（1）持卡人：使用信用卡向商家付款的消费者或公司。

（2）商家：接受信用卡支付，并提供产品或服务的机构。

（3）发卡银行：为持卡人开立账户并发行信用卡的金融机构（通常是银行）。

（4）收单银行：为商家开立账户，处理交易付款的金融机构（通常是银行）。

（5）信用卡协会：由发卡行和收单行组成的银行卡协会（例如维萨卡和万事达卡），其目的是为信用卡品牌做广告和提供保护，制定和推行银行卡的使用规则，并提供网络以连接相关的金融机构。品牌机构可以授权信用交易，并向商家保证付款。有时候由发卡行承担品牌机构的业务。

（6）第三方处理者：他们属于外包商，执行一些以前由发卡行、收单行和信用卡协会承担的任务，包括商家登记、销售和维护读卡终端机以及向顾客发送账单前的准备工作。

无论信用卡支付是离线还是在线处理的,其基本流程是完全一样的。信用卡在线支付流程示意图如图 5-3 所示。

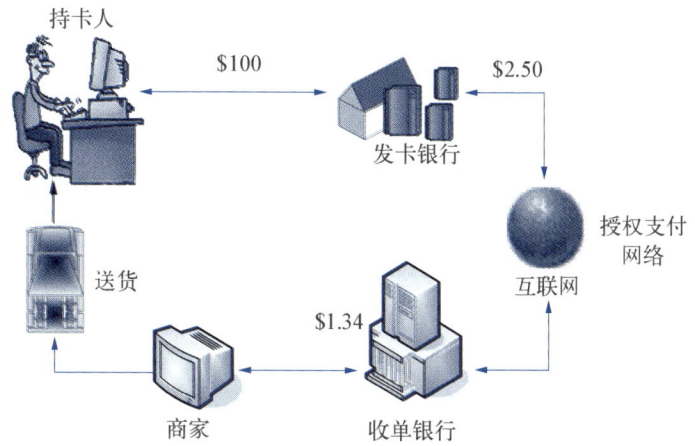

图 5-3 信用卡在线支付流程示意图

2. 智能卡支付

智能卡是使用计算机集成电路芯片(即微型 CPU 和存储器 RAM)用来存储用户的个人信息和电子货币信息,具有进行支付与结算等功能的消费卡。可分为接触式和非接触式智能卡。接触式智能卡需要读卡器设备进行信息的读写操作。非接触式智能卡内嵌了一个天线和一个微电子芯片,当将它感应到读卡器的天线时,不用与耦合感应器做任何接触,它们之间就可以完成信息的交换。非接触式智能卡通常可以用在高速公路收费站的自动不停车收费系统中。双接口非接触式智能卡的构造如图 5-4 所示。

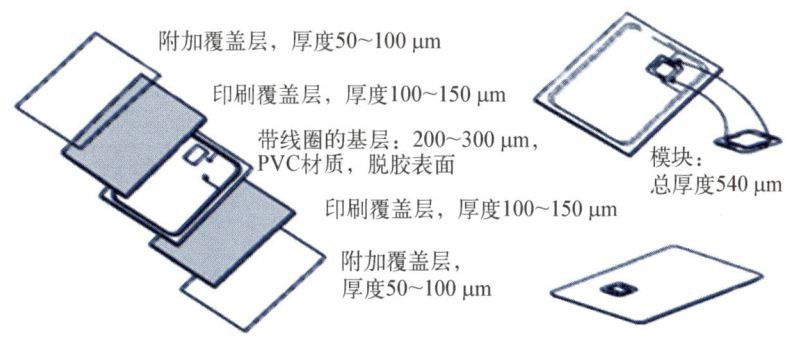

图 5-4 双接口非接触式智能卡的构造

在非接触式智能卡天线设计中需要考虑三个会影响卡谐振频率的主要元器件。为了使智能卡的工作距离和 RF 通信稳定性等性能指标达到最佳状态,必须充分考虑到这些元器件的影响。

(1) 集成电路:这是非接触卡的核心部分,芯片的输入电容和最小工作电压将决定智能卡的最大工作距离和多卡同时工作等特性。

(2) 智能卡模块:智能卡集成电路置于模块之内。模块使得集成电路易于处理,同时保护其免受到外来压力(如过度弯折等)和紫外线的损害。另外模块设计扩大了天线连接区域,为采用不同的天线连接方式提供了方便。在智能卡封装工序中,模块比裸装的更常使用。从电学角度看,模块给智能卡的谐振电路增加了额外的电容。

(3) 智能卡封装材料:封装材料由于其介电性能,为智能卡的谐振电路增加了额外的电容。智能卡天线设计对非接触应用产品的综合性有重要的影响。因此,要设计出一款通用天线,是一项极富挑战性的工作。

智能卡可以充当电子钱包,存放信用卡号、存折号、电子现金等电子货币及个人相关信息,如存储和查询病历、目标跟踪信息、处理验证信息等。智能卡的网络支付方式依据在线或离线可分为在线支付和离线支付两类,前者更多的是将智能卡当作拥有中央处理器的信用卡使用,在线支付有两种类型,一种是带读卡器的智能卡网络支付,另一种是不带读卡器的智能卡网络支付。而前者的典型代表则是我们日常使用的公交 IC 卡、校园里使用的校园卡等。这种智能卡进行网络支付时,读卡器不需要和发卡方的网络实时链接,即无须发卡方的实时中介支付处理,而直接通过读卡器的读写功能完成支付结算。不带读卡器的智能卡网络支付模式常见于某些银行发行的智能卡。拥有该智能卡的顾客在发卡行同时拥有一个与这个智能卡对应的资金账号。当此智能卡号用于网络支付结算时,该种智能卡的网络支付模式类似信用卡的网络支付模式。即当用智能卡进行网络支付时,其实是用这个资金账号进行支付,它类似于网络银行账号。在这种方式下,客户不用购买一个专用的智能卡读卡器连接在上网的计算机上,而是通过直接在网络页面上填写智能卡卡号与应用密码来支付,这样做的缺点是势必牺牲智能卡本身的安全保密度,因此,目前智能卡很少采用这样的网络支付方法。关于智能卡支付的应用最典型的是近场支付。

3. 电子支票网络支付

电子支票是客户向收款人签发的,带有数字签名的、无条件的数字化支付指令。它可以通过互联网或无线接入设备来完成传统支票的所有功能。原理和支付流程与传统支票十分相似。电子支票模版如图 5-5 所示。图中① 表示使用者姓名及地址;② 表示支票号;③ 表示传送路由号;④ 表示账号。

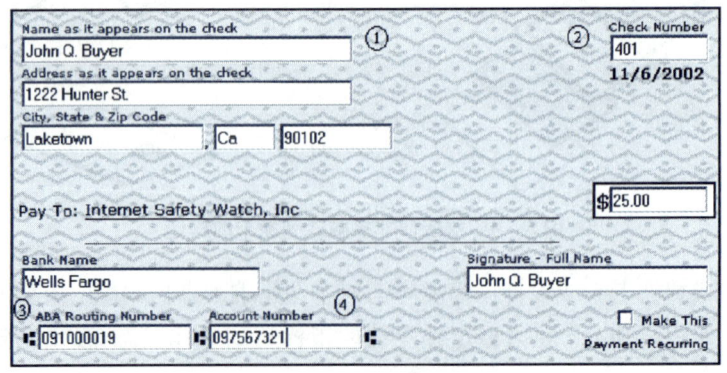

图 5-5　电子支票模版

电子支票网络支付继承了纸质支票支付优点的同时,又降低了交易的费用成本,而因为使用公开密钥加密签名或个人身份识别号码(PIN)代替手写签名等方法确保了交易的安全性,因此,现在电子支票网络支付得到了 B2B 电子商务的认可。

使用电子支票进行支付,消费者可以通过网络将电子支票发向商家的电子信箱,同时把电子付款通知单发到银行,银行随即把款项转入商家的银行账户。这一支付过程在数秒内即可实现。然而,这里面也存在一个问题,那就是:如何鉴定电子支票及电子支票使用者的真伪?因此,就需要有一个专门的验证机构对此认证,同时,该验证机构还应像CA那样能够对商家的身份和资信提供认证。

在电子支票体系结构下,要保证交易的真实性、保密性、完整性和不可否认性,其中最重要的一个环节就是确保私有密钥的安全性。现行的做法是客户使用智能卡来实现对私有密钥的保护。客户要通过电子支票进行支付,需要在计算机上安装读卡器和驱动程序。读卡器通过一根串行电缆与计算机的串行通信口相连。在安装驱动程序时,智能卡设备的加密驱动程序将被安装在机器上。Web 服务器首先验证客户端证书的有效性,在确认证书有效后,Web 服务器发送一串随机数给客户端浏览器(浏览器与智能卡通信时,要求输入智能卡的 PIN,增加了安全性),智能卡使用私有密钥对这串随机数进行数字签名,签名后的随机数被送回到 Web 服务器,并由 Web 服务器验证签名,如果签名验证通过,Web 服务器和浏览器之间使用 SSL 协议规程,建立安全会话通道进行通信,两者之间发送和接收的信息已经过加密,客户可以进行相关的操作。

电子支票的特点:

(1) 电子支票与传统支票工作方式相同,易于接受。

(2) 加密的电子支票易于流通,买卖双方的银行只要用公共密钥认证确认支票即可,数字签名也可以被自动验证。

(3) 降低了支票的处理成本,同时减少了在途资金,提高了银行客户的资金利用率。

(4) 给第三方金融机构带来收益,第三方金融服务者不仅可以从交易双方处抽取固定交易费用或按一定比例抽取费用,它还可以作为银行身份,提供存款账目,且电子支票存款账户很可能是无利率的。

(5) 可以用于 B2B 大额支付。

电子支票付款步骤如下:

① 买方用自己的私有密钥在电子支票上进行数字签名。② 使用卖方的公钥加密电子支票。③ 使用 E-Mail 或其他方式向卖方支付。④ 只有卖方可以收到用卖方公钥加密的电子支票。⑤ 用买方的公钥确认买方的数字签名。⑥ 向银行进一步确认电子支票。⑦ 卖方发货给买方。

现应用中的电子支票系统主要有 NetCheque、NetChex 和 NetBill 等。

4. 电子汇票系统支付

汇票是指由付款人或收款人(或承兑申请人)签发,由承兑人承兑,并于到期日向收款人或被背书人支付款项的一种票据。它是主要的票据品种之一,具有支付结算、短期融资等功能。汇票与支票的区别:支票的付款人限于银行;而汇票的付款人则不以银行为限。支票均为见票即付,而汇票则不限于见票即付。在我国,支票主要分为转账支票和现金支票。支票是办理同城结算的。汇票主要是用于外埠结算的。

电子汇票系统是依托网络和计算机技术,接收、登记、存储、转发电子汇票数据电文,提供与电子汇票货币给付、资金清算行为相关服务,并提供纸质汇票登记查询和汇票公开报价服务的综合性业务处理平台。该系统支持金融机构一点或多点接入。

5. 网银支付

电子商务平台发生交易后,直接列出该平台支持的各个银行的网银链接供客户选择,然后跳转到该行的网银界面进行支付。其优点是资金安全由银行系统提供保障,如密钥(USB key)、数字证书、防钓鱼网站检测等保障手段;缺点是手续烦琐,在跳转网银时经常会因为安全控件安装问题或密钥驱动问题导致支付失败。此种支付方式存在于几乎所有电子商务平台。将在第二节中详细描述。

6. 第三方支付

由于电子商务交易中信用和支付的需要,互联网企业推出了第三方支付账号,如Paypal、支付宝、财付通等。在线支付账号虽然没有像银行卡和储值卡一样的物理卡片,但它本质上仍然是基于法币金融系统下的电子货币。因此,第三方支付是指具备一定实力和信誉保障的独立机构,通过与银行对接而促成交易双方进行交易的网络支付模式。第三方支付机构在交易过程中产生的客户备付金,将统一交存至指定账户,由央行监管。第三方机构与各个主要银行之间签订协议并连接,使得第三方机构与银行可以进行某种形式的数据交换和相关信息确认。这样第三方机构就能实现在持卡人或消费者与各个银行,以及最终的收款人或者是商家之间建立一个支付的流程。

第三方支付平台通过提供应用接口程序,将多种银行卡支付方式整合到一个界面上,负责交易结算中与银行的对接,使网上交易更加快捷、便利。消费者和商家不需要在不同的银行开设不同的账户,可以帮助消费者降低网上购物的成本,帮助商家降低运营成本;同时,还可以帮助银行节省网关开发费用,并为银行带来一定的潜在利润。关于第三方支付详细内容将在本章第三节中讲述。

7. 数字现金支付

数字现金又称为"电子现金",是一种表示现金的加密序列数,以数据形式流通的,可以表示现实中各种金额的币值,能被客户和商家普遍接受的通过互联网购买商品或服务时使用的货币。数字现金在交易时类似于实体现金,具有货币价值、安全性、匿名性、可传递性、可分性、可存储性、不可重复性、不可伪造性、不可跟踪性等特点。最早的数字现金是由荷兰的David Chaum在1982年最先开发出来的。

数字现金支付系统最大的优势就是用户可以进行匿名交易,实现了用户现金在互联网上的使用,也就是在整个数字现金支付的过程当中,只有消费者本人知道数字现金的使用情况,除了本人以外,其他所有人都不可能了解消费者的现金使用情况。数字现金支付又分为两种模式,一种是闭环型模式,另一种是开环型模式。闭环型模式是指用于支付的数字货币使用一次后必须返回到发行主体注销。开环型现金支付模式与闭环型现金支付模式恰恰相反,开环型现金支付是指消费金额可以无限次在商家与消费者之间换手,与实体现金的流通模式相同。

应用数字现金进行网络支付,需要在客户端安装专门的数字现金客户端软件,在商家服务端安装数字现金服务器端软件,在发行银行运行对应的数字现金管理软件等。为了保证安全交易与支付,商家与发行银行从认证中心申请数字证书以证实自己的身份,借此获取自己的公钥/私钥对,且把公钥公开出去,利用私钥对数字现金进行签名。

数字现金的属性：

(1) 货币价值。具有一定的现金、银行授权的信用或银行证明的现金支票等支持。

(2) 可交换性。可与(不同国家和地区的)纸币、商品/服务、网上信用卡、银行账户存储金额、支票、负债等交换。

(3) 可存储性。从银行账户中提取一定数额的电子现金存入计算机外存、IC卡等专用设备上。

(4) 可重复性。防止电子现金的复制和重复使用，建立事后检测和惩罚。

电子现金比现有的实际现金(纸币和硬币)有更多的优点，实际现金要承担的较大的存储风险、高昂传输费用、较大的安全保卫和防伪的投资。电子现金的发行方式包括存储性质的预付卡(即电子钱包)和纯电子形式的用户号码数据文件等形式。电子钱包往往和智能卡结合使用。典型的交易系统是 E-Cash。E-Cash 是由专门从事电子支付系统和电子现金开发的 DigiCash 公司研制的，是一种在线的软件解决方案，它提供了纸质现金的匿名性，并具有在公众网络所要求的附加安全性。E-Cash 是完全匿名的，因为客户从银行提取"硬币"的方式使得银行无法知道这些硬币的序列号。E-Cash 的支付流程如图 5-6 所示。

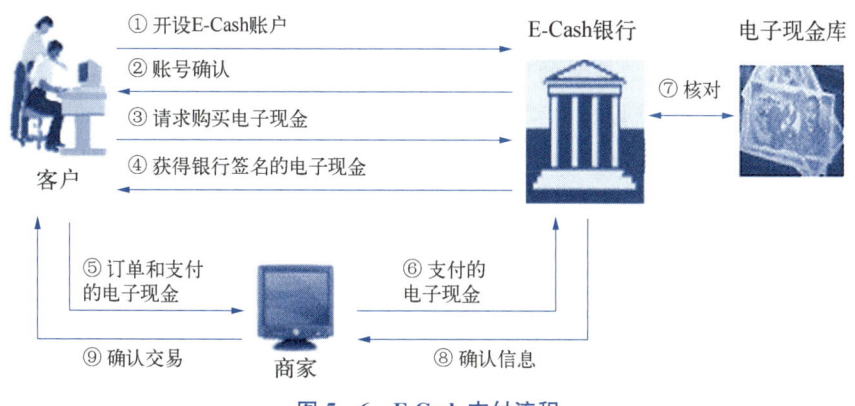

图 5-6　E-Cash 支付流程

(三) 数字货币支付

经典理论认为货币是固定充当一般等价物的特殊商品。这个定义是建立在金属货币基础之上的。马克思认为纸币是货币金属的代表，是一种价值符号，间接发挥货币的职能。但是现在流通中的货币已经与贵金属脱离了关系，这一解释就落后了。现代理论认为货币是一种财产的所有者与市场关于交换权的契约，本质上是所有者之间的约定。

1. 货币的分类

2018年，国际清算银行 BIS 下属支付及市场基础设施委员会(CPMI)提出了"货币之花"概念模型，如图 5-7 所示，从四个方面对货币进行分类与定义。

(1) 发行方：分为中央银行发行和非中央银行发行方。

(2) 货币形态：分为数字形态和实物形态。

(3) 可获取性：分为可广泛获取和受到限制。

数字货币支付

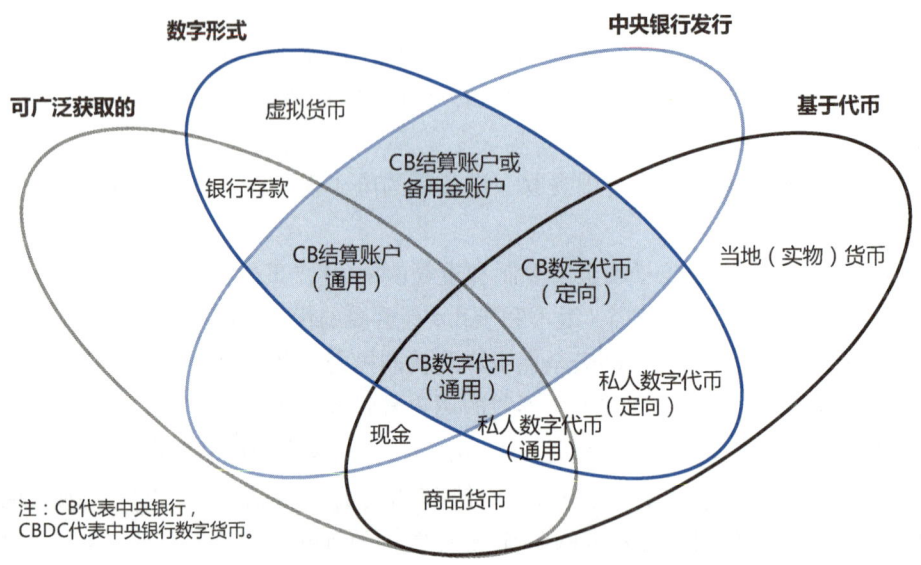

图 5-7 "货币之花"概念模型

（4）转账机制：根据 Green(2008)和 Mersch(2017a)的观点，货币通常基于两种基本技术：储值代币和账户。现金和 P2P 数字货币都是以代币为基础的，而储备账户和大多数商业银行资金的余额都是基于账户的。所以对应存在两种转账机制，基于账户的集中机制和基于代币的分散机制。

根据这四个方面，理论上可以出现十多种类型的货币。而数字货币可以表现为至少 8 种类型。这种分类基本反映了实际应用中出现的情况，对于发行方为中央银行的数字型货币，潜在地存在两种类型，一种是中央银行发行的，基于集中转账机制的两种央行存款的数字型货币；另一种是基于代币机制的点对点的数字型货币。点对点的分散方式进行货币交换，这意味着交易直接发生在付款人和收款人之间，不需要经过中介。这种点对点的货币潜在地包含两种类型，一种是对公众开放的（通用 CBDC），另一种是只对金融机构开放的（定向 CBDC）。

非央行发行的、普遍可获得的货币形式包括（私人创造的）加密货币、大宗商品货币、商业银行存款和移动货币。加密货币与 CBDC 相邻，它们只有"发行人"这一个属性不同。另外三种货币形式交集程度低，因为它们要么是物理的，要么不是点对点支付的。许多其他形式的货币并不是普遍可以获得的。当地（实物）货币，即可以在参与组织的特定地理位置消费的货币，分布在花的右花瓣上。左上角的花瓣包含虚拟货币，这些虚拟货币是由软件开发人员发行并控制的电子货币，针对特定虚拟社区的会员使用。私营部门也有可能推出加密货币的批发版。它将通过分布式分类账以点对点的方式转移，但只在某些金融机构之间转移。以下是几种常见的数字货币和数字货币支付服务。

（1）PokéCoin。PokéCoin 是游戏 Pokemon GO（宝可梦）中发行的虚拟货币，可以通过游戏获得，也可以用法币购买。PokéCoin 只能用于游戏中购买道具。

（2）E-gold、Venmo、M-pesa。E-gold、Venmo、M-pesa 三者都是在互联网和移动技术兴起时诞生的支付服务。E-gold 1996 年成立于美国佛罗里达，其支付基础是以黄金为储备的黄金账户,后因缺乏合规性而关闭。Venmo 是 PayPal 旗下的支付服务,M-pesa 是以沃达丰为首的电信公司发起的支付服务。E-gold 的持有者用商业银行的钱购买了控股公司的一部分黄金,并用手机短信将大量黄金转移给其他客户。电子黄金客户之间的支付是"on-us"交易,只需更新客户账户即可。Venmo 私人移动支付平台也是采用类似"on-us"模式,成为美国大学生喜爱的数字钱包。M-pesa™ 是肯尼亚和其他东非国家流行的移动支付平台,用户可以将银行存款或现金转账给运营商,运营商会给他们提供移动信贷。积分可以在平台参与者之间使用移动设备进行转账,也可以从运营商那里兑换现金或存款。每天 M-pesa 交易的数量远远大于比特币的交易。

(3) Dinero electronic。Dinero electronic 是厄瓜多尔央行向公众提供的一项移动支付服务,于 2014 年规划并上线。市民可以通过下载应用程序、登记身份证号码和回答安全问题直接在央行开户。人们到指定的交易中心存钱或取款,并用手机进行法币支付。这是一个罕见的存款货币账户计划的例子。但是由于无法获得大量用户和交易量(2015 年该系统只有 5 000 用户,2016 年底交易总额只有 80 万美元),该系统于 2017 年关闭。这是一次失败的尝试,不论从货币发行角度,还是从移动支付运营的角度,央行不依赖商业机构而独自运营一个货币支付体系,都是具有很大挑战的。

(4) Reserves(备用金)。备用金是中央银行商业银行和某些其他金融机构在中央银行以准备金或结算账户余额的形式提供数字货币。

(5) eKrona(电子克朗)

在瑞典,由于对现金的需求大幅下降,许多商店已经不接受现金,一些银行分支机构也不再支付或收取现金。作为回应,瑞典央行开发了一种可以作为现金补充形式的电子货币——eKrona。eKrona 以分布式账本技术为基础,模拟用户可以在电子钱包中持有这种电子货币,并通过智能手机、可穿戴智能设备上的移动应用程序进行支付、充值和提款。因此,eKrona 位于存款货币账户和零售 CBCC 之间的边界。

(6) Fedcoin(美联储数字货币)

2014 年 Koning 提出 Fedcoin 概念,这是一种中央银行发行零售 CBDC 的设想,它是为了让美联储能够创建自己的加密货币,但遗憾的是这个方案并没有得到美联储的认可。Fedcoin 可以按照与美元等值的汇率双向兑换,兑换过程将由联储银行操作完成。与比特币的情况不同,Fedcoin 的货币供给不会有预先设定的速率和总量,而是会像现金一样,货币供给会根据持币者持有 Fedcoin 的意愿变化而改变。Fedcoin 将成为基础货币的第三个组成部分,仅次于现金和银行准备金。与比特币不同,美联储货币并不代表一种竞争性的私人"外部货币",而是一种主权货币的替代形式。

(7) CADcoin(加拿大数字货币)

2016 年 6 月,加拿大帝国商业银行、蒙特利尔银行、加拿大皇家银行、丰业银行、加拿大多伦多道明银行和区块链联盟 R3 共同合作推出了基于区块链技术的加元数字货币 CADcoin。这是一个批发 CBCC 的例子。它在加拿大央行的基于分布式记账技术的大规模支付系统的概念验证中使用,但尚未在实际金融活动中使用。

(8) 1934 series gold certificate(1934 系列黄金券)

1934 series gold certificate 是美国财政部发行的 10 万美元纸币,仅用于联邦储备银行之间的官方交易。这是有史以来发行的最高面值的美元纸币,并未在公众中流通。这是一个非电子、限制使用、政府背书的对等资金的例子。

(9) Precious metal coins(贵金属货币)

Precious metal coins 是商品货币的一个例子。商品货币它们可以用于生产或消费,也可以作为交换媒介。这与没有内在用途的法定货币形成了鲜明对比。尽管商品货币在很大程度上已经成为过去,但在两千多年的时间里,它一直是主要的交易媒介。

(10) Bitcoin(比特币)

比特币是非法币数字货币的一种。在 P2P 环境下支付体系,基于 POW 达成数据共识,并基于算力发行固定量的比特币,发币机制也是生态记账的激励手段。由一位化名中本聪(Satoshi Nakamoto)的不知名程序员发明的,并于 2009 年作为开源软件发布。

(11) Utility SettlementCoin(USC)

随着比特币等相关的虚拟数字货币成为热门,全球最大的几家银行业开始研发一套新的货币体系。Utility SettlementCoin 项目就是 2015 年由瑞士瑞银集团联合全球几十家银行机构发起,针对批发银行领域的去中心化技术进行研究,目的是利用区块链和分布式账本技术实现批发银行结算和支付业务。Utility Settlement Coin 的发行需要参与银行抵押 100% 相应的法币,USC 便可以通过分布式账本技术进行清算和结算。每个国家的 USC 在分布式分类账上的价值,将由在央行的一个独立(储备)账户中持有的等值国内货币作为支撑。

(12) 私营货币:Bristol Pound(布里斯托尔镑)和 BerkShares

私人发行的当地货币位于右边花瓣上的 Bristol Pound 和 BerkShares。布里斯托尔镑是英国西部的港口城市布里斯托尔发行的新货币。但布里斯托尔镑不是法定货币,商户需要缴纳 3% 的手续费,才能在当地信用合作社把这种货币兑换成英镑。而在马萨诸塞州伯克郡的零售商店里,BerkShares 以 95 美分的价格买进,以面值被商家接受。

2. 数字货币的内涵

数字货币,通常用 Digital Currency 表示,国际货币基金组织(IMF)将数字货币称为"价值本身的数字化描述"。从这个角度来看,银行卡、网银明显不是数字货币,因为银行卡、网银的中心化余额数据库描述的是现实世界中个人拥有的财富,是价值镜像。数字货币不是对价值数量、价值拥有关系的数字化记录,这是区分当前银行账户、支付宝账户模式与数字化货币最大的区别。银行账户余额代表着一个账户所对应的自然人或者企业所拥有法币"数量"的记录,这是现实世界产权关系在数字世界的一种映射,这些数字本身并不代表价值本身。因此,根据 IMF 的描述,我们将数字货币定义为一种不具备实体形式、仅以数字形式存在的货币,具备与实体货币相似的性质,是对价值自身的数字化描述,允许在互联网上即时地、无地理限制地转让。

从发行方角度,数字货币可以分为:

(1) 法币数字货币:法币数字货币是基于法币抵押,由国家法律规定的,强制流通不以任何贵金属为基础的独立发挥货币职能的数值货币。法币的发行可以基于黄金储备,也可以锚定政府债务,国家(央行作为代表)在契约关系中发挥绝对主导作用。

（2）非法币数字货币：非法币数字货币是某种智能程序"自维系"的"共识信用"。不依靠法定货币机构发行，不受央行管控。

从加密技术角度可以分为：

（1）非加密数字货币：非加密货币是往往由公司或者私人自我发行，可无限发行，不需要通过计算机的程序获得。因为其依据市场需求可无限发行，所以其不具备收藏以及升值的价值。

（2）加密数字货币：加密货币是一种使用密码学原理来确保交易安全和控制交易单位的媒介。起源于前面提到的 E-Cash，即用 RSA 非对称加密技术实现"盲签名"，在银行、用户、商户之间实现"不可追踪"。而 2009 年出现的比特币则成为加密数字货币发展史上的一个重要里程碑。通过分布式记账系统，采用共识机制完成对交易的验证和确认，交易信息完全公开透明，且交易规则不会被某个机构或个人擅自更改，受到所有成员的监督。但是比特币不锚定任何价值，受到太多价格波动、投机炒作、通缩限制等影响，在支付功能方面无法真正落地，成为一种"数字资产"。有关加密和数字签名的知识请参加本书第八章。

3. 数字货币支付

基于电子货币的支付其资金转移必须通过传统银行账户才能完成，采取的是"账户紧耦合"的方式。而数字货币可以替代纸币，其资金转移可以脱离传统银行账户实现价值转移，降低交易环节对账户依赖程度。即可以像现金一样易于流通，同时可以实现可控匿名。使用数字货币支付，可以明确每一笔钱的去向，因为数字货币具有溯源性，数字货币具备发行成本更低、交易成本更低、可追踪，造假成本更高等优势，因此，数字货币支付在未来是一种趋势。

（四）虚拟货币支付

在我国《关于加强网络游戏虚拟货币管理工作的通知》中，首次对虚拟货币（Virtual Currency）的定义作出了界定，明确虚拟货币表现为网络游戏的预付充值卡、预付金额或点数等形式，但不包括游戏活动中获得的游戏道具。欧洲央行在 2012 年定义虚拟货币为"一种未经合规审查的数字货币，由开发者发行，通常也由开发者控制，在特定的虚拟社区中被社区成员使用并接受"。2013 年美国金融犯罪监管网络对虚拟货币做出的定义是"一种交换中介，在某些环境中起到货币的作用，但不具备真正法币的属性"。所以虚拟货币是一种数字化货币，不受监管，由开发者开发并控制，在虚拟社区中流通的货币形态。虚拟货币可以用来计算用户使用网站各种增值服务的种类、数量或时间等，如 Q 币由腾讯公司销售，用户通过腾讯公司及其合作伙伴以及授权经销商购买 Q 币并充值到自己的 QQ 号码对应的个人账户中，用户可以通过虚拟货币使用相关增值服务。虚拟货币市场不是在国民经济整体水平上形成的统一市场，其等价物不能与货币进行对等交换。

虚拟货币的发行主体往往为互联网企业，使用范围也常常限定在该企业经营领域之内，目的是方便会员购买、分享互联网服务。具有"金额小""交易频繁"等特点，形成一种锁定用户的互联网商务模式。虚拟货币也可以是一种数据化的提货凭证。可用于购买站内的特定权限、虚拟财产、兑换服务和奖品等。虚拟货币本质是虚拟性。

第二节　网　络　银　行

一、网络银行的概念

网络银行又称网上银行、在线银行，是指银行利用互联网技术，通过互联网向客户提供开户、查询、对账、行内转账、跨行转账、信贷、网上证券、投资理财等传统服务项目，使客户可以足不出户就能够安全便捷地管理活期和定期存款、支票、信用卡及个人投资等。可以说，网上银行是在互联网上的虚拟银行柜台。

网上银行发展的模式有两种，一种是完全依赖于互联网的无形的电子银行，也叫"虚拟银行"。所谓虚拟银行就是指没有实际的物理柜台作为支持的网上银行，这种网上银行一般只有一个办公地址，没有分支机构，也没有营业网点，采用国际互联网等高科技服务手段与客户建立密切的联系，提供全方位的金融服务。以美国安全第一网上银行为例，它成立于1995年10月，是在美国成立的第一家无营业网点的虚拟网上银行，它的营业厅就是网页画面，当时银行的员工只有19人，主要的工作就是对网络的维护和管理。

另一种是在现有的传统银行的基础上，利用互联网开展传统的银行业务交易服务。即传统银行利用互联网作为新的服务手段为客户提供在线服务，实际上是传统银行服务在互联网上的延伸，这是网上银行存在的主要形式，也是绝大多数商业银行采取的网上银行发展模式。

二、网络银行的组成

各商业银行由于自身业务系统的差异，对网银系统应用架构会有不同的设计，但基本的技术构成是类似的，其各部分的功能也相似。网上银行系统是由 Web 服务器、应用服务器及数据库服务器以及 RA 服务器、签名验证服务器、综合业务系统、网银前置、网银管理服务器组成的。典型的网络银行应用结构如图 5-8 所示。

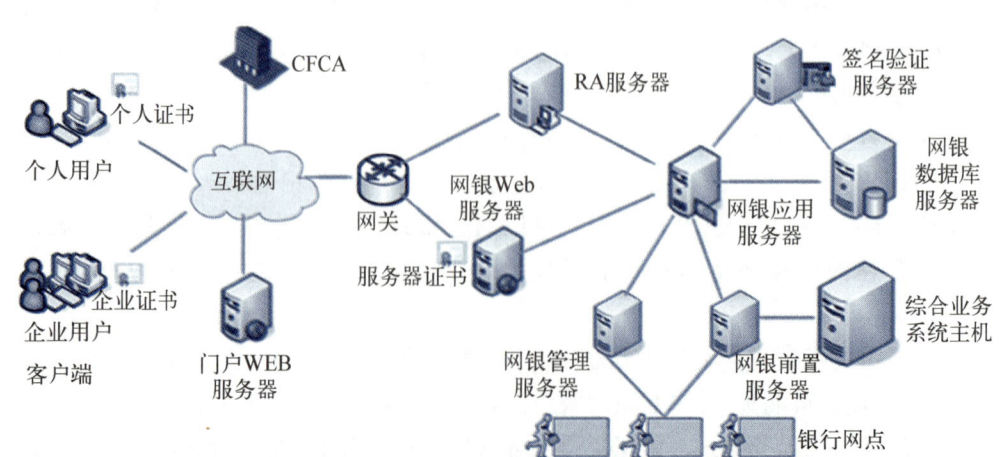

图 5-8　典型的网络银行应用结构

（一）网银 Web 服务器

网银 Web 服务器是网银业务面向互联网客户的主界面，当前互联网上有很多基于 Web 应用的攻击，由于网银 Web 直接暴露于互联网上，因此 Web 服务器前不仅要通过防火墙实现基于网络层或传输层的访问控制，通过部署入侵预防系统（Intrusion Prevention System, IPS）实现深度安全检测，还需要通过流量清洗设备实现分布式拒绝服务攻击防御，参见图 5-8。另外，由于安全防护要求不同，一般将网银 Web 服务器与银行门户 Web 服务器部署在不同的网络区域内，以防止门户 Web 的安全漏洞对网银业务的影响。网银 Web 服务器与用户浏览器间通过 HTTP 协议保证数据的私密性与完整性，为了减少 Web 服务器进行密钥交换与增加解密的工作负担，通常建议在 Web 服务器前部署 SSL 卸载设备。当前多数厂家生产的服务器负载分担设备兼具 SSL 卸载功能，因此，在网银 Web 服务器前部署负载分担设备既可实现 HTTP 协议加速，又可实现业务负载分担和服务的高可用性。

（二）网银应用服务器

网银应用服务器提供网银系统的业务逻辑，包括会话管理、提交后台处理以及向 Web 服务器提交应答页面等。应用服务器与 Web 服务器共同构成网银业务（如网上支付与结算、网银转账、基金交易、网上理财等）运行环境。由于 Web 服务器与互联网客户浏览器之间承载数据的 SSL 协议不具备数字签名功能，所以网银客户端的数字签名通常由浏览器插件程序完成，而服务器端的验签工作则由单独的验签服务器完成。客户签名的交易数据经由 Web 服务器提交给应用服务器，再由应用服务器向验签服务器发起验签请求。上述工作流程决定了应用服务器作为网银系统的核心组件，应保障其服务的高可用性与网络访问安全性。在应用服务器前部署服务器负载分担设备可实现业务流量在多台服务器间的均匀分配，从而提升业务的响应速度和服务的高可用性。另外，部署负载分担设备后，可根据网银业务量的大小动态配置应用服务器，可提高业务扩展能力。

从安全角度考虑，由于应用服务器与网银 Web 服务器所处的安全区域不同，因此在网银 Web 服务器与应用服务器之间应部署防火墙实现访问控制。应用服务器前通常不需要部署 IPS 设备，一方面原因是应用服务器不接受直接来自互联网的访问流量，安全风险较低，另一方面原因是当前市场上各类 IPS 产品的价格都比较高，在部署更多 IPS 设备将增加网银系统的建设成本。

（三）网银数据库服务器

网银数据库服务器的主要作用是保存、共享各种及时业务数据（如客户支付金额）和静态数据（如利率表），支持业务信息系统的运作，对登录客户进行合法性检查。数据库服务器通常需要与存储整列连接，并且数据库服务器通常采用双机互为备份的方式以保证高可用性。网银数据库服务器与网银应用服务器的安全防护需求基本相同，但数据库服务器只允许来自应用服务器的访问，Web 服务器禁止直接访问数据库服务器。应用服务器与数据库服务器可以部署在同一个安全区域内，也可分别部署在两个不同的安全区域内。如部署在同一安全区域内，则应用与数据库服务器将以同一个防火墙作为安全边界，而应用与数据库之间的互访控制可通过接入交换机上的访问控制列表实现。通常建议将应用与数据库分别部署于各自独立的安全区域，并以不同的防火墙做安全边界，这样部署有更高的安全性,更清晰的安全策略以及更好的网络可扩展性。

(四) RA 服务器、签名验证服务器

RA(Registration Authority,数字证书注册审批机构)服务器与签名验证(验签)服务器都是与网银交易中数字签名相关的系统。RA 服务器是 PKI 体系中 CA(认证中心)服务器的延伸,RA 负责向 CFCA(中国金融认证中心)的 CA 或银行自建的 CA 申请审核发放证书。验签服务器负责对用户提交的交易数据验证其数字签名的真实性和有效性,并进行数字签名服务。RA 服务器与验签服务器都与应用服务器间有数据交互,但 RA 服务器还需要通过互联网(或专线)与 CFCA 的 CA 服务器相连,因此 RA 与验签服务器应部署在不同的安全区域内。通常是将 RA 与 Web 服务器部署在一个安全区域内,而将验签服务器与应用服务器部署在一个安全区域内,应用服务器与 RA 服务器的访问需要通过防火墙做访问控制。

(五) 综合业务系统主机、网银前置服务器、网银管理服务器

网银的账务处理、客户数据及密码的存放都在综合业务系统中完成。网银前置负责将应用服务器提交的业务请求经过协议处理、数据格式转换或加密后转交到综合业务系统的主机进行处理。位于网点的客户端通过访问网银管理服务器实现网银用户管理功能(如开户、注销、证书下载、密码修改等)。上述三种业务系统都部署在银行数据中心内网区,应用服务器与三者间都存在直接或间接的访问关系,由于网银应用服务器与数据中心内网区分属不同的网络安全区域,所以两者间的网络通信需要通过防火墙进行访问控制。

三、网络银行的安全

前面从网银业务的角度分析了网银系统中各类服务器的网络安全需求,各服务器区以防火墙作为区域安全边界,为提高网银的整体安全性,通常各区域边界防火墙采用不同厂家的产品,由此在整体布局上形成了"多层异构防火墙"安全架构。网络银行安全架构如图 5-9 所示。从业务功能上考虑,还可将这种安全架构划分成四个功能区域:互联网接入区、DMZ 区(接入 Web 服务器、RA 服务器)、网银业务区(接入应用服务器、数据库服务器)、数据中心内网区。

各功能区域的网络安全部署要求如下。

(一) 互联网接入区

部署链路分担设备,提供多 ISP 的互联网接入,并承担网银域名解析。部署流量清洗,防御分布式拒绝服务攻击;部署外网边界防火墙,实现互联网与 DMZ 区

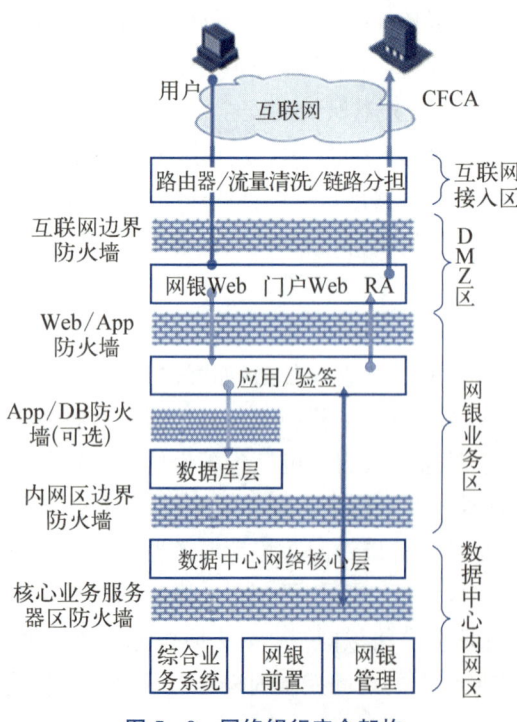

图 5-9 网络银行安全架构

隔离。

（二）DMZ 区

部署网银 Web 服务器、门户 Web 服务器、RA 服务器；部署 IPS，为 Web 服务器提供深层安全保护；部署 SSL 卸载及服务器负载分担设备，优化 HTTPS 响应速度并保证 Web 业务高可用性；部署 Web-App 边界防火墙，实现 DMZ 与网银业务区的隔离。

（三）网银业务区

部署网银应用服务器、网银 DB 服务器、验签服务器；应用服务器前可部署服务器负载分担设备，用于业务优化和提高可用性；应用服务器与数据库服务器间可部署防火墙实现访问控制；部署内网边界防火墙，实现网银业务区与数据中心服务器区间的隔离。

（四）数据中心内网区

部署综合业务系统主机、网银前置服务器、网银管理服务器；采用"核心——边缘"分区模块化架构，各服务器区围绕网络核心区部署；各服务器区与网络核心区之间通过防火墙做访问控制。

四、网上银行的服务项目

目前，各大银行和金融机构的网上银行的服务项目主要有以下四大类：

（1）交易类。包括网上转账、网间转账、个人小额抵押贷款、个人外汇买卖、企业外汇买卖、兑换、代收和代付费业务，比如从活期或信用卡账户代扣代缴水、电、煤气、电话费等的付费。

（2）查询类。包括个人综合账户余额查询、交易历史查询、企业综合账户余额查询、交易历史查询、支票情况查询、企业授信额度查询、企业往来信用证查询、客户贷款账户资料查询、汇兑状态查询、利率查询等。还包括银行对自身业务种类和经营状况的介绍，银行招聘信息的发布。

（3）扩展业务类。包括证券交易、网上购物与支付、移动电子交易、企业银行服务等。

（4）信息服务类。银行基本信息发布、银行业务品种介绍，以及银行储蓄网点、自动柜员机的分布情况等。

五、手机银行支付

手机银行，又称移动银行，是利用移动通信网络及终端办理相关银行业务的简称，是银行实现电子化服务的一种渠道。也是继网上银行、电话银行之后又一种方便银行用户的金融业务服务方式，有贴身"电子钱包"之称。它一方面延长了银行的服务时间，扩大了银行服务范围，另一方面无形地增加了许多银行经营业务网点，真正实现 24 小时全天候服务，大力拓展了银行的中间业务。

手机银行主要采用的实现方式有 STK、SMS、BREW、WAP 等。其中，STK（Sim Tool Kit）方式需要将客户手机 SIM 卡换成存有指定银行业务程序的 STK 卡，缺点是通用性差、换卡成本高；SMS（Short Message Service）方式即利用手机短消息办理银行业务，客户容易接入，缺点是复杂业务输入不便、交互性差；BREW（Binary Runtime Environment For Wireless）方式基于 CDMA 网络，并需要安装客户端软件；WAP（Wireless Application

Protocol)方式即通过手机内嵌的 WAP 浏览器访问银行网站,即利用手机上网处理银行业务的在线服务,客户端无须安装软件,只需手机开通 WAP 服务。WAP 方式的手机银行较为方便、实用,成为该领域国际发展趋势。

与传统银行和网上银行相比,手机银行支付的特点有:

(1) 更方便。可以说手机银行功能强大,是网络银行的一个精简版,但是远比网络银行更为方便,因为容易随时携带,而且方便用于小额支付。

(2) 更广泛。提供 WAP 网站的支付服务,实现一点接入、多家支付。

(3) 更有潜力。网络银行的成功在于它不仅是银行业电子化变革的手段,更是因为它迎合了电子商务的发展要求,而手机银行这方面还有很大的潜力可以发掘。

第三节 第三方支付

第三方支付

一、第三方支付的概念

第三方支付是具备一定实力和信誉保障的独立机构,采用与各大银行签约的方式,提供与银行支付结算系统接口,为电子交易中的买卖双方提供资金支付中转站的交易支持平台网络支付模式。

第三方支付平台须承担安全保障和技术支持的作用,与银行的交易接口直接对接,支持多家银行的多卡种支付。通常采用国际先进的 SSL128 位加密模式,在银行、消费者和商家之间传输和存储资料。同时还根据不同用户的需要对界面、功能等进行优化,增加个性化和人性化的特征。第三方支付平台服务具有以下几点优势:

(1) 第三方支付平台采用与众多银行合作的方式,可同时提供多种银行卡的网关接口,将多种银行卡支付方式整合到一个界面上,负责交易结算中与银行的对接,使网上购物更加快捷、便利。

(2) 第三方支付平台作为中介方,可以促成商家和银行的合作。对第三方商家第三方支付平台可以降低企业运营成本,同时对于银行,可以直接利用第三方的服务系统提供服务,帮助银行节省网关开发成本。

(3) 第三方支付平台可以对交易双方的交易进行详细的记录,从而防止交易双方对交易行为可能的抵赖以及为在后续交易中可能出现的纠纷问题提供相应的证据,并能通过一定的手段对交易双方的行为进行一定的评价约束,成为网上交易信用查询的窗口。

二、第三方支付的主要模式

从第三方公司的功能特色来看,第三方支付可以分为支付网关模式和依托于自有B2C、C2C 电子商务网站提供担保功能的虚拟账户模式。

(一) 支付网关模式

支付网关模式是指第三方支付平台完全独立于电子商务网站,不负有担保功能,仅仅为用户提供支付服务和支付系统解决方案。支付平台前端联系着各种支付方法供网上商户和消费者选择,同时,支付平台后端连着众多的银行,平台负责与各银行之间的账务清算。独立的第三方支付平台实质上充当了支付网关的角色,是银行金融网络系统和互联网网络之间的接口,为需要的商家提供网上支付通道。它们也开设虚拟账户,用于收集其所服务的商家的信息,为客户提供支付结算功能之外的增值服务。

这种模式起源于全球最大的支付公司 PayPal。支付网关模式所提供的服务相似度极高,只要攻破技术门槛模式很容易被复制,行业同质化竞争相当严重。第三方支付要树立起竞争壁垒,领先于行业需要依靠"增值服务"——为用户提供信用中介、客户关系管理和营销推广等服务。这种增值服务的基础是用户信息,于是可以获得用户注册与登录信息的虚拟账户模式应运而生。

(二) 虚拟账户模式

在提供担保的支付模式中,虚拟账户是核心。因为此类模式中第三方支付平台需要暂时保存买卖双方的交易资金,而交易双方的交易资金记录是通过第三方支付的虚拟账户来实现的。在虚拟账户模式中,用户按照指定程序在网上注册后,即可拥有个人专属的虚拟账户,可以通过此账户进行充值、提现、转账、查询等,但这些操作都要以客户的银行账户为依托。当达成付款的意向后,由买方将款项划至其在第三方支付平台的虚拟账户中,实际上是将买方在银行的资金转到第三方支付平台在同一银行的账户,从而形成买方在虚拟账户中的资金。此时卖家并不能拿到这笔钱,只有等买家收到所购买的商品或者服务,确认无误后,买方再次向第三方支付平台发出支付指令。第三方支付平台扣减买方虚拟账户资金,增加卖方的虚拟账户资金。最后第三方支付平台将自己在银行账户中的资金向商户的银行账户划转以后,卖家才可以从账户中拿到这笔钱。这种支付模式主要存在于 B2B,B2C 电子商务模式中,以支付宝、财付通为代表,服务于专门的电子商务平台。

以 B2C 为例,第三方支付流程如图 5-10 所示。

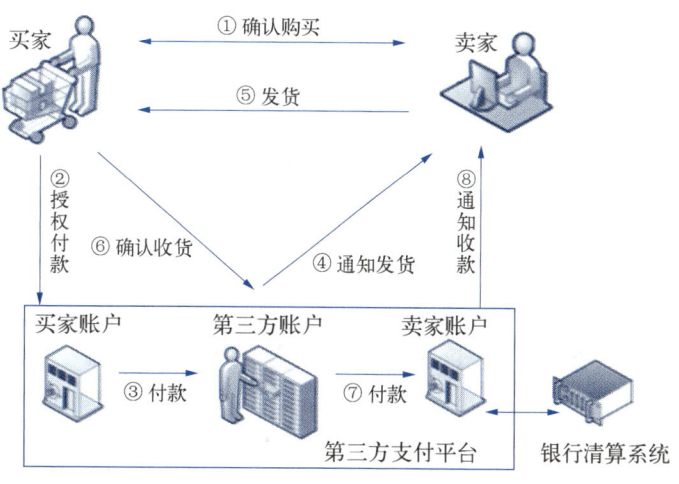

图 5-10 第三方支付流程

(1) 买家在电子商务网站选择商品(或者与卖家协定价格)并确认购买。

(2) 商品订单生成后买家选择支付方式(选择第三方支付渠道),买家通过第三方支付向银行授权。

(3) 银行获得授权后将货款从买家账户划拨至第三方账户。

(4) 第三方支付平台通知卖家货款已到账,并要求卖家在规定的时限内发送货物。

(5) 卖家收到通知后按照订单发货,并在网站上作相应的记录,买家可在网站上查看自己所购买的商品状态;如果因故卖家没有发货,则电子商务网站(或者委托第三方支付平台)通知买家交易失败,并询问是否将款项划回其银行账户还是暂存在第三方支付平台账户。

(6) 买家收到货物并确认满意后在电子商务网站做确认。

(7) 货款被划入卖家在第三方平台的账户(或者通过第三方将货款划入卖家银行账户),交易完成。

(8) 通知卖家货到,款项到账。如果买家收到货物但对商品不满意,或是认为商品与卖家描述有出入,则通知电子商务网站拒付货款并将货物退回卖家。

三、银行、发卡机构与第三方支付平台的关系

发卡机构向持卡人发行各种银行卡,并通过提供各种相关的银行卡服务收取一定费用,是银行卡市场的组织者和发起者,也称为发卡银行。

收单机构是负责特约商户的拓展和管理授权请求、账单结算等活动的特定组织。收单机构与商户签订协议或为持卡人提供服务,直接或间接凭交易单据参加清算交换。

在银行卡收单业务和第三方支付领域里,除上述以外,还有清算转接组织和特约商户。在这里,电子商务平台便是扮演特约商户的角色,第三方支付平台便是收单机构的角色。

各种收单银行或者第三方支付机构的交易终端(例如 POS、ATM、电子商务平台等)通过多种传输渠道,接入其银行卡收单系统,银行卡收单系统作为集中业务处理平台,对终端信息进行接收和判断,再进行加解密等各种处理后,向发卡机构或清算转接机构(例如中国银联)发送交易处理请求,并且接收反馈交易处理结果至终端。银行卡收单系统平台的架构如图 5-11 所示。

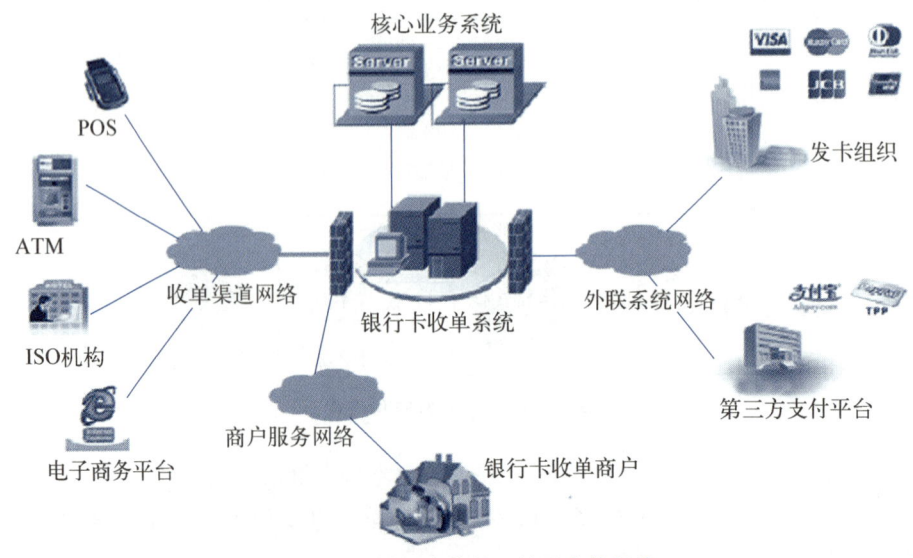

图 5-11 银行卡收单系统平台的架构

第四节　互联网支付技术与应用场景

一、快捷支付

快捷支付是指用户购买商品时,不需开通网银,只需提供银行卡卡号、户名、手机号码等信息,银行验证手机号码的正确性后,第三方支付发送手机动态口令到用户手机号上,用户输入正确的手机动态口令,即可完成支付。

快捷支付没有 U 盾、银行驱动程序等复杂的安装程序,也没有传统网络的"Windows IE"这样严苛的环境要求。每一次快捷支付时,支付平台均会将用户卡号等信息通过专线透传至银行系统,触发银行系统向该卡绑定的手机号码下发验证码,实现完整快速授权。因为是专线避免了跳转,进而避免了钓鱼等攻击手段。而短信验证码则是快速有效的鉴权,这是与信用卡预授权业务最大的不同。

艾瑞咨询的《2011—2012 年中国互联网支付用户行为研究报告》表明,46.7％网购客户都使用"快捷支付"。这一比率已经超过"网银支付",成为"账户余额支付"以外最受欢迎的互联网支付方式。2011 年底,支付宝快捷支付的用户量为 4 000 万左右,不到半年,快捷支付用户已经达到 7 500 万以上,快捷支付在支付宝的交易量已经超过 50％。中国银联、财付通、快钱等第三方支付企业也推出快捷支付产品,增长迅猛。快捷支付成功率超过 95％,高出网银 B2C 支付平均支付成功率(各行平均 65％)30 个百分点以上。

二、近距离无线通信支付

近距离无线通信(Near Field Communication,NFC)支付是目前近场支付的主流技术,NFC 是一种短距离的高频无线通信技术,通过 NFC 标签或 NFC 芯片,允许电子设备之间进行非接触式点对点数据传输交换数据。该技术由 RFID 射频识别演变而来,并兼容 RFID 技术,其最早由飞利浦、诺基亚、索尼主推,主要用在手机等移动设备中。NFC 支付是指消费者在购买商品或服务时,即时通过移动设备向商家进行支付,支付的处理在现场进行,使用 NFC 标签或 NFC 芯片,实现与自动售货机以及 POS 机类似的本地通信。

在 NFC 支付模式下,需要有银行卡、NFC 智能移动终端、NFC 近场通信技术、受理终端。目前银行卡与 NFC 智能移动终端合二为一,省去了随身携带银行卡的麻烦,支付更加方便。基于智能卡的手机近场支付模式如图 5-12 所示。

(一) 资金账户的绑定

由于资金账户可能属于银行、运营商,也可能属于第三方支付机构,因此资金账户的绑定需要一定的技术支持,以保证账户的安全性和便捷性。智能卡芯片可以封装进多种形式的介质中。但与移动支付结合,安全芯片存在的形式主要依赖移动终端的支持能力,目前主流的形式有:

(1) 全终端。直接固化在手机芯片中,或存放在独立的卡片槽。

(2) 智能 SD 卡。存放在移动终端的 SD 卡槽。

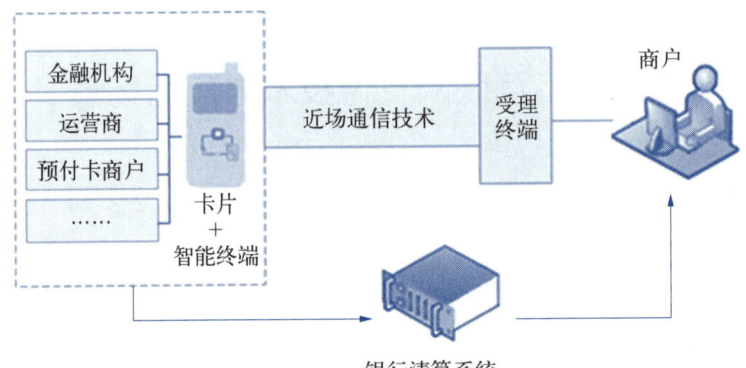

图 5‑12　基于智能卡的手机近场支付模式

(3) SIM 卡模式。封装在 SIM 卡中。

(4) 终端附件。如通过音频口或者 USB 口与移动终端结合。

不管是哪种存在形式,都应采用成熟、可靠的硬件封装技术,从而无法拆解出安全芯片而直接访问,也无法通过逻辑分析仪器探测安全芯片的通信,保证支付账户的安全。

基于智能卡的移动支付,一个最大的特点就是可以支持"多应用"。即一张智能卡里面能够加载和运行多个与支付相关的应用,来满足用户多方面的需求,真正地方便用户,主要服务包括:

(1) 各种应用的管理。如远程应用下载、个人化和更新等操作。

(2) 智能卡管理。如远程锁卡及销卡。

(3) 应用的合法性、安全性管理。

(二) 移动终端

理论上讲,在 NFC 刷卡手机支付交易中,移动终端也是载体,只要具备近场通信功能即可交易,与终端的操作系统无关。但从用户的便利性角度来看,移动终端最好能协助用户实现常见的功能,如余额查询、历史交易查询、圈存等功能。在支持脱机支持的移动终端方面,技术演进体现在两个方面:

(1) 近场通信技术,把对近场通信 NFC 的支持做得更完美。

(2) 卡片管理技术,安全的卡片读写,逐步丰富终端对卡片的控制力,提供内容丰富、操作方便的人机交互界面。

(三) 近场通信交互方式

选择 NFC 近场支付主要因为近场通信技术的便捷性和安全性。尽管借助于移动终端,智能卡可以通过基于 2.4 G 技术的无线传输协议(如蓝牙、RFID 等)与外部进行交互,但基于 13.56 MHz 的 NFC 技术由于识别快、交易符合安全距离等特征,已经成为脱机交易的主流选择。目前国内移动支付标准都是基于 13.56 MHz 国际标准的 NFC 非接触式近场通信技术,基于这个工作频率已有比较成熟、完备的国际国内技术标准,并在电子支付领域得到了广泛应用。

(四) 受理终端

受理终端也是非常关键的一部分,目前如果没有受理终端,所有的移动支付都无法进行。受理终端的关键技术主要在于受理性能。目前大部分应用建立在智能卡上，使用时需要终端的支持，因此没有受理终端支持无法完成移动支付。云技术目前发展比较快，可以通过云技术仿真受理终端原理，把 NFC 支付与云技术相结合，那样，这种业务处理逻辑通过云端实现，从而可以减轻终端的压力。

NFC 移动支付可以让人们完全抛开 POS 机，通过手机或 NFC 设备近距离完成支付过程。公交卡、门禁卡等都早已使用了这种技术。NFC 技术开始变得火热，越来越多的手机开始内置 NFC 芯片支持 NFC 支付，在日本 NFC 支付是最主要的支付手段。不过由于成本的原因 NFC 支付在其他国家还没有真正发展起来。NFC 近场通信需要用户花费额外 NFC 芯片成本。如果使用外置于手机的刷卡芯片则容易损坏和丢失。谷歌就曾开发一种带有 NFC 芯片的贴纸外置于手机上。

现在几乎所有的公司都在尝试和 NFC 有一些联系。目前国内信用卡公司、电信运营商、OEM 厂商开始逐步将 NFC 芯片植入到手机中去了。谷歌有 Google Wallet 支持 NFC，微软 WP8 中的 Tap＋Send 也原生支持 NFC，就连苹果的 Passbook 都有可能支持 NFC 技术。但是，NFC 支付的发展也不是没有问题。NFC 的普及需要有大量的硬件设备为前提，现在的主流手机厂商已经开始逐渐推出支持 NFC 的手机了。例如 Google Wallet，谷歌让自己的安卓手机可以通过 NFC 进行移动支付，但 Google Wallet 只支持 MasterCard 卡或谷歌预付卡。Visa 有自己的支付系统，所以不愿和谷歌合作，目前 Google Wallet 软件只能在很少的一部分手机上使用。另外，NFC 移动支付在使用过程中也会面临一些小问题，比如使用谁家的 NFC 支付标准、支付安全性如何保证、手机丢失怎么办、小额支付如何设定等问题。虽然这些都是小问题，但对于那些还没有养成移动支付习惯的用户来说，一些很小的细节都有可能导致用户放弃一种产品或服务。

三、声波支付

2011 年硅谷一家创新公司 Naratte 研发了一种被称为 Zoosh 的超声波移动支付解决方案，它并不需要依赖 NFC 芯片，只需要通过扬声器发出超声波即可完成支付过程，Naratte 宣称只需要 30 美元即可将传统收款机升级，这几乎是 NFC 解决方案的三分之一。用声音做媒介来传递信息是声波支付的技术要旨。

声波通信的基本原理是，终端 A 将一串数据按照一定的编码方式转换成声波数据，通过话筒设备将声波发出，终端 B 通过听筒将此数据接受，根据同样的编码方式对声波数据进行解码。比如，利用单频率声波信号对数据进行编码，约定 1000 Hz 的正弦波对应数字 1，11 万 Hz 的正弦波对应数字 2，12 万 Hz 的正弦波对应数字 3，再规定每个数据对应的正弦波持续 100 ms。那么数字串 123 就对应 3 段正弦波，也就是一段持续 300 ms 的声波。接收方录制声波，对收到的声波按照 100 ms 进行分段，识别出三段正弦波的频率，从而解码出来数据。利用此基本原理加之传统数据传输的校验措施，可以实现少量数据完整传输。另外，还可以控制提高声波的频率和振幅，控制有效接收距离，是否人耳可察觉等，从而使声波通信具有更高的安全性、更好的客户体验。

在实际操作中，Zoosh 同典型的 NFC 技术并无二致：将两只手机靠在一起"碰一碰"，交易即可完成。不同的是，传统 NFC 是通过芯片发出响应，而 Zoosh 则是通过装备来监听超声波通信。Zoosh 创始人 Paulson 和 Alsberg 强调安全问题是他们在研发 Zoosh 时密切关注的问题。每一次使用 Zoosh 的交易都有一个独立的、可销毁的识别 ID,所以即使有人记录下 ID 号码也没有用。Zoosh 还使用了距离监控,距离稍远就没法捕捉传送信号。

声波支付对于用户而言,不涉及金额、账户号等信息,所以用户无须害怕隐私泄露问题。对店家而言,声波支付售货机虽然成本较高,但它能有效解决假钞、找零、银行兑换及售货机运营商点钞成本等问题,一次性投入,有效提升销售便捷性。

另外,声波支付对小额支付便捷性的提升具有较大意义。大型超市结账排队严重的情况下,尽管使用信用卡、预付卡购物能省去找零环节,但打印单据、签字仍要耗费不少时间。而声波支付就能帮助零售企业进行快速结账,这客观上就增加了顾客流量。而且随着普及度提高,声波支付系统的成本会不断降低。

课堂思考:为什么曾经风靡一时的声波支付现已几乎消失?

四、二维码支付

二维码支付是一种基于账户体系搭起来的无线支付方案。在该支付方案下,商家可把账号、商品价格等交易信息汇编成一个二维码,并印刷在各种报纸、杂志、广告、图书等载体上发布,消费者扫描二维码进行支付。支付可以基于手机银行的二维码,也可以基于第三方支付平台提供的二维码。

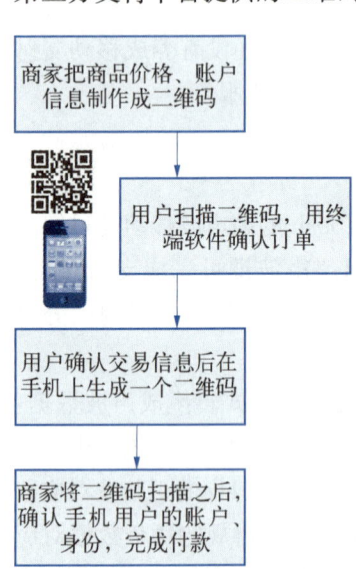

图 5-13 二维码支付流程

对于手机银行的二维码支付,商家首先要安装手机银行客户端,然后将商品信息、消费金额等编辑成二维码,并在手机、平板电脑、报纸、杂志、广告、图书等介质载体上进行展示。消费者通过使用安装有银行客户端的智能手机扫描二维码,银行手机客户端将识别二维码中包含的商品名称、价格等消费信息,消费者确认购买,与商家的手机银行账户结算后,商户根据交易信息中的地址、联系信息进行商品配送,完成交易。同时用户在使用手机银行消费的同时,商家可以得到用户的详细信息,二维码的手机银行的平台将对消费数据进行统计,给银行及商家提供完善的解决方案。

第三方支付平台提供的二维码支付,消费者需要安装第三方提供的手机客户端应用软件,而商家需要拥有相应的云端账户来接受付款。二维码支付流程如图 5-13 所示。

在国内,众多平台在实体店面推出的是二维码支付,而针对无人售货机则推出了能够自动核销信息的声波支付。

五、iBeacon 支付

iBeacon 是苹果公司 2013 年 9 月发布的移动设备 OS(iOS7)上配备的新功能。其工作方式是,配备有低功耗蓝牙(Bluetooth Low Energy,BLE)通信功能的设备使用 BLE 技术向周围发送自己特有的 ID,接收到该 ID 的应用软件会根据该 ID 采取一些行动。设置 iBeacon 基站,每个 iBeacon 基站内置有加速度计、闪存、ARM 架构处理器以及蓝牙模块,而一小块纽扣电池便能为一个 iBeacon 基站提供长达两年的续航时间。iBeacon 基站可以创建一个信号区域,当设备进入该区域时,相应的应用程序便会提示用户是否需要接入这个信号网络。通过能够放置在任何物体中的小型无线传感器和低功耗蓝牙技术,用户就能使用 iPhone 来传输数据。便可让 iPhone 和 iPad 上运行资讯告知服务器,或者由服务器向顾客发送折扣券及进店积分。此外,还可以在家电发生故障或停止工作时使用 iBeacon 向应用软件发送资讯。

低功耗蓝牙技术的最大特点便在于低功耗,从而能使设备拥有更长的续航时间。不过低功耗蓝牙技术仅支持较低的文件传输速率,因此可以用于可穿戴式智能设备之间的信息传送,但却不能完成像传输音频这样的任务。

相比于 NFC,更广的信息传输范围是 iBeacon 最大的优势。对于如今的 NFC 技术,虽然 NFC 标签的价格要比 NFC 芯片便宜得多,但是 NFC 标签的理论有效距离只有 20 cm,而最理想的使用距离只有 4 cm,范围可谓非常之小。同时,手机等移动设备必须搭载 NFC 芯片才能支持 NFC 通信。此外,虽然 iBeacon 基站要比 NFC 芯片的价格稍微昂贵一些,但是 iBeacon 的信息传输距离可达 50 m 左右,而且如今几乎每部手机都支持蓝牙技术。

美国知名科技媒体《连线》就 iBeacon 这一技术未来的无限可能列举出了四个实用情景案例,具体内容如下:

(一) 世界数字化普及

苹果首次提及"iBeacon"这一单词的时候,列举了利用 iBeacon 快速购买演出门票的例子。但事实上,有关这一技术的实用领域还远远不限于此,因为这一技术的出现使得在室内环境下对用户进行精确定位变成了可能。通过周边多个 iBeacon 收发器,用户的位置可以被精确定位至几英尺的范围内,这一定位技术被业内统称为"微定位"。

由于 iBeacon 的技术特点是在后台实时对用户进行定位和数据传输,用户甚至只需要从口袋中拿出手机就能够看到自己感兴趣的内容,而这也恰恰是 iBeacon 相较此前 NFC 或者二维码技术的最大优势所在。

应该说,iBeacon 技术所带来的"微定位"技术同样为商家展开营销带来了无限可能。英国伦敦一家名为"The Bar Kick"的小酒吧就利用这一技术提高了消费者体验,所有进入该酒吧的顾客都可以免费在手机内的报刊应用中看到两期最新版的流行杂志。纽约知名花旗球场则已经开始试验通过这一技术向场内观众推送视频、热狗优惠券以及座位导航服务。

(二) 无缝体验

频繁地在不同设备中输入密码已经成为人们的最大困扰之一。在这一方面,苹果率先采取了动作。具体说就是,苹果允许用户利用低功耗蓝牙技术对 Apple TV 进行自动配置。用户只需要将运行 iOS 7 的设备与新的苹果机顶盒触碰,该机顶盒就会自动设置 WiFi 网络、地区以及 App Store 账户。当然,用户必须首先在 iOS 设备上输入 Apple ID,之后选择记住该项数据以在 Apple TV 上进行购物。

设备通过物理接触传输数据的技术再配合苹果已经推出的 Touch ID 指纹识别或面容 ID 识别后,用户的数字身份实际上已经同其永久绑定在了一起,人们终于可以不必费尽心思的使用诸如 iCloud 或者密码这些"旧时代"的产物。

举个简单的例子,现在的高级轿车一般都可以记录两三位驾驶员的座椅位置信息,也就是说他们可以通过遥控钥匙的信息判断驾驶员信息,并在他们上车之前提前调整好座位、方向盘高度等设置。

(三) 零售业变革

到目前为止,人们对于 iBeacon 技术最大的期许还在于零售业,而诸多零售巨头也希望能够为每位消费者带来经过量身定制的购物体验。美国老牌商场梅西百货(Macy)已经开始在纽约和旧金山的门店中部署 iBeacon 传感器,在同应用程序 Shopkick 配合使用后,顾客将会在进店的同时感受到新技术所带来的便捷,因为他们可以在不同楼层的不同商铺即时获取到不同的优惠信息。

越来越多的零售商家开始讨论有关店内导航和实时定价等话题。他们需要做的就是花费 100 美元购买一个 iBeacon 传感器就可以实现客户追踪、产品推荐和优惠信息推送等服务。

在移动支付方面,iBeacon 技术的应用也同样令人感到兴奋。PayPal 此前已经推出了一个可以同 PayPal 进行数据传输的 USB 设备,使用该设备的消费者在支付时无须刷卡或拿出手机即可完成付款。

(四) 促进现实沟通

应用通过设备内置的 GPS 模块获取用户位置早已是成熟的技术,但这一定位方式对于设备的电池续航时间是一个极大的考验(不妨试一下打开谷歌地图导航,并观察电量的下降速度你就可以体会到这一问题的严重性)。然而,iBeacon 技术的出现可以在不耗费大量电力的情况下为用户进行持续导航。

当然,以上提及的这些情景或许不会在短期内成为现实,但考虑到目前全球拥有多达 2 亿部 iBeacon 设备的事实以及独立 iBeacon 通信器亲民的价格(一般在 40~100 美元之间),iBeacon 时代应该不远了。

六、手机刷卡支付

手机刷卡支付的先驱非 Square 莫数。Square 是首家将信用卡读卡器嵌入消费者和商家的智能手机。消费者或商家利用 Square 提供的移动读卡器,配合智能手机使用,可以在任何 4G 或 WiFi 网络状态下,通过应用程序匹配刷卡消费。它使得消费者、商家可以在任何地方进行付款和收款,并保存相应的消费信息,大大降低了刷卡消费支付的技术门槛和硬件需求。

手机刷卡的核心配件是手机刷卡器,类似一款外接读卡器,主要是读取磁条卡或 IC 卡信息的工具。手机刷卡器如图 5-14 所示。从安全和通信连接方式可以分为:简

图 5-14 手机刷卡器

易型手机刷卡器、加密手机刷卡器、密码键盘手机刷卡器、EMV 手机读卡器和 NFC 手机读卡器等几大系列。

(1) 简易型手机刷卡器。软件可加密、解码。主要读取磁条卡的第二轨迹。刷卡次数可以在 100 000 次左右。对智能手机和平板电脑的兼容性较差；刷卡的识别率较低。是通过 3.5 mm 音频插孔来传输数据的。

(2) 加密手机刷卡器。硬件、软件都存在加密技术，在安全性上比简易型的高出很多，读取磁条卡上的两个轨迹，国外的基本上是 1、2 轨迹；国内是的 2、3 轨迹。内置电池的刷卡次数在 20 000 次以上。基本上识别所有的智能手机和平板电脑；刷卡识别率在 95% 以上。

(3) 密码键盘手机刷卡器。加密手机刷卡器的延伸产品，只是外加按键设置。

(4) EMV 手机读卡器。EMV 标准是由国际三大银行卡组织——Europay(欧陆卡，已被万事达收购)、MasterCard(万事达卡)和 Visa(维萨)共同发起制定的银行卡从磁条卡向智能 IC 卡转移的技术标准，是针对芯片银行卡而研发生产的产品。随着银行卡由磁条卡向 IC 卡的更换，此款产品也随着推出，通过读卡器来读取芯片卡的信息来完成手机客户端的功能。

(5) NFC 手机读卡器。读卡器加上 NFC 功能，通过感应(射频)芯片卡的内存完成。

(6) 蓝牙手机刷卡器。例如 PayPal 推出金融 IC 卡刷卡器蓝牙连接手机。通过蓝牙与手机进行连接，插入银行卡并键入密码成功时，设备上的指示灯将有一次闪亮，如此，即使脱离手机屏幕的显示，也可以确定密码的准确性，在消费者拥有刷卡器，商户拥有终端设备时，这种密码确认方式更让消费者放心。在安全等级上，该设备有 PCI PTS 3.0、UKCC 认证和 EMV 1,2 认证，确保安全性。

手机刷卡器本身没有支付的功能。必须有支付通道的软件来配合才可以有支付、收单的功能。

在 Square 公司之后，Intuit、PayPal 和 Verifone 等公司也纷纷跟进，推出了类似的产品，这也表明 Square 的手机刷卡支付有一定市场。这些竞争对手通过它们既有的与大量小公司的良好关系与 Square 争夺市场。尤其是 Verifone，在应对 POS 交易上可以说是装备齐全，有一套完善的软件工具和服务。在国内也不断有厂商推出类似硬件，拉卡拉、乐刷、钱袋宝、盒子支付等创业公司纷纷入市，最近银联也推出了卡乐付。

以国内的卡拉卡手机刷卡支付为例，可以了解手机刷卡支付的流程。

(1) 安装客户端。在手机上安装相应的手机支付客户端。

(2) 注册。将刷卡器耳机插头插入到手机的耳机插孔中，输入手机号码，此号码将成为刷卡器的登录账号，这时该号码会收到一条含有验证码的短信，在手机中输入验证码并提交，然后转到"身份信息"界面中设置登录密码并填写用户资料，包括姓名、身份证号码、电子邮箱，即完成注册。

(3) 登录开通刷卡器。需要用户在此进行用户信息设置，填入自己的姓名、身份证号以及邮箱即可开通。

(4) 功能应用。支持信用卡还款、转账汇款、还贷款、手机充值、公缴业务(水电煤气)、网购支付、余额查询、彩票、电影票、交罚办理、通信费、游戏充值卡等多项支付业务。

本章小结

1. 互联网支付指客户、商家、银行之间,使用安全电子手段,利用电子现金、银行卡、电子支票等电子支付工具,通过互联网传送到银行或相应的处理机构,从而完成资金支付的整个过程。互联网支付经历电子支付和网上支付阶段。

2. 互联网支付系统由客户、商家、认证中心、支付网关、客户银行、商家银行和金融专用网络七个部分组成。

3. 电子货币的使用者以一定的现金和存款,从发行者处对换并获得代表相同金额的数据,并以读写的电子信息方式储存起来,须偿清债务时,使用者可以通过某些电子化媒介和方法,将该电子数据直接转移给支付对象,此种电子数据便称之为电子货币。通常表现为信用卡、储值卡、智能卡、电子现金、电子支票、网银、第三方支付等形式。互联网支付方式包括信用卡网络支付;智能卡支付;网银支付;电子支票网络支付;电子汇票系统支付;第三方支付等。

4. 根据国际清算银行 BIS 下属支付及市场基础设施委员会(CPMI)提出了一个"货币之花"的概念模型,从四个方面对货币进行分类与定义:发行方,央行或非央行;货币形态,数字形态或实物形态;可获取性,广泛获取或受限;转账机制:储值代币或账户。

5. 数字货币定义为一种不具备实体形式,仅以数字形式存在的货币,具备与实体货币相似的性质,是对价值自身的数字化描述,允许在互联网上即时地、无地理限制地转让。数字货币可以替代纸币,其资金转移可以脱离传统银行账户实现价值转移,降低交易环节对账户依赖程度。即可以像现金一样易于流通,同时可以实现可控匿名。使用数字货币支付,可以明确每一笔钱的去向,因为数字货币具有溯源性,数字货币具备发行成本更低、交易成本更低,可追踪,造假成本更高等优势。

6. 根据欧洲央行 2012 年定义虚拟货币为"一种未经合规审查的数字货币,由开发者发行,通常也由开发者控制,在特定的虚拟社区中被社区成员使用并接受"。

7. 网络银行又称网上银行、在线银行,是指银行利用互联网技术,通过互联网向客户提供开户、查询、对账、行内转账、跨行转账、信贷、网上证券、投资理财等传统服务项目,使客户可以足不出户就能够安全便捷地管理活期和定期存款、支票、信用卡及个人投资等。可以说,网上银行是在互联网上的虚拟银行柜台。

8. 网上银行系统是由 Web 服务器、应用服务器及数据库服务器以及 RA 服务器、签名验证服务器、综合业务系统、网银前置、网银管理服务器组成的。其安全架构采用"多层异构防火墙"。从业务功能上考虑,还可将这种安全架构划分成四个功能区域:互联网接入区、DMZ 区(接入 Web 服务器、RA 服务器)、网银业务区(接入 APP 服务器、DB 服务器)、数据中心内网区。

9. 手机银行,又称移动银行,是利用移动通信网络及终端办理相关银行业务的简称,是银行实现电子化服务的一种渠道。手机银行主要采用的实现方式有 STK、SMS、BREW、WAP 等。其中 WAP 方式即通过手机内嵌的 WAP 浏览器访问银行网站,利用手机上网处理银行业务的在线服务,客户端无须安装软件,只需手机开通 WAP 服务。WAP 方式的手机银行较为方便、实用,成为该领域国际发展趋势。

10. 第三方支付是具备一定实力和信誉保障的独立机构,采用与各大银行签约的方式,提供与银行支付结算系统接口,为电子交易中的买卖双方提供资金支付的中转站的交易支持平台的网络支付模式。第三方支付主要有支付网关模式和虚拟账户模式。

复习思考题

1. 你和一群朋友吃午饭。吃完之后你付了账,同时你的朋友答应以后再付给你,他们可以采用哪些网上支付给你?
2. 互联网支付系统由哪几部分组成?
3. 电子货币、数字货币、虚拟货币有什么区别?如何看待"把比特币归类为虚拟货币"的观点?支付宝与央行拟发行的 DCEP 有什么不同?
4. 根据 BIS 的"货币之花"的概念模型,请将你用过或了解的一些支付工具进行归类。
5. 什么是网络银行?网络银行与第三方支付公司的关系是怎样的?
6. 什么是第三方支付?什么是第三方支付的支付网关模式和虚拟账户模式?
7. 根据个人体验理解互联网支付的应用场景与相关技术。

课堂讨论题

1. 了解央行数字货币 DCEP 和 Facebook 的 Libra,进行对比分析。
2. 在中国,互联网第三方支付何以能够兴起?
3. 了解支付宝和微信支付的成长以及海外扩张战略,思考支付宝和微信支付的金融创新以及对外开放的战略意义。
4. 请对第三方支付的发展现状做进一步了解,讨论什么是第四方支付?跨境支付的方式是怎样的?基于区块链的跨境支付与结算的应用前景?

案例分析

从支付宝到蚂蚁科技

如今在中国，使用手机支付的用户超过8亿，每年移动支付金额接近200万亿元。人们打开手机二维码乘地铁上班；一次滴滴打车，单程几十元，下车也不用再输付款密码。公园早市上买菜的老人用收款码收钱；在各种维度上，这不太起眼的手机支付软件，帮助中国人走进了出门不带现金的时代。

1993年6月，国务院启动金卡工程项目，推动了金融的电子化程度；1998年7月，招商银行推出了"一网通-网上支付"业务；2000年，中国工商银行CB2000系统更新完成，实现了银行系统的大集中；2002年3月，中国银联成立，推动了银行卡领域的互联互通。然而，具体到电商交易这个场景上，产品还没有办法完全解决当时淘宝网用户的需求。

支付宝担保支付解决网购信任

阿里巴巴做网购平台，需要解决在线支付问题，但是支付的前提是信任。无论从技术角度还是从意愿角度，当时的商业银行都无法令人满意地解决这个问题。2003年底，阿里巴巴提供担保，建立了支付宝。一开始的支付宝其实没有资金托管能力，是靠淘宝财务部的三个人，财务经理、会计员和出纳员。淘宝买家先把钱打进淘宝的对公账户，三个人每天盯着公司的账户，把每一笔交易记在Excel表里。买家确认收货后，再把对应的货款打给卖家。就是这样一个项目，从人工到自动化不断升级，到了2019年双"十一"，支付宝处理交易的峰值已经是每秒6 100万次了。

快捷支付回归用户价值

2006年前后，由于淘宝上有很多网购，都卡在支付成功率太低而完成不了。因为当时的线上支付要先跳到银行的网银页面去操作。而且常常遇到浏览器不支持，或者银行再要求插一个U盾。这个烦琐的过程把用户都流失掉了。

为此，支付宝提出了快捷支付。其实质就是，支付宝代用户向银行发出针对用户账户的扣款指令。在当时要想做到这一点却非常困难，因为快捷支付对银行传统的风险逻辑构成了颠覆。之前，银行通过U盾等方式就是为了保证用户的扣款指令是本人发出的，但是安全性提高的同时，支付的便捷性就大为下降了，因为每完成一次支付，就要插一次U盾、跳转一次网页，而每多一个这样操作，就多了一分支付不成功的可能性。推动快捷支付最大的障碍在于支付宝和银行风控标准的不同，银行要保证客户的钱丝毫不出差错，而支付宝更要让资金能够更加便捷的划转。后来，支付宝通过向银行缴纳风险损失保证金、向银行的分行安排对公存款的方式，打通了这个网络。如果说担保交易的普及，解决了电商上买家和卖家的交易痛点的话，那么快捷支付则从提升交易的便捷性出发，拓展了网上支付的覆盖面，让支付宝的服务形成了无缝连接。

"310贷款"让支付宝从金融支付平台升级成数字化生活服务开放平台

310即3分钟申请,1分钟到账,期间0人工介入。2009年是全球金融危机,期间,阿里平台上有上百万的小企业陷入困境。阿里巴巴提出要用阿里云给商家们提供小微贷款。100万以下的小额贷款服务会无比细碎。甚至利息都覆盖不了成本。阿里通过分析网商的交易活动和现金流等数据,判断企业的信用状况,在2010年让用户尝试了第一笔1块钱的贷款。到了2019年的时候,这种小微贷款技术能力,已经被共享给了50家金融机构。在给无数细碎的小微商家提供贷款过程当中,也倒逼出了阿里云的技术能力。目前阿里云已经是整个阿里体系的技术基石,它的公有云业务在全球市场份额排名第三。

在2010年,央行《非金融机构支付服务管理办法》的颁布,这意味着支付公司第一次有了法律上的依据。2011年,央行给支付宝等支付公司颁发了第三方支付牌照,给了来自互联网的创新以审慎包容的监管环境。支付宝成功地化解了这场来自内部的危机,并用快捷支付在挑战自我的过程中完成了超越。同时开始筹备小微金融服务集团。

余额宝让大众享受到普惠金融服务

我国金融体系的另一个问题是,老百姓缺乏投资渠道,老百姓除了把钱存在银行。2013年余额宝把理财产品门槛降低到1块钱。这对支付宝的风控、清算技术提出了非常高的要求。余额宝的诞生让老百姓有机会享受货币基金较高的投资回报,同时又不影响随时支付的需求。余额宝的开通也再一次促进了阿里云的发展,因为余额宝这个项目的头半年,每个月基金都能涨五六百亿元,原来的系统支撑不了如此大的资金,支付宝又帮着天弘基金把余额宝系统搬到了阿里云上。2014年10月蚂蚁金融服务集团成立。随着余额宝吸引力的下降,蚂蚁金服继续推出了拥有更为广泛投资产品的蚂蚁财富。

蚂蚁科技打造新金融生态圈

用互联网思维、智能技术,蚂蚁金服在金融业搭建起一个互联网金融生态系统,以云计算、大数据为底层设施,构建一套信用体系与风控体系,以支撑金融机构等合作伙伴在这个开放的平台上协同。利他、共享、开放,是这个网络时代所呈现出的不同于以往时代的新商业特征。技术已经逐渐成为蚂蚁金服一项重要的业务,同时也是蚂蚁金服"连接"一切的重要"粘合剂",信用体系和风控体系为核心的共享平台,更加具备了社会的普惠价值。2020年6月蚂蚁金服更名为蚂蚁科技,聚焦服务业数字化。

本章测试

第六章 电子商务物流与供应链管理

学习目标

1. 理解物流的含义和功能
2. 掌握电子商务与物流的关系
3. 理解电子商务物流与传统物流的不同
4. 掌握电子商务订单执行流程
5. 理解电子商务下不同的物流模式及其特点

中国电子零售业的兴起,促进了快递行业的崛起,中国现在拥有世界最为迅捷的网上购物体验,这离不开物流行业的技术变革。随着电子商务对社会生产与大众生活影响的持续渗透,其对物流的要求越来越高,如生鲜物流的时效性、冷链物流的保鲜性,跨境电商对跨境物流和检疫海关申报等服务的一体化需求等。同时电子商务延伸到产业链的上游。上下游产业对供应链间的数字互联要求也越来越高。这些新的需求不断地打破线上线下的界限,电商企业或物流企业不断尝试去构建多渠道一盘货的物流体系,通过仓配一体化、智能分仓等智能物流技术,形成库存、配送的全链路可视,去满足日益个性化定制、数字化生存、全链路互通的数字经济迅猛发展的需求。

 引导案例

"双十一"推动物流行业发展

2019年"双十一"当天,天猫平台为物流行业贡献了超过12亿个包裹,马云那句"中国快递进入10亿时代"成真。每年"双十一"网购节前三个月,"双十一"的备战都将提前拉开序幕。

电子商务平台各显神通

京东物流"亚洲一号"智能仓群在2019年10月进一步升级,位于成都和武汉亚洲一号的两个超大型分拣中心正式投用,两大智能分拣中心日订单处理能力均达到100万件以上。在配送速度方面,"双十一"京东物流将在全国十余个城市群范围内实现"半日达"服务;同时,在京东物流还将重点针对低线城市城区、县城以及周边乡镇,发起"千县万镇24小时达"时效提速计划。

同时,苏宁物流快递事业部总经理助理张海峰也公开苏宁物流"智慧场站"系统。物流园区、仓库、分拨场、快递站的"智慧场站"软硬件系统的有机融合,能够保证物流订单高效履约。

阿里巴巴电商平台更是通过菜鸟平台与物流行业打通上下游,形成共赢局面。每年的"双十一",在物流全流程中会看到众多新技术的运用。在商家供应链、仓库发货、枢纽中转、末公里派送、首公里寄件等方面,都有数据智能技术为消费者提供更好的物流体验,为商家进一步降本增效。"菜鸟天地"平台可以通过大数据分析,提前预估"双十一"的包裹数量以及所需资源,提前为各大快递网点发布预警信息,快递公司可以实时了解包裹动态。菜鸟智能供应链也加持"双十一",快递分拨中心还会实现IoT(物联网)智能管理;落地配品牌升级后的"丹鸟"再一次大展身手,与快递公司一起协同作战。而菜鸟驿站还将打造免费保管、刷脸取件、专人上门的多元服务。

利用大数据铺货,可提前预测货量,提前进行备货、运货。从源头减少爆仓压力。网购平台可以根据消费者浏览商品、添加购物车、添加收藏夹、参加商品预售等行为,预测出某一商品在某一地区的销售量,从而可以联合快递公司把货量多的商品提前运到快递公司仓库,或者距离消费者更近一点的仓里。另外,网购平台可以联合仓储企业盘点库存,调整货架摆放,优化仓内布置。

快递公司用数字及智能技术提升能力

快递公司也不甘示弱,圆通在上海转运中心上线三套双层、两套单层交叉带智能分拣设备,进出港小件包裹可达16万单/每小时。中通的24个转运中心上线了的双层自动分拣系统。德邦快递对全国57个场地进行了分拣系统的升级改造,并创新性地应用能够融合大件商品和小件商品拣选的多层立体分拣系统。

网易考拉的智能物流仓内,已经全面部署智能机器人和密集自动货架。从2019年9月开始,网易考拉的"双十一"跨境货物便陆续通过海运、空运和陆运,陆续进入其辐射全国的超百万平方米保税仓。另外,网易考拉也积极联动海关、仓储和物流服务商,在"双十一"期间提供24小时全天候服务,全力保障"双十一"出库效率和配送效率。

百世快递在转运中心推广使用可循环集包袋,该集包袋具有芯片识别,路由追踪功能,其群感应RFID芯片技术实现包裹中转、区域流向、稽核等信息收集。

交通运输部门鼎力配合

每年为了应对网购运输高峰,电力和铁路部门也"铆足了劲"。为应对这一年度超级物流高峰,铁路部门充分发挥高铁成网优势,科学配置动车组预留车厢、高铁确认车等多种运力资源,扩大"高铁极速达"服务范围,助力"双11"电商黄金周运输。此外,对速度快、运行稳、品质优,市场反应良好的"高铁极速达"产品,铁路部门还将完成大规模的"扩网",增加线路,并覆盖更多城市。

针对不同的运输项目,铁路部门还将推出高铁快运专列。2018年,"复兴号"首设快递专用车厢运力就增加10倍。

"双十一"生鲜货运也是备受关注的一环。除了"高铁极速达"增强运力之外,铁路部门预计还将推出行李车冷链快递、电商特快货运班列冷链运输等新服务,利用行李车有源冷柜和无源蓄冷箱助力"双十一"生鲜货运。

思考题:

1. 菜鸟和京东物流每年有哪些技术进步?请收集数据进行对比,分析每年"双十一"国内物流的发展变化。
2. 菜鸟物流、快递公司、交通运输部门他是如何协同的?

第一节 物流概述

随着现代社会经济的发展,社会生产分工越来越细,生产规模越来越大,而产品的消费尤其是消费品的消费却呈现出地域分布极广的矛盾。特别是随着国际贸易的发展和经济全球化,更加重了生产与消费在时间与空间上的分离,必须通过流通将两者联结起来。

商物分离是指流通中的两个组成部分——商业流通和实物流通,并各自按照自己的规律独立运动。"商流"即商业性交易,实际是商品价值运动,是商品所有权的转让,流动的是"商品所有权证书",是通过货币实现的;"物流"是指商品实体的流通。在经济发展初期,流通过程中的商流与物流是统一在一起的,进行一次交易,商品便易手一次,商品实体便发生一次运动。但随着经济的发展,尤其是当今经济全球化及信息技术的发展,电子商务技术的发展,商流与物流的分离日益明显,特别是随着社会分工和物流服务商的出现,商品的交易双方只进行商流的运作,而物流则由第三方进行。

一、物流的概念

物流这一概念最早是由美国的阿奇·肖(Arch Shaw)在1921年提出的。他在《市场流通中的若干问题》(*Some Problems In Market Distribution*)一书中提出"物流是与创造需要不同的一个问题",并提到"物资经过时间或空间的转移,会产生附加价值"。时间和空间的转移指的是销售过程的物流。

1918年,英国犹尼利佛的利费哈姆勋爵成立了"即时送货股份有限公司"。该公司的宗旨是在全国范围内把商品即时送到批发商、零售商以及用户的手中。这一举动被认为是有关物流活动的早期文献记载。20世纪30年代初,有些书籍开始出现涉及物流运输、物资储存等业务的实物供应(Physical Supply)一词。

这时,人们将市场营销定义为"影响产品所有权转移和产品实物流通的活动",即商流和物流。1935年,美国销售协会最早对物流进行了定义:"物流(Physical Distribution)是包含于销售之中的物质资料服务,是从生产地点到消费地点流动过程中伴随的种种活动。"

在第二次世界大战中,围绕着战争供应,美国军队建立了"后勤"(Logistics)理论,并将其用于战争活动中。这里的"后勤"是指将战时物资生产、采购、运输、配送等活动作为一个整体进行的统一布置,以求战略物资补给的费用更低、速度更快、服务更好。后来"后勤"一词在企业的经营活动中得到了广泛的应用,随之又有了商业后勤、流通后勤的提法。此时的后勤包含了生产过程和流通过程的物流,因而是一个内含更广泛的物流概念。

经过半个多世纪的演变,现在大多数西方国家把物流称作 logistics,而物流的确切定义目前各国不尽相同。例如,中国国家标准《物流术语》(GB/T 18354-2006)中的物流定义为:"物流是物品从供应地向接收地的实体流动过程。根据实际需要,将运输、储存、装卸、搬运、包装、流通加工、配送、信息处理等基本功能实施有机结合。"美国物流协会对物流下的定义是:"物流是为了符合顾客的需要所发生的从生产地到销售地的物质、服务以及信息的流动过程,以及为保管有效、低成本地进行而从事的计划、实施和控制行为。"但它们都体现出一个共同点,那就是物资在流动过程中增加了附加值。

有关物流概念需要进一步说明的是:

(1) 人们通常认为,物流概念中的"物",广义地讲,指的是一切有经济意义的物质实体,即指商品生产、流通、消费的物质对象。它既包括生产过程中的物资,如原材料、零部件、半成品及成品,又包括流通过程中的商品,还包括消费过程中的废弃物品。但在实际工作中,人们总是根据具体的物流范围来确定和理解"物"的含义,这是狭义的"物"的概念。

(2) 物流概念中的"流",指的是物质实体的定向移动,既包含其空间位移,又包括其时间延续。这里的"流"指的是一种经济活动。

(3) 流通加工从其活动性质来说应属于生产活动(产生物品的形、质变化),但其目的是为了提高物流系统的效率,解决功能隔离问题,所以人们把它看作是物流功能的扩大而归入物流活动。

物流的定义在各个经济发展阶段,为适应不同的经济活动目的,不断地进化、调整和完善,即便在同一历史时期、同一经济发展阶段,也因不同的学派、不同的学术团体、不同的机构和不同的国家,出自不同的角度和观点而有所差别。虽然物流的定义至今仍有争论,但物流定义的演变过程也恰恰反映了不同时期物流理论、物流管理以及物流技术的进步轨迹。

物流在英语中有两个词,一个是 Physical Distribution,简写为 PD;另一个是 Logistics。二者只不过角度不同,范围有别,所强调的内容相异。由上面所述物流概念的由来可以看出,"物流"一词是从"Physical Distribution"演变而来的,在经济界使用"Physical Distribution"是第二次世界大战以后的事,原意是指"物流的分发"。美国从20世纪60年代起逐渐用"Logistics"(后勤)一词取代了"Physical Distribution"一词。此概念于20世纪70年代引入日本后,日本同样翻译成"物流",但是却按新的解释赋予物流以新的含义。

物流最直接的解释是指物的实体流动。关于物流的概念,随着人们对物流认识和物流业的发展有一个不断深化的过程,目前尚未形成一个统一的概念。美国在20世纪50年代对物流的定义为:"物流系指军队运输、补给及屯驻。"后来他们逐渐认识到,物流不是仅发生在军事后勤系统,而是普遍地存在于一般的经济体系中,涵盖了第一、第二、第三产业和全部社会再生产过程,因而是一个非常庞大而且复杂的领域。从社会生产角度来看,一切产业用品的生产和制造过程,除了在加工或自然生长的时间以外,全部都是物流过程的时间;产业用品要实现从产品向商品的转移,要实现价值,都需要通过物流来进行资源的配置。

在1961年出版的一本有关物流的书中,对物流的定义为:"物流是为便利运输与协调供需,以创造产品的时间和空间效益的活动。"到了20世纪70年代被采用的物流定义为:"物流是为了便利产品的流通,从物料的获取到最终消费点之间,所有储运活动的计划、组织与控制,并包括有关信息的沟通,以达成顾客服务水平与成本之间的平衡,克服时间与空间的障碍。"美国物流管理协会对物流的定义是:"物流是对货物、服务及相关信息从起源地到消费地进行计划、执行和控制。这个过程包括输入、输出、内部和外部的移动以及以环境保护为目的的物料回收。"

在美国,最有权威的物流定义是美国物流管理协会 NCPDM(National Council Of Physical Distribution Management)1960年提出的:"所谓物流,就是把完成品从生产线的终点有效地移动到消费者手里的广范围的活动,有时也包括从原材料的供给源到生产线的始点的移动。"美国物流管理协会在下这个物流定义的同时还列举了物流活动的诸种要素,即货物运输、仓库保管、装卸、工业包装、库存管理、工厂和仓库选址、订货处理、市场预测和客户服务。美国物流管理协会的物流定义范围比美国市场营销协会的物流定义范围有所扩大,不仅是指制品从生产厂的生产线起,经过批发、零售,最终到消费者手里,而且还包括把原材料从生产厂到加工厂生产线的始点的移动。

1985年,美国物流管理协会的英文名称被改为 Council Of Logistics Management(CLM)。与此同时,协会对物流的定义作了调整和修改:"所谓物流,就是为了满足顾客需要而对原材料、半成品、成品及其相关信息从生产地到消费地有效率或有效益地移动和保管进行计划、实施、统管的过程。这些活动包括但不局限于顾客服务、搬运及运输、仓库保管、工厂和仓库选址、库存管理、接受订货、流通信息、采购、装卸、零件供应并提供服务、废弃物回收处理、包装、退货业务、需求预测等。"

1998年美国物流管理协会又一次对物流下了如下的定义:"物流是供应链流程的一部分,是为了满足客户需求而对商品、服务及相关信息从原产地到消费地的高效率、高效益的正向和反向流动及储存进行的计划、实施与控制过程。"

二、物流的功能

物流的职能是指物流活动所应具备的基本职责与功能。物流最基本的职能是组织物质资料进行物理性的流动,实现对用户的服务。而这一基本职能的实现必须依赖于物流具体职能的实现。物流的具体职能包括运输功能、储存保管功能、装卸搬运功能、包装功能、配送功能、流通加工功能、信息处理功能等。其中运输、储存功能是物流的基本功能,也是最重要的功能。包装、装卸搬运和流通加工是物流的辅助功能,配送和信息处理在现代物流中越来越受到关注和重视,物流的功能要素如图6-1所

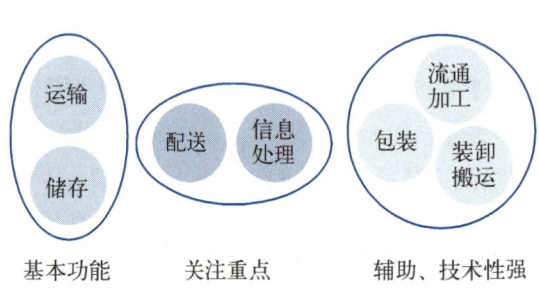

图6-1 物流的功能要素

示。这些基本功能要素有效地组合、联结在一起,相互平衡,形成密切相关的一个系统,能合理、有效地实现物流系统的总目的。

(一) 运输功能

运输主要是为了消除生产者与消费者之间的场所间隔,实现物质资料的空间位移。在社会再生产的各环节、社会经济生活的方方面面都存在着物质资料的空间移动问题,因而运输在物流活动中处于中心地位。对运输问题进行研究就必须从运输方式、运输工具的选择,运输路线的确定等方面着手。

(二) 储存保管功能

储存保管是为了消除生产与消费的时间间隔,而将物质资料进行暂时储存保管。这一职能主要是通过提高仓库的功能来实现的。由于生产与消费各有自己的规律性,生产与消费不可能在同一时间完成,所以必须通过储存保管来进行协调。在生产过程中,由于运输、购买和预防突发事件的出现,如果没有一定数量的原材料、半成品的储存,就不能保证生产的连续性。物质资料储存保管因为人为、自然的因素会发生物质资料的使用价值和价值的损耗,为此就需要对储存物品进行以保养、维护为主要内容的一系列技术活动和保管作业活动,以及为了进行有效的保管,需要对保管设施的配置、构造、用途及合理使用、保管方法和保养技术的选择等进行适当的处理。储存保管与运输构成了物流的两大支柱,在物流活动中有重要的作用。

(三) 装卸搬运功能

装卸搬运是指在一定区域内,以改变物品存放状态和位置为主要内容的活动。它是伴随运输和保管而产生的物流活动,是对运输、保管、包装、流通加工、配送等物流活动进行衔接的中间环节。在物流活动中,装卸搬运作业的频率比较高,这也是产生物品损坏的重要原因之一。要搞好装卸搬运,提高搬运效率,就必须对搬运方式、装卸搬运机械等方面进行研究。

(四) 包装功能

包装具有保护物品、便利储存运输、增加产品附加值的基本功能。物流活动过程的各个环节都需要包装。包装包括产品的出厂包装,生产过程中在制品、半成品的包装,流通过程中的包装、分装、再包装。按使用者的不同,包装一般可分为商业包装和工业包装。为了实现商业包装和工业包装的目的,必须在包装的形式、包装的方法、包装单元的确定,包装的形态、大小、材料、重量和包装标记、标志的设计上符合不同消费者的需要,体现物品的特点,迎合消费者的消费心理。包装既要重视其增值作用,又要防止"过度",体现环保的要求。

(五) 配送功能

配送几乎包括物流的全部职能,是一种综合的活动形式。配送集包装、装卸搬运、保管、运输于一体,并通过这些活动完成物品的送达目的。物流配送要研究配送方式的选择、配送模式,以及配送中心地址的确定、设施的构造、内部布置和配送作业及管理等问题。

(六) 流通加工功能

流通加工就是产品从生产者向消费者流动的过程中,为了促进销售,维护产品质量,实现物流的高效率所采取的使物品发生物理和化学变化的功能。通过流通加工,可以节约材料、提高成品率,保证供货质量和更好地为用户服务。所以,对流通加工的作用同样不可低估。流通加工是物流过程中"质"的升华,使流通向更深层次发展。

(七) 信息处理功能

物流各项职能要发挥作用,必须及时交换情报信息。信息处理的基本职能是对情报信息进行收集、加工、传递、储存、检索、使用,包括对其方式的研究,以及对管理信息系统的开发与运用等。

第二节 电子商务物流

电子商务与物流的关系

一、电子商务与物流的关系

大多数电子商务的应用需要支持服务。最明显的支持服务便是安全服务(第四章)、支付服务(第五章)、基础设施和技术服务(第九章)以及订单实施和物流服务(本章内容)。在第二章里提到的电子商务的要素,其中之一就是物流。作为电子商务要素之一的物流俨然已是电子商务顺利开展的不可或缺的重要环节。而电子商务物流体系既有普通物流体系的共性,也明显带有电子商务的特征。电子商务物流体系是建立在物流与电子商务关系之上的。

电子商务物流从一开始的手写地址、人工分拣,发展到电子面单、机器人分拣。目前在中国,无论是物流园区、干线运输,还是秒级通关、末端配送,都通过技术高效连接,不断加快智能物流骨干网数字化、智能化的升级。物流如此快速的发展离不开电子商务对它的拉动和推动作用,电子商务与物流的关系如图6-2所示。

图6-2 电子商务与物流的关系

(一) 电子商务对物流的"拉动"作用

国内电子零售业率先兴起,一开始物流跟不上电子商务的发展,是电子商务发展的瓶颈。但是由于电子商务激发的市场需求,让很多企业投入快递行业,带动了快递物流业的发展。同时,电子商务交易主体和产品类型的丰富性,电子零售的多品种、小批量、多批次的物流需求特点对物流发展提出新的挑战。

1. 电子商务拉升了物流管理与物流技术水平

电子商务的发展激发了物流的需求,同时对服务理念、物流技术、物流标准化物流管理等方面提出新的要求。如何快速反应电子商务的订单需求,把订单从一周到达缩短为一天到达,这将涉及如何提高运输设备性能、如何构建合理的物流网络以优化流通。电子商务与快递物流的协同以及围绕着电子商务的快递物流服务活动越来越重要。不断激发物流业结构调整和升级。

2. 在电子商务的拉动下物流仓储能力得以提高

仓储能力影响到整个物流体系的运转。如何布局仓储,使仓储能力具备合理的覆盖面积?是否搭建了全网络智能分仓系统?仓储无人化作业程度有多高?这些都是仓储能力的体现。在电子商务的需求驱动下,电子商务物流仓储布局要考虑如下问题:

(1) 订单量。订单量大的区域可以建一级仓库(物流中心),订单量其次的区域可以考虑建二级仓库,放重点品类的商品。

(2) 仓储位置。仓储位置选择将影响到仓库的辐射、配货范围。分拣中心与自营站点的距离会影响货物周转的及时性。

(3) 物流园区各项基础设施的配备。合理利用园区的设施,可以形成有效的设施联动。

(4) 仓储服务的智能高效。通过自动流水线、智能分拣机器人、搬运机器人,让仓储服务变得更加智能高效。

3. 带动了物流干线运输和末端配送的发展

电子商务物流的整体运转还离不开干线运输和末端配送。通常,干线运输采用外包方式。一般是货运公司车队进行跨省或市定点运输。具有批次小、频率小、批量大的特点。干线运输承包企业要具有稳定的实效、完整的运输轨迹,并且要保障签收率。

消费者希望快递更快地交付,促使着快递以更快的速度运输更多的产品,出现了第三方代收件平台、智能快递柜、自提点等。另外,无人机和智能快递无人车也在逐渐发挥作用。

4. 在电子商务的拉动下,物流的发展扩大了电子商务覆盖面

物流业的发展与电子商务的发展是相辅相成的关系。原来不能到达的边远地区,现在可以送达了;原来不能够用网络销售的东西可以变成网络销售了,例如冷链物流,冷链物流对到达的时间要求更短,对运送和仓储过程有更高的要求。而物流能力的提升把这部分需求激发出来。类似的还有医药快递物流、外卖需求。以前不能在线上进行的商品,现在可以在线进行,都是因为物流的发展。

(二) 电子商务对物流的"推动"作用

电子商务带动了大数据,大数据给物流赋能,促进物流的优化升级。电子商务通过大数据赋能,使物流系统效率得到快速提升。大数据预测技术、人工智能检测技术、协同技术,就是让数据在不同的物流系统之间相互打通,相互配合,不仅实现智能仓储协同和配送路径的优化,还能降低整个社会的成本,提高运转效率。

1. 大数据预测用户需求,商品提前下沉到物流覆盖区域

通过大数据和智能算法,商家在客户下单前能预测出当地的出货量,提前在相应的大

区仓库铺货,缩小货物与用户的距离。订单一旦确定,相关信息快速反映到仓库系统中,货物的出库速度将得到提升。不仅提高了存货周转效率和配送时效,还有助于提升客户体验。

2. 大数据选址让仓库设置越来越靠近消费者

在中心城市,门面租金昂贵,前置仓就设在小区里面或市郊地段差的地方,从而降低了门面的成本。这些都是靠大数据分析选址,既要降低成本又要快速满足送货上门的需求,同时还利用大数据提前预测城市附近的需求明细,提前准备生鲜,提供半小时送达服务。另外,还利用大数据对物流终端系统的改造,包括对整个社区快递设施的改造解决终端物流,解决物流最后一公里的问题。

3. 高峰值电子商务交易推动物流业整体能力提升

在中国,"双11"购物节是对整个社会经济系统极端情况峰值的压力测试,通过"双11"做活动,把需求聚集收敛在一起,形成一个峰值。对物流系统、支付系统,以及平台的其他支撑系统进行测试,看能不能适应这么高峰值的电商交易的及时到货需求。这是一个对需求的巨大挑战,通过这种挑战,把整个社会的运转物流系统做更大的提升。通过这种方式为下一年的峰值服务打下基础。所以"双11"购物节对整个物流系统的压力测试和物流系统的提升有着不可忽视的作用。网购节数量庞大的订单不仅让快递业获得了极大的效率提升,还让生产端的备货、响应速度、仓储物流速度都获得了显著提升。

菜鸟物流的目标就是国内24小时内到达,全球72小时到达,这个目标看似非常不可思议。但是设定目标后,整个全球物流网络到底如何去优化,如何设计前置仓、如何布局海外仓,如何提前预测置仓,这些问题将成为激发物流发展的动力。

4. 物流超前发展激发了电子商务的潜在需求

物流业超前发展,使以前不能够在线进行的电子商务可以在线进行了,以前整个物流的效率是散、乱、差、缺,整个效率不高,快递要3~5天送达,而当日达、次日达,甚至几小时到达的需求得不到满足。当物流水平提高以后,物流通过大数据提前预测和布局,又把这部分的潜在需求释放出来,提高了销售量。大数据、人工智能技术升级,加上平台整合赋能使配送的效率提升了。而前置仓、海外仓、智能货柜等基础设施改善了物流体验,激发了新零售、跨境电商的发展。本质上实体物的流动越来越能够灵活适应物流服务边界日益拓展、销量日益增长的线上需求。物流水平的提升让潜在的消费需求变成现实需求。

二、传统大宗物流和电子商务物流的比较

从业务角度,电子商务物流和传统物流主要的区别是传统大宗物流是将大量货物送至较少目的地(例如零售商店),而电子商务物流则更多的是将少量货物送至众多的顾客家中,传统大宗物流和电子商务物流的区别如表6-1所示。

表6-1 传统大宗物流和电子商务物流的区别

特 征	传统大宗物流	电子商务物流
类型、数量	大宗、大容量	小型、包裹式
目的地	少数	大量、高度分散

续　表

特　征	传统大宗物流	电子商务物流
需求类型	"推式"需求	"拉式"需求
运输费用	很大,通常超过上千元	很少,通常百元以内
需求特性	稳定、连续	季节性、分散
顾客	商业伙伴(B2B模式),通常为重复客户,未知的客户不太多	经常未知,未知的顾客很多
库存订单流	通常是单向的,来自制造商	通常是双向的
责任	由一家物流提供商承担责任	贯穿整个供应链
运输者	通常自己公司承担,有时外包	通常外包,有时是公司自己承担
仓库	一般都有仓库,仓库的布局支持大宗出货	有一定仓库也可以没有仓库;仓库布局支持快速配货、小件出货

三、仓配一体化的订单履行

仓配一体化是指通过仓储和配送的结合,将订单预处理、执行计划、库内作业、发运配送、拒收返回以及上下游的账务清分等全部统一起来,高效完成订单作业需求,实现物流一站式服务。是仓储服务、配送服务、技术支持、售后服务、增值服务组合在一起的一站式物流服务。通过订单履行中心 OFC(Order Fulfillment Center)、仓储管理系统(WMS)和运输管理系统(TMS)将服务贯穿整个供应链的始终,仓配一体化如图 6-3 所示。比起各环节独立运行的物流服务模式,仓配一体化简化了商品流通过程中的物流环节,缩短配送周期,提高物流效率,促进整个业务流程无缝对接,实现货物的实时追踪与定位,减少物流作业差错率。同时,货物周转环节的减少,势必降低物流费用,降低货物破损率。另外还可以根据仓配一体供应链的性质和需求定制化服务流程。

仓配一体化的订单履行

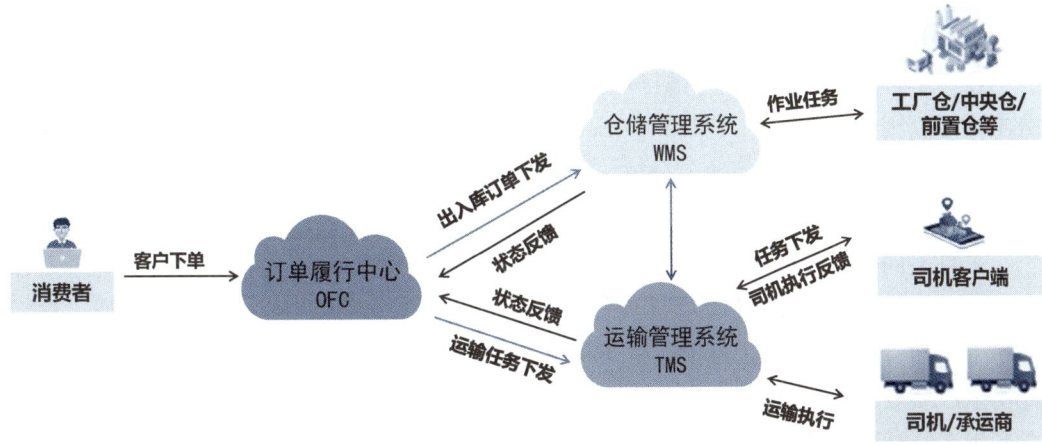

图 6-3　仓配一体化

用户在线浏览商品,选择喜欢的商品放入购入车,提交订单后,需要经历多个环节和各个系统的处理才能完成一次完整的购物历程。电子商务订单履行系统就是负责连接用户下单和订单在库房的生产。将用户订单转换成各终端系统的生产单,并按要求送达到相应的终端系统。整个过程包括订单的拆分、订单转移和订单向对应库房的下传(分拣)。订单履行系统不仅将客户订单数据传送到库房,同时还需要将非客户订单,如采购单、供应商供货单、内配单等众多个业务传输到相应的业务系统。

B2C 电子商务的订单实施过程可以分为订单拆分、订单转移、拣货、包装和配送等几个主要环节,其核心仍然是物流。配送中心的流程设计与订单履行系统密切相关,所以配送中心成为 B2C 电子商务订单履行的关键内容。电子商务订单履行过程如图 6-4 所示。

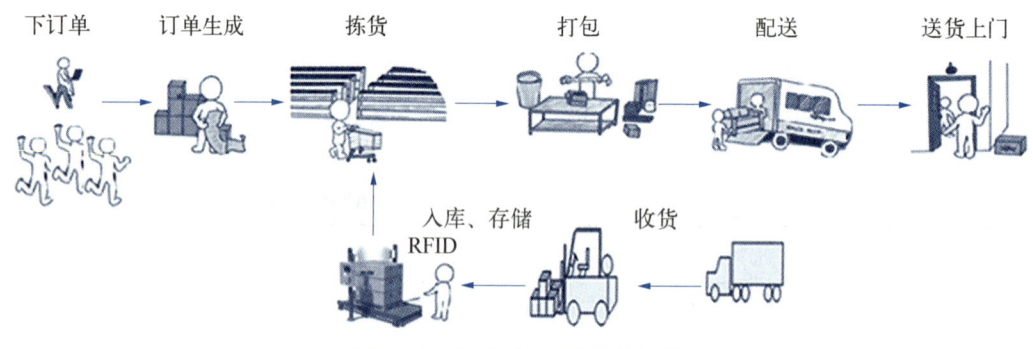

图 6-4 电子商务订单履行过程

(一) 订单拆分

订单拆分就是将用户下的订单根据几个维度(如商家、仓库、订单类型)进行拆分。例如库房,商品是根据不同品类进行存放的。因为不同的品类对仓储要求不同,例如大家电和食品对存储空间的要求是不一样的。当消费者下单买了一台电视,同时还买了一个食品,虽然客户下的是一个订单,但在后台要分拆成两个订单,一个给大家电仓库,另一个给食品仓。这就是根据库房维度的订单拆分。

根据 B2C 运营模式不同,对于复合型 B2C 既有自营又有平台属性的电子商务业务,订单拆分还会考虑订单是否包含自营部分和平台入驻商家订单两个部分。这时候就会根据平台入驻商家维度进行拆分,形成子单。

在订单拆分过程中还应考虑订单金额、优惠比例、运费等信息的分摊处理。通常这部分工作可以用 OCS(Order Calculate Service,订单金额计算服务)系统来处理。OCS 分摊金额的原则是按 SKU 金额比例分摊。

(二) 订单转移

来自不同渠道的订单,如 PC 端、APP 端、微信小程序端等,经过拆分之后统统进入订单转移系统中。订单转移目的就是把这些拆分后的订单分发到相应的库房去生产。对于库房生产而言,如果来一张订单就生产一张订单,是没有计划性的,也不能提高作业效率。库房生产一般采用波次作业,即将订单按照某种标准或者规则汇总在一起进行作业。通常利用系统计算库房生产的波次,算出每个库房接单时间点。另外,订单转移系统还需要根据库存计算哪个库存有货,附件库存无货时订单要转移到有货的仓库去。

(三) 拣货

库存有货情况下订单进入拣货阶段,目前 B2C 拣货作业有以下几种方式:

1. 批次拣选作业模式

由于电商的订单数量巨大,而每一个订单的订单量又极少,需要将多个订单合在一起拣货,才能够提高拣货效率。所以,电商物流中心一般将多个订单合在一起拣货,然后在人工对货品进行扫描复核时再还原成原有的订单。早期的欧美企业(如亚马逊在英国、德国的物流中心)、日本和国内(如京东、当当、亚马逊中国、凡客)的绝大部分电商物流中心均采用该模式。其优点是作业简单、投资较少,只要增加人力,就可以大幅提高产能;缺点是拣货效率较低,一个批次处理的订单量较少(人工拣货小车的容量决定了批次拣货量)。

2. 分区接力拣选作业模式

这是针对批次拣选模式拣货效率较低的问题进行改善得到的新作业方式,将批次的订单量扩大到1 000单以上,然后由不同的人员在不同的区域分别拣货,再通过输送线传送货物进行接力订单合流。此模式的优点是拣货效率大幅提升;缺点是投资较大,对设备有一定的依赖性,容易产生瓶颈点、产能不容易大幅提高。美国的新蛋、京东上海仓库均采用该模式。

3. 分区拣选、自动合流作业模式

针对第二种接力拣选作业容易产生瓶颈点的不足,在分区拣选的基础上,不再接力拣选,而是采用自动化设备进行批次订单拆分,还原成原有的订单。其优点是拣货效率极高,缺点是投资巨大。美国亚马逊位于内华达州的8万平方米的仓库就采用了该模式。

4. 物到人拣货模式

前三种方式都需要操作人员在很大的库区内行走出货,所以其作业模式也可以归纳为人到物(Man To Goods)。而目前国际上尤其是欧美国家,已经普遍采用自动化设备,实现物到人(Goods To Man)拣货模式。即人站在原地不动,借助自动存储和输送设备或者移动式机器人,将需要拣选的商品直接送到拣选工位的操作人员面前,拣货效率可以大幅提高。物到人拣货模式适用于欧美国家人力成本高的特点,可以最大幅度地精减人员;其缺点是投资极其巨大,对系统和流程的设计提出了极高的要求,且作业的柔性不足。英国最大的百货公司John Lewis的电商物流就实施了物到人拣货系统。2019年,京东的"亚洲一号"项目已建成16个均采用物到人的拣选方案。

(四) 包装

包装是指将一个订单中的商品生产成一个包裹,以便于配送。包装作业主要考虑包装的不同形式,如:易碎商品、液体类商品都需要气泡膜进行包装;外地配送一般均采用纸箱包装和装填部分气泡袋进行填实;本地配送一般考虑节省成本,采用塑料袋包装;奢侈品和礼品,一般采用礼品盒包装等等。在包装的过程中,一般还会增加称重流程,其目的一是增加复核功能,二是为了和第三方进行结算。此外,还要打印和粘贴发货标签,便于和配送中心做交接和完成分货作业。

(五) 配送

配送是指按照订单要求完成货物从配送中心到客户端的过程,一般要求按照区域和路线进行。目前采用的方法主要有自行配送和第三方配送两种。前者如京东、凡客,后者如当当、亚马逊中国。从长远的发展看,采用第三方配送将是主流,但需要完善行业管理规范。

(六) 退货

在很多情况下,客户想要更换或者退回商品。有时退货的规模还很大。每年,北美国家在线销售加上离线销售的退货量价值高达几十亿美元。商品从顾客的手中退回供货商的过程称为逆向物流。B2C 的销售退货一般占比都比较小,大致在 1‰～3‰。也有个别企业退货比较多。对于退货的处理,首先要考虑业务层面的处理。在物流层面,还存在退货上架的问题。采购退货主要是完成从配送中心到供应商的退货,其操作比较简单。

由于产品和供货商千差万别,所以订单实施的过程是千变万化的。而且,订单实施的过程在 B2B 和 B2C 模式下并不一样,在货物商品和服务商品的销售中也不一样,在大型商品和小件商品的销售中同样是不一样的。另外,某些情况,比如说易腐原材料或食物,需要增加额外的步骤或者管理活动。在订单履行中有时还会涉及保险。交易双方可能会对运输的货物进行投保。这一步既涉及财务部门也会涉及一家保险公司。同样,信息不仅在公司内部,还需要在消费者和保险机构间进行沟通。从接收订单的通知开始到发货通知或者发货日期变更通知为止,销售代表需要和顾客保持不断的联系,特别是在 B2B 的模式下。这些沟通往往通过电子邮件来完成。

第三节 电子商务物流模式

针对电子商务经营的范围和商品的不同,物流服务也呈现出很多创新。例如共享物流、面对新零售的前置仓、统仓统配、智能分仓等。电子商务物流在新技术下打破原有工业的传统体系,发展建立以商品代理和配送为主要特征,物流、商流、信息流有机结合的社会化物流配送体系。从物流服务的资源角度可以将电子商务物流模式分为自营、外包和第四方物流三类。而从仓配角度,新零售物流代表了一种全新、高效的物流模式。

(一) 自营物流

企业自身经营物流,称为自营物流。企业自营物流模式意味着电子商务企业自行组建物流配送系统,经营管理企业的整个物流运作过程。在这种方式下,企业也会向仓储企业购买仓储服务,向运输企业购买运输服务,但是这些服务都只限于一次或一系列分散的物流功能,而且是临时性的纯市场交易的服务,物流公司并不按照企业独特的业务流程提供独特的服务,即物流服务与企业价值链的松散的联系。如果企业有很高的顾客服务需求标准,物流成本占总成本的比重较大,而企业自身的物流管理能力较强时,企业一般不应采用外购物流,而应采用自营方式。由于我国物流公司大多是由传统的储运公司转变而来的,还不能满足电子商务的物流需求,因此,很多企业借助于他们开展电子商务的经验也开展物流业务,即电子商务企业自身经营物流。在我国,采取自营模式的电子商务企业主要有两类:第一类是资金实力雄厚且业务规模较大的电子商务公司,电子商务在我国兴起的时候,国内第三方物流的服务水平远不能满足电子商务公司的要求。代表企业是京东商城。第二类是传统的大型制造企业或批发企业经营的电子商务网站,由于其自身在长期的传统商务中已经建立起初具规模的营销网络和物流配送体系,在开展电子商务时只需将其加以改进、完善,可满足电子商务条件下对物流配送的要求,例如传化物流。

在这一模式中,重点是物流设施、物流技术和配送。以自建的物流基础设施为平台,结合自有的物流技术和装备,对接电子商务平台,提供高效快捷的物流配送服务。目前这一系统也向社会开放共享,但运营主体不变,是典型的平台自建和运营的服务模式。

选用自营物流,可以使企业对物流环节有较强的控制能力,易于与其他环节密切配合,全力专门的服务于本企业的运营管理,使企业的供应链更好地保持协调、简洁与稳定。此外,自营物流能够保证供货的准确和及时,保证顾客服务的质量,维护了企业和顾客间的长期关系。但自营物流所需的投入非常大,建成后对规模的要求很高,规模大才能降低成本,否则将会长期处于不盈利的境地。而且投资成本较大、时间较长,对于企业柔性有不利影响。另外,自建庞大的物流体系,需要占用大量的流动资金。更重要的是,自营物流需要较强的物流管理能力,建成之后需要工作人员具有专业化的物流管理能力。

（二）物流服务外包模式

物流服务外包模式是指在线零售商家把物流配送服务外包给第三方物流公司的服务模式。中小商家一般均采用这种服务外包的模式,淘宝最早采用的也是物流配送服务外包模式,与众多快递企业合作,接入淘宝平台,通过平台向商家推荐快递企业,商家选择第三方物流企业将物流配送外包。

目前很多专业的网购平台一般都采用这一服务外包模式。品牌商或生产制造企业的电子商务,在干线运输和仓库网点货物分拨的前端一般外包给第三方物流公司或自营,在末端配送基本上都外包给末端物流。拼多多电子商务平台就是主要采用快递外包的模式。

这里提到了第三方物流,第三方物流公司(Third Party Logistics Providers,3PLs)是指为公司提供全部或部分物流服务的外部供应商。3PL 供应商提供的物流服务一般包括运输、仓储管理、配送等。在此过程中 3PL 供应商既不是生产方,又不是销售方,而是在从生产到销售的整个物流过程中进行服务的第三方,它一般不拥有商品,而只是为客户提供仓储、配送等物流服务。

第三方物流公司通过与第一方或第二方的合作来提供其专业化的物流服务,它不拥有商品,不参与商品买卖,而是为顾客提供以合同约束、以结盟为基础的、系列化、个性化、信息化的物流代理服务。服务内容包括设计物流系统、EDI 能力、报表管理、货物集运、选择承运人、货代人、海关代理、信息管理、仓储、咨询、运费支付和谈判等。第三方物流企业一般都是具有一定规模的物流设施设备(库房、站台、车辆等)及专业经验、技能的批发、储运或其他物流业务经营企业。第三方物流是物流专业化的重要形式,它的发展程度体现了一个国家物流产业发展的整体水平。企业采用第三方物流模式对于提高企业经营效率具有重要作用。首先,企业将自己的非核心业务外包给从事该业务的专业公司去做;其次,第三方物流企业作为专门从事物流工作的企业,有丰富的专门从事物流运作的专家,有利于确保企业的专业化生产,降低费用,提高企业的物流水平。第三方物流具有如下特征：

1. 第三方物流是建立在现代电子信息技术基础上的

信息技术的发展是第三方物流出现的必要条件。信息技术实现了数据的快速、准确传递,提高了仓库管理、装卸运输、采购、订货、配送发运、订单处理的自动化水平,使订货、包装、保管、运输、流通加工实现一体化,企业可以更方便地使用信息技术与物流企业进行交流和协作，企业间的协调和合作有可能在短时间内迅速完成；同时，电脑软件的迅速发展，使混杂在其他业务中的物流活动的成本能被精确地计算出来，还能有效管理物流渠道中的商流，这就使企业有可能把原来在内部完成的作业交由物流公司运作。常用于支撑第三方物流的主要技术有：实现信息快速交换的 EDI 技术、实现资金快速支付的 EFT 技术、实现信息快速输入的条形码技术和实现跟踪定位的 GIS、GPS 等技术。

2. 第三方物流是合同导向的一系列服务

第三方物流有别于传统的外协。外协只限于一项或一系列分散的物流功能，如运输公司提供运输服务、仓储公司提供仓储服务，第三方物流则根据合同条款规定的要求，而不是临时要求，提供多功能、甚至全方位的物流服务。

3. 第三方物流是专业化、个性化物流服务

第三方物流由于熟悉市场运作，有专门的物流设施和信息手段，又有专业人才，因此第三方物流是专业化的物流机构。

由于需求方的业务流程各不一样，而物流、信息流是随价值流动的，因而要求第三方物流服务应按照客户的业务流程来定制，这也表明物流服务理论从"产品推销"发展到了"市场营销"阶段。个性化的物流服务在一定程度上反映了个性化营销的物流需要。

4. 第三方物流配送灵活性强

第三方物流配送是用合同方式建立起物流服务者与用户的关系，因此，使用起来非常灵活。公司仅需向第三方支付服务费用，而不需要自己内部维持物流基础设施来满足这些需求。尤其对于那些业务量呈现季节性变化的公司来讲，外包物流对公司赢利的影响就更为明显。

(三) 第四方物流

第四方物流(Fourth Party Logistics)是 1998 年美国埃森哲咨询公司率先提出的，是指专门为第一方、第二方和第三方提供物流规划、咨询、物流信息系统、供应链管理等活动。第四方物流是一个供应链的集成商，是供需双方及第三方物流的领导力量。它不是物流的利益方，而是通过拥有的信息技术、整合能力以及其他资源提供一套完整的供应链解决方案，以此获取一定的利润。它是帮助企业实现降低成本和有效整合资源，并且依靠优秀的第三方物流供应商、技术供应商、管理咨询以及其他增值服务商，为客户提供独特的和广泛的供应链解决方案。可见第四方物流有三个基本特征：

(1) 第四方物流有能力提供一整套完善的供应链解决方案，是集成管理咨询和第三方物流服务的集成商。第三方物流的优势在于运输、储存、包装、装卸、配送、流通加工等实际的物流业务操作能力，在综合技能、集成技术、战略规划、区域及全球拓展能力等方面存在明显的局限性，特别是缺乏对整个供应链及物流系统进行整合规划的能力。而第四方物流的核心竞争力就在于对整个供应链及物流系统进行整合规划的能力，也是降低客户企业物流成本的根本所在。

(2) 第四方物流是通过对供应链产生影响的能力来增加价值，在向客户提供持续更新和优化的技术方案的同时，满足客户特殊需求。

(3) 成为第四方物流企业需具备一定的条件，如能够制定供应链策略、设计业务流程再造、具备技术集成和人力资源管理的能力；如在集成供应链技术和外包能力方面处于领

先地位,并具有较雄厚的专业人才;如能够管理多个不同的供应商并具有良好的管理和组织能力等。

过去关于第四方物流的理解大多停留在概念阶段,真正落地的案例是中国的菜鸟物流。要运营好第四方物流模式,离不开 iABCD 技术的支撑。第四方物流强调以数据驱动为纽带,以整合资源为手段,以智能仓储为节点,构建社会化电子商务物流服务平台,通过业务流程再造,联合专业的第三方物流企业、相关的金融机构,合作共建,形成一套开放的社会化仓储设施网络。在数据驱动下,为电子商务企业、物流企业、供应链服务商等提供一体化服务。提升物流行业的附加值。促进社会化资源高效协同,提升社会化物流服务。

(四) 新零售物流模式

货物流转最佳的状态的就是商品从厂家出来后直接送到销售者手里,理想情况是商品按订单生产,物流按订单配送。然而,市场的需求和生产的计划是相互寻找的过程,会产生很多的中间环节,所以往往决定货物流向的不是物流公司,而是消费者,或者说是订单。新零售强调以用户为中心,通过数字化技术,打通线上和线下,驱动供应链上的各个环节发生改变。用户购买更加主动,而物流的高效便捷更是成为取得用户黏性的关键。

生鲜和百货,一方面商品毛利低,单品的物流成本在商品中的占比高,生鲜的物流标准更高且商品损耗大,另外快消品还具有场景化、冲动性的消费的特征。一直以来,线下渠道比线上渠道更有优势,因为线下渠道的物流在购买之前,每一次商品的搬运都是离消费者更近,只是多个环节的信息都是孤立,没有很好地衔接。线上渠道的物流在下订单之前物品流动是无效的,下单后还会存在商品无序流动。因此,新零售物流就是通过数据算法、智能供应链和人工智能等技术,充分融合并重构线上和线下的人、货、场。消费者线上购物完成后,通过各前置仓、商场门店、便利店发出商品,在 30~120 分钟内送抵消费者手中,从而形成一个 3 公里范围内的理想生活圈。要实现这个目标就需要整合社会仓储资源,构建多级分仓体系,实现店仓一体化,通过大数据,引导商品提前向离消费者最近的地方流动。

1. 多层级分仓模式

传统的仓储体系是商品从生产商通过干线运输到批发商,再从批发商配送到零售门店,这种网络体系的门店物流履约成本高,难以适应多门店、距离远以及消费者的个性化需求和体验。为此,新零售的仓储体系势必需要形成多层级分仓模式。通过中心仓/城市仓、前置仓的多层级分布的仓储,配合多渠道的业务,按照区域和渠道等多维度视角进行物理库存拆分,实现多渠道业务协同、全网库存联动。新零售多层级分仓示意图如图 6-5 所示。

高频消费的生鲜零售,甚至跨境物流中单品类母仓将越来越少,取而代之的是多层级分仓模式,多种仓库类型互补协作。

中心仓,可分类为中央配送中心(CDC,Central Distribution Center)和区域/城市配送中心(RDC,Regional Distribution Center),通常是指企业源产地直采或接受供货商所提供的多品种、大批量的货物,通过存储、保管,并按照用户订货要求进行拣选、加工、组配等作业后,按照众多需要者的订货要求备齐货物。CDC 配送中心以较强的辐射能力和库存准备,向省(州)际用户配送。这种配送中心配送规模较大,一般而言,用户也较大,配送批量也较大,以托盘方式用大卡货车集中配送到下一级仓储。例如,下一级的城市配送中

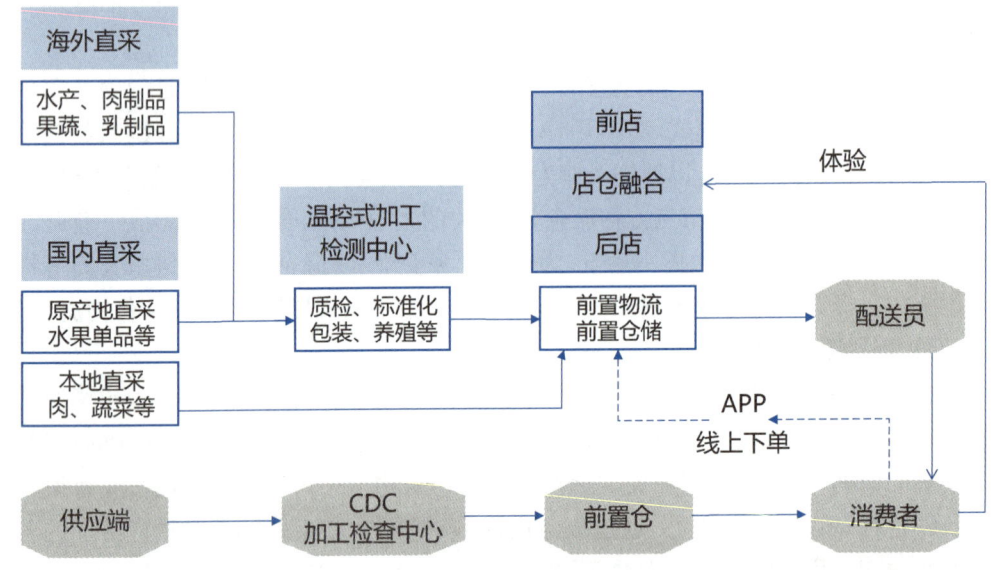

图 6-5 新零售多层级分仓示意图

心 RDC,也配送给营业所、商店、批发商和企业用户。虽然有时也从事零星的配送,但不是主体形式。在新零售物流中,中心仓承担商品质量检验、包装、标准化等功能。但末端订货配送不在中心仓完成。

前置仓(FDC,Front Distribution Center),是在企业内部仓储物流系统内,离门店最近,最前置的物流仓储节点。前置仓可以布局在社区中,成为社区仓;也可以是一个面积不大的微仓。前置仓可以完成收货、上架、拣货、打包、配送等作业。从前置仓到消费者是以件作为交付方式。

多级分仓模式可以让仓库设置越来越靠近消费者,提高订单的响应速度。多层级分仓体系更需要通过数据驱动整合社会仓储资源,统一物流管理标准,实现仓储资源的共享,从而降低成本。

2. 店仓一体化

店仓一体化是指门店集展示、仓储、分拣、配送为一体,通过引入自动化物流设备、电子标签和终端配送提高配送效率,满足客户现场及线上业务的快速体验。门店货架即为线上虚拟货架,通过快速送达的承诺提升消费者体验。通常,在店面内通过电子标签和自动化合流区实现商品分拣。在配送环节,依靠自营物流或协议外包方式完成五公里半径快速送达。典型代表是盒马鲜生的前店后仓,物美超市借助多点 APP 的前场后仓配售一体化。

3. 智能分仓

通过构建供应链平台,按照就近配送原则,可实现智能分仓。智能分仓可根据买家地址识别到最近的仓库来履行订单,实现快速物流反应。供应链管理平台是基于协同供应链管理的思想,配合供应链中业务需求,通过操作流程和信息系统紧密配合,使物流各环节无缝链接,形成物流、信息流、商流和资金流四流合一的模式。智能分仓需要通过多仓布局,打破了物流供应链的单渠道配送模式,实现 B2B、B2C、B2B2C、C2B 同仓管理,共享库存,实现一站式全渠道仓配服务。

通过供应链平台结合用户流量分析可以从前端进行供应链预测,提出库存建议,并根据用户订单智能分拨、调度和配送。

4. 智能物流技术

使用物联网技术和信息化技术提升数据采集和大数据的处理能力,在物流各种设备中安装传感器,通过摄像头进行自主运算,让机器会"思考"。同时通过使用 AGV(Automated Guided Vehicle)机器人、机械臂等无人仓技术,让分拣效率大幅提升。除了智能硬件和自动化,还应通过算法提升物流水平。例如盒马零售通过智能履约集单系统,可以根据客户的地理位置、下单时序、具体需求和商品的配送温度把订单串联起来,结合店内店外配送人员的位置和状态计算出最优配送方式,提高效率降低成本;智能店仓作业和配送调度系统,可以共享配送员的位置信息、技能信息,针对消费者订单实现配送员的随时调配;智能订货库存分配系统,则是基于盒马门店的历史销量和淘宝天猫数据,对不同区域商品分配进行预测,合理调配门店库存,提高门店库存周转效率。

第四节 电子供应链管理

电子商务公司的内部运营(后台)及其与供应商和其他合作伙伴的关系是最关键的,这往往比面向客户的诸如在线接受订单这样的应用程序更复杂。在许多情况下,这些不需要面向客户的应用程序涉及的是公司的供应链。

一、电子供应链的概念

为了认识电子供应链,先来看什么是传统的供应链。供应链(Supply Chain Management,SCM)是围绕核心企业,通过对信息流、物流、资金流的控制,从采购原材料开始,制成中间产品以及最终产品,最后由销售网络把产品送到消费者手中的将供应商、制造商、分销商、零售商直到最终用户连成一个整体的功能网链结构模式。它是一个范围更广的企业结构模式,包含所有的加盟企业,从原材料供应开始,经过链中不同企业的制造加工、组装、分销等过程直到最终用户。它不仅是连接供应商到用户的物料链、信息链、资金链,而且是一条增值链,会给相关企业都带来收益。

供应链涉及整个产品生命周期中所发生的全部活动,正如有人描述的那样,"从头到尾"。但是,供应链并不只有这些,它还包括信息和资金的运转,以及支持产品和服务运转的流程。最后,相关的组织和个人也是供应链的组成部分。宽泛地讲,只有当产品用完并被处理掉——可能回归到大自然的某处,供应链才算结束。供应链的基本结构,如图 6-6 所示。

当人们利用电子方式,通常是网络技术来管理供应链时,就有了电子供应链(E-Supply Chain)。

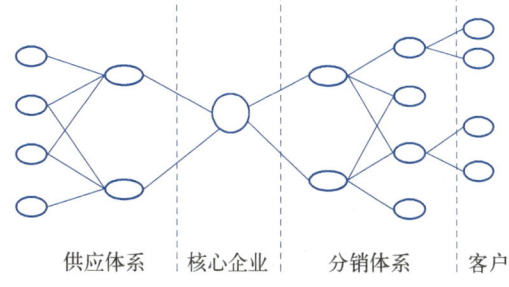

图 6-6 供应链的基本结构

二、需求驱动供应链

基于网络的供应链管理应用系统改变了企业内外的工作方式。这种供应链管理系统可以实现高效率的顾客响应,使企业的工作能更多地由顾客需求驱动,降低了企业的成本。早先的供应链管理系统是以制造为中心的推式模型驱动。推式供应链模型如图6-7所示。在推式模型中,生产的主计划来自企业的预测或对产品需求的最好猜测,产品是被"推"向顾客。在这种模型中,中心是制造商,以制造商为导向的新产品开发,技术受限,整合的数据质量较低,生产周期和反应时间较长,库存水平高。随着信息技术和互联网的发展,在容易获取的信息流的推动下,供应链管理可以较容易地实现一个拉式模型。拉式供应链模型如图6-8所示。拉式模型也被理解为需求驱动模型或按单建造模型,实际的顾客订单或采购触发供应链中事件的启动。生产和销售仅为定制订单的顾客,它逆供应链而上,由零售商到分销商,再到制造商,最终到达供应商。只有被定制的订单产品才沿供应链顺流而下,到达零售商。制造商只要按照实际订单需求信息去驱动供应商的生产调度和原材料、部件的采购。戴尔计算机的按订单生产的系统就是这种拉式模型。拉式模型以市场研究为驱动,使用技术进行调查研究并整合数据,生产周期和反应时间缩短,库存水平降低。在拉式模型中信息系统不仅整合企业内部运作,供应链成员间还可以数据共享。

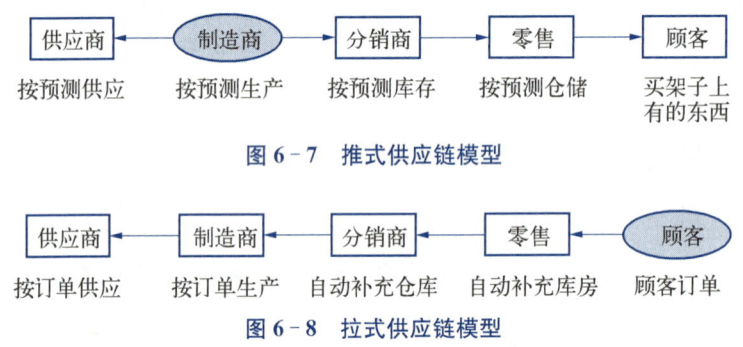

图6-7　推式供应链模型

图6-8　拉式供应链模型

三、B2B供应链协作

在互联网时代以前,因为分离的采购、材料管理、制造和分配等内部供应链系统造成信息流的缓慢流动,使供应链的协调受到阻碍。同样外部供应链伙伴也难于共享信息,因为供应商、分销商和物流供应商的系统是基于不兼容的平台或标准。随着互联网技术的发展,公司可以通过内联网改进内部供应过程的协调,还可以通过外联网与他们的合作伙伴共享供应链过程的协调。

应用内联网和外联网,所有供应链成员彼此可以及时沟通,应用更新的数据协调采购、物流、制造、包装和调度。经理可以通过一个网络接口接入供应链系统,以确定库存和生成能力是否与公司产品的需求匹配。企业伙伴可以利用基于网络的供应链管理工具协调进行在线预测。销售代表可以访问供应商的生产调度和物流信息以跟踪顾客的订单状态。

B2B供应链需要在一组生产商、零售商和供应商之间的协作,使用互联网来交换商业信息以及共同工作来预测他们产品的需求、发展产品计划和控制存货流。这样有许多好处:减少存货、提高销售、为不同的企业购买者定制产品能力的改进以及产品成本的减少。最大的挑战是建立合作伙伴间的信任,分享敏感商业信息,升级企业应用程序,推动协作。合作伙伴还会对于交流信息和交易有个共同的标准。下面是一个典型的供应链协作的例子。

本 章 小 结

1. 中国的物流概念为:"物流是物品从供应地向接收地的实体流动过程。根据实际需要,将运输、存储、搬运、包装、流通加工、配送、信息处理等基本功能实施有机的结合。"美国物流协会对物流下的定义是:"物流是为了符合顾客的需要所发生的从生产地到销售地的物质、服务以及信息的流动过程,以及为保管有效、低成本地进行而从事的计划、实施和控制行为。"物流的职能主要有① 运输功能;② 储存保管功能;③ 装卸搬运功能;④ 包装功能;⑤ 配送功能;⑥ 流通加工功能;⑦ 信息处理功能。

2. 电子商务与物流的关系体现在"拉"和"推"两方面。电子商务的率先发展拉动了物流业发展,反之物流业通过技术和管理的进步扩大了电子商务销售的范围。电子商务带动了大数据的发展,大数据赋能物流,进一步促进物流的优化升级。反之,物流业的快速发展激发了电子商务的潜在需求,提高了送达速度和准确度,将过去当日达、次日达,甚至几小时到达得不到满足的需求激发出来。

3. 从业务角度,电子商务物流和传统物流主要的区别是传统物流是将大量货物送至较少目的地(例如零售商店),而电子商务物流则更多的是将少量货物送至众多的顾客家中。

4. 电子商务订单履行系统可以分为订单生成、订单处理、订单分拣、订单配送等几个主要环节,其核心仍然是物流。配送中心的流程设计与订单履行系统密切相关,所以建设现代配送中心成为B2C电子商务订单履行的关键内容。了解电子商务订单履行的基本作业流程。

5. 电子商务作为一种新的数字化商务方式,代表未来的贸易、消费和服务方式,因此,要完善整体商务环境,就需要打破原有工业的传统体系,发展建立以商品代理和配送为主要特征,物流、商流、信息流有机结合的社会化物流配送体系。电子商务物流有自营物流、物流联盟、第三方物流和第四方物流等方式。

6. 第三方物流是指为公司提供全部或部分物流服务的外部供应商。3PL供应商提供的物流服务一般包括运输、仓储管理、配送等。在此过程中3PL供应商即不是生产方,又不是销售方,而是在从生产到销售的整个物流过程中进行服务的第三方,它一般不拥有商品,而只是为客户提供仓储、配送等物流服务。

7. 供应链SCM(Supply Chain Management)是围绕核心企业,通过对信息流、物流、资金流的控制,从采购原材料开始,制成中间产品以及最终产品,最后由销售网络把产品送到消费者手中的将供应商、制造商、分销商、零售商直到最终用户连成一个整体的功能网链结构模式。当人们利用电子方式,通常是网络技术来管理供应链时,就有了电子供应链(E-Supply Chain)。

8. 供应链推式模型：生产的主计划来自企业的预测或对产品需求的最好猜测,产品是被"推"向顾客。在这种模型中,中心是制造商,以制造商为导向的新产品开发,技术受限,整合的数据质量较低,生产周期和反应时间较长,库存水平高。供应链拉式模型：以市场研究为驱动,使用技术进行调查研究并整合数据,生产周期和反应时间缩短,库存水平降低。在拉式模型中信息系统不仅整合企业内部运作,供应链成员间还可以数据共享。

9. B2B供应链需要一组生产商、零售商和供应商之间的协作,使用互联网来交换商业信息以及共同工作来预测他们产品的需求、发展产品计划和控制存货流。

复习思考题

1. 试述并举例说明电子商务与物流的关系。
2. 电子商务物流模式有哪些？举例说明。
3. 什么是第三方物流？
4. 分析京东物流与菜鸟物流的不同。
5. 如何设置前置仓？前置仓解决什么问题？
6. 什么是仓配一体化？为什么仓配一体化是电子商务物流的重要特点？
7. 拉式供应链与推式供应链有什么不同？结合本章内容,分析这两种供应链会对应怎样的物流解决方案？

课堂讨论题

1. 对比分析京东物流和菜鸟物流,并进行总结。
2. 结合个人体验讨论电子商务与物流的关系。

案例分析

揭秘盒马鲜生新物流：到底新在哪里？

盒马鲜生打造的新物流,并不止于物流,而是要从商品和供应链上重构整个零售体系。

盒马物流秘密1：缩短订单路线

按照中国东、中、西部的地理划分，盒马已经初步完成对东部重要城市的覆盖、中部领先城市的覆盖，以及对西部成都、贵阳、西安的落地。这其中，上海和北京，以及深圳，是盒马开店的绝对重点。

盒马的日日鲜、自有商品开发，已经创出一个盈利模型成熟、业务运转稳固的模式。盒马日日鲜在消费者认知中，已经建立起极高的品牌心智。盒马已经完成上海、北京两地的云超业务上线。云超的上线，意味着盒马从生鲜餐饮业务，向精选的全品类电商业务迈出实质性一步。同时，盒马还在上海嘉定区和杨浦区，分别拓展了高度自动化新餐饮模式、Office商圈上班族人群的小店餐饮模式。盒马已经和浙江三江超市，福建新华都对接。在联营开店和老店数字化升级改造上，启动盒马供应链和模式的输出。盒马在大润发实施的改造，更值得全行业关注。而物流是以上创新性的业务得以链路顺畅的前提。

盒马新零售以盒马鲜生门店为全链路的轴心坐标，将云超的快消标品物流链路，分割成门店前、门店后。门店前的物流，盒马走的是大仓（DC）对店仓（FDC，也是盒马鲜生门店）的B2B物流模式。门店后的物流，盒马走的是30分钟近场景即时配送的外卖模式。根据顾客下单的SKU和包裹数量、顾客收货地址，系统自动设计最佳配送路线。从顾客下单到收货，采取1小时达模式，让整个物流路线成本和效率最大化。

作为新零售新物种的代表品牌，盒马物流对外强调新物流体系。与京东物流相比，盒马新物流与京东B2C最大的不同，在于京东物流体系从大仓到顾客。京东电商B2C模式，决定了京东物流的B2C模式，订单是其最小颗粒单位，订单服从物流路线。比之再小的，是拆单后的包裹。盒马的B2C自营模式，不同于京东或其他B2C生鲜电商，采用了FDC架构，FDC在其中起到的全链路轴心作用，即订单是从门店到顾客的近场景完成。也就是说，京东模式，从源头基地到中心大仓，是商品形态。从中心大仓到顾客，是订单形态，且订单会拆成几个快递包裹。其中，从中心大仓到顾客的零散订单路线拉得过长，时效和成本拉得过高。

盒马物流模式，从源头基地到门店，是商品形态；从门店到顾客，是订单形态，且一个订单就是一个包裹。其中，因为从门店到顾客是3公里半径的近场景配送，零散订单的路线短、时效和成本在可控范围内。打个形象的比喻，好比一件商品，从源头基地到顾客家里，要走1 000公里。京东的物流模式，是从源头基地到中心大仓，用B2B模式走完800公里。顾客下单后，再从中心大仓，用B2C的订单模式和"211时效"，走完剩下的200公里。而盒马的新物流模式，是在门店前，用B2B模式走完997公里。在门店后，用B2C外卖模式，走完剩下的3公里。

众所周知，物流以仓对仓的集中B2B模式运输，规模效应带来的运能成本才是最低的。时效方面，也只用管商品的保质保鲜时效，而不用管顾客下单的配送时效。快消品，比如米面粮油、洗护、家清、酒水等大件重包商品，成本和效率，只能在短半径内完成。

盒马物流秘密2：门店

盒马的新物流，从源头基地到门店，中间当然也会有DC大仓。但在商品的物流状态中，门店前的商品，都是以整个托盘的集约模式，用大卡货车集中配送到门店。门店再将整个托盘的商品，一次性在门店完成收货、上架、拣货、打包、配送的五位一体动作。盒马物流是一个托盘（或者是整箱整板）一次性操作50件包裹。而京东物流则是根据订单，需要操作50次才能完成50件包裹。操作效率、运载效率和成本核算，两者的差异都很大。从DC大仓到顾客家中，做外卖式的直线配送，而且物流距离又短，自然降低了成本提高了效率。

按照盒马物流总负责人陈明（花名红方）的介绍，盒马物流是全新设计的一套去中心化、分布式的智能网络。盒马物流的去中心化（不以大仓为主）、分布式（以门店为链路轴心）的智能网络，跟以往比，不仅仅在于细节上的优化调整，更是从整体的底层架构上，构建一套新的物流体系。它的诞生，最早是根据生鲜品类而专门设计的。这也让盒马物流整体配送链路非常长，在整个阿里体系，比如与菜鸟网络对比，也是最重的物流模式。甚至相比京东，盒马的物流模式也更重。然而，盒马物流在成本和时效上，却操作的相对轻巧些。

盒马物流秘密3：智能化

第一，智能履约集单算法。基于线路、时序、客户需求、温度要求、区块以及某个地理位置周边的信息构建智能履约集单算法，实现最优订单履约成本。在算法指导下系统把订单串联起来，并且保证串联出最优的配送批次，实现多单配送。

第二，门店智能调度。盒马门店之所以能承担起大仓的功能，很重要的条件，在于盒马门店从设计之初，就是仓储式货架和库存设计。即盒马门店商品的货位和库存，都是实时回传调度的。这样，盒马门店，在线下就是标准的门店运营，具备完全的实体店销售功能。在线上门店就是标准的仓储作业。一个门店，一套班子，做到两个门店的人效和坪效。

因为是智能调度，在中餐和晚餐的高峰时段，门店和仓配同时在作业的高峰期，也不会造成高峰期忙不过来、闲置期工作量不饱和的问题。下午三点前后的闲暇时间，就是云超订单配送的高峰期。

第三，配送智能调度。按照上面所述，好像只要一个订单（包裹），在盒马门店作业完成分拣打包装车后，剩下的就是直线送到3公里半径内的顾客家里。其实不然。这里面，配送员熟悉的配送区域、所在的具体位置（门店、路途中、顾客家、返程中）；订单的不同批次、品类（常温或冷链）；都需要做一个最优智能匹配，才能做到智能效率的最大化。

第四，商品智能订货。盒马不是将门店简单地替代成京东的DC大仓使用。门店的面积毕竟有限，不可能完全复制DC大仓的作业体量。一方面，盒马是基于全品类对标品做精选，缩小全品类的SKU数。另一方面，盒马会根据自己的历史数据和阿里的大数据，去做智能的订货和库存分配。达到库存周转、销售和顾客需求满足的最大化。

再根据每个门店周边盒马会员的需求,做智能化的商品选品和库存分配(理论上盒马APP可以做到千店千面),进一步提升库存周转和商品动销。配合盒马门店著名的悬挂链系统,一个高度自动化设备解决门店场内效率的工具,既可以分区拣货,也不需要让拣货员满场飞跑取货。盒马去中心化、分布式物流网络的效能,才能搭建起来。

所以,盒马门店既发挥大仓作用,又不是简单替代大仓,而是以智能化驱动门店作为物流中心完成店仓一体化。

思考题:
1. 盒马鲜生是如何缩短订单路线的?
2. 盒马鲜生的门店有什么秘密?请对比盒马与多点的门店的不同。
3. 盒马供应链中用了哪些技术手段?

本章测试

第七章　电子商务的产品思维与方法论

学习目标

1. 理解互联网用户思维
2. 了解互联网产品以用户为中心的设计方法及流程
3. 掌握五层模型中每个阶段的输出方法
4. 充分理解范围层、结构层、框架层之间的关系
5. 掌握框架层交互设计的方式与步骤
6. 理解域名的概念及特点

互联网发展到今天,已脱离了技术层面的范畴,使人的感知力和认知力挣脱了时间和距离的束缚,得到极大的延伸。除了企业借助互联网和信息技术服务商业应用,更多的普通大众也越来越离不开网络,人们借助互联网产品购物、社交、工作、娱乐。如何构建一款让用户惊喜的互联网产品,成为了继商业模式之后的又一竞争要素。

 引导案例

微信的演化

微信诞生到现在,每推出一个整数版本都意味着重大更新,所修改的功能也代表着国内移动社交产品迭代的方向。

2010年11月19日23时58分,张小龙在腾讯微博上写下了这么一句话:

"我对iPhone5的唯一期待是,像iPad(3G)一样,不支持电话功能。这样,我少了电话费,但你可以用kik跟我短信,用Google Voice跟我通话,用Facetime跟我视频。"

第二天,腾讯微信正式立项。1年零8个月之后,随着微信4.2版本的发布,可以看到那一晚张小龙关于iPhone5的所有狂想都在微信上得以实现。

微信1.0版的诞生是完全出自纯粹功利主义和现实主义的考虑,立项后2个月,微信1.0版的释出很大程度上是受到了kik的启示——在新的移动互联网平台上,必将出现相应的移动通信工具。kik是一种免费短信,它很可能成为QQ在移动互联网时代的强大竞争对手。因此,从战略角度分析,腾讯必须开发一款移动通信工具,这就是微

信诞生的缘起。

微信1.2版迅速转向了图片分享。从理性的角度分析,移动互联网时代必然是一个图片为王的时代。人们在有限的载体上没有耐心进行深度阅读,对图片的消费量会达到一个空前的程度。于是,微信1.2的主体功能变成了图片分享。然而市场对此反应冷淡,数据冷酷地证明了用户对手机图片分享没有兴趣,根本无法构成一种基本需求。

微信2.0的推出是微信团队在极短时间内的第三次试错。免费短信在利益上毫无吸引力,图片分享市场并不认可,产生内容的门槛远比预计要高。从用户在手机上输入内容的便利性出发,微信2.0将产品重心完全投入了语音通信工具。作为一种重要指标,新浪微博每分钟出现一条关于微信的搜索结果,确立了微信2.0快速流行和传播的基调。

微信3.0是教科书式的经典产品开发节奏教程。当时,微信的竞争对手米聊拥有先发优势。米聊的产品经理甚至预判微信3.0的新功能是抄袭米聊的涂鸦功能。但是,微信此时已经初步明确了产品方向,没有做涂鸦功能,而是依托用户基础,提供了"查看附近的人"和"视频"功能。"查看附近的人"成为微信的爆发点,从此微信开始使用QQ邮箱和腾讯自身资源,进行强推广,用户突破2000万人大关,产品日新增用户以数十万量级增长,确立对竞争对手的绝对优势。

当用户超过一亿之后,微信4.0推出"朋友圈",建立手机上的熟人社交圈,开放API接口打造移动社交平台。微信4.2推出视频通话功能,彻底封闭手机通信工具上的任何其他可能。从此,微信确立了移动互联网时代生活方式的产品地位。未来一系列新功能的演进,都将围绕这一核心价值进行。任何试图以节省电话费、短信费作为竞争卖点的产品,此时已经完全失去了竞争的可能。因为微信提供的已经不再是单纯的通信服务,而是移动互联网时代的生活方式。

微信版本5系列中,微信支付、公众号/服务号的推出,让微信开始成为移动互联网枢纽。微信支付功能把微信账号与银行账户连接,打通了线上线下功能。公众号/服务号,企业可自行认证申请发布,免费获取微信流量。给企业触达用户带来更多的可能性。

微信版本6系列中最有影响力的堪称"小程序"功能。商家在微信中开通小程序,用户不用下载安装,大大增加了商家直达用户的效果。通过小程序,微信已然深入到网络零售、社交、内容服务、交通出行、生活服务等各个生活场景。

2019年底,微信7.0版发布,更好玩,也更"好看"成为7.0的特点。7.0强调用人的连接塑造内容和社交形态。其主界面全新改版,更加扁平化和清晰直观。新增"时刻视频",也可给朋友的视频"冒个泡",告诉他你来过;点赞变"好看",可在"看一看"中浏览朋友认为好看的文章;还可在单聊中设置强提醒。

微信作为华人的重要社交工具,即便是极其微小的功能改动,都会被放大到千万级甚至亿级。这些功能会变成一种趋势、现象甚至生态,带着用户共同经历移动社交演变的各个阶段。从1.0到7.0,应用中最核心的聊天功能依然在优化。而围绕这个核心功能,微信已经实现了从通信工具——社交平台——移动互联网枢纽——移动商业世界的进化。

思考题:
1. 从微信 APP 查看微信的版本,说说为什么产品版本更新要细到小数点后两位?
2. 为什么说"微信,是一种生活方式"?

第一节 产品思维与方法

面对当前互联网、移动互联网不可阻挡的发展趋势,企业信息系统必然要具备互联网的触角,使企业各种信息化软件与互联网以及互联网中的社交媒体结合起来,将互联网时代的新技术、新应用引入到企业的信息系统中。而这个触角就是企业基于互联网的各类站点,包括基于 Web 构建的网站以及基于移动设备的 APP 应用。

互联网应用的受众是普通大众。除了大众消费者外,许多企业的软件也要通过内联网或外联网让企业级客户得以应用,同时也要为企业级客户提供各种在线服务,例如企业邮箱、视频会议、数据存储和文档管理等功能。互联网发展到今天,已脱离了技术层面的范畴,使人的感知力和认知力挣脱了时间和距离的束缚,得到极大的延伸。企业信息化建设在互联网的大潮中,已不可能再固守在企业内部,企业互联网化的趋势虽然缓慢,但不可阻挡。这些变化主要体现在技术、网络环境、产品内容、用户体验、服务方式和设备延伸等方面。

互联网应用除了要求系统的开发保持传统软件所强调的数据强一致性(尤其是金融类软件)、领域驱动设计(Domain-Driven Design)、复杂的业务逻辑、流程管理、计算引擎、极端的业务场景外,同时更加强调快速迭代开发、注重用户体验、运营和数据驱动、更精准的推荐和搜索、大容量高并发、架构动态扩展等特点。因此在站点建设实施中有其独特的构建方式。近几年,尤其是在 Web2.0 下,一种强调用户体验的设计和开发理念被越来越多的产品开发者认可。最著名的是 Ajax 之父 Garrett 提出的一种以用户为中心的 Web 产品的用户体验设计架构。Garrett 提出网站作为人机交互的窗口具有二元性,一是作为信息源的网站,二是作为软件应用的网站,三是二者兼而有之。他强调互联网产品的设计要以用户体验为中心,并提出一个 Web 产品的设计过程可以自下而上分为 5 个层次:战略层、范围层、结构层、框架层和表现层,如图 7-1 所示。这五层结构定义了一个

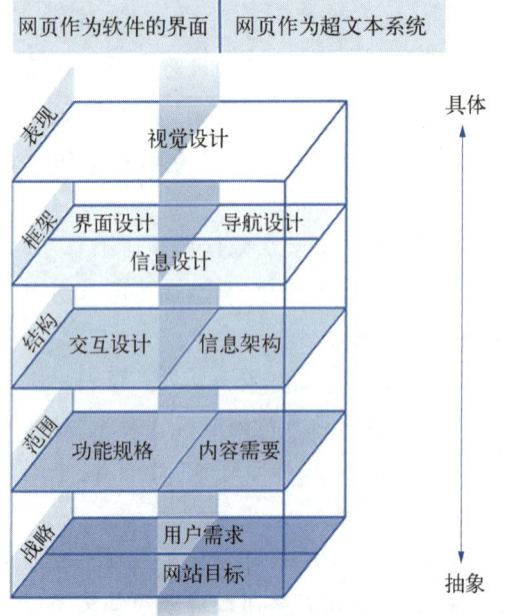

图 7-1 Web 产品的设计过程

产品从无到有,从抽象概念到到达用户手中的具体产品,形成良好的用户体验所需要遵循的规则。其中功能型、信息型产品通常不作完全区分,功能型产品也有信息,内容信息型产品也有功能。前者是主要关注任务,即产品对用户而言只是用于完成任务的工具,比如社交功能;后者主要关注信息,即产品对用户而言主要提供信息,比如资讯服务。

一、战略层

在战略层需要完成的任务是明确用户需求,确定站点的定位和目标。明确的网站定位,能让企业网站在互联网的迷雾中脱颖而出。

企业的发展有战略定位,企业网站建设也同样需要明确的定位。通常在互联网上浏览者只会记住最好的网站,所以企业的网站定位就如同企业的战略定位一样,决定着企业发展的最终命运。

在这个环节,要回答两个问题,一是企业要从这个网站得到什么?二是用户要从这个网站得到什么?回答第一个问题就是明确目标和定位。回答第二个问题就是明确用户到底想要从这个网站得到什么。要弄清楚这两个问题就得先考虑清楚用户是些什么人?他们有什么特性?他们为什么会需要这个产品?他们最终会以什么样的形式留在这个网站中?这时就需要做相应的市场调研和分析。

(一) 市场分析

(1) 相关行业的市场分析,主要是针对目前市场情况的调查分析,如网站的受众人群分析,市场有什么样的特点和变化,目前是否能够并适合在互联网上开展公司业务,相关电子商务网站的市场是怎样的,各类产品或服务的市场有什么特点等。

(2) 市场主要竞争者分析,如竞争对手网上运营情况及其网站规划、功能、作用。

(3) 公司自身条件分析,如通过对公司概况、市场优势、知名度和品牌等进行分析,可以确定通过电子商务网站提升哪些竞争力以及建设网站的能力(费用、技术、人力等)。

(4) 用户细分,识别用户需求,通过用户共性特征进行细分。

(二) 产品目标和定位

(1) 产品的目的,包括信息宣传、网络营销、品牌建设或市场拓展等;说明建立网站的原因,例如,是为了宣传产品,进行电子商务,还是建立行业性网站;是企业的需要,还是市场开拓的延伸。

(2) 产品的目标。根据网站目的,确定网站应达到的目标要求。网站目标的确定必须满足可以测量的要求。最主要的一点就是可以成功度量流量,这是获知改变网站设计有何不同的唯一测量方法。

(3) 产品的定位。整合公司资源,根据公司的需要和计划,确定产品功能类型,如面向中小企业创业的网站定位为"专注于组织培育、组织发展、社会资本构建的创业人群社交网络"。再如一个图片管理网站定位为"一个为业余摄影爱好者设计的,简单易用的图片管理程序"。

在战略阶段需要结合市场需求文档(MRD)、用户研究报告、竞争对手分析等报告来确定并输出产品战略目标、产品愿景和产品规划路线图。产品战略目标可以是一个短期目标，如1~2个版本的产品目标，为落实当前及下一个产品版本的需求范围（范围层工作）提供指导依据。

二、范围层

当把用户需求和产品目标转变成"应该为用户提供什么样的内容和功能"时，战略就变成了范围。在范围层需要回答这样的问题：这个网站/APP都可以做些什么？它有哪些功能？例如，微博能发文字，发图片，能互相关注。也就是说，范围层要标定能力范围，把产品划定边界，决定哪些事情能做，哪些事情是做不到的。范围层包含三项工作：界定产品需求、确定当前阶段产品的功能规格、确定信息的内容需求。重点关注如何将构成产品的各个要素进行组织。产品经理常常通过画图理清思路来确定核心功能。在这一阶段输出结果是产品需求文档（PRD）、产品功能规格文档等。

（一）从技术层面界定产品需求

1. 明确当前产品的人力资源投入需求

要清楚产品研发功能模块的划分，针对研发人员把责任分配清晰，让产品研发团队人员知道要做什么，提高团队协作效率。包含明确前端运营、交互研发、后端研发等人力资源需求情况。研发人力资源是后期进行结构层工作的重要协作对象。

2. 明确哪些需求不需要做

产品的需求通常来自产品的需求池、运营需求、研发需求（如产品重构、代码优化等）、领导反馈需求、第三方渠道反馈（论坛/微博等）、产品经理的自我思考。如果在开发过程中，不能对需求有效管理的话，功能会一直增加，甚至会让一个产品失去"灵魂"。所以范围层往往采用最小可用产品的思想来确定什么做，什么不做。对要做的需求确认优先级，而对于一些好的想法，可以记录收集，作为产品的长期规划。

（二）功能规格

从产品功能角度，需要通过创建功能规格来详细描述产品的功能组合。在描述功能规格时注意以下问题：

（1）只需要记录产品本次开发被确定下来的功能，而不需要展望产品的未来功能。

（2）用积极的方式描述系统将要做什么以"防止"不利的情况发生，而不是去描述这个系统"不应该"做什么不好的事情。要随时以友好的态度面对任何一个功能上的交互流程。例如"这个系统不允许用户购买没有风筝线的风筝。"不如"如果用户想买一个没有线的风筝的话，这个系统应该引导用户到'风筝线'的界面。"

（3）功能描述要尽量具体。功能规格中要对功能需求做详细解释，以确定开发人员完全能理解设计的意图，不会因为文档或者沟通方面的问题导致产品返工。比如"最受欢迎的视频软件"这样的表达中"最受欢迎"就不是明确的，因为受欢迎的标准是不固定的，可以是评论最多的，也可以是被投票最多的等。

（4）功能描述必须可验证。避免采用主观的语气描述需求，切忌出现一些主观描述词语。比如"这个网站的风格应该是时尚、闪耀的"，每个人对于时尚、闪耀的理解是不同的，如何验证是否时尚呢？避免使用"弄得美观一些"，"然后就那样弹出提示"等这样的语句。

(三) 内容需求

从产品信息角度,范围层则以内容需求的形式呈现,要从超文本角度描述页面所需要表达的内容,包括:

(1) 清楚定义内容的格式。格式有多种样式,比如图片、视频等,可以相互结合。

(2) 明确内容属性。比如图片的像素大小、下载的文件字节等,不同的属性会影响用户体验。

(3) 定义内容的更新频率。内容是需要维护的,因此要明确内容更新的频率。

(4) 提供多种内容显示的方式。因为不同的用户群体会需要使用不同的内容展示方式。

三、结构层

范围层里的内容包括了产品的功能结构以及信息结构的描述,结构层就是对范围层描述成果进行逻辑排序,把范围层中抽象的功能规格问题,转移到影响用户体验的具体因素上来,研究用户如何在网页使用的过程中从上一步移到下一步。结构层包含的内容如图 7-2 所示。

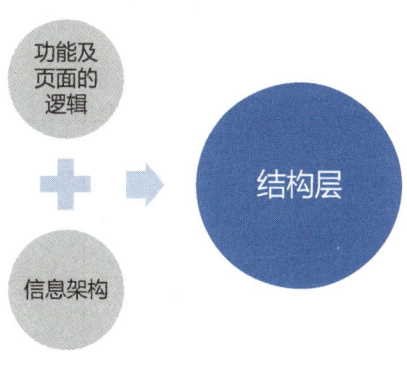

图 7-2 结构层包含的内容

(一) 基于交互的功能及页面逻辑结构

从产品功能角度,结构层要解决功能的交互设计。主要专注于系统如何响应用户的服务请求。可以采用流程图来描述产品各项功能的逻辑步骤,并且还可以将图中可能经历的动作标记出来。网上购买流程图如图 7-3 所示。页面之间的逻辑关系也可以通过页面状态图表示,如图 7-4 所示。在流程图或页面状态图中可以添加动作,来更好地诠释里面的逻辑关系,通过流程图或状态图从用户体验视角去规划页面之间合理的关系。可见,基于交互设计的功能结构是关注一个系统如何响应用户的交互。

(二) 信息架构

从产品内容信息角度,结构层解决的是信息架构的搭建,通过合理安排内容元素以帮助用户对于内容元素的理解。信息架构研究的是用户认知信息的过程,以及用户如何从一个内容移到下一个内容,关注的是如何合理编排内容以帮助用户对产品的快速理解。信息架构的基本单位是节点,节点可以对应产品中任意的信息片段或者信息组合,例如节点可以是商品的价格属性,也可以是呈现商品的页面。然后节点通过不同的组织方式构成不同的信息架构。比如有些游戏网站会按照时间、热度或者下载量对游戏进行组织;微博在个人主页是通过用户发表的信息进行组织,而 QQ 在个人主页是通过用户关系进行组织。可见,信息架构定义了信息如何组织、分组、排序和呈现。

信息架构要求创建符合产品目标的分类体系,以此满足用户的需求。通常采用从上到下或从下到上两种方式建立分类体系。

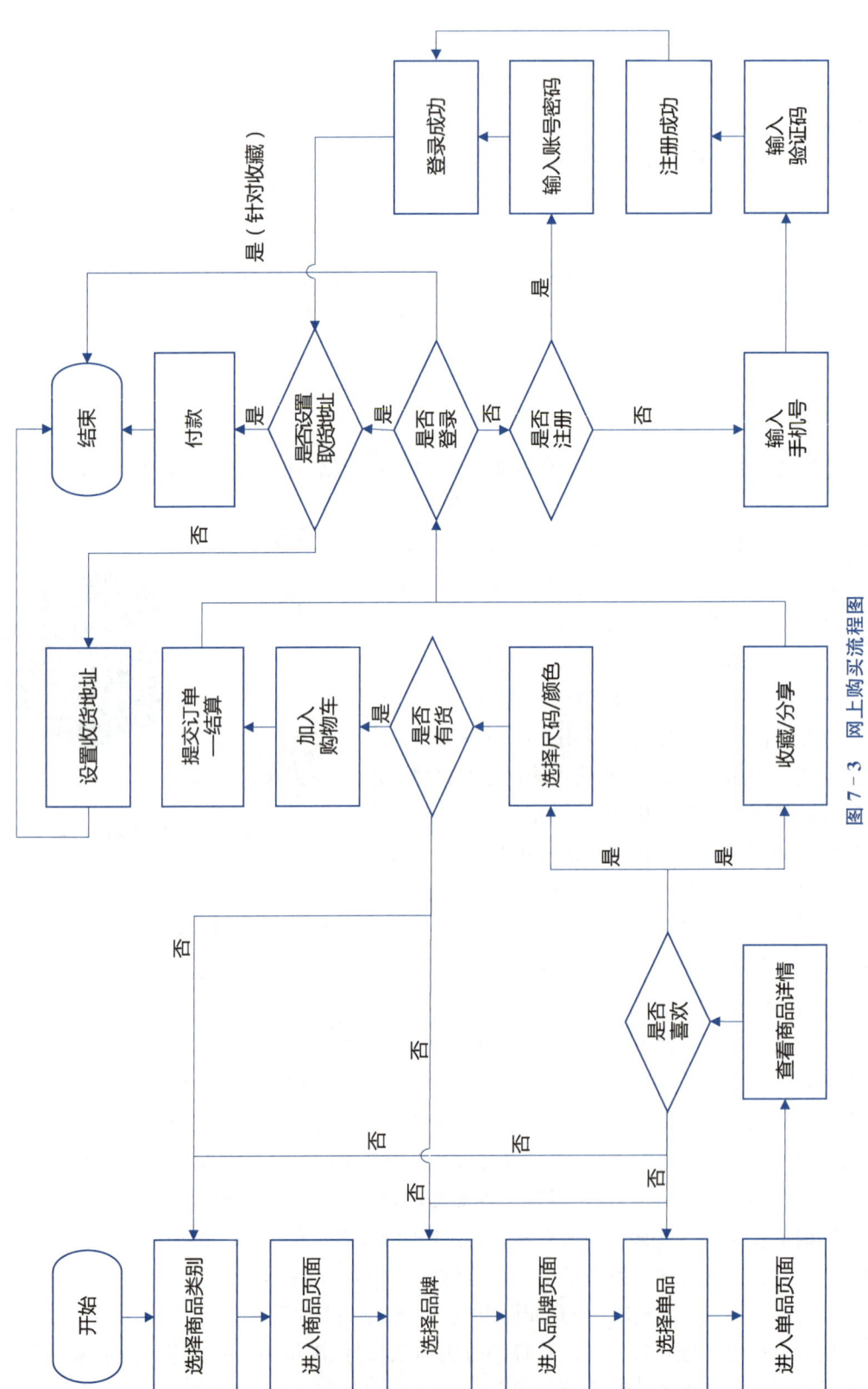

图 7-3 网上购买流程图

从上到下(Top-Down Approach)的信息架构方式是根据战略层所考虑的内容,即产品目标与用户需求直接进行结构设计,建立"主要分类"与"次要分类"的层级结构,将对应的内容和功能按顺序一一填入。从上到下的信息架构方式如图7-5所示。

从下到上(Bottom-Up Approach)的信息架构方式也包括"主要分类"和"次要分类",是根据"内容和功能需求的分析"而来的。先从已有的资料开始,把这些资料统统放到最低级别的分类中,然后再将它们归属到较高一级的类别,从而依次构建出能够反映战略的结构。从下到上的信息架构方式如图7-6所示。注意,一个高效的信息结构应该是可以通过增减父级节点或子级节点随时调整的。

常见的信息结构类型有树状结构、矩阵结构、自然结构和线性结构。

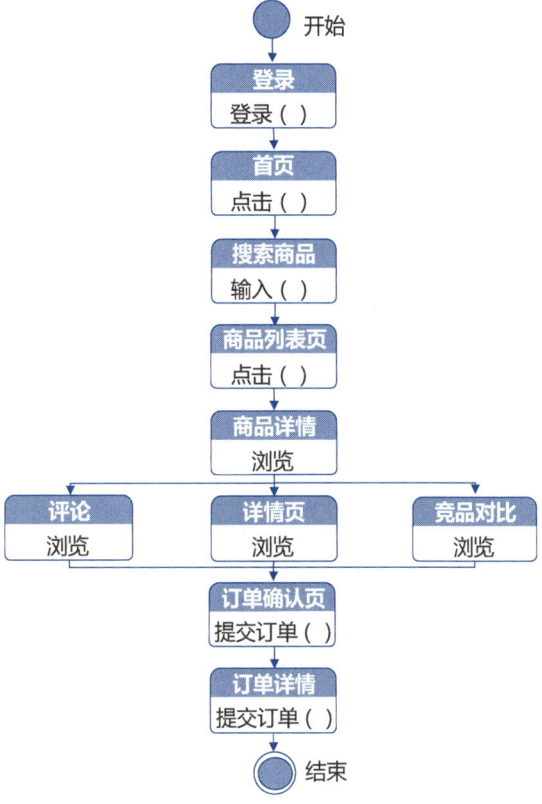

图7-4 订单页面状态图

(1)树状结构:树状结构类似"父与子"的关系。产品倾向于层级的工作方式,是最常见的结构类型。

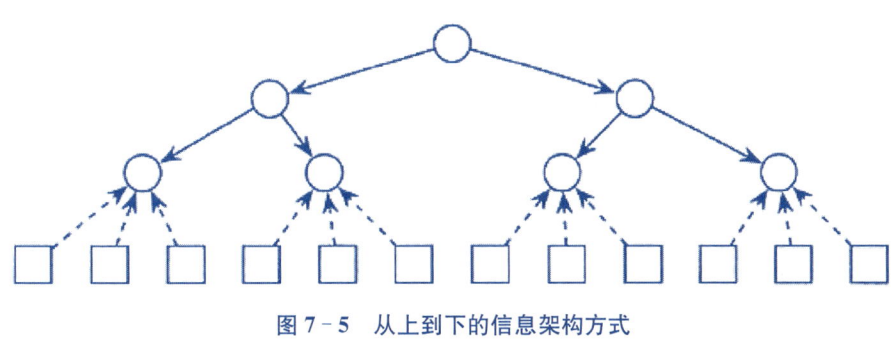

图7-5 从上到下的信息架构方式

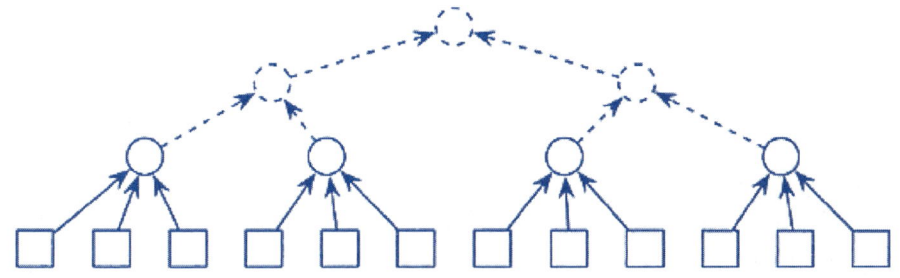

图7-6 从下到上的信息架构方法

（2）矩阵结构：允许用户在节点与节点之间沿着两个或更多的维度活动。由于每一个用户的需求都可以和矩阵中的一个"轴"联系在一起，因此矩阵结构通常能帮助那些"带着不同需求而来"的用户，使他们能在相同内容中寻找各自想要的东西。例如，在购买电器的时候，有的用户通过品牌浏览商品，有的用户更关注价格，还有的用户愿意买销量靠前的，那么矩阵结构就可以同时容纳这些不同的用户。

（3）自然结构：自然结构没有强烈的"分类"概念。自然结构对于探索一系列关系不明确或一直在演变的主题是很合适的。但是自然结构没有给用户提供一个清晰的指示，从而用户不能清楚自己身处结构中的哪个位置。某些娱乐或教育网站会采用自然结构让用户有种自由探险的感觉，以增加用户体验。

（4）线性结构：线性结构采用连贯的流程，如连贯的语言流程是最基本的信息结构类型。书、文章、音像和录像全部都被设计成一种线性的体验。在互联网中线性结构经常被用于小规模的结构，例如单篇的文章或单个专题；而大规模的线性结构往往用在教学资料展示方面，如 MOOC。

可见，结构层的作用是通过理清功能和页面的逻辑关系，以及搭建信息架构，为后端研发提供逻辑关系、信息结构，帮助后端研发提高工作效率，减少后期沟通的成本。信息架构可以采用思维导图来描述。

四、框架层

在框架层，将抽象的架构图转化为详细的线框图，确定界面布局、导航信息及信息要素的布局。

（一）框架层的组成

框架层由三部分组成：界面设计、导航设计和信息设计。界面设计为用户提供了做事情的能力。导航设计为用户提供了去往某处的能力。信息设计能与用户交流观点。

从产品功能角度，框架层要完成产品的界面设计，通过"按钮、输入框和其他界面控件"编排界面元素，以线框图形式展现产品的各项功能。从产品信息角度，导航设计帮助完成信息的呈现方式，通过页面元素组合，让用户在相关的内容之间自由切换，找到足够多有效的信息；而信息设计是通过优先级排列展示交互的细节设计，呈现有效的信息沟通。当这三个设计元素有机结合时，就可以搭建出比较完美的框架层。在框架层输出的是产品原型，包括界面设计、信息导航设计和交互细节。

1. 界面设计

人机界面是用户可以接触到系统各项具体功能的媒介，其主要任务就是通过用按钮、输入框和其他界面控件元素来确定产品的框架，解决"哪些功能应该在哪些页面上完成"。一个好的界面应按照用户最习惯的行为方式进行设计。界面第一次呈现给用户时，应仔细考虑每一个选项的默认值。通过各种技巧，让用户在完成任务的过程中不会觉得复杂难用。比如记住用户上次的位置、状态。成功的界面设计是那些能让用户一眼就看到"最重要的东西"的界面，而不是看到"一堆重要的东西，却不知道如何选择"，所以说，设计界面中的元素，很大的挑战就是做减法，把用户现在用不到的，或者这里面其实没必要展示的统统砍掉，或者放在用户有可能会思考的另一个地方。

2. 导航设计

网站导航设计是一门艺术也是一门科学。最好的设计方法是让设计者处于访问者的角度来考虑问题。商家和用户的目标往往是不一样的。导航设计的目的就是让用户在可以看到的网站信息结构中自由穿行。

在现实的物理空间中，某种程度上人们可以依靠天生的方向感来给自己定位，但是在信息空间中就行不通。这就是为什么在网站中清晰地告诉用户"它们在哪"以及"它们能去哪"非常重要的原因。因此，导航设计必须同时完成三个目标：

（1）有效性跳转：它必须提供给用户在页面间跳转的方法。导航必须要选择那些能促进用户行为的元素，各种链接必须是真实有效的。

（2）可选择性跳转：导航设计必须传达出这些元素的内涵以及元素之间的关系。这些传达出来的信息对于用户理解"哪些选择对他们是有效的"是非常必要的。

（3）目标性跳转：导航设计必须传达出导航内容和用户当前浏览页面之间的关系。这些传达出来的信息帮助用户去理解"哪个有效的链接会最好地支持他们的任务或他们想要达到的目标"。

用户在信息空间中的自身定位的程度是怎样的，这个问题目前还在讨论中。一些人认为当用户访问站点的时候，他们的脑子里已经有了一张大概的地图，就像他们在五金商店和图书馆一样可以根据这张大概的地图找到目标；另一些人则认为用户完全依赖于导航以及呈现在他们面前的一些指示线索，好像他们在网站中走过的每一步，都会在走过以后不久逐渐地从记忆中消退一样。现在，大多数的网站实际上都会提供一个多重的导航系统。常见的导航系统有：

（1）全局（固定）导航。提供了覆盖整个网站的通道。全局导航是一组关键点，指引用户从网站的某一站点到其他任何位置。不管你想去哪，你都能从全局导航中得到指引。

（2）局部导航。在某个架构中为用户提供到"附近地点"的通路。

（3）辅助导航。提供了全局导航和局部导航不能快速达到的相关内容位置的快捷途径。

（4）上下文导航。有时也叫"内联导航"，用户在阅读文本的时候，经常需要上下文辅助信息。如果能准确理解用户的需求，在他们阅读的时候提供一些链接（例如：文字链接），要比让用户使用搜索和全局导航更高效。所以对用户及其需求理解得越准确，上下文导航就能设计得越高效。

（5）友好导航。提供给用户链接，这种链接通常情况下用户是不需要的，但用户往往把它们作为一种获取便利的途径来使用。比如：联系信息，反馈表单，法律声明等等。

（6）网址地图。没有包含在页面结构中，独立于网站的内容或功能，给用户一个简明的、单页的网站整体结构的快捷浏览方式。比如：网站地图，索引表。网站地图通常作为网站的一个分级概要出现，提供所有一级导航的链接，并与主要的二级导航链接起来。

（7）索引表：索引表是一个全局搜索，是各类标签和各类搜索条件均可交叉使用的一种索引。

3. 信息设计

无论是以任务为导向的功能型产品，还是以信息为导向的信息型产品，没有良好的信息设计的支持都不可能取得成功。信息设计定义了用户体验的整个结构,反映了与用户之间信息沟通的有效性,包括信息组织原则、页面上功能元素的排列、工作流程、产品交互、功能性和品牌识别等。信息设计是人们对信息进行处理的技巧和实践。信息设计常常发挥黏合剂的作用,把从用户那里收集来的各种设计要素聚合到一起,并确定如何呈现这些信息,使人们很容易使用或理解它们。所以当向用户传达一些信息的时候,信息设计扮演了重要角色。

(二) 框架层交互设计步骤

从框架层开始,用户体验交互设计师(UE)担任着重要的工作。从用户体验角度优化页面布局,确定各元素摆放位置。涉及具体的界面设计、导航设计、信息互动。往往通过使用原型设计工具确定产品功能、页面内容布局和交互细节。甚至可以通过动效来进行辅助设计,例如强化元素的位置、大小、优化页面的切换、跳转的流畅度以及自然度等。

VB 语言的创立者 Alan Cooper 通过数十年总结出来一套交互框架设计流程:

1. 定义产品形式、姿态和输入方法

在交互设计之前要先确定产品的形式、姿态和输入方法,通常电子商务的产品形式可以是应用场景随时可用的手机端的 APP,也可以是应用场景固定的 Web 网站。

然后要确定用户对这个产品投入的注意力时间,Cooper 把这个概念称为姿态。有的产品如支付宝,用户在其中投入时间很短,只要进来完成目标就会离开,完成目标的整个过程可能只需要几分钟,这称为**暂时姿态**;而有的产品,比如一些视频类、教育类的 APP,用户会长时间专注在产品上,停留时间以小时计算,这称为**独占姿态**。

接着还要确定用户与产品的交互方式,或者说是输入方式。比如在移动端,用户通过触摸手势以及物理按键、语音、指纹、人脸识别等操作与产品进行交互。

2. 定义数据和功能

定义数据和功能的目的就是要把基于用户的数据需求以及功能需求转化为数据元素与功能元素。数据元素是数据的基本单位,由数据项组成。例如,通话记录里的一条通话记录为一个数据元素,而一条通话记录里的联系人号码、时间、地址就是数据项。功能元素是对数据元素的一些行为操作,用户利用这些功能元素来完成任务。比如说打电话这个功能需求,它的功能元素有:输入号码、拨打电话、挂断电话等。往往一个需求功能需要多个界面来满足。数据和功能元素可以根据用户和应用场景进行罗列,形成多种不同场景的方案。通过回到情境场景、人物心理模型中验证方案是否适合来优选方案。优选方案的原则是:① 最能有效满足用户目标;② 最符合设计原则;③ 最适合当前技术水平和成本约束;④ 最符合设计场景。

3. 确定功能组和层级关系

因为数据元素和功能元素存在的目的是让用户达成需求目标,不同的数据元素和功能元素要完成不同的任务,所以把数据元素和功能元素进行分组很重要。可以根据逻辑关系将这些元素进行分组,在分组的时候,可以考虑以下问题:① 哪些元素需要捆绑使用,哪些不是? ② 相关联的元素使用顺序如何? ③ 哪些元素之间具有包含关系? ④ 哪些元素需要占大片的区域面积? ⑤ 屏幕有限的 APP 应用如何组织这些元素才能优化工

作流？⑥ 哪些元素有助于用户做决定？⑦ 哪些元素需要获取视觉焦点？⑧ 采用什么样的交互模式和原则？

比如某"提现"功能元素与可用余额这个数据元素会捆绑在一起，因为可用余额会影响用户对提现金额多少的决策，所以这两个元素关联度会比较大。站在用户角度，在"提现"这一个页面，信息层级的优先级是"提现金额"优于"可用余额"，并且可用余额只是影响用户对提现金额的决策，并不是决定用户的提现金额大小。再比如，发红包的页面，打开红包页面时，页面的视觉焦点是"金额"，点击金额输入框（输入位置闪动），键盘弹出，视觉焦点发生变化，而在输入红包金额的时候，视觉焦点变成了跟随变动的金额和"塞钱进红包"的 Button 功能元素。所以对信息元素进行分组并确定优先级能帮助明确交互框架的视觉焦点的设计。

4. 勾画交互框架

勾画交互框架就是将分组的元素纳入页面里。可以先用草图的形式勾勒，关键是注意设计的整体而非细节。另外不仅仅是画单个页面，应该把页面与页面间的关系通过指示标识标注出来，也就是做出页面流程以及注释，等草图稳定后，就可以用电脑绘制了。随着设计的推进，后期还会不断完善。比如有些人物目标没有完成或者完成目标的过程比较冗杂，就要增加或者删减一些元素。交互框架示例如图 7-7 所示，页面注释示例如图 7-8 所示。

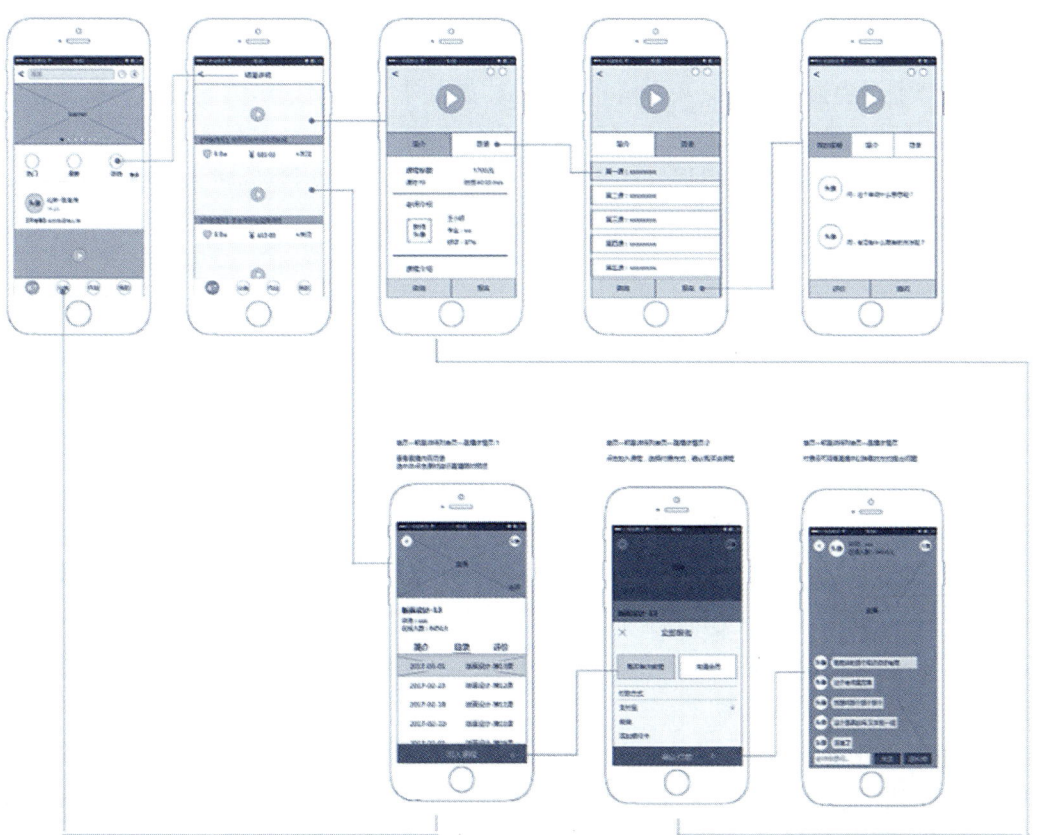

图 7-7　交互框架示例

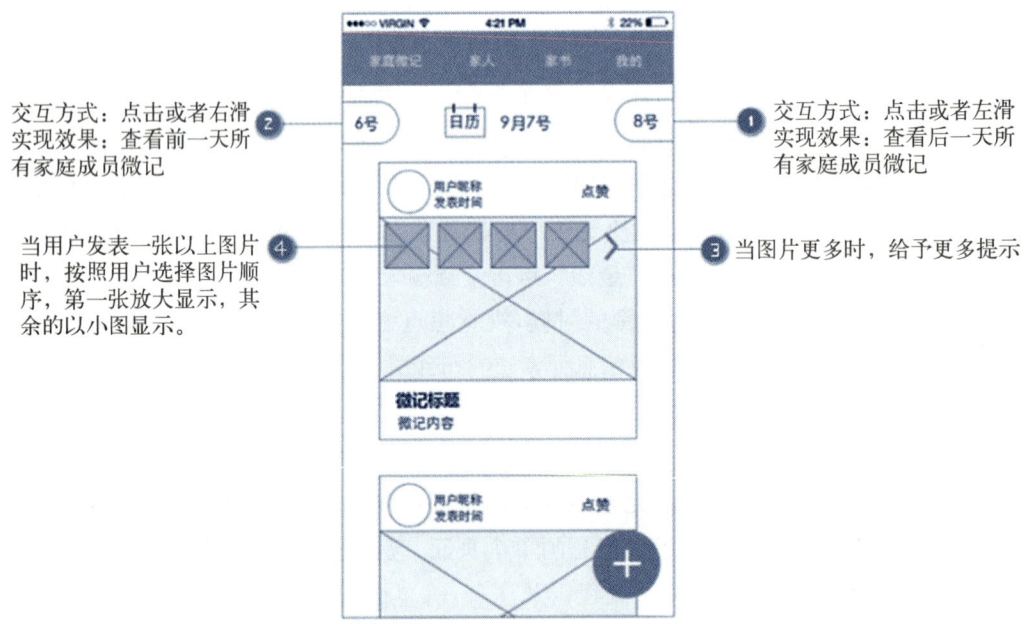

图 7-8 页面注释示例

5. 构建关键路径场景剧本

关键路径场景是用户与产品交互的主要框架,是用户最频繁使用界面的主要路径。构建关键路径场景剧本就是明确交互细节。也就是说,在需求目标指引下,以任务为导向,在细节上严谨描述每个交互的精确行为。比如点外卖这个任务,关键路径场景就要具体到用户从哪里进入 APP,从进入 APP 到完成任务前,看到的每一个页面的数据元素以及功能元素,以及用户如何根据这些元素进行决策,点击了哪些按钮,进入了哪个页面等,都要详细描述。第 3 到第 5 个步骤是信息层级的梳理和建立,这是一个不断循环的步骤,直到最后确定方案。

6. 用场景验证完善设计

主要页面及关键路径场景梳理完后,接下来应该考虑产品的其他一些不太频繁使用的页面和流程应用场景:替代场景、必须使用的场景和边缘场景;通过场景验证来完善设计。从关键路径场景分叉点展开的流程页面,不经常使用的页面,甚至不一定用得到的页面将形成替代场景。例如在盒马鲜生上购买蔬菜的关键流程是:进入首页→查看分类→添加蔬菜到购物车→点击购物车→结算→完成订单,但有的用户不知道买什么,就想根据菜谱来购买食材,那流程可能是:进入首页→盒区生活→今日菜谱→购买→添加购物车;还有的用户是会从自己历史订单里面选择,那他的流程就是:进入首页→进入订单页→选择订单→再来一单→完成订单。都是订购目标,但是在关键路径里面会出现分叉点,这分叉后的场景就是替代场景。

还有一种情况的场景也需要验证,就是一些不经常使用的功能,但是一定会用得到的功能,比如"清除数据"功能。可以把这种场景称为必须使用的场景。最后一种情景是边缘场景,比如在手机通讯录中添加的新联系人和历史联系人重名,那产品该如何设置与反馈呢?这种场景就是边缘场景。好的用户体验就是要考虑用户各种应用场景,并对这些场景进行验证。场景分类如图7-9所示。

在框架层往往使用 Axure RP 或者 Visio 来完成原型设计。通过界面元素整合界面设计；通过识别和定义核心导航系统整合导航设计；通过信息优先级整合信息设计。

五、表现层

表现层是这五层模型的顶端，就是用户首先会注意到的视觉设计。这是一个将内容、功能、美学汇集到一起产生的一个最终设计。在框架层我们主要解决元素"放置"的问题，界面设计考虑可交互元素的布局，导航设计考虑在网站中如何引导用户有效移动，信息设计考虑如何排列这些元素才能更有效地向用户传达信息。表现层要解决"弥补框架层的逻辑排列"的视觉呈现问题。最终输出的是按照"低保真"的线框图（原型）设计出"高保真"产品原型，是用户界面 UI 设计师发挥最多的一层。

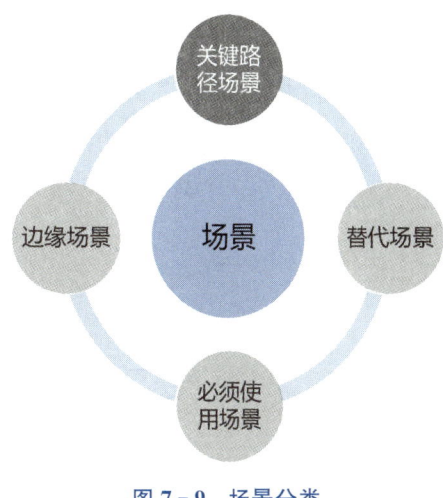

图7-9 场景分类

评估一个页面视觉设计的简单方法之一是提出这样的问题：你的视线首先落在什么地方？哪个设计要素第一时间吸引了用户的注意力？它们对于战略目标来讲是很重要的东西吗？用户在第一时间注意到的东西与他们的（或你的）目标背道而驰吗？

如果视觉设计是成功的，那么用户的眼睛在页面上移动的轨迹模式应该有以下两个重要的特点：第一，它们遵循的是一条流畅的路径，而不是在各种元素之间跳来跳去。所有的元素都在试图吸引用户的眼睛，以引起他们的注意。好的设计可以让视觉移动变得流畅有序。第二，用户被引导从而进行有效的选择。用户在页面上的视线移动并不是随机的。它是一种所有人类共有的、对于视觉刺激而产生的、一系列复杂的原始本能反应。好的设计可以使用户的视觉移动变得十分自信，从而可以作出有效的选择。

在表现层，配色方案和排版是关键要素之一。色彩往往是向外界传递品牌识别的一个最有效的方法。一套配色方案往往要应用在产品的所有环节中，但是设计方案的时候要充分考虑到与品牌色彩能配套使用，它们之间必须是互补而不是冲突的。排版表现为字体样式的选择和排列。如何使用字体和字形创建一个特殊的视觉样式对品牌识别是非常重要的。字体仍然可以作为"用设计来有效传达形象"的要素被企业用在品牌设计中，有的企业就已经发明了特殊字型来专门供自己使用。

使用字体时注意不要使用非常相似但又不完全一样的风格。风格之间要有足够的"对比"才能在你需要的时候吸引用户的注意，但同时还要注意不要使用过于广泛和多样的风格。另一方面，设计中注意保持"一致性"，这是设计的另一个重要的原则。例如将视觉元素保持一致的尺寸，这样既不会导致用户迷惑或焦虑，也可以使设计人员在需要的时候更容易把它们重新组合形成一个新的设计。

> **课堂思考：**
> 1. 以"登录"功能为例，从手机登录、第三方登录和找回密码三个角度描述该"登录"功能的结构层。
> 2. 试从两种分类体系勾勒某互联网产品（如盒马鲜生和今日头条）的信息架构。

第二节 产品的开发与工程实现

一、产品开发方案选择

电子商务相关产品的开发有多种可选方案，主要包括购买、外包、租借和自建。

（一）购买

在目前市场开发的商业化软件包中可以找到电子商务应用所需要的标准模块。与自建相比，购买现成的软件包成本较低，开发时间短，需要的专业人员少。购买法的主要缺点在于所购软件可能难以与现有的企业运作系统整合，无法满足企业全部电子商务的需求，而且所购买软件的设计已经成型，修改起来非常困难。一般来说，小企业或个体户常常选用这种方法。

（二）外包

外包与购买有较多的相同之处。但外包可以在供应商开发的已有软件的基础上根据企业情况进行修改。开发商与企业的沟通，可以将开发商的技术优势与企业电子商务的需求密切结合，大大提高整个电子商务网站开发的成功率。

（三）租借

与购买和自建相比，租借更能节省时间和开支。虽然租借来的软件包并不完全满足应用系统的要求（这和购买法一样），但是大多数组织都需要的常用模块通常都包括进去了。在需要经常维护或者购买成本很高的情况下，租借比购买更有优势。对于无力大量投资于电子商务的中小型企业来说，租借很有吸引力。大公司也倾向于租借软件包，以便在进行大规模的电子商务投资前检验一下电子商务方案。

（四）自建

自己建立产品与前面几种方式相比的主要缺点是开发时间长，网站（特别是大型网站）的运行可能出现这样或那样的问题。但是这种方式通常能更好地满足组织的具体要求。那些有资源和时间去自己开发的公司或许更喜欢采用这种方法，以获得差异化的竞争优势。然而，自己开发电子商务系统是极具挑战性的，因为无论从技术方面，还是从应用方面，将会遇到大量的新问题。

二、互联网服务提供商

互联网服务提供商又称因特网服务提供者、互联网服务供应商、互联网服务提供者，是指专门从事互联网接入服务和相关技术支持及咨询服务的公司或企业,是广大的个人用户和规模有限的公司用户进入互联网的入口和桥梁。它是电子商务的新型服务中介,ISP(Internet Service Provider)服务商通过自己拥有的服务器和专门的线路,24小时不间断地与互联网络连接,当企业需要进入互联网时,只要先通过电话网络 ISP 端的服务器连接好,就可以与世界各地连接在互联网上的计算机进行数据交换。

严格地讲,ISP 应该包括接入服务和信息服务两方面,即 ISP 包括互联网接入服务商(Internet Access Provider,IAP)和互联网内容服务商(Internet Content Provider,ICP)。IAP 是指专门从事接入服务的服务提供商,它为终端用户提供接入互联网的服务及有限的信息服务。一个 IAP 服务提供商的基本条件是拥有区域性用户接入网络,能够向用户提供专线、VPN 或其他接入服务。ICP 是指那些在互联网上提供大量丰富且实用信息的服务提供商,它可以允许专线、VPN 等方式访问自己的服务器,为用户提供全方位的各类信息服务。

根据经营业务的不同,ISP 可以分为三种类型,一是拨号 ISP(Dial-Up ISP),从事"多点现场服务"(Many Point Of Presence,MPOP),经过调制解调器从一个服务器拨号接入 Internet。二是后端 ISP(Backend ISP),从事网络服务器服务,通过服务器的高速缓冲存储器向大量用户提供经常性接入信息服务。三是前端 ISP(Frontend ISP),从事高效的接入服务,并通过高速数据缓冲存储器向局域网用户提供服务。

ISP 提供的服务及收费:由于规模和实力不同,各个 ISP 提供的服务也是有区别的。许多大型 ISP 为客户提供的是一站式专业外包服务和完整的电子商务解决方案服务,其中包括企业接入、主机托管、虚拟主机、定制租用等基本电信服务;网络安全、网络加速、存储备份、网站监控等管理服务;企业网站规划、网站建设、网站营销、网站集成等专业服务,可以为企业创建一个完整的网络营销环境。

ISP 的收费方式主要有四种:主叫式收费方式、固定账户按实际使用收费、包月付费和一揽子收费方式。主叫式收费方式是指网络用户没有实际申请固定账户,而是利用 ISP 提供的电话号码和公用账户密码进行上网。ISP 利用计费仪器自动对拨出的电话号码计费,然后在用户交纳电话费时一并收取上网费。固定账户按实际使用收费是指用户在 ISP 那里建立一个固定的账户,并存入一定数额的上网费,ISP 根据用户实际的使用情况按时扣除所花费用。包月付费方式是指用户每月向 ISP 交纳一定数额的费用后,就可以无限次地使用网络及相关服务,一般收费较高,适合经常上网的用户。一揽子收费方式是指 ISP 在为用户提供从网络接入、域名注册、虚拟主机或主机托管、方案设计、网站构建、网站推广等一揽子服务时采用的收费方式,其收费因 ISP 的差异而不同。

三、网络服务方式的选择

网络站点的建设可以分为两种,一种是自己建立网站,一种是外购整体网络服务。网络站点投资选择的主要问题是资金问题。如果一个企业规模较大,资金充足,而且需要和外界交流大量信息,自己利用独立服务器建立网站接入互联网是比较理想的选择;如果企业与外界没有太多的信息交流,资金有限,则选择外购整体网络服务比较合理。外购整体网络服务又分两种形式:虚拟主机与服务器托管。

(一)虚拟主机

虚拟主机是使用特殊的软硬件技术,把一台完整的真实主机的硬盘空间分成若干份,每一个被分割的硬盘称为一台虚拟主机。虚拟主机都具有独立的域名和IP地址,但需共享真实主机的CPU、RAM、操作系统、应用软件等。虚拟主机之间完全独立,在外界看来,一台虚拟主机和一台独立的主机完全一样,用户可以利用它来建立完全属于自己的WWW、FTP和E-Mail服务器。虚拟主机可以租给不同的用户。虚拟主机的拓扑结构如图7-10所示。

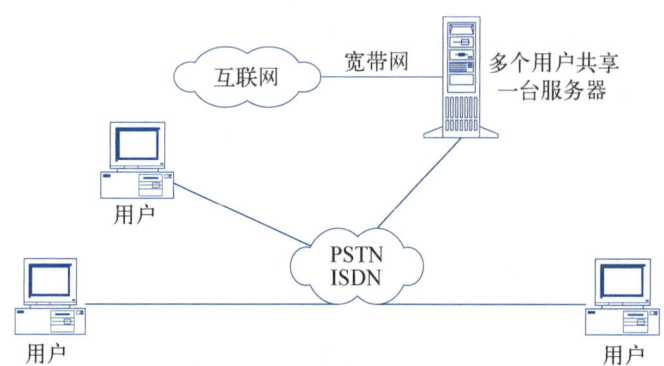

图7-10 虚拟主机的拓扑结构

虚拟主机到互联网的连接一般采用高速宽带网,用户到虚拟主机的连接可采用公共电话网PSTN、一线通INDN和ADSL等。采用虚拟主机技术的用户只需对自己的信息进行远程维护,而无须对硬件、操作系统及通信线路进行维护。因此虚拟主机技术可以为广大中小型企业或初次建立网站的企业节省大量人力物力及一系列烦琐的工作,是企业发布信息较好的方式。采用虚拟主机方式建立电子商务网站具有投资小,建立速度快,安全可靠,无须软硬件配置及投资,无须拥有技术支持等特点。

选择虚拟主机主要考虑以下几点服务内容:

(1)存储空间。互联网服务商必须提供存储空间,企业可根据发展的需求不断调整存储空间。

(2)电子邮件。互联网服务商一般提供3~5个电子信箱。电子邮件目前是企业最常用的通信工具之一。

(3)网页制作。网页可委托互联网服务商制作,也可由企业自己制作。

(4)IP地址。互联网服务商必须提供独立的IP地址,并且支持多个域名指向同一个IP地址。

(5)文件传输(FTP)。文件传输的主要功能是上传网页,在企业内部将网页文件上传到互联网服务商的虚拟主机上。

(6)时间。互联网服务商应提供每天24小时、每年365天的连续服务,因为商业网一旦开通就不允许长时间停机。

(7)速度。速度是企业网站的生命,选择互联网服务商时应重点考虑这个问题。

(二)服务器托管

虚拟主机是由多个不同的站点共享一台服务器的所有资源,是入门级的站点解决方案。如果服务器上运行了过多的虚拟主机,系统就容易过载,从而直接影响网站浏览的效果。当企业对服务器有较高要求时,可以选择服务器托管。

服务器托管是指用户将自己的独立服务器寄放在因特网服务商的机房,即租用 ISP 机架位置,日常系统维护由 ISP 提供,用户可以独立进行主机内部的系统维护及数据的更新。这种方式不计通信量和访问次数,也不需申请专用线路和搭建复杂的网络环境,因此也就节省了大量的初期投资及日常维护的费用。这种方式特别适用于有大量数据需要通过互联网进行传递,以及大量信息需要发布的单位。

从另一个角度讲,选择服务器托管,用户可以获得一个很高的控制权限,能够决定服务质量和其他一些重要的问题,可以随时监视系统资源的使用情况。在系统资源紧张,出现瓶颈的时候,可以马上根据具体情况对服务器进行升级。服务器托管不仅能够解决足够多的访问量和数据库查询,还能为企业节约数目可观的维护费用。服务器托管的拓扑结构,如图 7-11 所示。

图 7-11　服务器托管的拓扑结构

相对于虚拟主机,服务器托管具有以下特点:

(1) 灵活。当企业的站点需要灵活地进行组织变化的时候,虚拟主机将不再满足企业的需要。虚拟主机不仅仅被共享环境下的系统资源所限,而且也被主机提供商允许在虚拟主机上运行的软件和服务所限;用户希望连接互动化、内容动态化和个性化的要求也很难实现。而这些要求需要依靠托管独立主机才能得到较好的解决。

(2) 稳定。在共享服务器的环境下,每个用户对服务器都有各自不同的权限,某些超出自己权限范围的行为,很可能影响整个服务器的正常运行。如果有的用户执行了非法程序,还可能造成整个共享服务器的瘫痪。而在独立主机的环境下,用户可以对自己的行为和程序严密把关、精密测试,保持服务器的高度稳定性。

(3) 安全。服务器被用做虚拟主机的时候是非常容易被黑客和病毒袭击的。例如,乱发电子邮件可能会受到来自外界的报复;如果服务商没有处理好虚拟主机的安全隔离问题,某些用户可能会利用程序对其他用户网站进行非法浏览、删除、修改等操作。而服务器托管极少会出现这样的问题。

(4) 快捷。虚拟主机因为是共享资源,因此服务器响应速度和连接速度都比独立主机慢得多。目前,大约 10%~30% 的访问者因为服务器响应速度过慢而取消了他们的请求,这就意味着可能丢掉了其中的一些潜在用户,而托管独立主机将彻底改变这种状况。

选择服务器托管服务时应考虑以下因素:

(1) 可靠性因素。为了保持竞争力,企业服务器必须每时每刻都处于在线状态。如果一个设施遇到问题,其功能可以由另一个设施来承担。

(2) 安全因素。一个良好的服务器服务设施可以提供一个安全基础设施,这个基础设施可以确保一个没有黑客入侵、没有故障和病毒的安全环境。所选择的托管服务器设施既要不断地监控硬件设施,又要不断地监控进入到硬件设施中的数据和软件。身份证明和一些其他的访问控制可以对进入指挥中心的访问进行严格的控制。

(3) 功能需求因素。托管服务器设施应具备提供潜在的功能,特别是具有较高的带宽。同时,所有这些服务器和管道都有实时的监控。指挥中心能够及时发现问题和解决问题,为客户提供高质量的服务。

(三) 独立服务器

虚拟服务器和托管服务器都是将服务器放在因特网服务商的机房中,由 ISP 负责因特网的接入及部分维护工作。独立服务器则是指用户的服务器从互联网接入到维护管理完全由自己操作。企业自己建立服务器主要考虑的内容有硬件、系统平台、接入方式、防火墙、数据库、人员配备等,独立服务器的拓扑结构如图 7-12 所示。

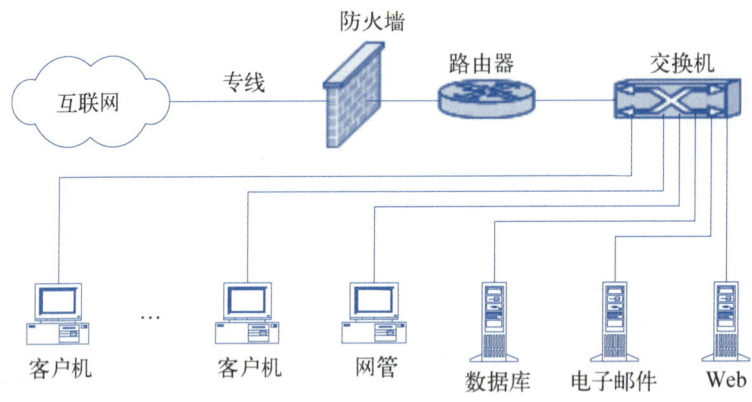

图 7-12 独立服务器的拓扑结构

中型规模网站自备主机的数据量在 30~100 MB 之间,日访问量在 20 000 人次以上,需要独立的 DNS、Mail、Web 和数据库服务器,其中 Web 服务器和数据库服务器可以根据情况扩充并分担不同的任务。大型电子商务网站自备主机的构造相对复杂,除 DNS、Mail、Web、数据库服务器以外,还需要配置防火墙设备、负载均衡设备、数据交换服务器等,并使用较好的网络设备,采用网络管理软件对网站运行情况进行实时的监控。

(四) 云服务

云服务是基于云计算的服务,是互联网上访问软件应用程序、处理能力和数据存储的地方。随着云计算的发展,大多数计算资源将被托管在互联网上,而不是在企业、家庭里。传统计算模式在本地安装应用,数据大多被存储在个人计算机上。在公司内部,大多数用户还可以从本地数据中心访问商业应用程序,并进行数据存储和处理。在这种传统的计算模式下,互联网的使用仅限于从网站访问信息以及交换电子邮件和文件附件。而云计算的出现让软件应用程序和数据不再安装和存储在用户自己的计算设备上,所有的个人和商业应用程序的访问、数据存储和大多数数据处理都是通过互联网云实现的。过去用户找服务商租用服务器,云服务则让用户购买计算和存储的能力。关于云计算服务的更多内容请参见本书第九章。

虽然从技术或者架构角度看,云服务都是基本相同的,但是在实际情况中,为了适应用户不同的需求，它会演变为不同的模式。在美国国家标准技术研究院（NIST，National Institute Of Standards And Technology）的名为 *The NIST Definition Of Cloud Computing* 的这篇关于云计算概念的著名文档中，共定义了云的4种模式，它们分别是：公有云、私有云、混合云和行业云。

1. 公有云

公有云是目前最主流的云计算模式。它是一种对公众开放的云服务，能支持数目庞大的请求，而且因为规模的优势，其成本偏低。公有云由云供应商提供，为用户提供各种IT资源。云供应商负责从应用程序、软件运行环境到物理基础设施等IT资源的安全、管理、部署和维护。在使用IT资源时，用户只需为其所使用的资源付费，无须任何前期投入，所以非常经济。在公有云中，用户并不清楚与其共享使用资源的还有其他哪些用户，整个平台是如何实现的，甚至也无法控制实际的物理设施，所以云服务提供商要能保证所提供的资源具备安全和可靠等非功能性需求。

许多IT巨头都推出了它们自己的公有云服务，例如亚马逊的AWS、微软的Windows Azure Platform、谷歌的Google App Engine、阿里的ACE等，一些过去著名的VPS和IDC厂商也推出了它们自己的公有云服务，例如Rackspace的Rackspace Cloud和国内世纪互联的CloudEx云快线等。

（1）构建方式

① 独自构建：云供应商利用自身优秀的工程师团队和开源的软件资源，购买大量零部件来构建服务器、操作系统，乃至整个云计算中心。这种独自构建的好处是，能为自己的需求作最大限度的优化，但是需要一个非常专业的工程师团队，例如阿里云。

② 联合构建：云供应商在构建的时候，在部分软硬件上选择商业产品，而其他方面则会选择自建。联合构建的好处是避免自己的团队涉足一些不熟悉的领域，而在自己所擅长的领域上大胆创新。例如微软在硬件方面，并没有像谷歌那样选择自建，而是采购了惠普和戴尔的服务器，但是在其擅长的软件方面选择了自主研发，比如采用了Windows Server 2008、IIS服务器和NET框架。

③ 购买方案：由于有一部分云供应商在建设云之前缺乏相关的技术积累，所以会购买比较成熟的商业解决方案。这样购买商业解决方案的做法虽然很难提升云供应商自身的竞争力，但是在风险方面和前两种构建方式相比，它更稳妥。

（2）优点

公有云在许多方面都有其优越性：

① 规模大：因为公有云的公开性，它能聚集来自整个社会并且规模庞大的工作负载，从而产生巨大的规模效应。比如，能降低每个负载的运行成本或者为海量的工作负载作更多优化。

② 价格低廉：由于对用户而言，公有云完全是按需使用的，无须任何前期投入，所以与其他模式相比，公有云在初始成本方面有非常大优势。而且就像上面提到的那样，随着公有云的规模不断增大，它将不仅使云供应商受益，而且也会相应地降低用户的开支。

③ 灵活：对用户而言，公有云在容量方面几乎是无限的。就算用户所需求的量近乎疯狂，公有云也能非常快地满足。

④ 功能全面：公有云在功能方面非常丰富。比如，支持多种主流的操作系统和成千上万个应用。

(3) 缺点

公有云也有一些缺点：① 缺乏信任，虽然在安全技术方面，公有云有很好的支持，但是由于其存储数据的地方并不是在企业本地，所以企业会不可避免地担忧数据的安全性。② 不支持遗留环境。由于现在公有云技术基本上都是基于 x86 架构的，在操作系统上普遍以 Linux 或者 Windows 为主，所以对于大多数遗留环境没有很好地支持。

2. 私有云

关于云计算，虽然人们谈论最多的莫过于以亚马逊 EC2 和谷歌 App Engine 为代表的公有云，但是对许多大中型企业而言，因为很多限制和条款，它们在短时间内很难大规模地采用公有云技术，可是它们也期盼云所带来的便利，所以引出了私有云这一云计算模式。私有云主要为企业内部提供云服务，不对公众开放，在企业的防火墙内工作，并且企业 IT 人员能对其数据、安全性和服务质量进行有效的控制。与传统的企业数据中心相比，私有云可以支持动态灵活的基础设施，降低 IT 架构的复杂度，使各种 IT 资源得以整合和标准化。

私有云主要有两大联盟：其一是 IBM 与其合作伙伴，主要推广的解决方案有 IBM Blue Cloud 和 IBM CloudBurst；其二是由 VMware、Cisco 和 EMC 组成的 VCE 联盟，它们主推的 Cisco UCS 和 vBlock。在实际的例子方面，已经建设成功的私有云有采用 IBM Blue Cloud 技术的中化云计算中心和采用 Cisco UCS 技术的 Tutor Perini 云计算中心。

(1) 构建方式

创建私有云的方式主要有两种：① 独自构建，通过使用诸如 Enomaly 和 Eucalyptus 等软件将现有硬件整合成一个云。这比较适合预算少或者希望重用现有硬件的企业。② 购买商业解决方案。通过购买 Cisco 的 UCS 和 IBM 的 Blue Cloud 等方案来一步到位，这比较适合那些有实力的企业和机构。

(2) 优点

由于私有云主要在企业数据中心内部运行，并且由企业的 IT 团队来进行管理，所以这种模式在下面五个方面有出色的表现：

① 数据安全。虽然每个公有云的供应商都对外宣称，其服务在各方面都非常安全，特别是在数据管理方面，但是对企业而言，特别是大型企业而言，和业务相关的数据是其生命线，是不能受到任何形式的威胁和侵犯的，而且需要严格地控制和监视这些数据的存储方式和位置。所以短期而言，大型企业是不会将其关键应用部署到公有云上的。而私有云在这方面是非常有优势的，因为它一般都构筑在防火墙内，企业会比较放心。

② 服务质量。因为私有云一般在企业内部，而不是在某一个遥远的数据中心中，所以当公司员工访问那些基于私有云的应用时，它的服务质量应该会非常稳定，不会受到远程网络偶然发生异常的影响。

③ 充分利用现有硬件资源。每个公司，特别是大公司，都会存在很多低利用率的硬件资源，可以通过一些私有云解决方案或者相关软件，让它们重获"新生"。

④ 支持定制和遗留应用。现有公有云所支持应用的范围都偏主流，对一些定制化程

度高的应用和遗留应用就很有可能束手无策,但是这些往往都属于一个企业最核心的应用,比如大型机、Unix 等平台的应用。在这个时刻,私有云可以说是一个不错的选择。

⑤ 不影响现有 IT 管理的流程。对大型企业而言,流程是其管理的核心,如果没有完善的流程,企业将会成为一盘散沙。实际情况是,不仅企业内部和业务有关的流程非常多,而且 IT 部门的自身流程也不少,而且大多都不可或缺,比如那些和 Sarbanes-Oxley 相关的流程。在这方面,私有云的适应性比公有云好很多,因为 IT 部门能完全控制私有云,这样他们有能力使私有云比公有云更好地与现有流程进行整合。

(3) 缺点。

私有云也有其缺点,主要是成本开支高。因为建立私用云需要很高的初始成本,特别是如果需要购买大厂家的解决方案时更是如此;其次,由于需要在企业内部维护一支专业的云计算团队,所以其持续运营成本也同样偏高。

3. 混合云

混合云虽然不如前面的公有云和私有云常用,但已经有类似的产品和服务出现。顾名思义,混合云是把公有云和私有云结合到一起的方式,即它是让用户在私有云的私密性和公有云灵活的低廉之间做一定权衡的模式。比如,企业可以将非关键的应用部署到公有云上来降低成本,而将安全性要求很高、非常关键的核心应用部署到完全私密的私有云上。

现在混合云的例子非常少,最知名的就是亚马逊 VPC(Virtual Private Cloud,虚拟私有云)和 VMware vCloud 了。比如,通过亚马逊 VPC 服务能将亚马逊 EC2 的部分计算能力接入企业的防火墙内。

(1) 构建方式。

混合云的构建方式有两种:① 外包企业的数据中心。企业搭建了一个数据中心,但具体维护和管理工作都外包给专业的云供应商,或者邀请专业的云供应商直接在厂区内搭建专供本企业使用的云计算中心,并在建成之后,负责今后的维护工作。② 购买私有云服务。通过购买亚马逊等云供应商的私有云服务,能将一些公有云纳入企业的防火墙内,并且在这些计算资源和其他公有云资源之间进行隔离,同时获得极大的控制权,也免去了维护之苦。

(2) 优点和缺点。

通过使用混合云,企业可以享受接近私有云的私密性和接近公有云的成本,并且能快速接入大量位于公有云的计算能力,以备不时之需。缺点是现在可供选择的混合云产品较少,而且在私密性方面不如私有云好,在成本方面也不如公有云低,并且操作起来较复杂。

4. 行业云

行业云虽然较少提及,但是有一定的潜力,主要指的是专门为某个行业的业务设计的云,并且开放给多个同属于这个行业的企业。

虽然行业云现在还没有一个成熟的例子,但盛大的开放平台颇具行业云的潜质,因为它能将其整个云平台共享给多个小型游戏开发团队,这样这些小型团队只需负责游戏的创意和开发即可,其他和游戏相关的繁琐的运维可转交给盛大的开放平台来负责。

(1) 构建方式。

在构建方式方面,行业云主要有两种方式。① 独自构建:某个行业的领导企业自主创建一个行业云,并与其他同行业的公司分享。② 联合构建:多个同类型的企业可以联合建设和共享一个云计算中心,或者邀请外部的供应商来参与其中。

(2) 优点和缺点。

行业云的优点是能为行业的业务作专门的优化。和其他的云计算模式相比,这不仅能进一步方便用户,而且能进一步降低成本。行业云的缺点是支持的范围较小,只支持某个行业,同时建设成本较高。

第三节 域 名

一、域名的概念

域名的英文为 Domain Name,是互联网上一个企业或机构的名字,是互联网上企事业间相互联系的地址。就像门牌号码一样。域名的形式是以若干个英文字母、数字、中横线"-"组成,由"."分隔成几部分。从社会科学的角度看,域名已成为互联网文化的组成部分。从商界的角度看,域名已被誉为"企业的网上商标"。只要在浏览器软件中键入您的网址,全世界接入互联网的人都能够准确无误的访问到您主页的内容。

二、域名级别

国家域名可分为不同级别,包括顶级域名、二级域名、三级域名等。

(一) 顶级域名

顶级域名又分为两类:

(1) 国家顶级域名(National Top-Level Domain Names,简称 nTLDs),有 200 多个国家都按照 ISO3166 国家代码分配了顶级域名,例如中国是 cn,美国是 us,日本是 jp 等。

(2) 国际顶级域名(International Top-Level Domain Names,简称 iTDs),例如表示工商企业的.com,表示网络提供商的.net,表示非盈利组织的.org 等。大多数域名争议都发生在 com 的顶级域名下,因为多数公司上网的目的都是为了赢利。为加强域名管理,解决域名资源的紧张,互联网协会、互联网分支机构及世界知识产权组织(WIPO)等国际组织经过广泛协商,在原来三个国际通用顶级域名的基础上,新增加了 7 个国际通用顶级域名:firm(公司企业)、store(销售公司或企业)、web(突出 WWW 活动的单位)、arts(突出文化、娱乐活动的单位)、rec (突出消遣、娱乐活动的单位)、info (提供信息服务的单位)、nom(个人),并在世界范围内选择新的注册机构来受理域名注册申请。

(二) 二级域名

二级域名是指顶级域名之下的域名,在国际顶级域名下,它是指域名注册人的网上名称,例如 IBM,Yahoo,Microsoft 等;在国家顶级域名下,它是表示注册企业类别的符号,例如 com,edu,gov,net 等。

我国在国际互联网络信息中心(Inter NIC)正式注册并运行的顶级域名是 CN,这也是我国的一级域名。在顶级域名之下,我国的二级域名又分为类别域名和行政区域名两类。类别域名共6个，包括用于科研机构的 ac；用于工商金融企业的 com；用于教育机构的 edu；用于政府部门的 gov；用于互联网络信息中心和运行中心的 net；用于非盈利组织的 org。而行政区域名有34个，分别对应于我国各省、自治区、特别行政区和直辖市。

（三）三级域名

三级域名用字母（A～Z,a～z,大小写）、数字（0～9）和连接符（-）组成，各级域名之间用实点"."连接，三级域名的长度不能超过20个字符。如无特殊原因，建议采用申请人的英文名（或者缩写）或者汉语拼音名（或者缩写）作为三级域名，以保持域名的清晰性和简洁性。

三、域名选择

在选取域名的时候，首先要遵循两个基本原则。

（一）简明易记，便于输入

这是判定域名好坏最重要的因素。一个好的域名应该短而顺口，便于记忆，最好让人看一眼就能记住，而且读起来发音清楚，不会导致拼写错误。此外，域名选取还要避免同音异义词。

（二）有一定的内涵和意义

用有一定意义和内涵的词或词组成域名，不但可记忆性好，而且有助于实现企业的营销目标。例如企业的名称、产品名称、商标名、品牌名等都是不错的选择，这样能够使企业的网络营销目标和非网络营销目标达成一致。

域名选取的技巧：

（1）汉语拼音作为域名。这是为企业选取域名的一种较好方式，实际上大部分国内企业都是这样选取域名。例如，红塔集团的域名为 hongta.com，新飞电器的域名为 xinfei.com，海尔集团的域名为 haier.com，四川长虹集团的域名为 changhong.com，华为技术有限公司的域名为 huawei.com。这样的域名有助于提高企业在线品牌的知名度，即使企业不作任何宣传，其在线站点的域名也很轻易被人想到。

（2）用企业名称相应的英文名作为域名。这也是国内许多企业选取域名的一种方式，这样的域名非常适合与计算机、网络和通信相关的一些行业。例如，长城计算机公司的域名为 greatwall.com.cn，中国电信的域名为 chinatelecom.com.cn，中国移动的域名为 chinamobile.com。

（3）用企业名称的缩写作为域名。有些企业的名称比较长，假如用汉语拼音或者用相应的英文名作为域名就显得过于烦琐，不便于记忆。因此，用企业名称的缩写作为域名不失为一种好方法。缩写包括两种方法：一种是汉语拼音缩写，另一种是英文缩写。例如，广东步步高电子工业有限公司的域名为 gdbbk.com，泸州老窖集团的域名为 lzlj.com.cn，中国电子商务网的域名为 chinaeb.com.cn，计算机世界的域名为 ccw.com.cn。

（4）用汉语拼音的谐音形式给企业注册域名。

四、域名命名规则

由于互联网上的各级域名是分别由不同机构管理的，所以，各个机构管理域名的方式

和域名命名的规则也有所不同。但域名的命名也有一些共同的规则,主要有以下几点:

(1) 域名中只能包含以下字符:26个英文字母;0,1,2,3,4,5,6,7,8,9十个数字;"-"(英文中的连词号)。

(2) 字符组合规则:在域名中,不区分英文字母的大小写;对于一个域名的长度是有一定限制的。

(3) CN下命名规则:遵照域名命名的全部共同规则。早期,cn域名只能注册三级域名,从2002年12月份开始,CNNIC开放了国内.cn域名下的二级域名注册,可以在.CN下直接注册域名。2009年12月14日9点之后新注册的CN域名需提交实名制材料(注册组织、注册联系人的相关证明)。

(4) 不得使用或限制使用以下名称(下表列出了一些注册此类域名时需要提供的材料)。注册含有"CHINA""CHINESE""CN""NATIONAL"等经国家有关部门(指部级)要出具书面文件批准;公众知晓的其他国家或者地区名称、外国地名、国际组织名称不得使用;县级以上(含县级)行政区划名称的全称或者缩写由相关县级以上(含县级)人民政府正式批准;行业名称或者商品的通用名称不得使用;他人已在中国注册过的企业名称或者商标名称不得使用;对国家、社会或者公共利益有损害的名称不得使用;经国家有关部门(指部级以上单位)正式批准和相关县级以上(含县级)人民政府正式批准是指,相关机构要出具书面文件表示同意××××单位注册×××域名。如:要申请beijing域名,则要提供北京市人民政府的批文。

五、域名注册

注册域名需要遵循先申请先注册原则,既然域名是一种有价值的资源,那么,它是否能够成为知识产权保护的客体呢?在新的经济环境下,域名所具有的商业意义已远远大于其技术意义,而成为企业在新的科学技术条件下参与国际市场竞争的重要手段,它不仅代表了企业在网络上的独有的位置,也是企业的产品、服务范围、形象、商誉等的综合体现,是企业无形资产的一部分。同时,域名也是一种智力成果,它是有文字含义的商业性标记,与商标、商号类似,体现了相当的创造性。在域名的构思选择过程中,需要一定的创造性劳动,使得代表自己公司的域名简洁并具有吸引力,以便使公众熟知并对其访问,从而达到扩大企业知名度、促进经营发展的目的。可以说,域名不是简单的标识性符号,而是企业商誉的凝结和知名度的表彰,域名的使用对企业来说具有丰富的内涵,远非简单的"标识"两字可以穷尽。因此,不论学术界还是实际部门,大都倾向于将域名视为企业知识产权客体的一种。而且,从世界范围来看,尽管各国立法尚未把域名作为专有权加以保护,但国际域名协调制度是通过世界知识产权组织来制定,这足以说明人们已经把域名看做知识产权的一部分。

当然,相对于传统的知识产权领域,域名是一种全新的客体,具有其自身的特性,例如,域名的使用是全球范围的,没有传统的严格地域性的限制;域名在网络上是绝对唯一的,一旦取得注册,其他任何人不得注册、使用相同的域名,因此其专有性也是绝对的;另外,域名非经法定机构注册不得使用,这与传统的专利、商标等客体不同,等等。即使如此,把域名作为知识产权的客体也是科学和可行的,在实践中对于保护企业在网络上的相关合法权益是有利而无害的。

域名申请步骤：

(1) 准备申请资料。com 域名无须提供身份证、营业执照等资料，2012 年 6 月 3 日 cn 域名已开放个人申请注册，所以申请则需要提供身份证或企业营业执照。

(2) 寻找域名注册网站。由于.com 和.cn 域名等不同后缀均属于不同注册管理机构所管理，如要注册不同后缀域名则需要从注册管理机构寻找经过其授权的顶级域名注册查询服务机构。如 com 域名的管理机构为 ICANN，cn 域名的管理机构为 CNNIC（中国互联网络信息中心）。域名注册查询注册商已经通过 ICANN、CNNIC 双重认证，则无须分别到其他注册服务机构申请域名。

(3) 查询域名。在注册商网站注册用户名成功后并查询域名，选择您要注册的域名，并点击域名注册查询。

(4) 正式申请。查到想要注册的域名，并且确认域名为可申请的状态后，提交注册，并缴纳年费。

(5) 申请成功：正式申请成功后，即可开始进入 DNS 解析管理、设置解析记录等操作。

本 章 小 结

1. 面向用户体验的网站设计主要有五个层次：

(1) 战略层。主要是明确公司与用户对于网站的期望和目标。工作目标和内容是① 确定网站目标：我们要从这个网站得到什么？② 确定用户需求：我们的用户要从这个网站得到什么？输出成果是市场需求文档（MRD）、用户研究报告、竞争对手分析报告等。

(2) 范围层。主要是将战略层确定的目标转化为网站提供的功能和内容。内容有① 收集需求：从用户处收集需求，各部门聚集采用头脑风暴收集需求；从竞争对手处获得启发；使用用户场景来描述需求；② 确定需求优先级：需要去评估这些需求是否能满足我们的战略目标（无论是网站目标还是用户需求）。另外，还要确定实现这些需求的可行性有多大？输出结果是产品需求文档（PRD）、产品功能规格文档等。

(3) 结构层。主要是设计网站架构图，将分散的功能和内容组成一个整体。工作内容是进行交互设计、搭建信息架构。输出结果主要是网站架构图。

(4) 框架层。主要是将抽象的架构图转化为详细的线框图，确定界面外观、导航信息及信息要素的布局。工作内容是进行详细的界面、导航设计及信息摆放布局。可以使用 Visio 或者 Axure RP 来完成线框图的设计。输出结果一般是线框图。

(5) 表现层。主要是按照"低保真"的线框图设计出最终的 Web 网站。工作内容是遵照突出重点、保持一致性的原则以及统一的配色排版方案设计出最终的 Web 网站。输出结果是最终的 Web 网站。

2. 虚拟主机是使用特殊的软硬件技术，把一台完整的真实主机的硬盘空间分成若干份,每一个被分割的硬盘称为一台虚拟主机。虚拟主机都具有独立的域名和IP地址,但需共享真实主机的CPU、RAM、操作系统、应用软件等。

服务器托管是指用户将自己的独立服务器寄放在互联网服务商的机房,即租用ISP机架位置,日常系统维护由互联网服务商提供,用户可以独立进行主机内部的系统维护及数据的更新。这种方式不计通信量和访问次数,也不需申请专用线路和搭建复杂的网络环境,因此也就节省了大量的初期投资及日常维护的费用。这种方式特别适用于有大量数据需要通过互联网进行传递,以及大量信息需要发布的单位。

独立服务器则是指用户的服务器从互联网接入到维护管理完全由自己操作。企业自己建立服务器主要考虑的内容有硬件、系统平台、接入方式、防火墙、数据库、人员配备等。

3. 云服务可以将企业所需的软硬件、资料都放到网络上,在任何时间、地点,使用不同的IT设备互相连接,实现数据存取、运算等目的。云的四种模式:公有云、私有云、混合云和行业云。

4. 域名的英文为Domain Name,是互联网上一个企业或机构的名字,是互联网上企事业间相互联系的地址。域名的形式是以若干个英文字母、数字、中横线"-"组成,由"."分隔成几部分。从社会科学的角度看,域名已成为互联网文化的组成部分。从商界的角度看,域名已被誉为"企业的网上商标"。在选取域名的时候,首先要遵循两个基本原则:① 域名应该简明易记,便于输入。② 域名要有一定的内涵和意义。由于Internet上的各级域名是分别由不同机构管理的,所以,各个机构管理域名的方式和域名命名的规则也有所不同。

5. 接入互联网的所有费用大体上可以由四部分组成:设备费、通信费、信息费和维护费。设备费包含以各种方式接入互联网所必需的各种设备的费用和使用互联网时所要使用的各种类型的终端、微机、工作站、服务器等的费用。通信费用是指为传输信息所付的资费(网络设备租用费或网络设备占用费)。通信费分为两种,即网络经营者向信息提供者(IP)收取的通信费和向信息使用者(用户)收取的通信费。信息费也就是经营者为了购买或生产信息所付出的费用。这是信息服务所包含的几项费用中最复杂、最不确定、也是最核心的一项。网络维护费是一个不确定因素,很多意想不到的原因会使维护费急剧上升。我们把网络管理员和站点设计人员的工资以及其他消耗品的费用等称为正常的维护费。

复习思考题

1. Garrett提出的用户为中心产品设计五层结构每层输出的成果分别是什么?
2. 如何进行用户需求分析?

3. 为什么在范围层确定"什么不做"比"做什么"更重要？
4. 挑选你常用的某 APP,用思维导图完成该产品的信息架构。
5. 自学 Axure RP 设计工具,完成订单流程的原型设计。
6. 在互联网上查找互联网服务提供商(ISP),了解其所提供的服务,以及收费方式。
7. 登录中国互联网信息中心(www.cnnic.net.cn),了解域名注册的流程。
8. 简述域名的含义和级别。
9. 企业如何进行电子商务网站开发形式的选择？

课堂讨论题

1. 认真阅读本章案例"微信背后的产品观",结合 Garrett 的用户体验产品设计架构理论,对该产品观作进一步分析和理解。
2. 通过相关产品体验实践,找出针对七种导航的具体应用。
3. 试用思维导图画出手淘的信息架构。
4. 学习 Axure RP 工具,完成手机登录功能的原型。
5. 请结合职业精神进一步理解为什么一个张小龙说"成功的产品经理应该有对自己和产品负责的态度"。

案 例 分 析

"微信之父"张小龙：微信背后的产品观

"微信之父"张小龙 2012 在腾讯大讲堂做了特别演讲,以下是摘录的内容：

移动互联网产品的方法论

手机作为一种联系工具,天然决定了移动互联网的主要服务对象是人群而非个人。移动互联网产品经理的主要工作是研究人类群落的行为模式。用产品为人群提供服务,并且要预判人群卷入之后行为模式的变化。早期人类是村落人群模式,村落中的每个人认识每个人,人际关系以非常实际的亲戚关系和职业关系为纽带。现代人类是社会化人群模式,人群数目极大增长,人际关系依托于抽象的社会生产关系：契约、合同、雇佣关系……产品经理曾经是村落里的铁匠,他认识每个村民,每个村民也认识他。而在今天,产品经理完全退居幕后,他不可能认识每一个用户,用户甚至不知道这个人的存在。

产品经理的方法论其主流应该是服务于未来。先于人众接触新技术新知识,并把这种认知转化为产品,利用产品提供现代人类社会中的各种人群。尽一切可能降低学习成本,利用人类的本能设计产品,使得人群得以顺利"滑入"新的产品使用场景。在所有这一切之上,产品经理的目标应该是实现社会美和善。

移动互联网产品经理的素养

1. 敏锐感知潮流变化。移动互联网产品会从相对匮乏时代进入相对富足时代,用户可以选择的产品会随时日流逝而日渐增加,产品终将成为一种时尚业。

2. 放弃理性思维。移动互联网的最大特点是变化极快,传统的分析用户,调研市场,制定产品三年规划,在新的时代里已经落伍。人类群落本身也在迁移演变,产品经理更应该依靠直觉和感性,把握用户需求。

3. 海量实践。产品经理更需要超过千次的产品实践,才能称得上了解产品设计,拥有解决问题的能力。

4. 博而不专的积累。美术、音乐、阅读、摄影、旅游等等文艺行为是合格的产品经理需要广博的知识储备,以此才能了解和认识大数量的人群,理解时代的审美,让自己的所思所感符合普通用户的思维范式。以此为基础,设计的产品才不会脱离人群。

5. 负责的态度。拥有合适的方法论和合适的素养,成功的产品经理还应该有对自己和产品负责的态度,唯其如此,产品经理才能足够偏执,清楚地知道自己究竟要做什么,抵挡住来自上级和绩效考核的压力,按照自己的意志不变形、不妥协地执行产品策划。

移动互联网产品设计的原则

1. 绝不考虑 Web 形态,一切考虑都基于 APP。

2. 产品优先级:

(1) 有趣高于功能,产品必须有趣,必须酷,才可能形成传播和口碑。

(2) 功能高于交互,明确的功能满足明确的需求,用户不会在意炫酷交互效果。

(3) 交互高于 UI。便捷、快速的交互设计为先,围绕具体功能实现 UI,而非有优质 UI 方案为此专门设立一个功能。

3. 聚焦:一个 APP 只做一件事情,一个大而全的 APP 意味着全面的平庸。

4. 永远一维化:让用户在一个维度里解决具体的问题,Twitter 的 Timeline 就是一个好的范例。而类似 Facebook、Path 那样的滑出式菜单则是一个灾难,因为这使得产品拥有两个维度,加大了用户理解的困难。

5. 保持主干清晰,枝干适度。产品的主要功能架构是产品的骨骼,它应该尽量保持简单、明了,不可以轻易变更,让用户无所适从。次要功能丰富主干,不可以喧宾夺主,尽量隐藏起来,而不要放在一级页面。

6. 不要让用户选择。同一个页面之内,有多个入口;同一个功能,有多个实现方式;同一个界面,有多个展示方式。这对于用户来说是一种痛苦而非享受,因为他们只会因此而感觉到困惑和恐惧。用户宁可采取重复操作漫长而固定的操作路径,也不愿意使用多变的快捷方式。

7. 隐藏技术,永远展现简单的、人性化的、符合人类直觉的界面。开发不可以为了炫技而展示功能,产品不可以为了炫耀而功能堆砌。

8. 拒绝个性化。除了依靠设计特色而立身的APP,换肤一类的个性化设计,除了让产品经理幻觉自己做了许多工作而自我满足之外,没有任何价值。它只能证明产品经理对自己的产品不自信,因为自信的产品经理凭借默认皮肤就可以满足用户。延伸开去,一个好的产品,其功能应该满足全球用户需求,无须为地区做特别定制化。

9. 产品一定程度上是为了满足人性中的贪嗔痴,这是用户的痛点。能把握住之后,产品经理应该超越其上,用产品帮助人们得以解脱。

10. 想清楚自己究竟要做什么,不去迎合上司,不去讨好用户,不去取悦自己。

11. 分类!分类!分类!这是产品经理在确定产品主要功能构架之后,唯一应该为用户做的事情。分类无助于降低产品使用的难度,但是可以帮助用户认知产品和周边的世界。

12. 永远围绕功能而做设计,永远不要倒过来做这件事情。

13. 一个产品的基本功能不受用户认可,做加法也无济于事。

14. 想不清楚一个功能点之前,宁可不做。

15. 千万不要让用户在产品里"管理"什么。

"自然流"的设计思路

好的产品应该隐藏产品经理的个人意图,用户仅凭借直觉和经验就可以使用,以达到"自然而然"的境界。坏的产品提供产品说明书,其恶劣程度和文字数量正相关。为此,好的产品经理可以和用户之间平等对话,无须刻意谄媚、恶意卖萌,产品本身就会说话。

自然流的产品,它本身就可以和用户交流。针对用户的任意一个动作,给出唯一的、清晰的反馈,并且能让用户没有任何偏差地接受。它没有人造物的冰冷生硬,而有一种温暖的人性存在。例如在IOS中微信朋友圈里的评论按钮,按下之后弹出"赞"和"评论"弹窗。这一弹窗快速向左滑动,然后像碰到什么东西一样快速向右反弹一个很小的距离,然后才最终停下来。用户可能根本未能意识到这一微小的停顿,但是在潜意识里,他们会感受到这个弹窗并非全然的人造物。因为根据生活经验,世界上没有任何东西可以从运动直接变到绝对静止。

绝对不要让用户在使用产品的过程中感受到产品经理的伟大和聪慧,产品经理应该完全隐没在产品之中。用户应该可以不假思索地上手,按照设计意图行事,从中获得既定的正向反馈。这一切应自然而然地发生,用户感觉似乎产品天生就应该这样,从产品还未出现之前很久就应该如此。好的产品不会强调自己存在于世界之上,它只是努力地、毫无痕迹地成为这个世界的一部分。

做自然流的产品,必然会在美学上倾向于简单,反逻辑。产品经理必然的选择是做减法,在诸多功能中选取最能解决实际问题的一个,在诸多特性中选取最符合直觉的一项,于是产品也就拥有了优雅和简洁,让人难以忘怀。极简和极自然,使得模仿无法存在,因为没有人可以造出更好的体验来。

思考题:

1. 为什么说移动互联网产品经理的主要任务是服务人群,主要工作是研究人类群落的行为模式?
2. 张小龙总结了产品设计的优先级,他为什么会这么说?
3. 张小龙说"保持主干清晰,枝干适度。"这句话适合五层结构的哪一层?

本章测试

第八章　电子商务安全

学习目标

1. 了解开放的互联网带来的安全问题
2. 理解电子商务的安全要素
3. 掌握对称和非对称加密技术及应用
4. 理解和掌握公钥基础设施、SSL、SET、防火墙和虚拟专用网等电子商务的安全保障体系
5. 结合电子支付等应用理解电子商务的安全解决方案

互联网是对全世界都开放的网络，任何单位或个人都可以在网上方便地传输和获取各种信息，互联网这种开放性、共享性、国际性的特点对计算机网络安全提出了挑战。

 **引导案例**

安全问题——电子商务的"拦路虎"

Apple、Facebook、Twitter 等科技巨头相继被入侵，用户数据泄漏

2013 年 2 月 16 日，Apple、Facebook 和 Twitter 等科技巨头都公开表示被黑客入侵，其中 Twitter 被黑后泄露了 25 万用户的资料。后经披露证实是黑客在某网站的 HTML 中内嵌的木马代码利用 Java 的漏洞侵入了这些公司员工的电脑。

谷歌 Android 市场出现恶意软件

2011 年 3 月初，Android 出现一系列的恶意软件，这些软件可窃取用户数据，并在未得到手机主人确认许可下"拨出"电话或发昂贵的短信。由于该问题在技术上没有找到好的解决办法，3 月 4 日谷歌 Android 官方应用商店不得不宣布将 56 款包含木马的手机应用下架。虽然谷歌已经从 Android 市场删除了有问题的应用软件，但公司"未对任何已经被下载的恶意软件采取行动"。用户实际上是希望谷歌能远程禁用这些恶意应用软件。虽然安全专家发出警告，但是很多 Android 智能手机用户依然下载了可窃取数据或发送收费短信的恶意软件。

EMC 旗下安全部门 RSA 公布被攻击内幕：钓鱼邮件惹祸

EMC 于 2013 年 3 月中旬宣布，旗下安全部门 RSA 遭遇黑客攻击。EMC 报告称，

RSA 被一种业内称之为高持续性威胁(Advanced Persistent Threat)的复杂网络攻击,这是一种"极其复杂"的攻击,会导致一些秘密信息从 RSA 的 SecurID 双因素认证(Two-Factor Authentication)产品中提取出来。RSA 客户包括一些大型军事机构、政府、银行及医疗和医保机构。瑞纳称,在两天的时间内,公司一部分普通员工收到了一些电子邮件,这些邮件带有一个名为"2011 年招聘计划"的 Excel 表格附件。一些员工打开了附件,并在表格空白处填写了内容。而该表格包含一个"零日漏洞",主要是利用了 Adobe Flash 的漏洞,通过该漏洞,黑客可以在目标计算机上安装任何程序。黑客选择安装的是"PoisonIvy RAT",这是一个远程控制程序,用某个地方的计算机控制另一个地方的计算机。通过远程访问目标计算机,黑客获得了 RSA 企业网络的进一步访问权,这好比是一个带着面罩冒充 RSA 员工的窃贼在公司内部搜索万能密钥。最初,黑客利用被入侵的低级别账号来收集登录信息,其中包括用户名、密码和域名等信息。之后黑客又将目标瞄向拥有更多访问权的高级账号。一旦成功,他们就会从 RSA 网络系统中盗取任何需要的信息,之后打包并通过 FTP 下载。

韩国政府等多家网站多次爆发大规模的黑客攻击,瘫痪数小时

2013 年 3 月 22 日,韩国爆发历史上最大规模的黑客攻击,韩国主要银行、媒体以及个人计算机均受到影响。大量企业,包括国内主流的银行、电视台计算机都被破坏致瘫痪,无法提供服务,大量资料被窃取。

2013 年 6 月 25 日,韩国青瓦台总统府在内的 16 家网站遭攻击,并陷入瘫痪。一些被黑的网站首页出现"伟大的金正恩领袖"等红色词句。2013 年 7 月 7 日晚间,韩国总统府、国防部、外交通商部等政府部门和主要银行、媒体网站等再次遭到分布式拒绝服务(DDoS)的攻击,瘫痪时间长达 4 小时。

谷歌曝光法国伪造 CA 证书,全球首例国家级伪造 CA 证书劫持加密通信事件诞生

2013 年 12 月 7 日,谷歌安全博客发表声明,他们在 12 月 3 日发现一个与法国信息系统安全局(ANSSI)有关系的中级 CA 发行商向多个谷歌域名发行了伪造的 CA 证书。根据分析称,ANSSI 伪造 CA 证书是全球首例被曝光的国家级伪造 CA 证书劫持加密通信事件,在网络安全行业影响恶劣。此伪造 CA 证书被用来监视谷歌流量,劫持谷歌的加密网络服务,例如对 Gmail、Google HTTPS 搜索、Youtube 等进行钓鱼攻击、内容欺骗和中间人攻击。

微软随后发布针对 Windows Vista、Windows7、Server2008、Server2008R2 提供了吊销证书的补丁。国内 360 安全中心提醒用户称,此次事件对国内用户同样影响重大,用户可使用 360 安全卫士"系统修复"进行保护网上支付安全。

CSDN 密码泄漏,超 1 亿用户密码被泄

堪称中国互联网史上最大泄密事件的影响还在不断扩大,继 12 月 21 日上午,有黑客在网上公开 CSDN 网站的用户数据库,导致 600 余万个注册邮箱账号和与之对应的明文密码(即用户密码什么样,网站数据库就存成什么样)泄露。第 2 天,网上曝出人人网、天涯、开心网、多玩、世纪佳缘、珍爱网、美空网、百合网、178、7K7K 等知名网站的用户称密码遭网上公开泄露。最新监测数据发现,目前网上公开暴露的网络账户密码超

过 1 亿个。"泄密门"的爆出将原来潜伏在水面之下的互联网信息安全问题成为公众关注的焦点。尽管在此之前，网站密码库的泄露在技术圈子内早已是公开的秘密，但一般民众并不知晓，而相关网站为了维护商誉与商业利益，也不会主动坦诚自己曾经遭遇黑客攻击。因此，从敲响网络安全警钟的角度讲，"泄密门"的爆出，对中国互联网的发展并非全是害处。

思考题：
1. 你遇到过一些相类似的经历吗？请你谈谈。
2. 该阅读资料里描述了几种网络攻击做法？
3. 面对互联网的种种安全隐患，你有哪些应对的办法？

第一节　电子商务安全要素

一、互联网的不安全性

互联网是对全世界都开放的网络，任何单位或个人都可以在网上方便地传输和获取各种信息，互联网这种开放性、共享性、国际性的特点对计算机网络安全提出了挑战。互联网的不安全性主要表现在以下几个方面：

（一）网络的开放性

网络技术是全开放的，使得网络所面临的攻击来自多方面：或是来自物理传输线路的攻击，或是来自对网络通信协议的攻击，或是来自对计算机软件、硬件的漏洞实施攻击。

（二）网络的国际性

网络的国际性意味着对网络的攻击不仅是来自本地网络的用户，还可以是互联网上其他国家的黑客，所以，网络的安全面临着国际化的挑战。

（三）网络的自由性

大多数的网络对用户的使用没有技术上的约束，用户可以自由地上网，发布和获取各类信息。

自电子商务诞生之日起，其安全问题就成为人们关注的一个焦点。可以说在电子商务发展的每一个阶段，安全问题都是一个基础性、关键性的发展因素。计算机网络安全是指利用网络管理控制和技术措施，保证在一个网络环境里，数据的保密性、完整性及可使用性受到保护。

二、计算机网络系统中的威胁

计算机网络安全威胁有些是可以被完全或部分控制，但有些威胁则不能被控制。根据威胁是蓄意的还是无意的（如自然灾害、某用户意外删除数据），可以将威胁分为蓄意威胁和无意威胁两类。蓄意威胁包括黑客攻击和有不满情绪的员工的攻击，如向公司网络传播病毒。

(一) 无意威胁

无意威胁是在无预谋的情况下破坏系统的安全性、可靠性或信息的完整性的威胁。无意威胁主要是由一些偶然因素引起,如软、硬件的机能失常,人为误操作,电源故障和自然灾害等。人为的失误现象有:管理不善而造成系统信息丢失、设备被盗、发生火灾、水灾,安全设置不当而留下的安全漏洞,用户口令不慎暴露,信息资源共享设置不当而被非法用户访问等。自然灾害威胁如地震、风暴、泥石流、洪水、闪电雷击、虫鼠害及高温、各种污染等构成的威胁。

(二) 蓄意威胁

蓄意威胁实际上就是"人为攻击"。由于网络本身存在脆弱性,因此总有某些人或某些组织想方设法利用网络系统达到某种目的,如从事工业、商业或军事情报搜集工作的"间谍",他们对相应领域的网络信息是最感兴趣的,对网络系统的安全构成了主要威胁。

攻击者对系统的攻击,可以通过随意浏览信息,或使用特殊技术对系统进行攻击,从而获得有针对性的信息。这些攻击又可分为被动攻击和主动攻击。

被动攻击是指攻击者只通过监听网络线路上的信息流而获得信息内容,或获得信息的长度、传输频率等特征,以便进行信息流量分析攻击。被动攻击不干扰信息的正常流动,如被动地搭线窃听或非授权地阅读信息。被动攻击破坏了信息的保密性。被动攻击不容易被检测到,因为它没有影响信息的正常传输,发送者和接受者均不容易觉察。但被动攻击却容易防止,只要采用加密技术将传输的信息加密,即使该信息被窃取,非法接收者也不能识别信息的内容。

主动攻击是指攻击者对传输中的信息或存储的信息进行各种非法处理,有选择地更改、插入、延迟、删除或复制这些信息。主动攻击常用的方法有:篡改程序及数据、假冒合法用户入侵系统、破坏软件和数据、中断系统正常运行、传播计算机病毒、耗尽系统的服务资源而造成拒绝服务等。主动攻击的破坏力更大,它直接威胁网络系统的可靠性、信息的保密性、完整性和可用性。主动攻击较容易被检测到,但却难于防范。因为正常传输的信息被篡改或被伪造,接收方根据经验和规律容易觉察出来。除采用加密技术外,还要采用鉴别技术和其他保护机制和措施,才能有效地防止主动攻击。

被动攻击和主动攻击有以下四种具体类型:

窃取:攻击者未经授权浏览了信息资源。这是对信息保密性的威胁。例如通过搭线捕获线路上传输的数据等。

中断:攻击者中断正常的信息传输,使接收方收不到信息,正常的信息变得无用或无法利用,这是对信息可用性的威胁。例如破坏存储介质、切断通信线路、侵犯文件管理系统等。

篡改:攻击者未经授权而访问了信息资源,并篡改了信息。这是对信息完整性的威胁,例如修改文件中的数据、改变程序功能、修改传输的报文内容等。

伪造:攻击者在系统中加入了伪造的内容,这也是对数据完整性的威胁。如向网络用户发送虚假信息,在文件中插入伪造的记录等。

主要的计算机网络蓄意威胁主要有以下8种。

1. 病毒

病毒是最广为人知的计算机和网络威胁,在《中华人民共和国计算机信息系统安全保护条例》中被明确定义,病毒是指"编制或者在计算机程序中插入的破坏计算机功能或者破坏数据,影响计算机使用并且能够自我复制的一组计算机指令或者程序代码"。

通常,人们会对病毒进行命名,例如,"I Love You 病毒"和"米开朗琪罗病毒"。病毒由具体的时间或事件触发,并由能自我复制的程序代码构成。当运行包含病毒的程序或操作系统时,病毒就将自己依附在其他文件上,并且以这种方式循环感染文件。病毒能够通过网络和电子邮件附件进行传播。来自计算机公告栏和留言板的病毒是最危险的病毒之一,因为病毒使用公告栏可以感染其他系统。专家认为病毒感染大型服务器将对国家安全造成极大的威胁,如感染空中交通控制系统。

安装并且定时更新杀毒软件是抵御病毒的最好方法。在国内基本可以从互联网上下载免费的或价格低廉的反病毒程序。杀毒软件要能不断自动更新其功能和病毒库,这样才可以确保计算机的保护功能是最新的。

2. 蠕虫

蠕虫可以通过网络从一个计算机传播到另一个计算机,但是通常它不会破坏数据。蠕虫与病毒不同,它是独立的程序,不需要依附一个宿主程序就可以自行传播。有时它可能会破坏数据,但更常见的是,它通过复制变成一个成熟的版本,占尽运算资源,最终导致计算机和网络系统瘫痪。红色代码、Melissa 和震荡波就是一些知名的蠕虫。一种叫 Conficker 的蠕虫已经感染了上百万台使用 Windows 操作系统的计算机。Conficker 蠕虫把那些没有来得及安装 Windows 操作系统最新安全补丁的计算机和网络作为攻击对象。Conficker 能够利用网络连接或者 USB 驱动感染计算机和网络,并且很难被发现并删除。它通过破解系统比较脆弱的计算机的用户名和密码而传遍整个网络。为了有效防御 Conficker,用户应将密码更换为不容易被猜到的较为复杂的密码,比如,密码中包括大写和小写字母、标点符号和数字等。

3. 木马程序

木马程序是指潜伏在电脑中,可受外部用户控制以窃取本机信息或者控制权的程序。它的全称是特洛伊木马,英文叫做"Trojan horse",其名称取自希腊神话的特洛伊木马记。当用户在运行普通程序时,并没有意识到这种恶意程序也正在后台运行。对企业不满并试图报复的程序员已经创造出了很多木马程序。这些程序能够删除数据,并且对计算机和网络实施破坏,但是它们不能像病毒和蠕虫一样进行自我复制。

4. 逻辑炸弹

逻辑炸弹引发时的症状与某些病毒的作用结果相似,并会对社会引发连带性的灾难。与病毒相比,它强调破坏作用本身,而实施破坏的程序不具有传染性。逻辑炸弹在某一特定时间(有时是某个著名人物的生日)或由某个事件触发,比如用户按 Enter 键或者运行某个特定的程序。

5. 后门程序

后门程序也称为"系统陷阱",是一种由设计者或程序员装入计算机系统的例行程序,它能让设计者或程序员绕过系统保护设置,偷偷潜入系统访问文件或程序。后门程序在用户登录网络或组合按键时被激活,但是系统用户往往意识不到后门程序已经启动。

6. 拒绝服务型攻击

拒绝服务型攻击使用服务请求堵塞网络和服务器,阻止合法用户访问系统。需要特别指出的是,虽然任何与运行 TCP 服务的互联网相连接的系统都有可能受到攻击,但是 DoS 的主要攻击对象是互联网服务器(通常指 Web、FTP 和邮件服务器)。

7. 混合威胁

混合威胁结合了计算机病毒、蠕虫和其他恶意代码的特征,这些恶意代码能够攻击公共或私人网络中的漏洞。混合威胁首先找到计算机网络的漏洞,然后将恶意代码嵌入到服务器的 HTML 文件中,或者从妥协服务器发送带有蠕虫附件的非法电子邮件攻击这些网络。它们还可以通过木马程序释放蠕虫,或者向某个特定的 IP 地址发起拒绝服务型攻击。混合威胁的主要目的不仅仅是发起攻击,而是要将这种攻击传播开来。

8. 社会工程学

社会工程学是指使用"人际沟通技巧"(如装出友好、善意的神态,做一名好的倾听者),通过对受害者心理弱点、本能反应、好奇心、信任、贪婪等心理陷阱进行诸如欺骗、伤害等危害手段。这种攻击利用了安全系统的人为漏洞。"社会工程师"利用各种各样的工具和技术收集私人信息,其中包括公开的信息资源:如谷歌地图、公司网站、新闻组和博客。"社会工程师"利用他们所收集到的私人信息,闯入服务器和网络盗窃数据,从而损害了信息资源的完整性。社会工程学攻击过程如图 8-1 所示。

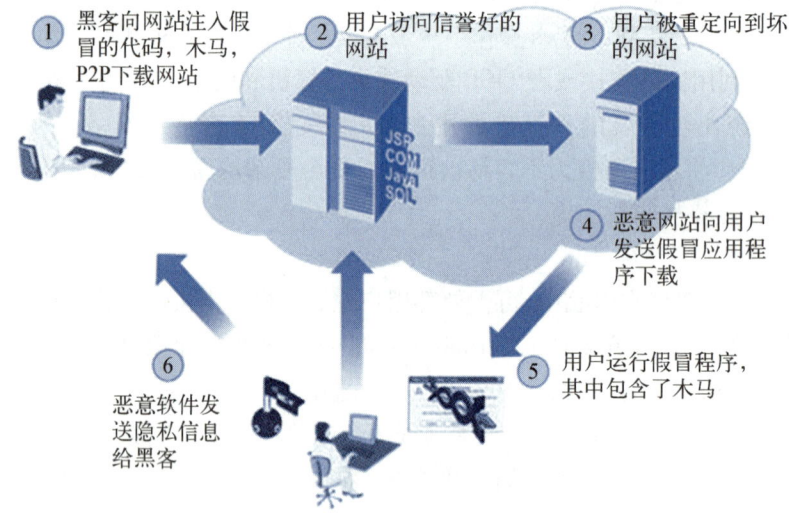

图 8-1 社会工程学攻击过程

所有社会工程学攻击都建立在使人决断产生认知偏差的基础上,有时候这些偏差被称为"人类硬件漏洞"。社会工程学攻击主要包括:

① 假托(Pretexting),是一种通过制造虚假情形,建立合情合理的假象,以迫使受害人吐露平时不愿泄露的信息的手段。

② 调虎离山(Diversion Theft)。例如你的电脑上有机密资料,想要获取的有心人可以临时叫你出去喝杯咖啡,另外的人就可以在你电脑上进行信息偷窃。

③ 钓鱼(Phishing)。给你发封邮件告诉你由于安全事故可能导致你的某银行的密码泄漏,然后给你个链接修改密码。打开的页面中,整个界面和该银行的修改密码的界面高度一致,显著(或者不那么显著)的区别在于 URL 有差异。如果你注意不到这点,输入了你的卡

号和密码进行密码修改,那么你的银行卡的信息就被黑客获得,并由此可能被盗刷。

④ 下饵(Baiting)。利用人们的弱点来下饵,引诱下载安装或打开带有恶意代码的程序,从而达到恶意欺诈的目的。

⑤ 等价交换(Quid Pro Quo)攻击者伪装成公司内部技术人员或者问卷调查人员,要求对方给出密码等关键信息。攻击者也可能伪装成公司技术支持人员,"帮助"解决技术问题,悄悄植入恶意程序或盗取信息。

⑥ 尾随(Tailgating)。尾随就是像尾巴那样地跟随,紧跟其后,借助前者通行机会进入。

三、电子商务的安全要素

像阿里巴巴、雅虎、腾讯这样的网站都在时刻警惕着各类网络攻击,这无疑是正确的。2000年在美国由分布式拒绝服务攻击引起的经济损失达到了17亿美元,其中还未包括恢复服务所需的工时、未成交的交易损失额以及损失的广告费用。安全问题不仅是那些大公司所普遍关注的,对于小型企业或个人用户来讲,这也是一个值得关心的问题。例如,当一名用户连接到一个网上商店想获取一些产品信息时,他会被要求填写一份个人情况调查表。在这种情况下会出现什么样的安全问题呢?

就用户来说,需注意以下问题:

(1) 怎样才能确保该网站的服务器是由合法公司拥有并运作的?

(2) 如何才能知道该网页和表格不包含一些恶意或危险的代码或内容?

(3) 如何才能知道自己提供的信息不被提供给别的机构或个人?

就公司来说,需注意以下问题:

(1) 如何才能知道用户不会入侵服务器并更改网页或内容?

(2) 如何才能知道用户不会破坏服务器,使它不能向其他用户提供服务?

从双方共同的角度来说,需注意以下问题:

(1) 如何才能知道没有第三方在窃听网上的内容?

(2) 如何才能知道在服务器和浏览器之间传递的内容没有被更改过?

在电子商务交易中,身份验证、确认凭证和认可协议是确保安全的三个过程。身份验证非常重要,例如虽然某个人输入信用卡账号进行在线交易,但这并不能说明这个人就是卡片的合法主人。密码和私人信息,如母亲的婚前姓氏、社保账号和出生日期都可以用做身份验证。如果使用物理验证则更加有效,如指纹和视网膜扫描。

在电子商务交易中,需要验证发货的订单和收据。例如,当顾客发送给厂家一份电子文件(如付款单),厂家用自己的私人密钥完成数字签名确认后,将签名的凭证会返给顾客,以证实该交易正在有效的处理中。

为防止电子交易发生争执,确认协议也是必要的。通常数字签名被用于确认协议过程中,对交易伙伴形成约束。在这个环节中,发送者收到交货凭证,并且接收者能确信发送者的身份。双方都不会拒绝发送或接收这个信息。

电子商务交易的安全与以下问题密切相关,信息的保密性、身份的认证性、交易的不可否认性、信息传输的完整性以及内部网络的严密性等构成了电子商务的安全要素。

（1）保密性。交易过程中必须保证信息不会泄露给非授权的人或实体。确保只有发送者和接收者能够阅读这些信息。

（2）授权性。授权性决定已认证实体可以访问哪些内容、进行哪些操作的过程。授权性发生在认证性之后。

（3）认证性。认证性证明一个实体的身份的过程，这个实体可以是个人、电脑、电脑程序或者电子商务网站。在信息传送过程中，认证性证明了信息的发送者是个人或者组织。

（4）不可否认性。和认证性密切相关的是不可否认性，它是指网上的客户或者交易伙伴不能错误地否认他们的购买和交易的保证。无论是电子商务，还是其他电子交易，比如 ATM 机上的交易，各方都是经过认证的，都必须相信交易是安全的，一旦完成该交易就不能否认。也就是说发送者不能否认已经发送过该数据。接收者不能否认已经接收到该数据。

认证性和不可否认性是针对网络钓鱼和身份信息窃取的潜在防护。为了保护电子商务交易，本章后面介绍的数字证书和数字签名可用来证实信息的发送者和交易的时间，这样就可以避免交易后被宣称为未授权或交易无效。

（5）完整性。信息的完整性是指信息在输入和传输过程中，不被非法授权修改和破坏，保证数据的一致性。数据的完整性被破坏可能导致贸易双方信息的差异，将影响交易的顺利完成，甚至造成纠纷。

（6）内部网的严密性。企业的内部网一方面有着大量需要保密的信息，另一方面传递着企业内部的大量指令，控制着企业的业务流程。企业内部网一旦被恶意侵入，可能给企业带来极大的混乱与损失。保证内部网不被非法侵入，也是开展电子商务的企业应着重考虑的一个安全问题。

第二节　电子商务安全技术

一、数据加密

数据加密是指把称为"明码文本"的数据转换为其他人读不懂的所谓"密码文本"的乱码形式。加密规则即"加密算法"，确定了转换程序的难易程度。接收者需要使用解锁密钥解密这些数据。加密组件一览表如表 8-1 所示。

表 8-1　加密组件一览表

概念	含义	描述
明文	用户创建可读的原始信息或文件	例如信用卡卡号 5342 8765 3652 9982
加密算法	运用一组程序或数学方程式对信息进行加密或解密。一般来说，算法并不是加密过程的核心	比如卡号上的每个数字都加上一个数字。例如，每个数字都加上 4，则 1 变成 5，9 变成 3 等

续 表

概 念	含 义	描 述
密 钥	加密算法的核心值,主要用于信息转换	密钥中描述了能用到算法(或方程式)的哪一部分,以什么顺序以及用什么关键值
密钥空间	密钥大小的范围。通常以位为单位,即以位的多少来对独特密钥进行计数。密钥的位越长,其密钥空间也就越大	例如:当密钥长度为 r 时,密钥空间有 2 的 r 次方个元素。密钥空间越大密钥组合越多,这样对于黑客来说越难找到正确的密码
密 文	已经被译为不可读形式的信息或文件	原始文件 5342 87653652 9982,新加密后的文件密文 9782109 7096 3326

加密有两种主要的类型:对称加密和非对称加密。

（一）对称加密

对称加密,也称私有密钥加密,是指加密和解密信息时使用同一个密钥。信息的发送者和接收者必须确定一致的密钥,并对其保密。对称加密过程如图 8-2 所示。常用的对称加密有:DES、AES 算法等。DES 是使用最广泛的对称密钥加密方法,它由美国国家安全委员会(NSA)和 IBM 公司共同开发的,使用 56 位的加密密钥。为了应对运算速度更快的计算机,升级的 DES 三重加密(Triple DES)每次使用一个单独的密钥把信息加密三次。与所有的对称密钥系统一样,DES 要求发送方和接收方交换并共享同一把密钥,并要求对于每项交易都采用一套不同的密钥。

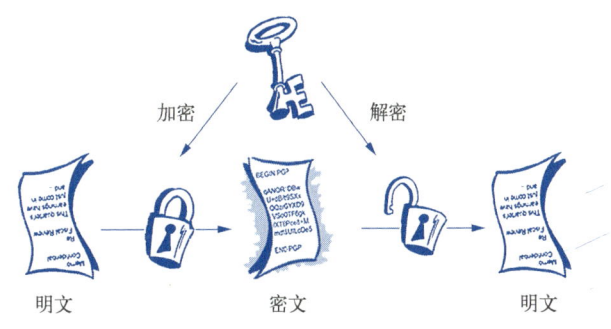

图 8-2 对称加密过程

使用对称加密的问题是:在整个互联网共享一个密钥比较困难。它要求发送方和接收方在安全通信之前,商定一个密钥。对称算法的安全性依赖于密钥,泄漏密钥就意味着任何人都可以对他们发送或接收的消息解密,所以密钥的保密性对通信至关重要。

对称加密算法的特点是算法公开、计算量小、加密速度快、加密效率高。不足之处是,交易双方都使用同样钥匙,安全性得不到保证。每对用户每次使用对称加密算法时,都需要使用其他人不知道的唯一钥匙,这会使得发收双方所拥有的钥匙数量呈几何级数增长,密钥管理成为用户的负担。对称加密算法尤其在分布式网络系统上使用更为困难,使用成本高,密钥管理困难。由于对称加密中双方都使用相同的密钥,因此无法实现数据签名和不可否认性等功能。

（二）非对称加密

非对称加密又称为公开密钥加密,需要两个密钥,公开密钥和私有密钥。公开密钥（公钥）与私有密钥（私钥）是一对,如果用公开密钥对数据进行加密,只有用对应的私有密钥才能解密；如果用私有密钥对数据进行加密,那么只有用对应的公开密钥才能解密。因为加密和解密使用的是两个不同的密钥,所以这种算法称为非对称加密算法。使用最广

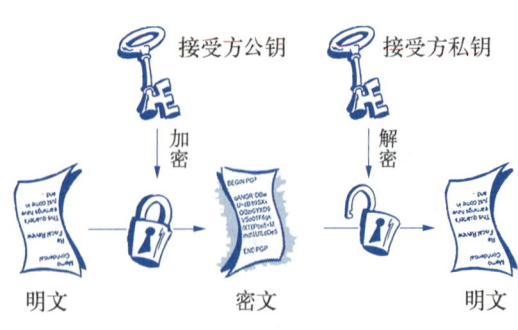

图 8-3 非对称加密过程

泛的非对称加密是 RSA 算法,它以其发明者的名字中首字母命名:Rivest、Shamir 和 Adleman。Elgamal 是另一种常用的非对称加密算法。

非对称加密算法实现加密信息交换的基本过程是:甲方生成一对密钥并将其中的一把作为公开密钥向其他方公开;得到该公开密钥的乙方使用该密钥对机密信息进行加密后再发送给甲方;甲方再用自己保存的另一把专用私有密钥对加密后的信息进行解密,非对称加密过程如图 8-3 所示。具体原理表述如下:

(1) A 要向 B 发送信息,A 和 B 都要分别产生一对用于加密和解密的公钥和私钥。

(2) A 的私钥保密,A 的公钥告诉 B;B 的私钥保密,B 的公钥告诉 A。

(3) A 要给 B 发送信息时,A 用 B 的公钥加密信息,因为 A 知道 B 的公钥。

(4) A 将这个用 B 公钥加密后的消息发给 B。

(5) B 收到这个消息后,B 用自己的私钥解密。其他所有收到这个报文的人都无法解密,因为只有 B 才有 B 的私钥。

非对称加密算法强度复杂,安全性依赖于算法与密钥,其保密性比较好,不存在密钥传输问题。但是由于其算法复杂,而使得加密解密速度没有对称加密解密的速度快。对称密码体制中只有一种密钥,并且是非公开的,如果要解密就得让对方知道密钥。所以保证其安全性就是保证密钥的安全,而非对称密钥体制有两种密钥,其中一个是公开的,这样就可以不需要像对称密码那样存在传输密钥的问题,安全性就大了很多。

(三) 数字签名

非对称加密还可以用作数字签名。发送方使用 Hash 算法创建一个信息摘要(Message Digest,MD)。然后,用自己的私钥给这个信息摘要加密,这个加密的部分称为"数字签名"。发送方发送带有数字签名的文件。接收者拥有发送方的公开密钥,并且使用它对信息摘要解密。同时接收者使用 Hash 算法,创建了另一个版本的信息摘要。接着,比较这两个信息摘要。如果这两个信息摘要相匹配就证明这个信息没有被篡改,信息是完整的。图 8-4(a)和图 8-4(b)是利用非对称加密体制进行数字签名及签名认证的过程。

事实上,数字签名就相当于一个不能伪造的个人签名。它根据公钥来认证信息或文件发送者的身份。同时也能用来验证数字消息或文件的原始内容没有被改动。数字签名在网络环境中还有的好处就是易于传输,不易否认或模仿,还可以被打上数字时间戳。

在电子文件中,同样需对文件的日期和时间信息采取安全措施,而数字时间戳服务(Digital Time-Stamp Service,DTS)就能提供电子文件发表时间的安全保护。数字时间戳产生的过程为:用户首先将需要加时间戳的文件用 Hash 算法运算形成摘要,然后将该摘要发送到 DTS 机构。DTS 机构在加入了收到文件摘要的日期和事件信息后再对该文件加密(数字签名),然后送达用户。

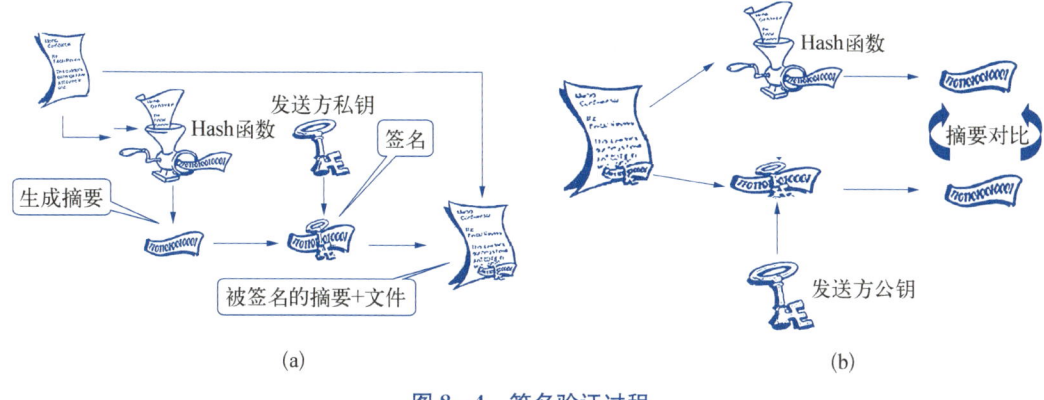

图 8-4 签名验证过程

非对称加密体系密钥管理变得更加方便,同时还可以防止假冒和抵赖,因此更适合网络通信中的保密通信要求。

二、数字证书

(一) 数字证书的概念

数字证书是互联网通信中标志通信各方身份信息的一串数字,提供了一种在互联网上验证通信实体身份的方式。数字证书是由名为认证中心(Certificate Authority,CA)的权威机构发行的,人们可以在网上用它来识别自己的身份。数字证书是一个经认证中心数字签名的包含公开密钥及公开密钥拥有者信息的文件。主要由以下两部分组成:

1. 证书数据

目前数字证书的格式普遍采用的是 X.509V3 国际标准,一个标准的 X.509 数字证书包含以下一些内容。

(1) 版本信息,用来与 X.509 的将来版本兼容。

(2) 证书序列号,每一个由 CA 发行的证书必须有一个唯一的序列号。

(3) CA 所使用的签名算法。

(4) 发行证书 CA 的名称。

(5) 证书的有效期限。

(6) 证书主题名称。

(7) 被证明的公钥信息,包括公钥算法、公钥的位字符串表示。

(8) 包含额外信息的特别扩展。

2. 发行证书的 CA 的数字签名

数字证书里存有很多数字和英文,当使用数字证书进行身份认证时,它将随机生成 128 位的身份码,每份数字证书都能生成相应数码,但每次数码都不可能相同,即相当于生成一个复杂的密码,从而保证数据传输的保密性。可见,数字证书绑定了公钥及其持有者的真实身份,它类似于现实生活中的居民身份证,所不同的是数字证书不再是纸质的证照,而是一段含有证书持有者身份信息并经过认证中心审核签发的电子数据,可以更加方便灵活地运用在电子商务中。

(二) CA 认证中心及数字证书的颁发

为保证用户之间在网上传递信息的安全性、真实性、可靠性、完整性和不可抵赖性，不仅需要对用户的身份真实性进行验证，也需要有一个具有权威性、公正性、唯一性的机构，负责向电子商务的各个主体颁发并管理符合国内、国际安全电子交易协议标准的电子商务安全证书，并负责管理所有参与网上交易的个体所需的数字证书，因此认证中心是安全电子交易的核心环节。

认证中心是在电子交易中承担网上安全电子交易认证服务，签发数字证书，确认用户身份，与具体交易行为无关的权威第三方服务机构。认证中心是保证电子商务安全的基础设施。它负责数字证书的申请、签发、制作、废止、认证和管理，提供网上客户身份认证、数字签名、电子公证、安全电子邮件等服务业务。它要制定政策和具体步骤来验证、识别用户身份，并对用户证书进行签名，以确保证书持有者的身份和公钥的拥有权。

CA 也拥有一个证书(内含公钥)和私钥。网上的公众用户通过验证 CA 的签字从而信任 CA，任何人都可以得到 CA 的证书(含公钥)，用以验证它所签发的证书。

认证中心主要包括三个组成部分：注册服务器(RS)、注册管理机构(RA)和证书管理机构。注册管理机构(RA)负责证书申请的审批，是持卡人的发卡行或商户的收单行。因此，认证中心离不开银行的参与。

认证中心所颁发的数字证书主要有持卡人证书、商户证书和支付网关证书。持卡人证书中包括持卡人 ID，这其中包含了有关该持卡人所使用的支付卡的数据和相应的账户信息。商户证书也同样包含了有关其账户的信息。支付网关一般为收单行或类似于银行卡组织这样的收单行联合组织来承担其建设项目。

CA 的层级结构：CA 建立自上而下的信任链，下级 CA 信任上级 CA，下级 CA 由上级 CA 颁发证书并认证。

数字证书的颁发过程通常如图 8-5 所示。用户首先产生自己的密钥对，并将公共密钥及部分个人身份信息传送给认证中心。认证中心在核实身份后，将执行一些必要的步骤，以确信该请求是由用户发送而来，然后，认证中心将发给用户一个数字证书，该证书内包含用户的个人信息和他的公钥信息，同时还附有认证中心的签名信息。用户就可以使用自己的数字证书进行相关的各种活动。如果用户想鉴别另一个证书的真伪，他就用 CA 的公钥对那个证书上的签字进行验证，一旦验证通过，该证书就被认为是有效的。

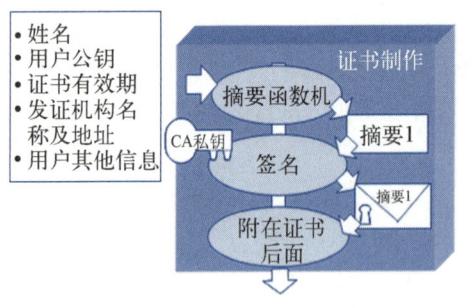

图 8-5 数字证书的颁发过程

(三) 数字证书的类型

基于数字证书的应用角度分类，数字证书可以分为以下几种。

1. 服务器证书

服务器证书被安装于服务器设备上，用来证明服务器的身份和进行通信加密。服务器证书可以用来防止假冒站点。在服务器上安装服务器证书后,客户端浏览器可以与服务器证书建立 SSL 连接,在 SSL 连接上传输的任何数据都会被加密。同时,浏览器会自动验证服务器证书是否有效,验证所访问的站点是否是假冒站点,服务器证书保护的站点多被用来进行密码登录、订单处理、网上银行交易等。全球知名的服务器证书品牌是 GlobalSign、Verisign、Thawte、Geotrust 等,其服务器证书编制起来的可信网络已覆盖全球。

2. 电子邮件证书

电子邮件证书可以用来证明电子邮件发件人的真实性。它并不证明数字证书上面所标识的证书所有者姓名的真实性,它只证明邮件地址的真实性。

收到具有有效电子签名的电子邮件,我们除了能相信邮件确实由指定邮箱发出外,还可以确信该邮件从被发出后没有被篡改过。

另外,使用接收的邮件证书,我们还可以向接收方发送加密邮件。该加密邮件可以在非安全网络传输,只有接收方的持有者才可能打开该邮件。

3. 客户端个人证书

客户端证书主要被用来进行身份验证和电子签名。安全的客户端证书往往被存储于专用的 USB Key 中。存储于 Key 中的证书不能被导出或复制,且 Key 使用时需要输入 Key 的保护密码。使用该证书需要物理上接入其存储介质 USB Key,且需要知道 Key 的保护密码,这也被称为双因子认证。这种认证手段是目前在互联网最安全的身份认证手段之一。Key 的形式有多种,指纹、口令卡等。

此外,还有认证设备的数字证书,如 Web 服务器证书、VPN 证书、WAP 证书、代码签名证书和表单签名证书等,几种数字证书内容如表 8 - 2 所示。

表 8 - 2　数字证书内容

数字证书类型	简　单　描　述
个人证书	主要被用来进行身份验证和电子签名
企业证书	标识机构或组织身份
设备(Web Server、VPN 服务器)证书	服务器证书被安装于服务器设备上,用来证明服务器的身份和进行通信加密。服务器证书可以用来防止假冒站点
手机证书	确保使用者能在任何地点、任何时间方便、及时、交互地进行安全接入信息与服务
电子邮件证书	可以用来证明电子邮件发件人、邮件地址的真实性。还可以向接收方发送加密邮件。该加密邮件可以在非安全网络传输,只有接收方才可能打开该邮件

第三节　电子商务安全保障体系

一、公钥基础设施

公钥基础设施(Public Key Infrastructure,PKI)是一种遵循既定标准的密钥管理平台,它能够为所有网络应用提供加密和数字签名等密码服务及所必需的密钥和证书管理体系。简单来说,PKI就是利用公钥密码技术建立的提供安全服务的基础设施。PKI技术是信息安全技术的核心,也是电子商务的关键和基础技术。它必须具有认证中心、证书库、密钥备份及恢复系统、证书作废处理系统和应用接口,构建PKI也将围绕着这五大系统来进行。

(一)认证中心

CA严格执行其所有功能,验证标识证书申请者的身份,确保CA用于签名证书的非对称密钥的质量;保证整个签证过程的安全性、签名私钥的安全性;对证书材料信息(包括公钥证书序列号、CA标识等)实施管理,确定证书的有效期限;确保证书主体标识的唯一性,以防止重名;发布并维护作废证书表;对整个证书签发过程做日志记录;并及时向申请人发通知。

(二)证书库

证书库是证书的集中存放地,用户可以从此处获得其他用户的证书和公钥。构造证书库的最佳方法是采用支持LDAP(Lightweight Directory Access Protocol)轻量目录访问协议的目录系统,用户或相关的应用通过LDAP来访问证书库。系统必须确保证书库的完整性,防止伪造、篡改证书。

(三)密钥备份及恢复系统

如果用户丢失了用于解密数据的密钥,则密文数据将无法被解密,造成数据丢失。为避免这种情况的出现,PKI应该提供备份与恢复解密密钥的机制。密钥的备份与恢复应该由可信的机构来完成,例如,CA可以充当这一角色。值得强调的是,密钥备份与恢复只能针对解密密钥,签名私钥不能够作备份。

(四)证书作废处理系统

证书作废处理系统是PKI的一个重要组件。同日常生活中的各种证件一样,证书在CA为其签署的有效期以内也可能需要作废。例如,A公司的职员a辞职离开公司,这就需要终止a证书的生命期。为实现这一点,PKI必须提供作废证书的一系列机制。作废证书可以通过作废一个或多个主体的证书、作废由某一对密钥签发的所有证书以及作废由某CA签发的所有证书三种策略进行。

(五)应用接口

PKI的价值在于使用户能够方便地使用加密、数字签名等安全服务,因此一个完整的PKI必须提供良好的应用接口系统,使得各种各样的应用能够以安全、一致、可信的方式与PKI交互,确保安全网络环境的完整性和易用性。

通常来说,CA是证书的签发机构,它是PKI的核心。众所周知,构建密码服务系统的核心内容是如何实现密钥管理。公钥体制涉及一对密钥(即私钥和公钥),私钥只由用户独立掌握,无须在网上传输,而公钥则是公开的,需要在网上传送,故公钥体制的密钥管理主要是针对公钥的管理问题,目前较好的解决方案是数字证书机制。通过PKI能够营造可管、可控、安全可靠的互联网环境,构建完整的授权范围体系,建立普适性好、安全性高的统一平台,为电子金融的不断发展奠定良好的基础。

PKI弥补了安全套接层协议缺少数字签名、授权、存取控制和不支持不可抵赖性等功能的缺陷。目前,它已初步形成一整套的互联网安全解决方案,成为信息安全技术的核心和电子商务的安全基础。

二、安全套接层协议

安全套接层(Secure Socket Laayer,SSL)是由 Netscape 公司发明的,应用标准认证证书和数据加密技术来确保私密性或机密性。SSL 是一个介于 HTTP 协议与 TCP 之间的一个可选层,其位置大致如下:位于 TCP 之上,HTTP 之下。SSL 使用户在 Web 服务器和 Web 浏览器之间传输加密信用卡号和其他内容成为可能。至于使用信用卡在网上购物要比简单地传输加密的信用卡号给零售商要复杂得多,因为必须要检查卡号的有效性。消费者的开户行必须认可这张卡,订单也必须被处理。但 SSL 并没有处理除传输卡号以外的任何步骤的能力。SSL 通信原理描述如下。

SSC 通信原理如图 8-6 所示。为了说明的方便,在本文中称客户端为 B,服务器端为 S。

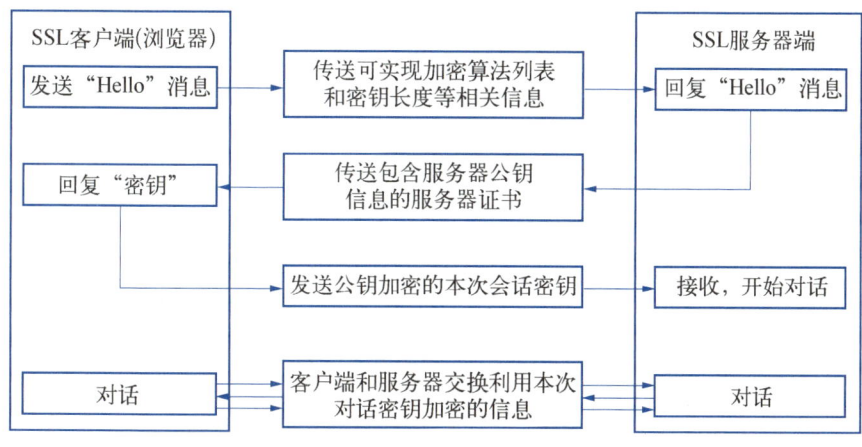

图 8-6 SSL 通信原理

第一步:B 向 S 发起对话,协商传送加密算法。

"你好,S! 我想和你进行安全对话,我的对称加密算法有 DES、RC5,我的密钥交换算法有 RSA 和 DH,摘要算法有 MD5 和 SHA。"

第二步:S 向 B 发送服务器数字证书。

"你好,B! 那我们就使用 DES—RSA—SHA 这对组合进行通信,为了证明我确实是 S,现在发送我的数字证书给你,你可以验证我的身份。"

第三步:B 向 S 传送本次对话的密钥。

检查 S 的数字证书是否正确,通过 CA 机构颁发的证书验证了 S 证书的真实有效性后。生成了利用 S 的公钥加密的本次对话的密钥发送给 S。

"S,我已经确认了你的身份,现在将我们本次通信中使用的对称加密算法的密钥发送给你。"

第四步:S 向 B 获取密钥。S 用自己的私钥解密获取本次通信的密钥。

"B,我已经获取了密钥。我们可以开始通信了。"

第五步：S 与 B 进行通信。

一般情况下，当 B 是保密信息的传递者时，B 不需要数字证书验证自己身份的真实性，如电子银行的应用，客户需要将自己的账号和密码发送给银行，因此银行的服务器需要安装数字证书来表明自己身份的有效性。在某些 B2B 应用，服务器端也需要对客户端的身份进行验证，这时客户端也需要安装数字证书以保证通信时服务器可以辨别出客户端的身份，验证过程类似于服务器身份的验证过程。

三、安全电子交易协议

安全电子交易协议（SET）是电子商务行业的一个公开标准，由 MasterCard 和 Visa 共同开发和提供，旨在促进并提高信用卡交易的安全。商家和信用卡发卡银行面临的核心问题是身份认证问题和拒绝付费问题。尽管协议保证了商家和消费者间交易的安全，但是 SSL 既没有也无法提供身份的认证。此外，SSL 也不能提供不可抵赖性——消费者可以在订购了商品或下载了信息产品后声称交易从未发生过。安全电子交易协议 SET 的目的是：① 订单和个人账号信息在互联网上安全传输，保证网上传输的数据不被黑客窃取；② 订单信息和个人账号信息隔离。在将包括持卡人账号信息的订单送到卖方时，商家只能看到订货信息，而看不到持卡人的账户信息；③ 持卡人和商家相互认证，以确定通信双方的身份。一般由第三方机构负责为在线通信双方提供信用担保；④ 要求软件遵循相同协议和消息格式，使不同厂家开发的软件具有兼容和互操作功能，并且可以运行在不同的硬件和操作系统平台上。

SET 中使用的安全技术有对称密钥系统、公钥系统、消息摘要、数字签名、数字信封、双重签名、认证等技术。① 数字信封。SET 依靠密码系统保证消息的可靠传输。在 SET 信用卡支付中，使用随机产生的对称密钥来加密数据，然后，将此对称密钥用接收者的公钥加密，这就是消息的数字信封，将其和数据一起送给接收者。接收者先用他的私钥解密数字信封，得到对称密钥，然后使用对称密钥解开数据。② 双重签名。将订单信息和个人账号信息分别进行数字签名，保证商家只能看到订货信息，而看不到持卡人的账户信息，并且银行只能看账户信息，而看不到订货信息。

在 SET 中，一个商家至少应有一对证书与一个银行交往。一个商家也可以有多对证书，表示它与多个银行有合作关系，可以接受多种付款方法。根据功能的不同，SET 认证中心划分成不同的等级，不同的认证中心负责发放不同的证书。持卡人证书、商户证书、支付网关证书分别由持卡人认证中心、商户认证中心、支付网关认证中心颁发。而持卡人认证中心证书、商户认证中心证书和支付网关认证中心证书则由品牌认证中心或区域性认证中心颁发。品牌认证中心或区域性认证中心的证书由根认证中心颁发。

SET 证书的验证采用如下的方法：交易双方通过出示由某认证中心签发的证书来证明自己的身份时，如果对签发证书的认证中心本身不信任，则继续验证认证中心的身份。依次类推，当验证到达相同的根认证中心时，就可以确认证书的有效性。对于所有使用 SET 信用卡支付的实体来说，只有唯一的根认证中心。该根认证中心使用一个定长位的密钥来签发每张品牌证书。在实际运作中，认证中心也可由大家都信任的一方担当。例如，在客户、商家、银行三角关系中，客户使用的是由某个银行发的卡，而卖方又与此银行有业务关系,在此情况下,客户和商家都信任该银行,可由该银行担当认证中心,接收、处理它的客户证书和商家证书的验证要求。

SET 交易流程如图 8-7 所示。① 持卡人发送给商家一个完整的订单及要求付款的指令,在 SET 中,订单和付款指令由持卡人进行数字签名,同时利用双重签名技术保证商家看不到持卡人的账号信息。② 商家接受订单后,向持卡人的金融机构请求支付认可,通

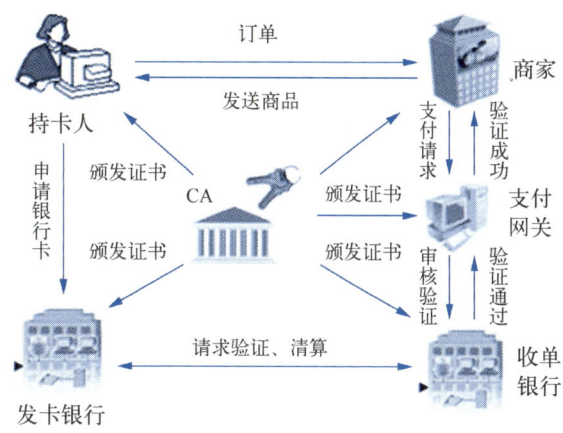

图 8-7 SET 交易流程

过支付网关到银行,再到发卡机构确认,批准交易,然后返回确认信息给商家。商家发送订单确认信息给顾客,顾客端软件可记录交易日志,以备来查询。③ 商家给顾客装运货物,或完成订购的服务。商家可以立即请求银行将钱从购物者的账号转移到商家账号,也可以等到某一时间,请求成批划账处理。最后,商家从持卡人的金融机构请求支付。在认证操作和支付操作中间一般会有一个时间间隔,例如,在每天的下班前请求银行结当天的账。

四、防火墙

防火墙指的是一个由软件和硬件设备组合而成、在内部网和外部网之间、专用网与公共网之间的界面上构造的保护屏障。是一种获取安全性方法的形象说法,它是一种计算机硬件和软件的结合,使互联网与内联网之间建立起一个安全网关,从而保护内部网免受非法用户的侵入,如图 8-8 所示。防火墙主要由服务访问规则、验证工具、包过滤和应用网关 4 个部分组成。网络管理员制定访问规则,并对任何其他的数据传输进行拦截。一个有效的防火墙应该既能够保护从网络输出的数据,也能保护输入到网络内的数据。

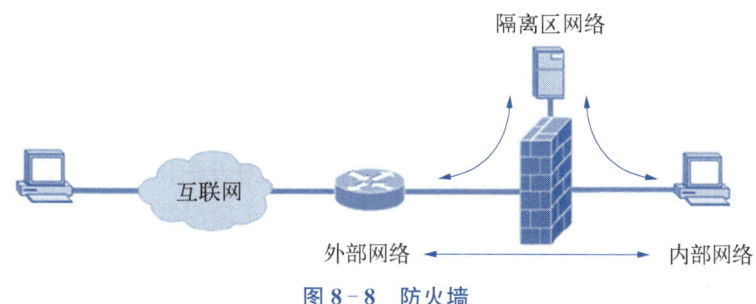

图 8-8 防火墙

防火墙可以检测个人网络输入或输出的数据,并且决定是否允许以用户的身份进行传输、传输的来源地和目的地及传输的内容。正在传输的信息首先被储存在所谓的"数据包"中,防火墙对这个数据包进行检测后,可以采取以下措施:

(1) 拒绝输入的数据包。
(2) 向网络管理员发出警告。

(3) 向数据包的发送者发出发送失败的消息。

(4) 允许这个数据包进入(或离开)个人网络。

防火墙的主要类型有数据包过滤防火墙、应用层防火墙和代理服务器。数据包过滤防火墙通过配置路由器来控制数据通信,检查网络输入、输出的数据包。包过滤防火墙如图 8-9 所示,路由器可以检查数据包中的以下信息:来源地的 IP 地址和端口、目的地的 IP 地址和端口及使用协议。依据这些信息,被称作"数据包过滤器"的规则将决定是否接受、拒绝和删除这个数据包。例如,安装数据包过滤器可以拒绝来自特定 IP 地址的数据包。如果数据包被拒收,数据包过滤器会通知发送者,但是如果数据包被删除,数据包过滤器不会做出任何反应。发送者不得不等到他们的请求超时,才得知他们发出的数据包没有被接收。

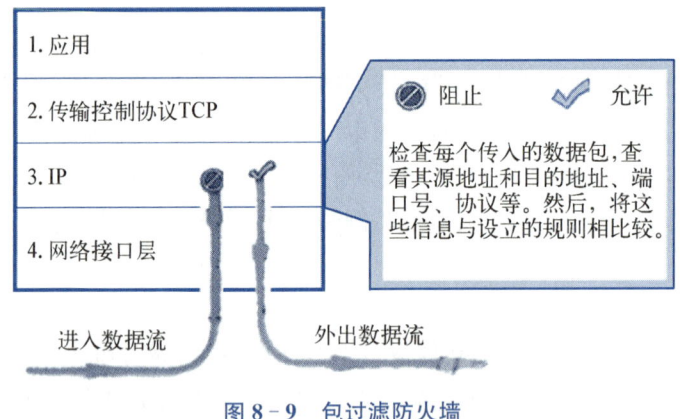

图 8-9 包过滤防火墙

另外,这些防火墙记录了所有的输入连接,被拒收的数据包可能就是对非法尝试的警告标志。但是,由于数据包过滤器需要逐个检查数据包,并且安装起来比较困难,因此数据包过滤器的效率比较低。另外,它们通常不能记录防火墙发生的每一次行为,所以网络管理员很难发现入侵者是否试图闯入网络以及怎样闯入网络。

应用层防火墙总体上比数据包过滤防火墙更安全、更灵活,但是它们的价格也更高一些。通常,它们是安装在主机(专用的工作站和服务器)上的软件,可以控制网络应用层的使用,如电子邮件、远程登录和 FTP。这种防火墙除了检查收到请求的应用程序外,要监测发出请求的时间。因为许多非法尝试总发生在正常的工作时间之外,因此掌握上述信息是很有必要的。应用层防火墙在过滤病毒和记录行为方面比数据包过滤防火墙更有效,它们可以帮助网络管理员发现潜在的安全漏洞。由于应用层防火墙具有全面的功能,因此它们的运行速度比其他类型的防火墙要慢,这也会影响到网络的运行。应用层防火墙如图 8-10 所示。

代理服务器是一种在两个系统之间充当调解者的软件,如在网络用户和互联网之间。它通过隐藏在内部系统的网络地址,来帮助防御来自网络外部的非法访问。代理服务器也可用做检测恶意软件和病毒的防火墙,加速网络通信,或者减轻内部服务器的负载(这项功能是防火墙所不具备的),它也可以拦截来自某个服务器的请求。代理服务器如图 8-11 所示。

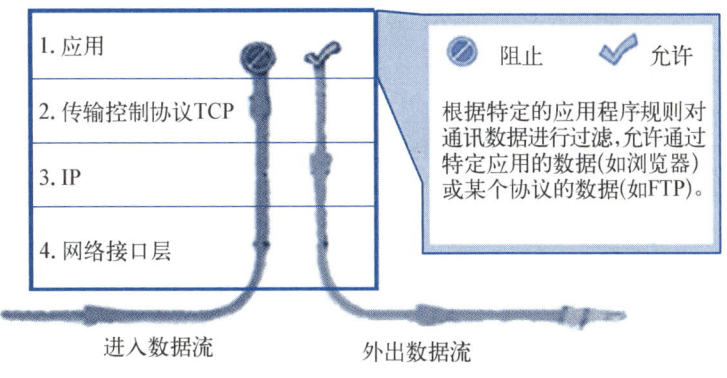

图 8-10 应用层防火墙

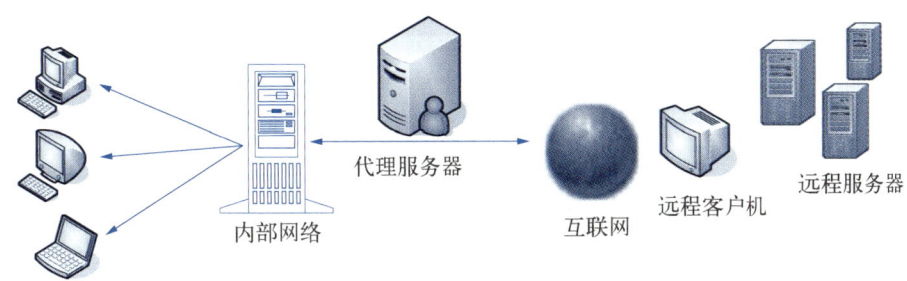

图 8-11 代理服务器

虽然防火墙可以为网络和计算机提供很多保护,但是它们并不能提供全面的安全保障。老练的黑客和计算机罪犯几乎能够逃避任何安全措施。例如,一些黑客使用所谓的"IP 欺骗"技术欺骗防火墙,使其认为这些数据包来自合法的 IP 地址。这种技术与伪造 IP 地址类似。为了全面保护数据资源,应该将防火墙和其他安全措施结合起来。

五、虚拟专用网络

虚拟专用网络(Virtual Private Network,VPN)为个人网络传送消息和数据提供了一条互联网"隧道"。它使远程用户可以安全地与企业的网络建立连接。VPN 也为外联网提供保护,外联网是安装在企业和外部实体(如供货商)之间的网络。在数据被送入隧道之前,数据依据诸如第 2 层隧道协议(L2TP)、互联网协议安全(IPSec)等协议进行加密。安装 VPN 的价格一般比较低,但是其传输速度比较慢,并且缺少一定的标准化也是一个问题。虚拟专用网络如图 8-12 所示。

VPN 技术可以用不安全的网络(例如 Internet)来传送可靠、安全的信息。需要注意的是,信息加密与否是可以控制的。没有加密的虚拟私人网络信息依然有被窃取的危险。

以日常生活的例子来比喻,虚拟专用网络信息传输就像甲公司某部门的 A 想寄信给乙公司某部门的 B。A 已知 B 的地址及部门,但公司与公司之间的信不能注明部门名称。于是,A 请自己的秘书把指定 B 所属部门的信(A 可以选择是否以密码与 B 通信)放在寄去乙公司地址的大信封中。当乙公司的秘书收到从甲公司寄到乙公司的信件后,该秘书

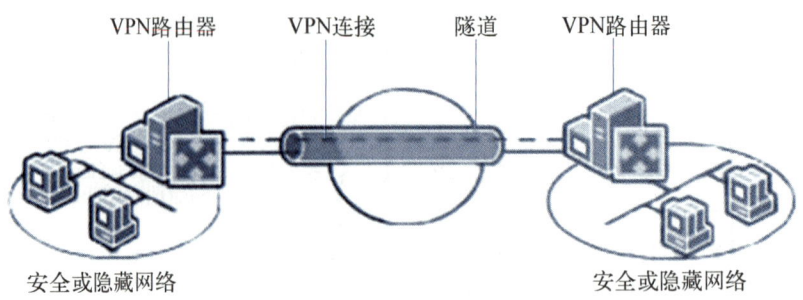

图 8-12　虚拟专用网络

便会把放在该大信封内的指定部门信件以公司内部邮件方式寄给 B。同样地，B 会以同样的方式回信给 A。

在以上例子中，A 及 B 是身处不同公司（内联网）的计算机（或相关机器），通过一般邮寄方式（公用网络）寄信给对方，再由对方的秘书（例如，支持虚拟专用网络的路由器或防火墙）以公司内部信件（内部网）的方式寄至对方本人。请注意，在虚拟专用网络中，因为网络架构，秘书及收信人可以是同一人。许多现在的操作系统，例如 Windows 及 Linux 等因其所用传输协议，已有能力不用通过其他网络设备便能达到虚拟个人网络连接。

通常，公司根据需要租借用于 VPN 的媒介，并且可以通过公共网络（通常指互联网）和个人网络的结合体发送网络通信。

本 章 小 结

1. 对电子商务网站的 7 种最常见也最具破坏性的安全威胁是：恶意代码、黑客行为与网络破坏行为、信用卡诈骗与盗窃、电子欺骗、拒绝服务攻击、网络窃听、内部人行为。

2. 电子商务安全需求有 6 个基本要素：保密性、授权性、认证性、完整性、不可否认性、内部网的严密性。电子商务安全的宗旨就是要保护这 6 个方面。当其中任一方面遇到威胁的时候，安全问题就出现了。

3. 加密技术主要包括：对称密钥加密、公钥加密体系、使用数字签名和散列摘要的公钥加密、数字信封、数字证书和公开密钥基础设施。

建立互联网安全通信信道的工具。除了加密之外，还有一些其他工具可以用来保护因特网通信信道的安全：

（1）PKI——遵循既定标准的密钥管理平台，它能够为所有网络应用提供加密和数字签名等密码服务及所必需的密钥和证书管理体系。

（2）安全套接层协议——这是用来保护信道安全的最常用方式。SSL 协议为 TCP/IP 连接提供数据加密、服务器身份认证、客户身份认证以及信息的完整性保护。

(3) 安全电子交易协议——是电子商务行业的一个公开标准，由 MasterCard 和 Visa 共同开发和提供，旨在促进并提高信用卡交易的安全。

(4) 防火墙——是在企业的专用网络与互联网之间起过滤器作用的应用软件，可以阻止远程客户机登录到你的内部网络。

(5) VPN——为个人网络传送消息和数据提供了一条互联网"隧道"。

复习思考题

1. 电子商务安全要素有哪些？如何保障电子商务交易的安全？
2. 什么是对称加密和非对称加密？
3. 什么是数字签名？
4. 什么是数字证书？颁发数字证书的机构是什么？
5. 什么是 SSL 和 SET？
6. 防火墙有什么作用？
7. 解释为什么 Internet 安全措施实际上会给犯罪分子造成盗窃的机会，而不是防御他们？

课后实践题

1. 假设你是一家电子商务网站的所有者，你预计网站会受到哪些主要攻击，造成哪些损失？准备一份简要的演示文稿。
2. 依据移动商务发展的趋势，找出并讨论针对这类技术的新的安全威胁。准备一份演示文稿列出你认为的网络犯罪的新可能性。
3. 找出三家认证中心，并比较每家企业提供的数字证书的特点。简单描述每家企业，包括其客户数量。准备一份简短的演示文稿陈述你的发现。
4. 在网上申请一份试用型个人数字证书，并尝试用该证书发送和接收加密及签名邮件。

案 例 分 析

比特币中的密码学

比特币是互联网金融创新最引人注目的货币之一。比特币不需要第三方信用支撑，以去中心化的方式直接通过区块链将信用基础建立在密码学协议之上。那么，比特币技术中包含了哪些密码学呢？要回答这个问题，先要看一个成功的"货币"需要解决三个核心问题：

第一，比特币的发行(俗称"挖矿")；

第二，防止货币的重复支付(即防止造假币)；

第三，保护比特币系统不受恶意攻击。

从中本聪发表的文献《比特币：P2P 电子现金体系(Bitcoin：A Peer-to-Peer Electronic Cash System)》中可以得知，比特币的设计是通过挖矿、记账、算力保护，解决了上述三个核心问题。

比特币的发行，是建立在 SHA-256 密码系统之上的，这是基于哈希(Hash)函数算法的加密系统。

哈希函数是一种加密算法，一般写为：$h=hash(m)$，m 代表 message，h 代表 m 的哈希值。哈希函数的特点：一是已知 m，通过 $h=hash(m)$ 很容易得出对应的哈希值 h，但反过来很难，即已知哈希值求对应的解 m 很难。正是由于哈希函数有这样运算的不对称性，或者说不可逆性，所以它特别适合为密码学所用。比如哈希值就适合当加密的"公钥"，可以完全公开，但是即使得到了公钥，也不可能算出它的"私钥"，也就是哈希函数对应的解 m。但是反过来，如果我们已知私钥 m，却很容易验证它对应的公钥就是哈希值 h，这就是所谓"非对称加密算法"。

哈希函数的第二个特性是：如果"解"(即私钥)稍有不同，那么它对应的哈希值就会有很大不同。哈希函数所具有的这个特性，保证了不同的私钥会对应不同公钥。

SHA-256，其哈希值有 64 位，每一位上有十六比特也就是二的四次方种选择，这样总的哈希值就可以有 2 的 256 次方个比特。把 SHA-256 加密算法选为比特币的挖矿算法，因为哈希值前面每增加一个零，寻找其解 m 的难度就会增加二的四次方倍。所以任何一个六十四位的哈希值，要找到其解 m，都没有固定算法，只能靠计算机随机的 hash 碰撞。一个挖矿机每秒钟能做多少次 hash 碰撞，就是其"算力"的代表，单位写成 hash/s，这就是所谓工作量证明机制 POW(Proof Of Work)。

中本聪在他的比特币论文中写道："工作量证明过程包括扫描 SHA-256 的哈希数由多少个 0 开头，每增加一个 0，平均工作量都会有指数级的增加，就是二的四次方，增加了多少个零就是多少个二的四次方乘在一起倍数的工作量增加，这些将在解一个哈希数(也就是挖一个比特币区块过程)中得到证明。"

比特币系统就是靠在挖矿的哈希值前面加零来控制挖币的总量，不管全网算力如何增加，都能通过在哈希值前面加零来保证平均每十分钟每个区块目前都只能挖出一定数量的币(前四年是每十分钟 50 个币，每过四年，生产的比特币数量将是前四年的一半)。以这样的方式建立矿工，自然解决了第二个问题，即比特币发行的问题。

那么比特币是怎样利用密码学挖矿系统来防止重复支付呢？就是靠这些"挖矿"的计算机算力来同时"记账"和盖时间戳，每十分钟挖出一个区块，必须记录这十分钟全网的比特币交易和给每一个交易盖上时间戳，每一笔交易必须通过全网产生区块的节点六次确认,才能算合法交易,这样一个庞大的记账和盖时间戳系统,保证了重复支付的不可行(因为每个时间戳都要检验再次交易之前这些比特币没有支付过,才会盖上"戳",这样也保证原比特币持有者无法再支付给此次交易之外的第三方了。)所以,整个比特币系统的"挖矿",既保证了比特币的正常发行,也保证了它的记账,从而避免了重复支付的可能。所谓"矿工",同时也可以叫记账员,特别是等到2040年比特币大部分已经被挖出,矿工们的工作奖励主要靠收取"交易费"时,他们就更应该被称为"记账员"了。

第三个问题,即保护比特币系统不受恶意攻击的问题是如何设计的呢?"矿工"对于比特币世界还有一个重要的功能就是"保护",按照中本聪最初的比特币系统协议,必须持有全网51%算力的人,才有可能攻击比特币系统,并造成重复支付(也就是造假币)。据比特币挖矿资深人士透露,当前算力成本每年维持1G hash/s约需要240元人民币,即现在比特币全网算力的年成本是9.6亿美元,这是保护比特币系统的基础力量,也是它现有价值的支撑。

思考题:
1. SHA-256有哪些特点?
2. 分析比特币中用到了哪些安全技术。

本章测试

第九章　电子商务技术支持

> **学习目标**
> 1. 了解伴随电子商务、物联网发展起来的大数据、人工智能等技术
> 2. 掌握网络协议、IP 地址、无线技术的基础知识
> 3. 理解物联网、大数据、云计算和区块链技术基本概念和原理
> 4. 了解大数据下的社会伦理问题

 **引导案例**

大数据时代的电子商务

英特尔公司的创始人之一戈登·摩尔在 1965 年发现了一个惊人的趋势,即集成电路芯片上所集成的电路的数目每隔 18 个月就提高一倍,该发现被业界誉为摩尔定律。后来该定律也被表述为微处理器的性能每隔 18 个月提高一倍,或价格下降一半;或用同等价钱能买到的电脑性能(速度和储存量)每隔 18 个月提高一倍。

50 多年在人类沧海桑田的历史上仅仅是弹指一挥间,摩尔定律却见证了电脑的数据处理和储存能力从 K(Kilobyte)到 M(Megabyte)到 G(Gigabyte)到 T(Terabyte)的变迁。互联网的出现,使人们急速地跨入了大数据时代。其主要的驱动力有以下几点:

(1)随着社会经济的发展和个人收入的增加,人们的个性化需求开始凸显。而企业要高效地满足这些个性化的需求则需要大量的数据支持。

(2)互联网的出现和相关技术的发展让海量数据的收集和分析成为可能。互联网的特征又导致这些数据能够被高速度和大容量的传播。

(3)互联网引入了由用户产生数据的模式。这种模式的特征是多源头,低成本,更及时。当然,这些数据的真实性和可靠性需要被甄别。

(4)构建在互联网基础上的电子商务和传统零售比较,优势之一就是数据的实时获得性。电子商务可以帮助企业实时得到顾客的来访源头,顾客在网站内的搜索、收藏、购买行为,以及顾客购买的商品间的关联性。这些数据可以帮助企业更精准地为顾客服务。

(5)人工智能、信息系统和决策科学的发展促进了多种分析方法及工具的推动,包括数据挖掘,顾客行为模型,决策支持等。

数据是原始和零散的,经过过滤和组织后成为信息,将相关联的信息整合和有效的呈现则成为知识,对知识的深层领悟而升华到理解事物的本质并可以举一反三则为智慧。所以数据是源头,是决策和价值创造的基石。

数据的应用大致分以下几个步骤:① 数据采集、核实与过滤;② 在数据仓库内的分类和储存;③ 数据挖掘以找到数据所隐含的规律和数据间的关联;④ 数据模型建立和参数调整;⑤ 基于数据的应用开发和决策支持。

(1) 美国医药网站 WebMD 根据怀孕的女性用户填写的受孕信息定期给用户寄送邮件,通过 EDM(邮件营销,E-Mail Direct Marketing)方式提醒准妈妈们在该时间点的注意事项,需要摄入的营养,产前的生理变化和要做好的思想准备,产后的恢复,宝宝的养育和健康,等等。

(2) 京东利用对大数据的分析给顾客发送信息,进行个性化营销。若顾客曾经在京东网站上查看过一个商品而没有购买,则有几种可能:① 缺货;② 价格不合适;③ 不是想要的品牌或不是想要的商品;④ 只是看看。若在顾客查看时该商品缺货,则到货时立即通知顾客;若当时有货而顾客没有买就很有可能是因为价格引起的,则在该商品降价促销时通知顾客;同时,在引入和该商品相类似或相关联的商品时温馨告知顾客。另外,通过挖掘顾客的周期性购买习惯,在临近顾客的购买周期时适时提醒顾客。

(3) 淘宝在2012年推出了淘宝时光机。该应用通过分析顾客自注册以来的行为,用幽默生动的语言告知顾客在淘宝环境下的成长过程,与该用户有相似喜好的其他用户的统计行为。用生动的文稿和个性化的数据拉近了和顾客的距离。

(4) 谷歌的 Adsense 对顾客的搜索过程和对各网站的关注度进行数据挖掘,并在其联盟内的网站追踪顾客的去向,在联盟网站上推出和顾客潜在兴趣相匹配的广告,精准化营销,提高点击浏览向实际消费的转化率。

(5) 亚马逊推出了 FDFC(提前备货配送中心,Forward Deployed Fulfillment Center)的概念,以加快对顾客配送的速度。亚马逊的订单履行中心分两个层级:FC(配送中心,Fulfillment Center)和 FDFC,其中 FC 品种更齐全,而 FDFC 在物理位置上更靠近目标市场,但品种重点只针对目标市场的热销商品。顾客的大部分需求可以通过 FDFC 来满足,不能满足的长尾商品则由 FC 来满足。这样顾客急需的商品多数可以通过 FDFC 以更快捷和低成本的物流来完成。由于热销商品是随着时间和季节而改变的,故将什么商品储存在 FDFC 的决策是动态调整的,而此决策的依据就是对顾客需求的分析和预测。

各种应用的例子难以穷举,但趋势十分清楚:大数据的应用价值和潜力不再被人低估。但并不是所有企业都能在大数据这个金矿里真正挖到金子的。只有那些有远见、重视系统、舍得投入、吸引了优秀的分析和系统人才的企业才会有所斩获。

思考题:
1. 为什么说互联网引入了由用户产生数据的模式?
2. 互联网下大数据有哪些特点?
3. 数据对企业而言有什么重要意义?

第一节　网络与互联网协议

电子商务是一种新兴的商务形态，其出现与发展以信息技术特别是国际互联网络技术的成熟为物质基础。由于采用了现代先进信息技术为运作工具，电子商务的效率显著提高，成本则显著降低。国际互联网也赋予电子商务以虚拟性、全球性、实时性等传统商务所没有的新特征，可以说，网络技术是电子商务的基石，没有网络就没有电子商务。因此，无论学习、研究还是实践电子商务，都需对互联网技术具备必要、充分的理解与掌握。

互联网是当今全球最大的、开放的、由众多网络和计算机通过电话线、电缆、光纤、卫星及其他远程通信系统互联而成的超大型计算机网络。Internet 将全世界的计算机连在一起，全球各地的用户可以通过 Internet 自由地进行通信，打破了长期以来限制人们交流的空间距离障碍。

一、网络与协议

网络是电子商务的实现基础。计算机网络是由若干地理上分散、具有独立功能（自治）的计算机系统利用各种通信介质和设备互连起来而形成的计算机系统的集合。计算机联网为了实现资源共享和信息交流。网络按照覆盖范围的大小可分为局域网和广域网。局域网的联网范围一般不超过几公里，适合一个办公大楼或组织机构内部的计算机联网。广域网的联网范围大，采用广域网互联技术，可将位于不同城市，甚至不同国家的计算机连接在一起。

使不同厂家生产的不同型号的计算机及网络实现通信，是一个极其复杂的技术过程。一个计算机网络可有众多的结点，结点间不断地进行着数据交换（包括使网络正常工作的控制信息交换）。要做到有条不紊地交换数据，每个结点就必须遵守一些事先约定的规则。这些规则规定了所交换数据的格式以及有关的同步问题。这里所说的同步是指在一定的事件发生时，网络计算机以一致的步调或方法进行应对、处理（如收到报文后发送一个应答信息），因而同步含有时序的意思。这些为实现可靠的网络数据交换而建立的规则、标准或约定即为网络协议。通俗地讲，可以称协议为计算机交流所使用的网络语言，与自然语言相似，网络协议主要由以下三个要素组成。

（1）语法：定义数据与控制信息的结构或格式。

（2）语义：定义数据的含义，说明数据所指定完成的动作以及作出的应答，或发送的控制信息。

（3）同步：定义事件实现顺序的详细说明。

网络协议是计算机网络的核心，为了满足计算机系统之间日益增长的通信需求，使不同厂家生产的、不同型号的计算机能相互通信，必须制订协议对它们的连接方式和通信规程作出统一的规定，包括硬件接口、数据格式、通信过程等。

二、互联网协议

互联网连接了全球成千上万个局域网和数以亿计的计算机,它通过 TCP/IP 协议把不同类型、不同厂家的物理网络和计算机连接在一起,实现互相通信和资源共享。因此,TCP/IP 是互联网的逻辑互联基础。

TCP/IP 是一种分组交换协议,所谓分组交换是指:交换的信息或报文被分成若干长度固定、大小适中的数据块(也称之为包,或分组),包由包头及数据两个部分组成。例如,一封传统的信件,包头如信封,包括接收者和发送者的地址或路径信息,还有控制传输的信息。包的数据部分如信件的内容。每个包从发送主机出发,沿着某条路径经过若干结点到达接收主机,通信途中的结点机收到这些数据包后,先作短暂存储,再根据线路的情况选择适当的路径(路由),转发给下一网络结点,这种存储转发过程称为包交换(Packet Switching)。分组交换不需独占通信线路,极大地提高了线路的利用效率,但这种共享线路的通信方式,会产生传输时延、时延抖动、拥塞甚至丢失数据包等通信质量问题,因此需要更复杂的传输控制机制,以保证其可靠性。

阿帕网(ARPAnet)最初使用网络控制协议(Network Control Protocol,NCP)。1973 年由斯坦福大学的 Cerf 和美国高级研究计划署的 Kahn 领导的一个研究小组首次提出了 TCP 和 IP 的概念,由于其良好的跨平台特性,研究小组于 1977—1979 年对 TCP/IP 的体系及结构进行了规范,确定其为阿帕网的第二代协议标准。到 1983 年,阿帕网上所有主机完成了向 TCP/IP 的转换,从此奠定了 TCP/IP 作为 Internet 标准协议的基础。

TCP/IP 协议作为互联网的通信规则,是一组协议的集合,但其中最重要的有两个协议:传输控制协议(Transmission Control Protocol,TCP)和网间协议(Internet Protocol,IP),所以通常以 TCP/IP 来称呼这组协议。为提高协议系统的可维护性,尽可能控制局部修改协议所产生影响的蔓延,按照模块化的思想,TCP/IP 协议体系如图 9-1 所示,可划分为四层,每层由若干子协议组成。最高的是应用层,这层包括许多著名协议,如远程登录协议(Telnet)、文件传输协议(FTP)和邮件传送协议(SMTP)等;第二层是传输层,这层中有两种不同的协议,一种是面向连接的传输控制协议 TCP,另一种是无连接的用户数据报协议 UDP;第三层是网络层,包括网间协议 IP 等。由于 TCP/IP 的设计目标之一是要求能支持各种类型的物理网络互联,因此,TCP/IP 协议标准中未对最低的物理层做任何规定,可以是任何形式的物理网络。计算机间进行数据通信时,上层协议调用下层协议,数据报文由上而下,经各层协议处理后传递到对方。

应用层	SMTP	FTP	HTTP	DNS	SNMP
传输层	TCP UDP				
网络层	IP ICMP ARP RARP				
网络接口层	Ethernet, Fast Ethernet, Gigabit Ethernet, FDDI, ATM				

图 9-1 TCP/IP 协议体系

TCP/IP 协议簇中各协议层及相关成员协议的功能如下：

（一）应用层

应用层协议针对特定的网络应用制订，主要规定应用的用户接口、逻辑与功能。具体包括：提供界面接受用户通信指令与数据，解释执行指令，组织相应的操作，输出处理结果。应用层协议很多，常用的有以下几种。

（1）Telnet：远程登录协议，使网上一台主机的用户可以登录到任意一台主机。

（2）FTP：文件传输协议。

（3）SMTP：简单电子邮件传输协议。

（4）HTTP：超文本传输协议，描述多媒体文档检索服务，这种文档含有指针，可指向其他相关文档，称为超文本文档。

（二）传输层

传输层即 TCP 协议层，TCP 的作用是提供自动的差错控制、收发确认、流量控制等机制，保证命令或数据能够正确无误地到达目的端。TCP 协议将收到的应用层报文分解成若干大小固定的片段，编上序号，打上 TCP 层的控制头和尾，形成 TCP 段（Segment），提交给网络层。目的端接收到所有的包后，根据包的顺序号按它们原来的次序重新组合起来。在数据传输的整个过程中，TCP 保持对所有发出的信息进行跟踪，并且负责对那些没有到达目的地或陷入无法识别状态的包进行重传，保证数据的可靠传输。

该层的协议有 TCP 和 UDP，它们为网上不同主机的进程提供数据传输服务。它们虽然都基于 IP 层的数据包传递，但 TCP 提供可靠的传输服务，而 UDP 提供的数据报传输服务不保证可靠。

（三）网络层

网络层即 IP 协议层，主要为数据包确定传送路径，使得数据包从源主机经过物理网络结点机的续传到达目标主机。IP 协议基于包头中的 32 位源和目的端 IP 地址，就可发送此信息包。IP 层实现数据包的传递，但它不保证可靠送达。当前使用的 IP 协议版本是 4，简称 IPv4。

（四）网络接口层

TCP/IP 参考模型并未对该层加以定义、限制，无论主机通过何种协议连接成局域网，均可无障碍地接入 Internet。这使得 TCP/IP 与具体的网络硬件、下层协议无关，从而实现异构网络的互联。TCP/IP 可以运行在多种物理网络上，如以太网、令牌环网和 FDDI 等局域网，又如 ATM、帧中继和 X.25 等广域网。

三、IP 地址与 IPv6

（一）IP 地址

与生活中人与人之间通信需要确定的地址相似，网络中计算机间的通信也以确切的地址为前提。因特网为其上的每一台主机都分配了一个唯一的地址，该地址由 IP 协议定义和处理，因而也称 IP 地址。IP 地址实质是一个 32 位也即 4 字节的二进制整数，是互联网上各主机唯一的数字标识，它包括两个组成部分：网络标识（Netid）和主机标识（Hostid）。二进制的 IP 地址不便于网络用户使用，将原始二进制 IP 地址的 4 个字节分别转换成4个十进制整数(取值范围是0～255),中间用实心句点分割,这种表示法叫做"点分十进制表示法",显然比1和0的二进制容易记忆。人们平时所说的IP,指的其实也是这种形式,如:192.168.1.1。

为保证IP地址在整个互联网上的唯一性,IP地址由互联网管理中心统一分配。要加入互联网,首先须申请得到IP地址。用户主机获得的IP地址有两种:固定IP和动态IP。前者是永久性分配给用户使用的地址,该地址为用户所独占;后者则是用户计算机每次接入互联网时,由ISP动态为其分配一个地址,也就是说,用户每次上网时获得的地址都可能不同,动态地址在不同时间里可为不同的用户所获得。

IP地址根据类型标志可分A、B、C、D和E五类。其中D类一般用于组播,即多点传送,E类用于开发与研究。因此,在商业应用中,互联网的IP地址一般只涉及A、B、C三类,如表9-1所示。

表9-1 互联网的IP地址

	第一组数字	网络地址数	网络主机数	主机总数
A类地址	1～127	126	16 387 064	2 064 770 064
B类地址	128～191	16 256	64 516	1 048 872 096
C类地址	192～223	2 064 512	254	524 386 048
总　　计		2 080 894		3 638 028 208

1. A类地址

A类地址的第一个字节首位固定为二进制数0,其余7位表示网络ID号。除去全零(网络ID零表示无效地址)、全1(127保留作为诊断用)外,网络ID的有效值范围为1～126。第二、三、四字节共24位用于主机ID。所以,A类地址有效网络数为126个,每个网络主机数为16 777 214(除去主机ID为全0及全1)。这类地址一般分配给具有大量主机的大型网络使用。

2. B类地址

B类地址中的第一字节前两位固定为二进制数10,余下的6位和第二个字节共14位二进制数表示网络ID,第三、四个字节共16位表示主机ID。类似上述算法可得,B类地址有效网络数为16 384,每个网络主机数为65 534。这类地址一般分配给中等规模的网络使用。

3. C类地址

C类地址第一个字节的前三位总是110,剩下的5位和第二、三字节共21位二进制数表示网络ID,第四字节八位表示主机ID。类似上述算法可得,C类地址有效网络数为2 097 152,每个网络主机数为254。C类地址一般分配给小型的局域网使用。

从地址分类方法来看,A类地址的数量最少,只有126个;B类地址有16 000多个;C类地址最多,总计达200多万个。互联网地址的定义方式是比较合理的,适合大网量少而主机多、小网量多而主机少的实情。

(二) IPv6

随着物联网、5G、可穿戴式设备的兴起,IP地址的应用已不仅限于传统意义的PC与移动设备,目前地球可联网的设备数量已达到 56 亿个,远远超过 IPv4 规定的 43 亿个地址。纵使采用如"IP 地址静动转换""端口多路复用""子网技术和超网技术"来有效地提高 IPv4 地址空间的利用率,但其根本局限还是很明显的,因为无论这种技术如何发展,都还是会最终受到 IPv4 地址总空间的限制。IPv6 即互联网通信协议第 6 版,(Internet Protocol Version 6),是用来代替 IPv4 的下一代互联网协议标准,其目的是解决 IPv4 网络地址资源有限的问题。IPv6 采用 128 位的二进制数值数字,可以提供 2^{128} 个地址($3.402\,823\,669 \times 10^{38}$ 个唯一地址)。未来,会有更多的设备接入互联网,例如,冰箱、微波炉、手环甚至桌子、椅子,互联网的发展不用再受网络地址资源有限的困扰。相对于 IPv4,IPv6 除了有更大的 IP 地址空间外,还具有以下优势:

1. 传播速度更快

IPv6 使用长度更小的路由表,聚合能力更强,保证了数据转发的路径更短,使得路由器转发数据包的速度更快。IPv6 也消除了 IPv4 中常见的大部分地址冲突问题,并为设备提供了更多简化的连接和通信。

2. 更好的服务质量

基于 IPv4 的互联网在设计之初,只有一种简单的服务质量,即采用"尽最大努力"传输数据,从原理上讲服务质量是无保证的。文本、静态图像等传输对服务质量没有要求。但随着多媒体业务的增加,如 IP 电话、视频点播(Video On Demand VOD)、电视会议等实时应用,对传输时延和延时抖动等均有严格的要求,因而对服务质量的要求也就越来越高。

IPv6 数据包的格式包含一个 8 位的业务流类型(Class)和一个新的 20 位的流标号(Flow Label)。它的目的是允许发送业务流的源节点和转发业务流的路由器在数据报上加上标记,中间节点在接收到一个数据报后,通过验证它的流标签,就可以判断它属于哪一类业务流,从而可以明确数据报的服务质量需求,并快速转发。

3. 更高的安全性

IPv4 在设计时几乎没有考虑过安全性,尤其是在端到端的模式中。虽然越来越多的网站正在开启 SSL,但是依旧有大量的网站没有采用 HTTPS,但是在 IPv6 中,IPSec 作为主要的协议,包含一组加密协议,在网络层认证与加密数据并对 IP 报文进行校验,为用户提供客户端到服务端的数据安全,保证数据不被劫持。

4. 更好地支持移动设备

相对比 IPv4,IPv6 协议对移动端更加友好,为用户提供可移动的 IP 数据服务,让用户可以在世界各地都使用同样的 IPv6 地址,非常适合未来的无线上网。IPv4 的移动性支持是作为一种对 IP 协议附加的功能提出的,并非所有的 IPv4 都能够提供对移动性的支持。而 IPv6 中的移动性支持是在制订 IPv6 协议的同时作为一个必需的协议内嵌于 IP 协议中的,其效率远远高于 IPv4。更重要的是,IPv4 有限的地址空间资源无法提供所有潜在移动终端设备所需的 IP 地址,难以实现移动 IP 的大规模应用。和 IPv4 相比,IPv6 的移动性取消了异地代理,完全支持路由优化,彻底消除了三角路由问题,并且为移动终端提供了足够的地址资源,使得移动 IP 的实际应用成为可能。

5. 组播技术

组播技术指的是单个发送者对应多个接收者的一种网络通信。组播技术中,通过向多个接收方传送单信息流方式,可以减少具有多个接收方同时收听或查看相同资源情况下的网络通信流量。IPv6 为组播预留了一定的地址空间,其地址前 8 位为"11111111",后跟 120 位组播组标识。此地址仅用来作为组播数据包的目标地址,组播源地址只能是单播地址。发送方只需要发送数据给该组播地址,就可以发送多个不同地点的用户数据,而不需要了解接收方的任何信息。可见,IPv6 增加了增强的组播支持以及对流的控制,对多媒体应用很有利。

四、内联网与外联网

互联网的飞速发展为企业提供了全球信息交换和信息发布的能力,从互联网这一巨型广域网中发展出来的技术,具备开放、标准、成熟和实用等特性,非常适用于企业网络的建设、应用开发、管理和维护等方面,给传统的企业网络和 MIS 应用的模式带来巨大的冲击。内联网和外联网是互联网技术与模式应用于企业网络环境后所形成的新网络形态,它们不仅是企业内部信息系统的网络基础,同时也为企业的电子商务系统建设提供了坚实的支持。

(一) 内联网

1. 内联网的概念

内联网(Intranet)是基于互联网的 TCP/IP 协议,具有防止外界入侵的安全设施,并可与互联网连接的企业内部网络。简单地说,内联网是利用互联网技术实现的企业内部信息化,是建立于公司内部的互联网。由于采用互联网的 WWW 等技术和产品来构建,它具有以下特点:

(1) 内联网采用 TCP/IP 协议等互联网技术工具,技术架构开放,能较容易地实现异种网络间的连接,实现各种企业信息系统的集成。

(2) 内联网不是一个孤立的内部网,它可以方便地与外界连接,特别是与互联网的连接。

(3) 内联网使用 WWW 技术架构组织和利用企业内部的信息资源,使得企业员工和用户能方便地浏览和挖掘企业内部以及外部互联网上的信息。

(4) 内联网根据企业的安全需求,设置防火墙、代理服务器等安全屏障设施,保护企业内部网络上的商业信息,防止外界入侵。

(5) 内联网根据企业的需要建立,建设规模和功能都由企业经营状况和发展的需要来确定。

2. 内联网的基本结构

内联网将企业各部门的计算机连接为一体,如同一个覆盖范围限于企业内部、缩微的互联网,如图 9-2 所示。内联网除了包括各型局域网、广域网的网络硬件之外,互联网上的软件基本都可应用于内联网,建立起类似互联网的、为企业内部提供服务的各种服务器。如 mail、www、bbs、ftp、数据库服务器等。员工使用各种形式的互联网客户端工具软件访问企业内部网或进行通信。内联网另一重要的软件设施是代理及防火墙软件,以隔

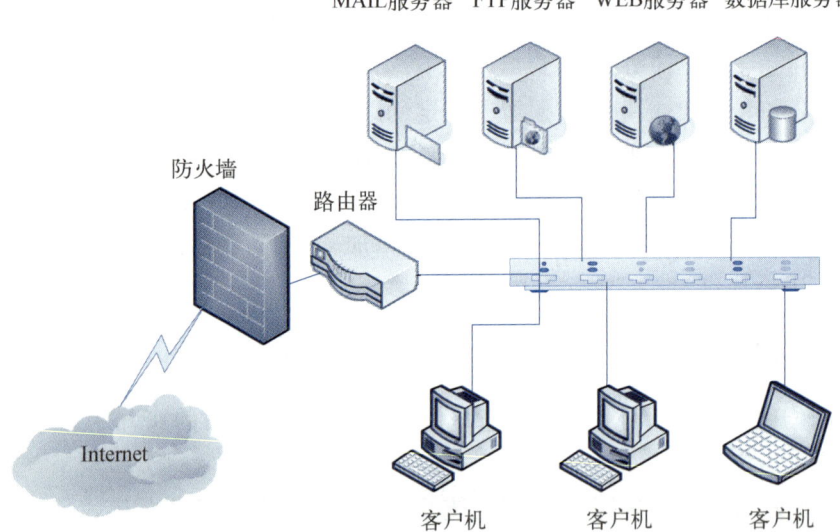

图 9-2 内联网的基本结构

离内外网络,保护企业内网的信息安全。

3. 内联网的功能

内联网可为企业创造众多的价值,其主要功能可归纳为以下方面:

(1) 内部信息发布与共享。通过建立内部的 Web、FTP 等服务器,内联网既可发布企业内部的各种信息,也可将企业的信息、软件等资源集中起来供大家共享。提高企业运作的透明度,方便企业内部员工查找信息,减少信息检索的时间耗费。

(2) 内部通信与交流。通过建立 Mail、BBS 服务器,内联网成为企业内部全新的信息传递和交流平台。可实现无纸化、自动化办公,从总体上提高办公效率,降低办公费用。员工也可通过内联网相互讨论工作经验、技术难题,达到技术共享,提高每一个员工的技术水平。内部网同时是一个企业内部民主的园地,员工可以通过内联网给公司献计献策,提出各种问题大家讨论解决,直接向领导反映公司问题,缩短企业领导和员工之间的心理距离。

(3) 管理信息系统的新平台。建于一般局域网之上的 C/S(Client/Server)结构的企业管理信息系统客户端维护工作量大,界面各异不利于用户学习掌握,尤其一般不能跨平台使用。而建构在内联网之上、B/S 结构的应用系统则能很好地解决前述问题,应用系统客户端免维护,界面操作方法统一,支持跨平台应用。这些特点使得内联网快速成为企业管理信息系统新的开发平台,B/S 模式已成为当前应用开发的主流。

(二) 外联网

外联网(Extranet)是指使用互联网技术将多个企业连接起来的信息网络,它实际上是内联网的扩展。企业通过内联网与外界普通实体进行数据交换必须经过防火墙,但对与企业有着密切业务往来的供应商和客户(商业伙伴),应向他们提供更大的权限。针对这一类型特殊的应用,提出了外联网的概念。外联网不再局限于单个企业内部,它把相互合作的企业连接在一起。在外联网中,各企业可以自由地访问其他企业中自己所需的数据。与此同时,外联网又有效地隔绝了外部的非法访问,从而保护了内部各个企业信息的安全。因此我们说外联网是内联网的扩展,它支持企业之间的商务过程连接和信息共享,从而实现企业间的信息交流、业务控制和协同工作。

与内联网相比,外联网的主要特点有:

(1) 扩大了服务范围。信息服务对象不仅仅限于企业内部的机构和人员,也不像互联网那样服务对外完全开放,而是有选择地扩展到与本企业相关联的供应商、代理商和客户。外联网实际上是内联网向外部的延伸,用于关联企业之间的连接和信息沟通。

(2) 采用了互联网技术和基于 web 的应用系统。外联网考虑的重点是在保证企业核心数据安全的前提下,扩大网络的访问范围,使以前只有企业内部人员才能访问的资源,也能提供给商业伙伴,所以制定了特别的应用权限策略,甚至在某些特定的情况下,可以提供给外部客户比内部客户更高的访问权。

(3) 更严峻的安全问题。由于外联网分布于不同的地理位置,加大了网络安全保障的难度,所以需要设置更高等级的防火墙和其他网络安全设备来保证网络的正常运行。

企业间外部网的互联方式可有三种:

(1) 公共网络,两个或多个企业通过公共网络连接其内联网,构成公共网络外部网。这种结构使已有的公共网络实现互联,经济、便捷,但安全为其最大问题,公网本身不提供任何形式的安全机制。

(2) 专用网络,企业内联网通过专用线路互相连接。这是一种封闭、专用的网络,除了连入的企业之外,其他任何组织或人员都不能进入。因此,这种连接方式的最大优点是安全,而缺点是成本高昂,每个企业都需一条独立的专用线路连入外联网。

(3) 虚拟专用网络,企业内联网通过虚拟专用网互相连接。虚拟专用网是建立在实在网络(或称物理网络)基础上的一种功能性网络,或者说是一种专用网的组网方式,简称 VPN。它向使用者提供一般专用网所具有的功能,但本身却不是一个独立的物理网;也可以说虚拟专用网是一种逻辑上的专用网。"虚拟"表明它在构成上有别于实在的物理网,但对使用者来说,在功能上则与实在的专用网完全相同。这种连接方式兼顾了成本和安全两方面的要求。

(三) 互联网、内联网与外联网

互联网、内联网与外联网 三者相互区别又有联系。内联网实现了企业内部各部门的连接,网络服务、资源开放的范围限于企业内部;外联网实现了合作企业间的连接,包括交易伙伴、合作对象、相关公司、销售商店以及主要客户等,网络服务、信息共享的范围是企业与其合作伙伴构成的信任集。互联网实现了所有组织或个人的网络、计算机之间的连接,不论相互之间有无交易关系的存在,网络服务、信息共享的范围面向全球组织或个人用户。由此看出,互联网服务或开放范围最大,外联网次之,内联网最小。三者的连接、服务范围不同,但所使用的技术完全一致,都是互联网技术。因此,互联网是基础,而内联网和外联网是互联网技术在不同层级范围的应用。IBM 公司认为,电子商务包括三个渐次提高的层次:企业内部网、企业外部网、互联网。它强调,企业实施电子商务,须先建立良好的内联网,建立起比较完善的标准和各种信息基础设施,才能顺利扩展到外联网,最后扩展到面向互联网的最高阶段 E-Business。

第二节 物联网

从 PC 互联网、移动互联网,再到"万物互联"的物联网时代,互联网以其强大的技术穿透性,穿透世界上不同的政体、文化,将世界各地的人们、事物连接在一起,形成一个千丝万缕、错综复杂的网络,改变着这个世界。互联网实现了人与信息、人与人、人与商品、人与设备的连接,连接无处不在,连接因需而在。物联网将进一步强化人与设备、设备与设备的连接。连接意味着在线数据的产生,意味着越来越多的实时数据可以通过每个节点形成和放大。企业内部对于数据资源的应用不再仅仅局限于 IT 部门,越来越多的内部项目组与分支机构加入大数据平台的使用中。加之数据处理技术的不断发展,机器学习算法快速演进,大数据的价值得以展现。随着智能终端和传感器的快速普及,海量数据快速累积,基于大数据的人工智能也因此获得了持续快速发展的动力来源。物联网、人工智能、区块链、云计算、大数据(简称 iABCD)等新兴科技将成为科技赋能的重要武器。

一、物联网的概念

物联网的概念最初来源于美国麻省理工学院在 1999 年建立的自动识别中心提出的网络无线射频识别(RFID)系统,即把所有物品通过射频识别等信息传感设备与互联网连接起来,实现智能化识别和管理。2005 年国际电信联盟(ITU)在突尼斯举行的信息社会世界峰会(WSIS)上正式确定了"物联网"的概念,物联网使人们在信息与通信技术的世界里获得一个新的沟通维度,将任何时间、任何地点、连接任何人,扩展到连接任何物品。万物的连接就形成了物联网。物联网中的连接如图 9-3 所示。

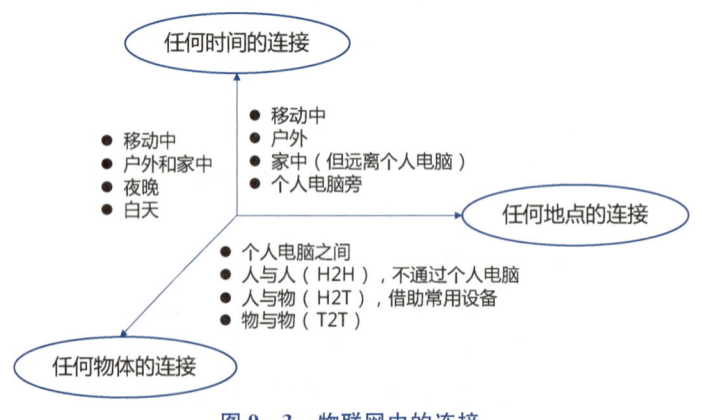

图 9-3 物联网中的连接

物联网是信息领域又一次重大的发展和变革机遇。物联网的发展将人、数据和物通过开放的、全球化的通信网络平台连接起来,从商业角度意味着把设备、生产线、员工、工厂、仓库、供应商、产品和客户紧密地连接起来,共享产业全流程的各种要素资源,使其数字化、网络化、自动化、智能化,从而实现效率提升和成本降低。

二、物联网的技术体系

ITU 在 2005 年的物联网报告中重点描述了物联网的 4 个关键性应用技术：标签事物的 RFID 技术、感知事物的传感器技术、思考事物的智能技术、微缩事物的纳米技术。物联网是典型的交叉学科，涉及的核心技术包括 IPv6 技术、云计算技术、传感技术、PFID 智能识别技术、无线通信技术等。物联网的技术体系主要包括感知层的感知与识别技术、网络层的网络与通信技术、应用层的计算与服务技术及应用，如图 9-4 所示。

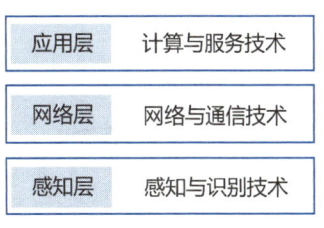

图 9-4 物联网的技术体系

（一）感知层：感知与识别技术

感知与识别技术是物联网的基础，负责采集物理世界中发生的物理事件和数据，实现外部世界信息的感知和识别，包括传感器、RFID、二维码等。

1. 感知技术

感知技术利用传感器和多跳自组织传感器网络，协作感知、采集网络覆盖区域中被感知对象的信息。传感器技术依附于敏感机理、敏感材料、工艺设备和计测技术，对基础技术和综合技术要求非常高。

2. 识别技术

识别技术涵盖物体识别、位置识别和地理识别，对物理世界的识别是实现全面感知的基础。物联网标识技术是以二维码、RFID 标识为基础的，对象标识体系是物联网的一个重要技术点。从应用需求的角度，识别技术首要解决的是对象的全局标识问题，需要研究物联网的标准化物体标识体系，进一步融合及适当兼容现有各种传感器和标识方法，并支持现有的和未来的识别方案。

3. 感知层的关键技术

（1）RFID：视频识别，俗称电子标签。这是一种非接触式的自动识别技术，可识别高速运动物体并可同时识别多个标签，操作快捷方便。通过射频信号自动识别对象并获取相关数据完成信息的自动采集工作，RFID 是物联网关键技术之一，它为物体贴上电子标签，实现高效灵活的管理。RFID 的工作原理是：标签进入磁场后，如果接收到阅读器发出的特殊射频信号，就能凭借感应电流所获得的能量发送出存储在芯片中的产品信息（即 Passive Tag，无源标签或被动标签），或者主动发送某一频率的信号（即 Active Tag，有源标签或主动标签），阅读器读取信息并解码后，送至中央信息系统进行有关数据处理。RFID 的工作原理如图 9-5 所示。

（2）条形码：条形码是一种信息的图形化表示方法。由一组排列规则的条、空和相应的字符组成。它是为实现对信息的自动扫描而设计的，是一种实现快速、准确而可靠的采集数据的有效手段。条码技术的应用解决了数据录入和数据采集的"瓶颈"问题。条码技术包括条码的编码技术、条码标识符号的设计、快速识别技术和计算机管理技术，它是实现计算机管理和电子数据交换不可少的前端采集技术。按维数分类可以分为一维条码、二维条码（二维码）。

一维条码，每种都有自己的一套特定的编码规格，规定每个字母是由几条线条及几个

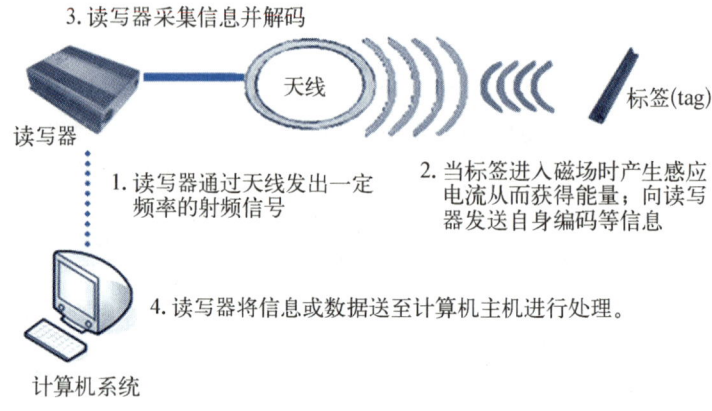

图 9-5 RFID 的工作原理

空白构成。能很快识别对象的基本信息,例如商品的名称、价格等。但是一维条形码不能描述这个商品。就好比它知道这是仓库里的某个零件的代号,但却不能确定所识别的是"A 零件"还是"B 零件",也不知道它们之间的差别。这就是一维码最大的弊端。一维条码如图 9-6 所示。

二维码是通过大大小小的黑白的点来存储信息的,表现为黑白相间,粗细不同的点阵图形。不仅能够标识还能够很轻松地描述识别对象的信息。二维码与一维条码相比包含了更多的信息容量,具有信息容量大、可靠性高、保密防伪性强、易于制作、成本低等优点。二维码如图 9-7 所示。

图 9-6 一维条码

图 9-7 二维码

(3) 传感器技术。物联网系统中的海量数据信息来源于终端设备,而终端设备数据来源可归根于传感器,传感器赋予了万物"感官"功能。传感器是指能感知预定的被测指标并按照一定归类转换成可用信号的器件和装置,通常有敏感元件、转换元件以及电子线路三部分。敏感元件可以直接感受对应的物品,转换元件也叫传感元件,主要作用是将其他形式的数据信号转换为电信号;电子线路作为转换电路可以调节信号,将电信号转换为可供人和计算机处理、管理的电信号。

(二) 网络层:网络与通信技术

网络是物联网信息传递和服务支撑的基础设施,通过互联功能,实现感知信息高可靠性、高安全性传送。

1. 接入与组网

物联网的网络技术涵盖泛在接入和骨干传输等多个层面的内容。以互联网协议版本 6(IPv6)为核心的下一代网络,为物联网的发展创造了良好的基础网条件。以传感器网络为代表的末梢网络在规模化应用后,面临与骨干网络的接入问题,并且其网络技术与需要与骨干网络进行充分协同,这些都面临着新的挑战,需要研究固定网、无线网和移动网及

Ad-hoc 网技术、自治计算与联网技术等。

2. 通信与频管

物联网需要综合各种有线及无线通信技术,无线通信技术很多,主要分为两类:一类是短距离通信技术;另一类是 LPWAN(Low-Power Wide-Area Network,低功耗广域网),即广域网通信技术。其中近距离无线通信技术将是物联网的研究重点。

3. 网络层关键技术

网络层的关键技术有 ZigBee、GPS。

(1) ZigBee 技术,是一种应用于近距离、低复杂度、低功效、低速率、低成本的双向无线通信技术,名称来源于蜜蜂的八字舞。ZigBee 技术主要适合于自动控制和远程控制领域,可嵌入各种设备。ZigBee 设备分为 ZigBee 协调器、ZigBee 路由器和 ZigBee 终端设备。一个 ZigBee 网络由一个协调器节点、多个路由器和多个终端设备节点组成。

(2) GPS 技术。GPS(Global Positioning System)即全球卫星定位系统,是指具有在海、陆、空进行全方位实时三维导航与定位功能的系统。GPS 技术由三大子系统构成:空间卫星系统、地面监控系统、信号接收系统。

空间卫星系统由均匀分布在 6 个平面上的 24 颗高轨道工作卫星(21 颗工作卫星;3 颗备用卫星)所构成,可在地球的任意地点、任一时间向使用者提供 4 颗以上可视卫星。并能在卫星中预存导航信息,GPS 的卫星因为大气摩擦等问题,随着时间的推移,导航精度会逐渐降低。

地面监控系统其作用是对空间卫星系统进行监测、控制,并向每颗卫星注入更新的导航电文。由监测站(Monitor Station)、主控制站(Master Monitor Station)、地面天线(Ground Antenna)所组成,主控制站位于美国科罗拉多州春田市。地面控制站负责收集由卫星传回的讯息,并计算卫星星历、相对距离,大气校正等数据。

信号接收系统的主要功能是捕获到按一定卫星截止角所选择的待测卫星,并跟踪这些卫星的运行。当接收机捕获到跟踪的卫星信号后,就可测量出接收天线至卫星的伪距离和距离的变化率,解调出卫星轨道参数等数据。根据这些数据,接收机中的微处理计算机就可按定位解算方法进行定位计算,计算出用户所在地理位置的经纬度、高度、速度、时间等信息。接收机硬件和机内软件以及 GPS 数据的后处理软件包构成完整的 GPS 信号接收系统。

GPS 系统是一种采用距离交会法的卫星导航定位系统,根据用户接收机天线在测量中所处的状态,可分为静态定位和动态定位。GPS 工作示意图如图 9-8 所示:在需要的位置 P 点架设 GPS 接收机,在某一时刻同时接收了 3 颗(A、B、C)的 GPS 卫星所发出的导航电文,通过一系列数据处理和计算可求得该时刻 GPS 接收机至 GPS 卫星的距离 S_{AP}、S_{BP}、S_{CP},同样通过接收卫星星历可获得该时刻这些卫星在空间的位置(三维坐标)。从而用距离交会的方法求得 P 点的三维坐标(X_p,

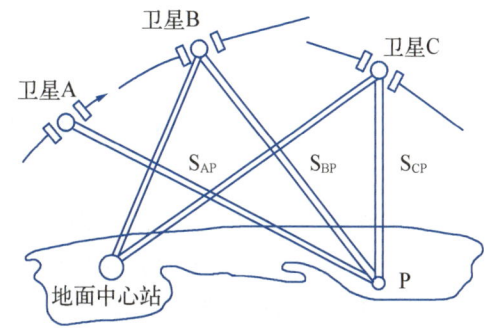

图 9-8 GPS 工作示意图

Yp, Zp)。

(三) 应用层：计算与服务技术

物联网的行业特性主要体现在其应用领域内。将物联网开发技术与行业信息化需求相结合，实现广泛智能化应用的解决方案，关键在于行业融合、信息资源的开发利用、低成本高质量的解决方案、信息安全的保障以及有效的商业模式的开发。感知层收集到大量的、多样化的数据，需要进行相应的处理才能作出智能的决策。海量的数据存储与处理，需要更加先进的计算机技术。海量感知信息的计算与处理是物联网的核心支撑。服务和应用则是物联网的最终价值体现。海量感知信息计算与处理技术解决海量感知信息的数据融合、高效存储、语义集成、并行处理、知识发现和数据挖掘等关键技术。在应用层，核心技术是采用云计算实现信息存储资源和计算能力的分布式共享，为海量信息的高效利用提供支撑。信息计算的关键技术除云计算外还有软件和算法、信息和隐私安全技术以及标识和解析技术。

1. 软件和算法

软件和算法技术标准包括数据存储、数据挖掘、海量智能信息处理和呈现等，在物联网信息处理和应用集成中发挥重要作用，是物联网智慧性的集中体现。关键技术包括面向服务的体系架构技术(SOA)和中间件技术。SOA是一种松耦合的软件组件技术，它将应用程序的不同功能模块化，并通过标准化的借口和调用方式联系起来，实现款式可重用的系统开发和部署。中间件是一种独立的系统软件或服务程序，分布式应用软件借助这种软件在不同的技术之间共享资源。

2. 信息和隐私安全技术

安全标准重点有安全体系架构、安全协议、用户和应用隐私保护、虚拟化和匿名化、面向服务的自适应安全技术标准等。

3. 标识和解析技术

标识技术将物理实体、通信实体和应用实体赋予一定规律性的、易被人或机器识别和处理的数字、符号、文字或任意可以被机器识别的混合信息符号。主要包括物体标识和通信标识。目前主流的标识技术有 Handle、OID(Object Identifier，对象标识符)、Ecode(Entity Code For IoT，物联网统一标识体系)等，分别由不同的组织机构提出，其出发点都是面向物品对象、数字对象等进行唯一标记，以及提供信息查询的功能，并进而发展成一种底层的信息架构。解析技术是将对象标识映射至实际信息服务所需的信息的过程。例如，通过对某物品的标识进行解析，可获得存储其关联信息的服务器地址。

第三节 低代码平台及云计算服务

越来越多的互联网系统搭建在云上，越来越多的企业信息系统改变过去业务条块分割的模式，建设统一的业务总台，打通不同IT系统之间的数据孤岛，越来越多的企业把自己的核心能力以信息服务、软件服务的方式对外开放，互联网巨头平台更是大力推动企业信息化转型软件服务的进程。

传统的软件应用需要支持更多的用户、更强的计算能力、更加稳定和安全。为了支撑这些不断增长的需求,企业不得不去购买各类硬件设备(服务器,存储器,宽带等)和软件(数据库,中间件等),另外还需要组建一个完整的运维团队,通过安装、配置、测试、运行、升级以及保证系统的安全,来支持这些设备或软件的正常运作。这使得支持这些应用的开销变得非常巨大,而且费用还会随着应用的数量的增加而不断提高。即便是专业的 IT 大企业,用户仍在不断抱怨所使用的系统难以满足他们的需求。而对于中小规模的企业,甚至个人创业者来说,软件产品的运维成本更加难以承受。

云计算服务不仅可以解决上述问题,还可以作为低代码开发平台,帮助企业无须编码或通过少量代码就可以快速生成应用程序,在整个应用程序生命周期实现快速开发和交付,简化应用程序的编译和部署,并确保可用性、可靠性、可伸缩性,以及应用程序运行控制和监控。可以说,云计算是继 20 世纪 80 年代大型计算机到客户端/服务器的大转变之后的又一次巨变。

一、云计算服务相关概念

(一) 云

提供资源的网络被称为"云","云"是虚拟计算资源,是计算、存储、网络等资源"池"的概念。服务器虚拟化形成虚拟资源池,相比物理服务器更加节省资源成本,且便于管理。云的概念是对互联网应用的升级,意味着互联网并不仅仅是存储数据的平台,更是一种服务。云的特点就是把互联网产品以服务的形式体现出来,把互联网软件变成服务。

(二) 云终端

云终端是指云桌面技术的终端设备,通过特定的通信协议来连接云端的系统桌面并显示在前端,再将终端的输出、输入数据重新定向到云服务器上。云桌面又称桌面虚拟化、云电脑,是替代传统电脑的一种新模式,采用云桌面后,用户无需再购买电脑主机,主机所包含的 CPU、内存、硬盘、网卡等组件全部在后端的服务器中虚拟出来。云终端可以是一个小巧的机顶盒,或者直接内置到显示器中,是最为经济的计算机网络解决方案。

(三) 云计算服务

云计算(Cloud Computing)指的是通过网络"云"将巨大的数据计算处理程序分解成无数个小程序,然后,通过多部服务器组成的系统进行处理和分析这些小程序得到结果并返回给用户。用户通过网络获得应用所需的资源(硬件、平台、软件)。云计算是分布式计算(Distributed Computing)、并行计算(Parallel Computing)、效用计算(Utility Computing)、网络存储技术(Network Storage Technologies)、虚拟化(Virtualization)、负载均衡(Load Balance)等传统计算机和网络技术发展融合的产物。连接设备、实时数据流、微服务架构的采用以及搜索、开放协作、社会网络和移动商务等这样的 Web2.0 应用的急剧增长推动着云计算的发展。基于云计算的服务可以是 IT 服务和软件服务,也可是其他服务,意味着计算能力也可作为一种商品通过互联网进行流通。简单来说,云服务可以将企业所需的软件、硬件、资料都放到网络上,在任何时间、地点,使用不同的 IT 设备互相连接,实现数据存取、运算等目的。

二、云计算服务的五大特点

（一）大规模、分布式

"云"一般具有相当的规模，一些知名的云供应商如谷歌云计算、亚马逊、IBM、微软、阿里等也都拥有上百万级的服务器规模。而依靠这些分布式的服务器所构建起来的"云"能够为使用者提供前所未有的计算能力。

（二）虚拟化

云计算支持用户在任意位置使用各种终端获取应用服务。用户所请求的资源来自"云"，而不是固定的有形的实体。应用在"云"中某处运行，但实际上用户无须了解，也不用担心应用运行的具体位置。只需要一台笔记本电脑或者一个手机，就可以通过网络服务来实现他们需要的一切，甚至包括超级计算这样的任务。

（三）高可用性和扩展性

云计算供应商一般都会采用数据多副本容错、计算节点同构可互换等措施来保障服务的高可靠性。基于云服务的应用可以持续对外提供服务，另外"云"的规模可以动态伸缩，有极强的弹性伸缩计算能力，满足应用和用户规模增长的需要。

（四）按需服务

"云"是一个庞大的资源池，用户可按需购买；"云"可以像自来水、电、煤气那样计费。用户可以根据自己的需要来购买服务，甚至可以按使用量来进行精确计费。这能大大节省 IT 成本，而资源的整体利用率也得到了明显的改善。

（五）完善的运维机制

在"云"端，数据保存在数据中心，有专业的团队来帮用户管理信息。同时，严格的权限管理策略可以保证这些数据的安全。用户无须花费重金就可以享受到最专业的服务。

由于这些特点的存在，使得云计算能为用户提供更方便的体验和更低廉的成本，同时这些特点也是为什么云计算能脱颖而出，并且能被大多数业界人员所推崇的原因之一。

云计算的三个层次

三、云计算的模式

云计算包含三种服务模式，IaaS、PaaS 和 SaaS。这三种模式针对不同使用领域，提供不同方向和层面的服务。

（一）IaaS

IaaS 基础设施服务（Infrastructure-as-a-Service）是云服务的最底层，IaaS 服务商提供 IT 基础设施，包括服务器处理 CPU、内存、网络技术、存储和数据中心空间等计算资源。用户能够远程部署和运行任意软件，包括操作系统和应用程序。厂商则按照用户使用 CPU、带宽、存储等资源的量收取相应的服务费用。即 IaaS 提供商通过仪表板或 API 提供云服务器及其相关资源。消费者不管理或控制任何云计算基础设施，但 IaaS 客户端可以直接进行系统的选择、存储空间、部署的应用，也有可能获得有限制的网络组件（例如路由器、防火墙、负载均衡器等）的控制权。比较知名的 IaaS 服务公司有亚马逊、微软、阿里等。

（二）PaaS

PaaS 平台服务（Platform-as-a-Service）面向软件开发者提供软件研发功能的平台，

PaaS 提供商在网上提供各种开发和分发应用的解决方案,比如虚拟服务器和操作系统。也会提供编程语言(例如 Java,python,.Net 等)、开发库、部署工具,帮助软件开发者更快的开发软件服务。客户不需要管理或控制底层的云基础设施,包括网络、服务器、操作系统、存储等,但客户能控制部署的应用程序,也可能控制运行应用程序的托管环境配置。

比如谷歌的 Google App Engine,允许开发者在谷歌的基础架构上运行网络应用程序。亚马逊的 AWS 面向用户提供包括弹性计算、存储、数据库、应用程序在内的一整套云计算服务,开发者几乎能够在云中运行一切应用程序。

(三) SaaS

SaaS 软件服务,是一种通过互联网提供软件的模式,也是开发商运行在云计算基础设施上的应用程序,开发商将应用软件统一部署在云服务器上,客户可以根据实际需求,通过互联网向厂商定购所需的应用软件服务,按定购的服务多少和时间长短向厂商支付费用。用户使用设备通过浏览器、移动等客户端进行界面访问,而不需要管理或控制任何云计算基础设施,包括网络、服务器、操作系统、存储等。

SaaS 服务提供商会全权管理和维护软件,提供在线应用的同时,也提供软件的离线操作和本地数据存储功能,让用户随时随地都可以使用其定购的软件和服务,且无须对软件进行维护。比如 Salesforce 的 CRM 管理系统,谷歌的 Gmail、Slack、钉钉、iCloud,都是 SaaS 模式下的产品。

SaaS 是把软件开发、管理、部署都交给第三方,不需要关心技术问题,拿来即用。普通用户接触到的互联网服务,几乎都是 SaaS。PaaS 提供软件部署平台,抽象掉了硬件和操作系统细节,可以实现无缝扩展。开发者只需要关注自己的业务逻辑,不需要关注底层。IaaS 是云服务的最底层,主要提供一些基础资源。它与 PaaS 的区别是,用户需要自己控制底层,实现基础设施的使用逻辑。可见,从 IaaS 到 PaaS 再到 SaaS 自己承担的工作量越来越少。

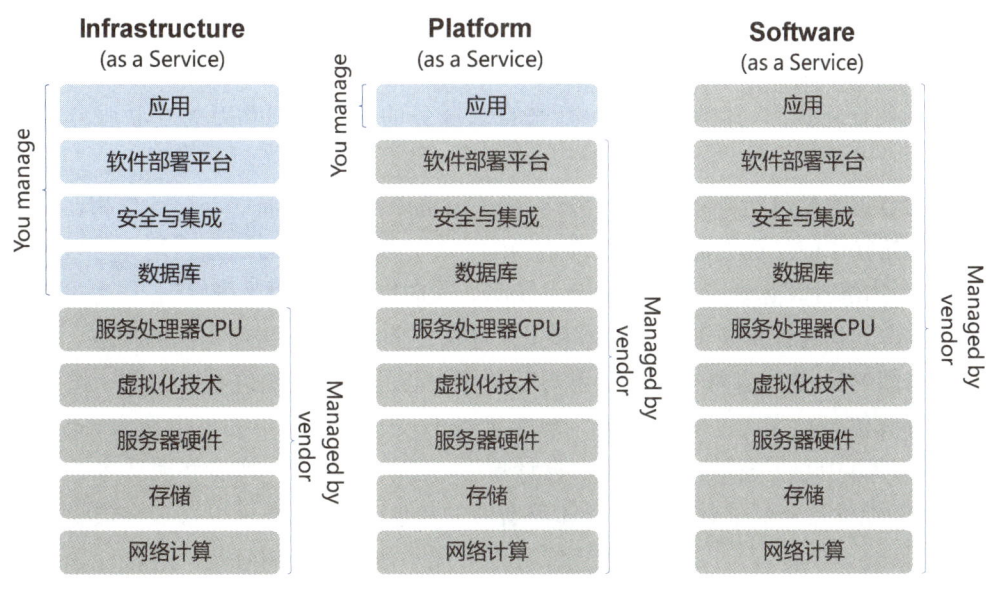

图 9-9 云计算的三个层次

第四节 边缘计算

互联网产品和信息系统不需要自己考虑服务器托管、带宽管理、服务器集群,只需要接入云计算平台,就可以灵活选择所需要的计算服务性能,与用电计费形式一样。然而,庞大的数据量将极易造成网络拥堵。并且随着摄像头、监控设备、物联网设备(包括工业物联网设备)的广泛应用和大规模实施,对数据的实时性提出了更高的要求。因此需要将部分数据在本地进行处理。"边缘计算"便是这样一种模式。

工业物联网设备、摄像头、监控设备等本身需要具备智能处理和现场及时响应能力。这些设备通常远离云中可用的集中式计算,属于靠近数据源的计算基础设施的"边缘"。比如监控与人脸识别、情绪识别技术的结合,边缘计算的终端设备可以快速进行人脸的关键特征识别、情绪识别。云计算相当于后台运行的进程,负责算法的集中学习与识别能力的分发,以及数据的本地化分发。也就是说,云计算相当于互联网计算能力的集中,形成各种层级的网脑、城市大脑、医疗大脑、行业大脑。边缘计算则让覆盖各行各业的终端设备拥有膝跳反射的本能反应能力和及时处理能力。

一、边缘计算的概念与优点

(一)边缘计算的概念

边缘计算的概念最早可以追溯至内容分发网络(Content Delivery Network,CDN)中的功能缓存,2015年边缘计算进入快速发展后,以边缘计算为主题的协会与联盟相继成立,各类定义、标准与规范逐渐形成。旨在推动云操作系统的发展、传播和使用的OpenStack基金会以及由华为技术有限公司、中国科学院沈阳自动化研究所等联合成立的边缘计算产业联盟(Edge Computing Consortium,ECC)等组织对边缘计算进行了定义,尽管这些概念的描述不尽相同,但在边缘计算的核心概念上达成了共识:边缘计算是指在网络边缘执行计算的一种新型计算模型,这里的边缘是指从数据源到云计算中心之间的任意资源,其操作对象包括来自云服务的下行数据和万物互联服务的上行数据。

边缘节点主要包括通信基站、服务器、网关设备以及终端设备。与云计算相比边缘计算在网络拓扑中的位置更低,即更加靠近"用户"——数据产生的地方。作为对云计算方式的补充,边缘计算弥补了云计算的诸多缺陷。其应用程序在边缘侧发起,产生更快的网络服务响应。边缘计算处于物理实体和工业连接之间,或处于物理实体的顶端。与云计算模型不同的是,边缘计算中终端设备与云计算中心的请求与响应是双向的。边缘计算的双向计算流模型如图9-10所示。终端设备不仅向云计算中心发出请求,同时也能够完成云计算中心下发的计算任务。云计算中心不再是数据生产者和消费者的唯一中继,由于终端设备兼顾了数据生产者和消费者的角色,部分服务可以直接在边缘完成响应,并返回终端设备,云计算中心和边缘分别形成了两个服务响应流。边缘计算与云计算互相协同,共同助力各行各业的数字化转型。它就近提供智能互联服务,满足行业在数字化变革过程中对实时业务、业务智能、数据聚合与互操作、安全与隐私保护等方面的关键需求。

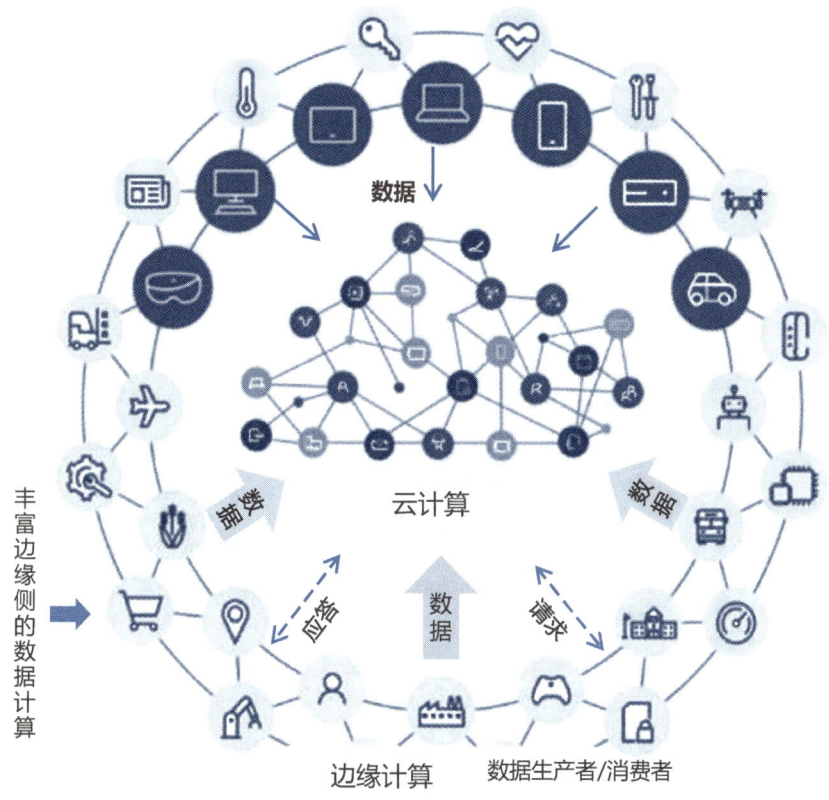

图 9-10　边缘计算的双向计算流模型

(二) 边缘计算的优点

1. 低时延

由于数据是在边缘结点进行分析处理,降低了延迟,提升应用的响应速度。据运营商估计,如若经由部署在接入点的多接入边缘计算完成处理和转发,则时延有望控制在 1 ms 之内。

2. 更安全

一些比较敏感的数据直接在边缘进行分析处理,不用全部上传至云计算平台,能够尽可能避免数据泄露问题。

3. 减少数据传输

数据不需要全部传输到云端,减少智能设备和数据中心传输的数据量,节省了大量带宽成本,同时还能减小核心网络的拥堵。

4. 资源利用率高

边缘计算分担了中心服务器的计算任务,并且降低了出现单点故障的可能。另外很多智能终端设备在非工作状态下处于闲置状态,边缘计算可以充分地对其加以利用,提高了资源的利用率。

二、边缘计算的通用架构

云边协同的联合式网络结构如图9-11所示,各层可以进行层间及跨层通信,各层的组成决定了层级的计算和存储能力,从而决定了各个层级的功能。

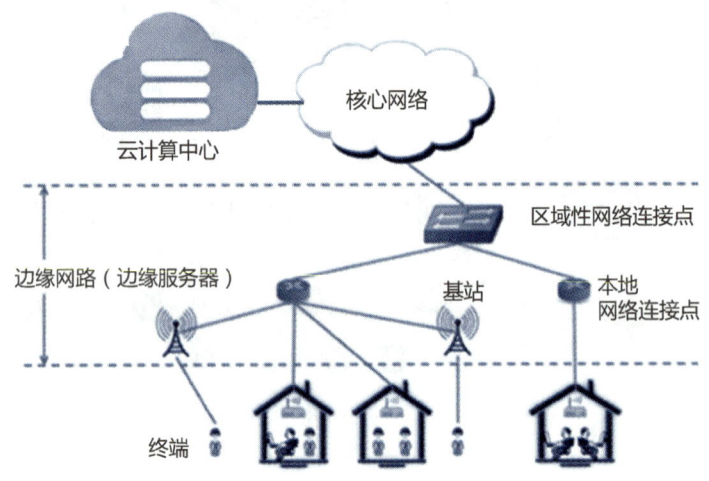

图9-11 云边协同的联合式网络结构

1. 终端层

终端层由各种物联网设备(如传感器、RFID标签、摄像头、智能手机等)组成,主要完成收集原始数据并上报的功能。在终端层中,只考虑各种物联网设备的感知能力,而不考虑它们的计算能力。终端层的数十亿台物联网设备源源不断地收集各类数据,以事件源的形式作为应用服务的输入。

2. 边缘计算层

边缘计算层是由网络边缘节点构成的,广泛分布在终端设备与计算中心之间,它可以是智能终端设备本身,例如智能手环、智能摄像头等,也可以被部署在网络连接中,例如网关、路由器等。显然,边缘节点的计算和存储资源差别是很大的,并且边缘节点的资源是动态变化的,例如智能手环的可使用资源是随着人的使用情况动态变化的。因此,如何在动态的网络拓扑中对计算任务进行分配和调度是值得研究的问题。边缘计算层通过合理部署和调配网络边缘侧的计算和存储能力,实现基础服务响应。

3. 云计算层

在云边协同的联合式服务中,云计算仍然是最强大的数据处理中心,边缘计算层的上报数据将在云计算中心进行永久性存储,边缘计算层无法处理的分析任务和综合全局信息的处理任务也仍然需要在云计算中心完成。除此之外,云计算中心还可以根据网络资源分布动态调整边缘计算层的部署策略和算法。

边缘计算的参考框架是众多组织关注的焦点,它将抽象的边缘计算通用框架进行具象,提供了边缘计算框架的实现范式。例如Linux基金会EdgeX Foundry和边缘计算产业联盟的边缘计算参考构架3.0。

三、边缘计算的发展方向

(一) 用机器的速度取代人的速度

随着 5G 的发展,越来越多的设备和场景都对实时性提出了极高的要求,这会激发对于边缘设备和网络的需求。

(二) 设备数量从百万量级扩展到十亿量级

现实生活的世界中有数十亿部手机,未来将会拥有更多的智能汽车、智能插座、工业机器人、服务机器人,更不用提各种智能的基础设施和摄像头。这些设备都会连入网络,它们会产生 ZB 量级的数据,以可控的成本快速地处理复杂度较高的大量数据,是边缘计算需要解决的挑战之一。

(三) 从固定架构进化到灵活架构

开发者正在运用各种各样的"虚拟抽象层",在全球范围内构建和部署应用程序。虚拟抽象理念的应用,提供了更高的便捷性、更经济的协作方式,以及更高效的产品迭代。未来这种趋势仍将持续,随着自动化和云服务的发展,分布式架构的复杂性将被抽象层所屏蔽。

(四) 提供综合性的多维体验

当前正在从一个静态的二维互联网,进化到一个场景丰富、体验丰满的数字世界。医生需要复杂的实时反馈,远程操控机器人进行手术;工人需要了解设备的当前信息,以便合理规划生产决策;控制员需要及时了解无人机的位置信息,更好地提升工作质量。

> **课堂思考:** 假如机器人具有高强度的情绪识别能力,人类还能伪装自己的情感吗?人类与机器人交往会不会有压力?请畅想未来机器人具有情感之后的生活场景与社交场景。

第五节 大 数 据

随着信息技术的不断发展,以及终端设备产业的不断成熟,越来越多的行业开始运用大数据进行数据分析和挖掘,以期给用户提供更精准和科学的体验方式。

一、大数据的概念

麦肯锡全球研究所给出的大数据概念是:一种规模大到在获取、存储、管理、分析方面大大超出了传统数据库软件工具能力范围的数据集合,具有海量的数据规模、快速的数据流转、多样的数据类型和价值密度低四大特征。

(一) 大数据的维度

大数据可以从四个维度来理解,即 4V:Volume(规模)、Variety(多样)、Value(价

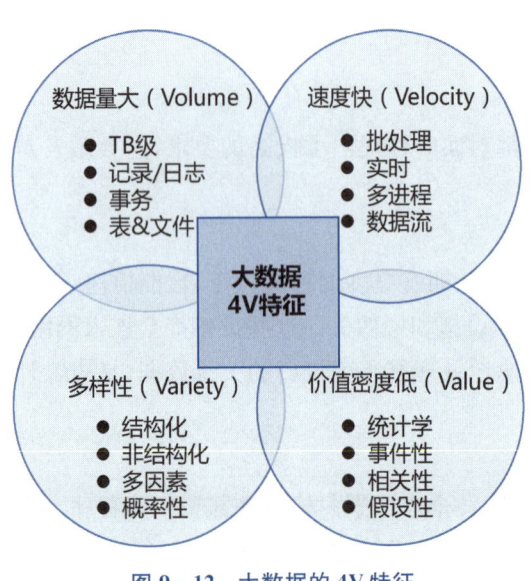

图 9-12 大数据的 4V 特征

值)、Velocity(速度)。大数据的 4V 特征如图 9-12 所示。

1. 数据量大

大数据规模会很大,但是没有绝对的量纲,没有说一定要达到多少 G、多少 P、多少 Z 才是大数据。因为大数据规模和问题、领域有关。只要这个大的规模超出了这个领域和问题的传统边界,那就是大规模里的超规模。

2. 多样性

多样性即富媒体带来的数据多样化。数据类型不仅是文本形式,更多的是图片、视频、音频、地理位置信息等多类型的数据,个性化数据占绝对多数。不再是传统二维整齐的结构化数据了。

3. 价值密度低

处在数据的海洋中,四周都是数据,但是有价值的信息相对少了,因为数据量的分母太大,价值密度在降低。以视频为例,一小时的视频,在不间断的监控过程中,可能有用的数据仅仅只有一两秒。因此,数据要深度挖掘才能发现有价值的信息。

4. 速度快

数据就像开着的水龙头一样,源源不断地出来,大数据里的数据是一个流数据的概念。数据创建、处理和分析的速度持续在加快。加速的原因是数据创建的实时性,以及将流数据结合到业务流程和决策过程中的需求。目前,数据在以传统系统不可能达到的速度产生、获取、存储和分析。某些类型的数据必须实时分析,才能对业务产生价值,例如实时欺诈监测以及多渠道"即时"营销。

(二) 大数据的两个阶段

从商务形态角度,大数据时代可以分成两个阶段:

第一阶段是数据商务阶段。不断把现实生活中的要素:人、财、物都进一步数据化,同时根据这些数据化的人、财、物进行算法的应用。第二阶段是算法商务阶段。例如当图形的像素足够高的时候,重点变成算法应用。

数据商务阶段和算法商务阶段都围绕着数据和算法进行,但是重点有所不同。数据商务阶段数据化的过程就是不断准备材料的过程,不停地增加和丰富材料,然后根据已有的材料提供不同的信息。但是算法商务阶段是材料已经足够丰富了,这个时候要比的就是如何做得更好、更多。这就是算法进阶及应用创新,可以用更加高尖的智能技术,包括人工智能技术在现有的大规模数据下进行应用。

二、大数据的问题特征

(1) 粒度缩放。粒度缩放是指问题要素不管是宏观还是微观的,一定要可以通过数据表示。同时，可以像地图一样，可以在特别大的范围和特别细的范围之间缩放，能够在宏观、微观之间进行映射。

（2）跨界融合。跨界融合是大数据外部性导致的特征。当问题边界在传统边界之外时就是跨界。跨界就是在"域外"寻找创新组合的可能。通过自身资源的某一特性与其他表面上不相干的资源进行随机的搭配应用，可放大相互资源的价值，甚至可以融合一个完整的独立个体。

（3）全局视图。使用大数据的目的是要了解全貌。每一个点、每一个环节的数据叫做粒度缩放，大数据要了解全貌，就是要有个人画像、企业画像、政府画像、社会画像等。所以这个画像从范围来看是全景式的，从内涵来看，既关联又因果。

三、大数据技术

谷歌的广告业务做得非常成功，而成功的很大一部分原因是用了大数据技术。通过谷歌文件系统 GFS、计算模型 MapReduce 和分布式数据存储系统 BigTable，具备了存储和分析海量数据的能力，扮演了大数据先驱者的角色，以个性化广告系统的商业模式不断赚取财富。谷歌的这三大系统开启了大数据的先河。但大数据技术中最为人熟知的是 Hadoop。"大数据之父"道格·卡丁（Doug Cutting）领导创立了 Apache 的项目 Lucene，然后从 Lucene 项目中衍生出爬虫项目 Nutch。他把谷歌文件系统 GFS、计算模型 MapReduce 从爬虫项目 Nutch 里独立出来形成了 Hadoop 开源软件平台。hadoop 也成为云计算中 PaaS 层的解决方案之一。后来除了道格·卡丁所在的雅虎公司外，越来越多的大型互联网公司加入进来，形成了庞大的 Hadoop 生态圈。主要贡献者包括了雅虎、Facebook、LinkedIn、Twitter 等公司。随着 Hadoop 的影响力越来越大，很多传统软件厂商，如 Oracle、SAP、IBM 等，也加强了对 Hadoop 的支持。

（一）Hadoop 核心组件

Hadoop1.X 版本包括 Hadoop 的 Distributed File System（分布式文件系统，HDFS）和 Hadoop MapReduce（分布式运算编程框架）两个最重要的核心组件，它们为 Hadoop 用户提供了系统底层细节透明的分布式基础架构。

Hadoop 2.X 及以上版本又加入了 YARN（Yet Another Resource Negotiator，运算资源调度系统），它是一种新的 Hadoop 资源管理器，是一个通用资源管理系统，可为上层应用提供统一的资源管理和调度，它的引入为集群在利用率、资源统一管理和数据共享等方面带来了巨大好处。Hadoop 中的 HDFS 和 MapReduce 组件采用的是 Scale Out 的思想来对海量数据进行处理。Scale Out 是一种协同并行（以数量取胜的）的系统体系设计，好比添加了很多台相同的机器分担计算和存储任务。相比 Scale Up 采用性能高的（以质量取胜的）方式，Scale Out 采用的分布式系统更加复杂，因为除了考虑单个硬件资源的管理之外，还需要考虑多个硬件资源间的统一管理和并行任务的协同处理。HDFS、MapReduce、YARN 构成了 Hadoop 的三剑客。

（二）HDFS 的工作原理

HDFS 分布式文件系统，其作用是允许在 Hadoop 集群中的多个节点上存储大量数据。它是一个高度容错性的系统，适合部署在廉价的机器上。HDFS 能提供高吞吐量的数据访问,适合那些有着超大数据集的应用程序。HDFS 上的文件被分成块进行存储,默认块的大小是 64M,块是文件存储处理的逻辑单元。HDFS 采用了主从(Master/Slave)结构模型,一个 HDFS 集群包括一个名称节点(NameNode)和若干个数据节点(DataNode),其工作原理如图 9-13 所示。名称节点管理数据块映射,处理客户端的读写请求,配置副本策略,管理 HDFS 的名称空间。数据节点在集群中一般是一个节点一个,负责存储客户端发来的数据块 Block,执行数据块的读写操作,定期向 NameNode 发送自己所存储的块的列表。每个数据节点中的数据会被保存在各自节点的本地 Linux 文件系统中。在名称节点的统一调度下进行数据块的创建、删除和复制等操作。作为一个分布式文件系统,为了保证系统的容错性和可用性,HDFS 采用了多副本方式对数据进行冗余存储,通常一个数据块的多个副本会被分布到不同的数据节点上。

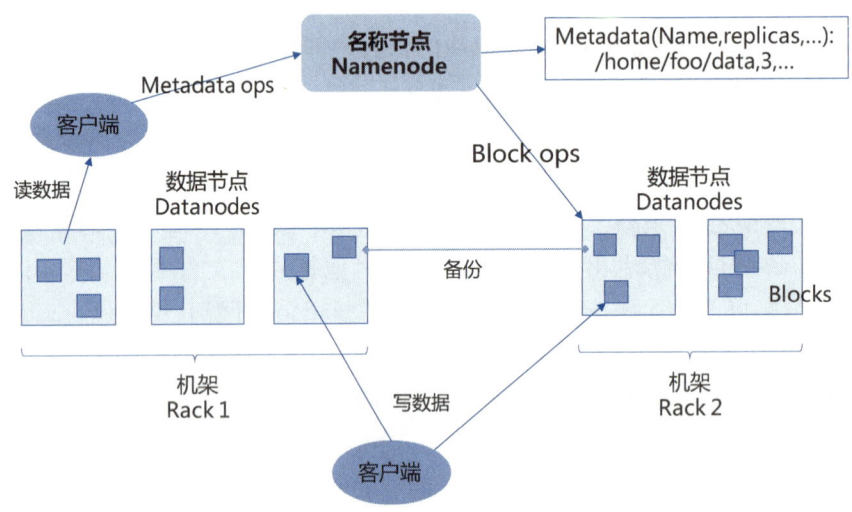

图 9-13　HDFS 的工作原理

(三) MapReduce 的工作原理

MapReduce 是一种编程模型,用于大规模数据集(大于 1TB)的并行运算。MapReduce 分成两个部分"Map(映射)"和"Reduce(归约)",采用"分而治之"的思想,把对大规模数据集的操作,分发给一个主节点管理下的各个分节点共同完成,然后通过整合各个节点的中间结果,得到最终结果。

(四) YARN 的工作原理

在 Hadoop2.0 时代,为了解决集群的资源管理问题,将任务管理功能和资源管理功能从 Hadoop 的 MapReduce 任务管理器中剥离出来。原 1.0 框架中核心的 JobTracker 和 TaskTracker 不见了,取而代之的是 2.0 中的 Resource Manager, Node Manager 与 Application Master(含 Container)三个部分。从而大大减小了任务管理进程的资源消耗,并且让监测每一个任务状态的程序分布式化了,更安全、更优美、容错率更高。

组件 Resource Manager 功能:可以处理客户端请求;启动/监控 Application Master;监控 Node Manager;进行资源分配和调度。

组件 Node Manager 功能:进行单个节点上的资源管理;处理来自 Resource Manager

的命令;处理来自 Application Master 的命令。

组件 Application Master 功能:数据切分;为应用程序申请资源,并分配给内部任务;任务监控和容错。

四、应用场景下的大数据组件选择

大数据应用于各个行业,包括金融、汽车、餐饮、电信、能源、体能和娱乐等在内的社会各行各业都已经融入了大数据的印迹。制造业利用工业大数据提升制造业水平,包括产品故障诊断与预测、分析工艺流程、改进生产工艺、优化生产过程能耗、工业供应链分析与优化、制订生产计划与排程。对于金融行业,大数据在高频交易、社交情绪分析和信贷风险分析三大金融创新领域发挥重大作用。在汽车行业,利用大数据和物联网技术的无人驾驶汽车,在不远的未来将走入人们的日常生活。在零售业,企业可以借助于大数据技术分析客户行为,进行商品推荐和针对性广告投放。在电信行业,企业利用大数据技术实现客户离网分析,及时掌握客户离网倾向,出台客户挽留措施。在能源行业,随着智能电网的发展,电力公司可以掌握海量的用户用电信息,利用大数据技术分析用户用电模式,可以改进电网运行,合理设计电力需求响应系统,确保电网运行安全。在物流行业,企业利用大数据优化物流网络,提高物流效率,降低物流成本。在城市管理行业,可以利用大数据实现智能交通、环保监测、城市规划和智能安防。在生物医学行业,大数据可以帮助我们实现流行病预测、智慧医疗、健康管理,同时还可以解读 DNA,了解更多的生命奥秘。在体育娱乐行业,大数据可以帮助训练球队,决定投拍哪种题材的影视作品,以及预测比赛结果。在安全领域,政府可以利用大数据技术构建起强大的国家安全保障体系,企业可以利用大数据抵御网络攻击,警察可以借助大数据来预防犯罪。在个人生活方面,大数据还可以应用于个人生活,利用与每个人相关联的"个人大数据",分析个人生活行为习惯,为其提供更加周到的个性化服务。大数据的价值,远远不止于此,大数据对各行各业的渗透,大大推动了社会生产和生活,未来必将产生重大而深远的影响。

对企业而言,如果没有大数据平台研发能力,则可采用购买商用大数据软件。国外有 Cloudera、Hortonworks、MapR 的产品,国内有阿里、华为、星环、联想等公司的产品。如果有大数据平台研发能力,则可以利用开源 Hadoop 搭建自己的大数据平台。同时先规划大数据场景,再进行选型。

大数据技术能结合业务的场景比较多,但不同的场景所需要用的大数据组件不同,所以需要根据业务场景来综合考虑选型问题。另外,大数据平台的产品组件也不是越多越好,部分组件对于硬件环境要求、配置参数方面是相冲突的,因此有些大型企业的大数据平台往往不止一套,而是多套,每个平台都有其对应的一些业务场景和使用范围。目前大数据场景常见的有以下几类,不同的应用场景有不同的组件选择范围,如表 9-2 所示:

表 9-2 不同大数据场景的组件选择范围

大 数 据 场 景	组件选择范围(包含但不限于)
统计分析、数据可视化	大数据存储组件、大数据可视化组件、大数据实时处理组件、大数据批量处理组件

续 表

大数据场景	组件选择范围(包含但不限于)
运维日志处理、实时监控	大数据存储组件、大数据实时处理组件
画像建模、精准营销	大数据存储组件、大数据挖掘组件、大数据可视化组件
基于大数据的业务系统	大数据存储组件、大数据挖掘组件
非结构化数据处理	大数据存储组件、大数据批量处理组件
数据租售服务	大数据存储组件、分布式数据服务组件、数据权限管理组件

五、大数据运用与商业伦理

大数据在应用中有很多令人担忧之处。虽然科技发展飞速,但是人们使用科技是带有价值取向的。比如 APP 权限滥用、数据的泄露以及大数据杀熟。在营销活动中,企业希望了解客户的行为,更好地为他们服务。在市场的环境下有人愿意出高价,那就可能要给他提供更好的服务。但是在大数据环境下,这种处理是有度的。一方面客户是否知道他的信息被收集,另一方面客户是否愿意真的出高价购买服务。作为企业来讲,就有经营哲学上的思考。企业是以盈利为中心,还是以客户为中心? 当以客户为中心时,客户满意与否就变成了主要的决策依据,如果光考虑企业的盈利,而不考虑客户,可能就不太会考虑用户的感受。实际上大数据杀熟是在商业伦理层面的问题。

大数据时代一定会碰到一系列社会问题、法律问题、道德问题,需要在企业层面、商业层面,在社会和政府层面立法立规,在个人层面、在道德的层面大家来共同努力解决这些问题。技术发展特别快,这些问题的出现也变得越来越重要,应该有特别强的紧迫感,来更好地面对这些问题。

第六节 区 块 链

区块链本质上是一个分布式的公共账本。任何人都可以对这个公共账本进行核查,但不存在一个单一的用户可以对它进行控制。在区块链系统中的参与者们,只能按照严格的规则和共识来共同维持账本的更新。

一、区块链的起源及其数据库特点

2009 年 1 月 3 日,中本聪创造了第一个区块,这个区块也被称为"创世区块"。形成了区块链的两大创造:代币和 P2P 网络架构。

(1) 代币。顶层的原生数字资产,大家称之为"代币",比如比特币 BitCoin 和以太币 Ether。

(2) P2P 网络架构。底层的网络,在上面可以用其去中心化的特性进行各种结构体系的设计。

区块链采用分布式数据库,通过去中心化,集体维护一个可靠数据库。传统数据库的四种操作可以简写为 CRUD。CRUD 是指在做计算处理时的增加(Create)、读取(Retrieve)(重新得到数据)、更新(Update)和删除(Delete)几个单词的首字母简写。这是软件系统中数据库的基本操作功能。而分布式数据库,放弃了 UD 操作,也就是放弃更新和删除,换来"无法篡改"和"不可抵赖"两个重要特点,其数据库操作可以表示为 CROSS。依托 P2P 网络提供的分布式端对端网络的特点,前一个 S 代表安全,基于密码学的安全通信,以及工作量证明机制,无人可以篡改数据库中的数据;R 代表可追溯,依托区块彼此相连的链式结构,用户可以追溯至最初交易来查看整个交易过程。O 代表开放,任何一个人都可以通过接入 P2P 网络来记账;后一个 S 代表稳定。系统中任何节点的退出,都不会影响整个系统的稳定性,不会遇到中心化节点经常遇到的"单点故障"问题。传统数据库与分布式数据库的操作对比如图 9-14 所示。

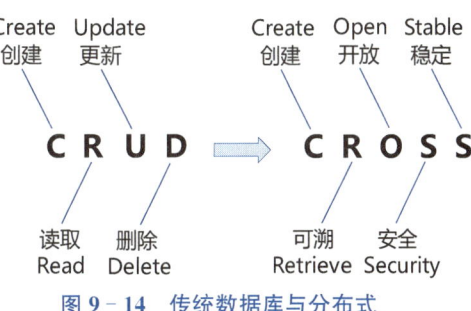

图 9-14 传统数据库与分布式数据库的操作对比

二、区块链技术

区块链主要运用了四个基础技术,分别是哈希运算(SHA256)、数字签名、P2P 网络和共识机制(PoW)。

(一) 哈希加密算法

哈希加密由美国国家安全局研发,由美国国家标准与技术研究院(NIST)在 2001 年发布,属于 SHA-2 分支。其原理是将任何一串数据输入 SHA256 将得到一个 256 位的 Hash 值(散列值)。其特点是相同的数据输入将得到相同的结果。输入数据只要稍有变化(比如一个 1 变成了 0)则将得到一个千差万别的结果,且结果无法事先预知。

(二) 数字签名

数字签名基于椭圆曲线加密技术的公私钥来实现。公私钥是非对称加密技术,公钥和私钥不同,但是可以基于私钥生成公钥。公钥加密的,对应的私钥才能解密。私钥加密的内容,对应的公钥才能解密。

(三) P2P 网络

P2P 网络技术是构成区块链技术架构的核心技术之一,是区块链系统连接各对等节点的组网技术,不同于中心化网络模式,P2P 网络中各节点的计算机地位平等,每个节点有相同的网络权力,不存在中心化的服务器。P2P 网络示意图如图 9-15 所示,所有节点间通过特定的软件协议共享部分计算资源、软件或者信息内容。在比特币出现之前,P2P 网络计算技术已被广泛用于开发

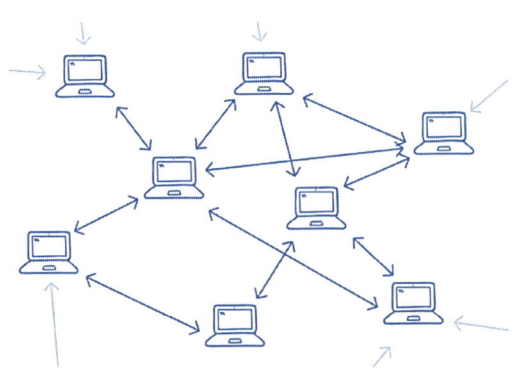

图 9-15 P2P 网络示意图

各种应用,如即时通信软件、文件共享和下载软件、网络视频播放软件、计算资源共享软件等。区块链采用一种无结构的 P2P 网络。节点之间的路由靠广播的方式,也就是说,一个节点想查找一个文件,就问他的邻居有没有这个文件,他的邻居再问各自的邻居有没有,如此迭代。这样容易形成广播风暴,因此,一般设置一个网络 TTL(Time To Live 指定 IP 包被路由器丢弃之前允许通过的最大网段数量),来限制广播传播的范围。

(四) 共识机制

共识机制,又被称为工作量证明机制,简单理解就是一份证明用来确认做过一定量的工作。工作量是信任产生的基础。在区块链中,通过解决的一个数据难题来证明自己的工作量。这个数据难题就是,对一个数字串进行两次 SHA256 运算,如果得到的数小于一个指定的值,就算是成功。否则,要通过不断的暴力破解来求解这个数。

三、区块链交易流程

以比特币为例,区块链上的交易并不是通常意义上的一手交钱一手交货的交易,而是转账。如果每一笔转账都需要构造一笔交易数据会比较笨拙,为了使得价值易于组合与分割,比特币的交易被设计为可以纳入多个输入和输出,即一笔交易可以转账给多个人。从生成到在网络中传播,再到通过工作量证明、整个网络节点验证,最终记录到区块链,就是区块链交易的整个生命周期。区块链交易流程如图 9-16 所示。

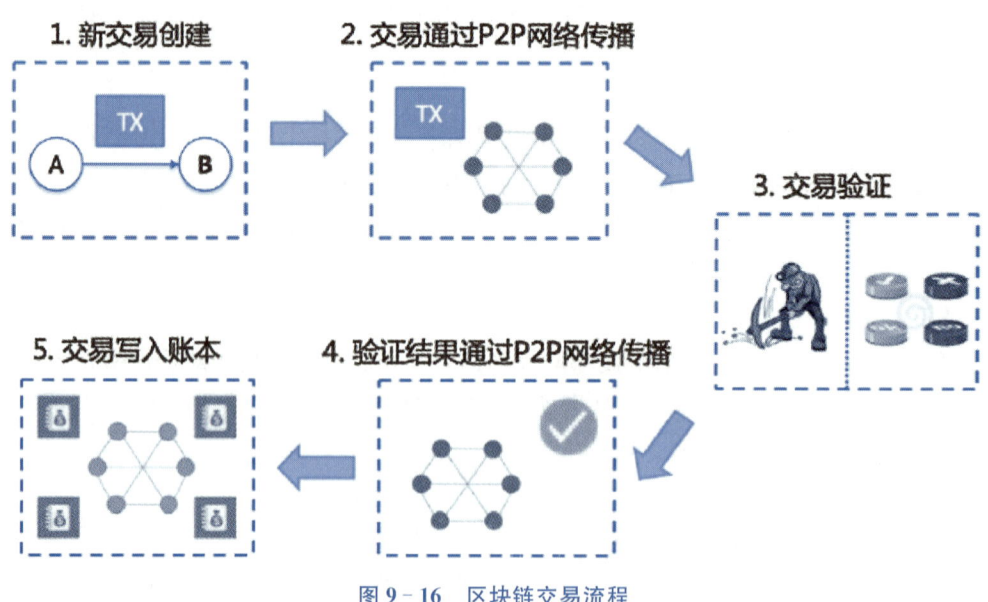

图 9-16 区块链交易流程

(1) 新交易创建。所有者 A 利用他的私钥对前一次交易和下一位所有者 B 签署一个数字签名,并将这个签名附加在这枚货币的末尾,制作成交易单。(B 以公钥作为接收方地址)

(2) 交易通过 P2P 网络传播。A 将交易单广播至全网,每个节点都将收到的交易信息纳入一个区块中。对 B 而言,该笔比特币会即时显示在比特币钱包中,但直到区块确认成功后才可用。目前一笔比特币从支付到最终确认成功,得到 6 个区块确认之后才能真正确认到账。

（3）交易验证。每个节点通过相当于解一道数学题的工作量证明机制,从而获得创建新区块的权力,并争取得到数字货币的奖励(新比特币在此过程中产生)。

（4）验证结果通过 P2P 网络传播。当一个节点找到解时,它就向全网广播该区块记录的所有盖时间戳交易,并由全网其他节点核对。(时间戳用来正式特定区块必然于某特定时间是的确存在的,比特币网络采取从 5 个以上节点获取时间,然后取中间值的方式作为时间戳)

（5）交易写入账本。记录到区块链：全网其他节点核对该区块记账的正确性,没有错误后他们将在该合法区块之后竞争下一个区块,这样就形成了一个合法记账的区块链。(每个区块的创建时间大约在 10 分钟。随着全网算力的不断变化,每个区块的产生时间会随算力增强而缩短、随算力减弱而延长。其原理是根据最近产生的 2 016 个区块的时间差,自动调整每个区块的生成难度,使得每个区块的生成时间是 10 分钟)

四、区块链可能会给人类社会带来的改变

（1）机器信任。区块链技术不可篡改的特性从根本上改变了中心化的信用创建方式,通过数学原理而非中心化信用机构来低成本地建立信用。利用区块链技术我们的出生证、房产证、婚姻证都可以在区块链上公证,变成全球都信任的东西。人是善变的,而机器是不会撒谎的,区块链有望带领人类社会从个人信任、制度信任进入机器信任的时代。

（2）价值传递。人类正处于一场从物理世界向虚拟世界迁徙的历史性运动中,人类的财富也将渐渐往互联网转移。传统的互联网不是为传递价值而生,现实中的货币流通要依靠中心化的组织做背书来维护运行,比如微信支付、支付宝、银联等。依靠中心化的方式实现价值传递,弊病很多。而区块链是一个能够实现价值传递的网络,区块链技术有望带领人类从信息互联网过渡到了价值互联网的时代。

（3）智能合约。区块链的智能合约是条款以计算机语言而非法律语言记录的智能合同。当一个预先编好的条件被触发时,智能合约执行相应的合同条款。人类文明已经从"身份社会"进化到了"契约社会",而区块链有望带领人类从契约社会过渡到智能合约的社会。

本 章 小 结

1. 互联网通过 TCP/IP 协议将全球各地的网络和计算机连接为一体,实现全球范围的通信和资源共享。TCP/IP 协议体系包括应用层、传输层、网络层三个层次,每一层又包括若干重要的协议,如 HTTP、SMTP、FTP、TCP、IP 等。互联网使用 IP 地址和域名两种地址机制识别不同的网络主机,两者之间的转换称为地址解析。互联网技术应用于企业内或企业伙伴间的资源共享、业务协同时,形成了内联网和外联网两种网络形式。

2. IPv6 除了有更大的 IP 地址空间外，还具有传播速度更快、更好的服务质量、更高的安全性、更好地支持移动设备、组播技术等优势。

3. 物联网是所有物品通过射频识别等信息传感设备与互联网连接起来，实现智能化识别和管理。物联网的技术构成包括感知层的感知与标识技术、网络层的网络与通信技术和应用层的计算与服务技术及应用。

4. 云计算服务可以将企业所需的软硬件、资料都放到网络上，在任何时间、地点，使用不同的 IT 设备互相连接，实现数据存取、运算等目的。云计算包含三种服务模式，IaaS、PaaS 和 SaaS。这三种模式针对不同使用领域，提供不同方向和层面的服务。从 IaaS 到 PaaS 再到 SaaS 自己承担的工作量越来越少。

5. 边缘计算是指在网络边缘执行计算的一种新型计算模型，这里的边缘是指从数据源到云计算中心之间的任意资源，其操作对象包括来自云服务的下行数据和万物互联服务的上行数据。

6. 大数据是一种规模大到在获取、存储、管理、分析方面大大超出了传统数据库软件工具能力范围的数据集合，具有海量的数据规模、快速的数据流转、多样的数据类型和价值密度低四大特征。Hadoop 大数据平台核心技术包含分布式文件系统、HDFS、分布式运算编程框架 MapReduce 和运算资源调度系统。

7. 区块链本质上是一个分布式的公共账本。任何人都可以对这个公共账本进行核查，但不存在一个单一的用户可以对它进行控制。在区块链系统中的参与者们，只能按照严格的规则和共识来共同维持账本的更新。区块链主要运用了四个基础技术，分别是哈希运算(SHA256)、数字签名、P2P 网络和共识机制(PoW)。

复习思考题

1. TCP/IP 协议体系包括几个层次？每层的功能和所包含主要协议的功能是什么？
2. IP 地址的本质为何？可分为几类，各类具备怎样的特征？
3. 互联网、内联网、外联网有何区别与联系？
4. 为什么要大力推动 IPv6 的规模化部署？
5. 什么是 RFID？RFID 都用在哪些地方？
6. 你用过哪些 SaaS 模式的应用？它们都部署在哪些"云"上？
7. 为什么要发展边缘计算？为什么 5G 是边缘计算的助推器？
8. 分析哪些大数据推动了物流分发展？
9. 为什么是区块链将推动人类进入机器信任时代？

课堂讨论题

1. iABCD 对电子商务有哪些重要意义?
2. 为什么一向强调透明公开的互联网,却因为有了大数据,更容易"杀熟"? 请结合案例讨论。
3. 浏览亚马逊和阿里云官网,了解官网上的云产品详情和价格。
4. 浙江政务的"最多跑一次!"背后的英雄是阿里云,它将擅长的云计算、人工智能等新技术与改革结合,有效支撑起了改革数据共享的需求,也创新了政务云的服务新模式。开放式讨论阿里云为什么能支持政务创新?

案 例 分 析

飞天 Apsara:大规模分布式计算系统

王坚领导阿里巴巴计算机科研团队,自主研发了中国人自己的云计算核心技术——"飞天"(Apsara)大规模分布式计算系统,使"飞天"成为真正意义上的公共云计算服务平台。2013 年 8 月,阿里巴巴发布了飞天集群 5K 项目,就是要突破集群中五千台服务器这个技术瓶颈,也让阿里巴巴成为国内第一个独立研发和拥有大规模通用计算集群平台的公司。2014 年,中国云计算触发了金融、民生、智慧城市等众多领域的变革。王坚也因此成为央视"2014 年度科技创新人物"。IDC 报告显示,阿里云 2017 年在国内市场的占有率为 47.6%,几乎是其他追随者的总和。在国际市场,阿里云成为继亚马逊和微软之后的又一个自主研发的云系统。

阿里云飞天分布式计算系统,包括飞天内核和飞天开放服务两部分。飞天内核负责管理数据中心 Linux 集群的物理资源,控制分布式程序运行,隐藏下层故障恢复和数据冗余等细节,有效提供弹性计算和负载均衡。飞天内核体系架构主要包含四大块:分布式系统底层服务;分布式文件系统;任务调度;集群部署和监控。

(1) 分布式系统底层服务:提供分布式环境下所需要的协调服务、远程过程调用、安全管理和资源管理的服务。这些底层服务为上层的分布式文件系统、任务调度等模块提供支持。

(2) 分布式文件系统(盘古):提供一个海量的、可靠的、可扩展的数据存储服务,将集群中各个节点的存储能力聚集起来,并能够自动屏蔽软硬件故障,为用户提供不间断的数据访问服务;支持增量扩容和数据的自动平衡,提供类似于 POSIX 的用户空间文件访问 API,支持随机读写和追加写的操作。

(3) 任务调度(伏羲)：为集群系统中的任务提供调度服务，同时支持强调响应速度的在线服务(Online Service)和强调处理数据吞吐量的离线任务(Batch Processing Job)；自动检测系统中故障和热点，通过错误重试、针对长尾作业并发备份作业等方式，保证作业稳定可靠地完成。

通过盘古和伏羲两大管理系统，所有的数据中心里的计算、存储和网络等资源都可以作为统一的资源，进行调度、管理和存储等操作。

(4) 集群监控和部署：对集群的状态和上层应用服务的运行状态和性能指标进行监控，对异常事件产生警报和记录；为运维人员提供整个飞天平台以及上层应用的部署和配置管理，支持在线集群扩容、缩容和应用服务的在线升级。

飞天开放服务为用户应用程序提供了计算和存储两方面的接口和服务，包括弹性计算服务(Elastic Compute Service，简称 ECS)、开放存储服务(Open Storage Service，简称 OSS)、开放结构化数据服务(Open Table Service，简称 OTS)、关系型数据库服务(Relational Database Service，简称 RDS)和开放数据处理服务(Open Data Processing Service，简称 ODPS)，并基于弹性计算服务提供了云服务引擎(Aliyun Cloud Engine，简称 ACE)作为第三方应用开发和 Web 应用运行和托管的平台。

目前，阿里飞天集群管理超过 1 万个节点，超过上百 PB 的存储，以及 10 万 CPU 核心。在整个的飞天的设计过程中，确保系统不会出现单点故障，且保证高于 99.95% 的服务可用性。另外，飞天所有的数据存储都是默认三重备份，其中数据可用性达到 10 个 9 的水平，另外飞天系统所有的监控、诊断和部署都是完全分布式的。最后，飞天安全管理嵌入在飞天内核最底层，并且使用基于权能的安全管理框架，真正有效实施"最小化权限"原理。通过基于最小可信基原则构建安全的系统。

思考题：

1. "飞天"内核体系的四大块分别有什么作用？
2. 阿里自主研发云计算底层操作系统有什么意义？
3. 阅读更多关于王坚及其团队在研发"飞天"系统的报道，学习该团队踏实做事和追求创新的精神风貌。

本章测试

参 考 文 献

[1] 格斯曼,迈耶斯.线上竞争力[M].王宏建,译.北京:中国铁道出版社,2006.
[2] 祁明.电子商务实用教程[M].2版.北京:高等教育出版社,2006.
[3] 安德森.长尾理论[M].乔江涛,译.北京:中信出版社,2006.
[4] 张忠林.电子商务概论[M].北京:机械工业出版社,2006.
[5] 赵锦蓉.Internet原理与技术[M].北京:清华大学出版社,2001.
[6] 杨坚争.电子商务基础与应用[M].4版.西安:西安电子科技大学出版社,2004.
[7] 兰宜生.电子商务基础教程[M].北京:清华大学出版社,2003.
[8] 方美琪.电子商务概论[M].北京:清华大学出版社,2002.
[9] 周升起.国际电子商务[M].北京:中国商务出版社,2005.
[10] 牛鱼龙.EDI知识与应用[M].深圳:海天出版社,2005.
[11] 诺维克.电子商务概论[M].武汉:武汉大学出版社,2003.
[12] LAUDON,TRAVER.电子商务——商业、技术和社会[M].劳帼龄,译.北京:高等教育出版社,2004.
[13] 胡玫艳.电子商务教程[M].广州:华南理工大学出版社,2003.
[14] 劳帼龄.电子商务的安全技术[M].北京:中国水利水电出版社,2005.
[15] 贝尔斯.电子商务物流与实施[M].北京:机械工业出版社,2002.
[16] 潘军.电子商务物流管理[M].武汉:东南大学出版社,2002.
[17] 屈冠银.电子商务物流管理[M].北京:机械工业出版社,2003.
[18] 唐海仕.电子商务概论[M].长沙:中南大学出版社,2010.

郑重声明

高等教育出版社依法对本书享有专有出版权。任何未经许可的复制、销售行为均违反《中华人民共和国著作权法》，其行为人将承担相应的民事责任和行政责任；构成犯罪的，将被依法追究刑事责任。为了维护市场秩序，保护读者的合法权益，避免读者误用盗版书造成不良后果，我社将配合行政执法部门和司法机关对违法犯罪的单位和个人进行严厉打击。社会各界人士如发现上述侵权行为，希望及时举报，本社将奖励举报有功人员。

反盗版举报电话　（010）58581999　58582371　58582488
反盗版举报传真　（010）82086060
反盗版举报邮箱　dd@hep.com.cn
通信地址　北京市西城区德外大街4号　高等教育出版社法律事务与版权管理部
邮政编码　100120

教师教学资源服务指南

教师可扫描下方二维码，关注微信公众号"高教财经教学研究"，免费申请课件和样书、下载试卷、观看师资培训课程和直播录像等。

云书展

点击导航栏中的"教学服务"，点击子菜单中的"云书展"，了解最新经管教材信息。

样书申请

点击导航栏中的"教学服务"，点击子菜单中的"免费样书"，填写相关信息即可免费申请样书。

课件申请

点击导航栏中的"教学服务"，点击子菜单中的"课件申请"，填写相关信息即可申请课件。

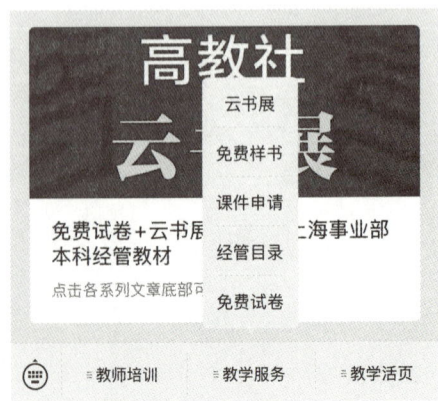